21世纪法学系列教材教学案例

房绍坤　郭明瑞　总主编

侵权责任法案例教程

主编：房绍坤

撰稿人（以姓氏笔画为序）
苏海健　方　岩　汪丽青
张玉东　房绍坤　郭　平

北京大学出版社
PEKING UNIVERSITY PRESS

图书在版编目(CIP)数据

侵权责任法案例教程/房绍坤主编.—北京：北京大学出版社，2012.8
（21世纪法学系列教材教学案例）
ISBN 978-7-301-21025-3

Ⅰ.①侵… Ⅱ.①房… Ⅲ.①侵权行为-民法-案例-中国-高等学校-教材 Ⅳ.①D923.05

中国版本图书馆CIP数据核字(2012)第170056号

书　　　　名：	侵权责任法案例教程
著作责任者：	房绍坤　主编
责 任 编 辑：	李燕芬
标 准 书 号：	ISBN 978-7-301-21025-3/D·3145
出 版 发 行：	北京大学出版社
地　　　　址：	北京市海淀区成府路205号　100871
网　　　　址：	http://www.pup.cn
电　　　　话：	邮购部 62752015　发行部 62750672　编辑部 62752027
	出版部 62754962
电 子 信 箱：	law@pup.pku.edu.cn
印　　刷　者：	北京大学印刷厂
经　　销　者：	新华书店

730毫米×980毫米　16开本　30印张　478千字
2012年8月第1版　2012年8月第1次印刷

定　　　　价：52.00元

未经许可，不得以任何方式复制或抄袭本书之部分或全部内容。
版权所有，侵权必究
举报电话：010-62752024　电子信箱：fd@pup.pku.edu.cn

总 序

法学是一门实用性很强的社会科学,法学教育应当紧密联系立法与司法实践,以培养学生分析问题和解决实际问题的能力。为实现这一目标,传统的法学教学方法、教学内容必须进行改革。目前,各高等法律院校广泛采用的案例教学法,就是众多法学教育改革措施中最为重要的一项。案例教学法的实施,促进了法学教学水平的提高,增强了学生的实践能力,是值得推广和倡导的一种教学方法。为配合案例教学的开展,我们在北京大学出版社的大力支持下,主编了"21世纪法学系列案例教程",并于2003年陆续出版。本套教材具有如下特点:

第一,体系新颖。本套案例教材以法学的基本理论为线索,就每个具体理论问题设案情简介、思考方向、法律规定、理论分析、自测案例五个部分,这一体例可以充分地体现实践、法律、理论的有机结合。

第二,内容简洁。本套案例教材力求以简洁的语言阐述问题,解析实例,说明法理,使学生能够一目了然。

第三,紧密结合法律规定。为避免案例教材脱离法律规定的现象,本套案例教材特别强调现行法的规定,并通过实例的解析帮助学生理解法律的规定,以增强学生掌握和运用法律的能力。

第四,具有启发性。本套案例教材在每个具体问题的设计上都包括思考方向及自测案例,其目的就是给学生以充分的思考空间,启发学生运用理论与法律分析来解决实践问题。

为了适应新形势下法学案例教学的需要,配合北京大学出版社"21世纪法学系列教材"的应用,体现法学教学改革的研究成果,我们对"21世纪法学系列案例教程"进行了全面修订,使教材和案例相辅相成。本套教材的修订版仍由房绍坤教授、郭明瑞教授担任总主编,同时约请具有丰富教学经验和较高理论水平的学者担任各分册的主编。由于我们编写案例教材的经验不足,加之司法实践经验的缺乏,书中不妥之处在所难免。我们真诚希望广大读者批评指正,使本套案例教材能够更好地适用法学教学的需要。

房绍坤　郭明瑞

2010 年 3 月

目　　录

第一章　侵权责任法概述 ……………………………………（1）
　　第一节　侵权行为的含义与种类 …………………………（1）
　　第二节　侵权责任法的功能 ………………………………（9）
　　第三节　侵权责任法的保护对象 …………………………（27）
　　第四节　侵权责任关系的主体 ……………………………（48）
　　第五节　侵权责任的聚合与竞合 …………………………（58）
　　第六节　侵权责任特别法的适用 …………………………（64）

第二章　侵权责任的归责原则与构成要件 …………………（68）
　　第一节　侵权责任的归责原则 ……………………………（68）
　　第二节　侵权责任的构成要件 ……………………………（80）

第三章　侵权责任的承担方式 ………………………………（106）
　　第一节　侵权责任承担方式的主要类型 …………………（106）
　　第二节　侵权损害的赔偿责任 ……………………………（115）
　　第三节　受益人补偿与损失分担 …………………………（141）

第四章　侵权责任的免责事由 ………………………………（149）
　　第一节　法定免责事由 ……………………………………（149）
　　第二节　非法定免责事由 …………………………………（172）

第五章　数人侵权责任 ………………………………………（186）
　　第一节　数人共同侵权责任 ………………………………（186）
　　第二节　无意思联络的数人侵权责任 ……………………（197）
　　第三节　数人侵权责任的责任承担 ………………………（201）

第六章　侵权责任主体的特殊规定 …………………………（208）
　　第一节　监护人责任 ………………………………………（208）

第二节　暂时丧失意识者责任 ······················ (216)
　　第三节　使用人责任 ···························· (223)
　　第四节　网络侵权责任 ·························· (233)
　　第五节　违反安全保障义务责任 ···················· (246)
　　第六节　学生伤害事故责任 ························ (254)

第七章　产品责任 ·································· (264)
　　第一节　产品责任的归责原则与构成要件 ············ (264)
　　第二节　产品责任的承担 ·························· (269)
　　第三节　缺陷产品的警示与召回 ···················· (275)
　　第四节　惩罚性赔偿 ······························ (282)

第八章　机动车交通事故责任 ······················ (289)
　　第一节　机动车交通事故责任的归责原则与构成要件 ···· (289)
　　第二节　机动车交通事故责任的承担 ················ (296)

第九章　医疗损害责任 ···························· (309)
　　第一节　医疗损害责任的一般规则 ·················· (309)
　　第二节　医疗产品责任 ···························· (329)
　　第三节　医疗损害责任的免责事由 ·················· (337)
　　第四节　医疗机构及其医务人员的附随义务 ·········· (345)

第十章　环境污染责任 ···························· (356)
　　第一节　环境污染责任的构成要件与举证责任 ········ (356)
　　第二节　环境污染责任的承担 ······················ (365)

第十一章　高度危险责任 ·························· (371)
　　第一节　高度危险责任的归责原则与构成要件 ········ (371)
　　第二节　高度危险活动损害责任 ···················· (374)
　　第三节　高度危险物损害责任 ······················ (393)

第十二章　饲养动物损害责任 ······················ (424)
　　第一节　饲养动物责任的归责原则与构成要件 ········ (424)
　　第二节　饲养动物损害责任的承担主体和免责事由 ···· (428)
　　第三节　饲养动物损害责任的承担 ·················· (431)

第十三章　物件损害责任 ……………………………………………（442）
　　第一节　建筑物损害责任 ……………………………………………（442）
　　第二节　其他物件损害责任 …………………………………………（452）

第十四章　帮工责任与定作人责任 …………………………………（466）
　　第一节　帮工责任 ……………………………………………………（466）
　　第二节　定作人责任 …………………………………………………（471）

后　记 …………………………………………………………………（474）

第一章 侵权责任法概述

第一节 侵权行为的含义与种类

侵权行为是侵权责任法上的重要概念,也是承担侵权责任的前提。但关于侵权行为的概念,各国法均无明确界定,理论上的解释也不尽一致。侵权行为有多种表现形式,依照不同标准可以划分为不同的类型,而不同种类的侵权行为在归责原则、构成条件、责任形式等方面都存在着差别。侵权行为与犯罪行为都属于违法行为,但两者是性质完全不同的违法行为。

一、侵权行为的含义

(一) 案情简介

> **案 例**
>
> 从2008年7月起,罗某就曾多次向其丈夫袁某所在单位及有关部门反映袁某的外遇问题,但因为没有确凿的证据而未被理睬。同年12月17日凌晨1时许,罗某在两个哥哥的陪同下回自己家取衣服,碰见袁某与其情妇孙某正在卧室床上奸宿,就当场进行了拍照,并随后打电话找来袁某单位的领导、110巡警到现场证实。事发后,孙某向某市妇联递交了《请求支援控诉书》。孙某在控诉书中称:被申请人罗某擅自闯入他人住室对申请人进行辱骂,拍摄了申请人的裸体照片,四处传播,并将照片张贴在网站上供大家任意浏览下载,严重损害了申请人的人格尊严及身心健康,故申请人欲追究被申请人的刑事责任,使自己的合法权益受到保护。对此,罗某说:在我自家的卧室床上目睹了他俩的通奸证据,为向有关部门提供证据而拍摄现场照片,这也违法吗?

(二)思考方向

在本案例中,孙某欲追究罗某的刑事责任,而罗某则认为自己的行为并不违法,因而处理该案的关键在于确认罗某的行为是否违法。只有罗某的行为违法,并且构成侵权行为,才谈得上进一步思考罗某的行为是否构成犯罪的问题。因此,对本案的处理涉及两个方面的问题:一是侵权行为的概念与特点;二是侵权行为与犯罪行为的关系。

(三)法律规定

1.《中华人民共和国民法通则》(以下简称《民法通则》)第5条 公民、法人的合法的民事权益受法律保护,任何组织和个人不得侵犯。

2.《中华人民共和国侵权责任法》(以下简称《侵权责任法》)第2条第1款 侵害民事权益,应当依照本法承担侵权责任。

第6条第1款 行为人因过错侵害他人民事权益,应当承担侵权责任。

(四)学理分析

1. 侵权行为的概念和特点

侵权行为是指不法侵害他人民事权益,依法应当承担侵权责任的行为。侵害他人民事权益的人称为侵权人,民事权益受到侵害的人称为被侵权人。

侵权行为的特点可以概括为以下几个方面:

(1)侵权行为是一种事实行为。顾名思义,侵权行为是一种行为而非事件,但侵权行为并不是民事行为而是一种事实行为。侵权行为是一种无须效果意思即可发生法律效果的行为,其法律效果的发生系基于法律的直接规定,而非基于侵权人的意思表示。所以,侵权行为是一种事实行为而非民事行为。

(2)侵权行为是一种不法行为。从本质上说,侵权行为是一种不法行为,不法性是侵权行为的本质属性。侵权行为的不法性是指不符合法律的规定,为法律所不允,其实质是违反了法律所规定的义务。

(3)侵权行为是一种加害行为。侵权行为构成对他人权利和利益的侵害,因而属于加害行为。为侵权行为所侵害的权利一般为绝对权,如人身权、物权、继承权、知识产权等。除民事权利外,民法所保护的一些合法利益也可能成为侵权行为加害的对象,如死者的人格利益、占有利益等。

(4) 侵权行为是一种应责行为。侵权行为是一种应责行为,区别于受法律保护和鼓励的奖励行为。侵权人对他人民事权益的加害,具有法律上的应受责难性,因此,法律对待侵权行为的态度是对侵权人课以侵权责任。

2. 侵权行为与犯罪行为的关系

在性质上,侵权行为与犯罪行为都是违法行为,都属对他人合法权益的侵害行为。就私人权益的侵害而言,凡是犯罪行为无不构成侵权行为,因而犯罪行为会导致民事责任与刑事责任的聚合;但反之,并非所有的侵权行为都会构成犯罪行为,是否构成犯罪,须依刑法的犯罪构成做个案的具体判定。

侵权行为与犯罪行为虽然都是违法行为,但它们是两种不同的违法行为,存在以下主要区别:

(1) 二者的责任依据不同。侵权行为属民事违法行为,依民法规定承担民事责任;犯罪行为属刑事违法行为,依刑法规定承担刑事责任。

(2) 二者的侵害对象不同。侵权行为与犯罪行为的侵害对象虽有重叠,但二者在侵害对象上的不同也是明显的。可以说,凡是侵权行为的侵害对象,同样都属犯罪行为可能侵害的对象;但反之,犯罪行为的侵害对象却未必是侵权行为的侵害对象。如危害国家安全罪的犯罪行为,其侵害对象一般不构成侵权行为的侵害对象。

(3) 二者的侵害程度不同。侵权行为是针对具体的侵害对象而实施的违法行为,其侵害程度一般较轻;而犯罪行为虽然也可以是针对具体的侵害对象而实施的违法行为,但其侵害程度一般较重,且往往具有强烈的"反社会性"。

(4) 二者的责任构成不同。在刑法上,对犯罪行为的归责实行"主观责任",亦即只有行为人具有主观上的过错(犯罪故意和过失)才承担刑事责任;而在民法上,对侵权行为的归责主要实行过错责任原则,"有过错即有责任,无过错即无责任"。当然,在特殊情况下,法律也规定了在行为人无过错的情况下依法仍要承担侵权责任。

(5) 二者的责任方式不同。对于侵权行为造成的损害,民法一般通过较为缓和的方式予以救济,如赔偿损失、赔礼道歉等,一般不涉及对侵权人之人身、自由的剥夺或限制;而刑法往往通过极为严厉的责任方式对犯罪行为予以惩罚,如自由刑的课处,甚至是生命的剥夺。

(6) 二者的责任实现不同。是否追究侵权人的侵权责任,其选择权操于被侵权人之手,在救济程序上采取了"不告不理"的处理方式;而对于刑事责任的追究,却并不取决于被害人的意志(刑事自诉案件除外)。我国实行国家公诉制度,即使被害人不告诉,在相关司法机关发现犯罪行为后,仍须依法侦查、提起公诉并追究犯罪行为人的刑事责任。因此,刑事责任的实现较民事责任的实现具有更强烈的强制色彩和国家干预性。

3. 案例评析

在本案例中,孙某与罗某之夫袁某通奸,由于苦无证据,所以罗某的数次检举揭发无果。但《中华人民共和国婚姻法》(以下简称《婚姻法》)第3条第2款及第4条规定:"禁止有配偶者与他人同居"、夫妻之间有"互相忠实"的义务。因而袁某与孙某的通奸行为已经违反了上述义务,其妻罗某有权进行检举揭发。在此意义上,为取证和保全证据,罗某进入自家卧室并进行拍照的行为就具有正当性,并不构成违法,也不构成对孙某名誉权的侵害。但是,如果罗某拍照之后,不仅将照片用于向有关部门和单位检举揭发、向法庭提交证据,而且还四处宣扬传播,甚至将照片张贴在网站上供大家任意浏览下载,则已经大大超出了一般维权的范畴,其法律地位将由原来的受害者转变为侵害者,无疑将构成对孙某的名誉权侵害。更进一步言,如果罗某的传播行为性质严重并且造成了严重后果,其传播行为就完全可能构成犯罪行为,因而还可能须依刑法承担相应的刑事责任。

(五) 自测案例

1. 刘某酷似演艺明星田某,在日常生活中,刘某也经常模仿田某演唱歌曲。刘某在当地小有名气后,即被请进当地电视台,专门开辟了一档"田某模仿秀"节目,定期在当地电视台播出,刘某为此获取了可观的经济收益。

问:刘某的"模仿行为"构成侵权行为吗?

2. 据某报报道,某市4000多位车主的车牌号、车主姓名、住址和联系电话等信息在网上被曝光。热心读者李先生向该报报料,希望相关部门立即着手删除这些外泄的信息。按照李先生提供的关键字,该报记者在百度搜索中发现了这个文档,虽然原文件不可见,但在百度快照模式下还是可以浏览的。根据该搜索结果显示,文件来源网址以".gov.cn"结尾,说明该文件最初是出自该市某行政机关的官方网站。记者将该情况反映给该机关网站的管理人员,他们表示,这批车主信息是前段时间交管部门交给他们的,是一份未缴纳养路费的车主名单。但随着国家相关政策的调整,养路费被取消,这个名单也随之失去了意义。此前有市民向他们反映过此事,他们立即在网站上删除了该文件,并随后通知了一些搜索引擎网站要求他们删除搜索结果。

问:该市某行政机关的信息披露行为是否构成侵权行为?

二、侵权行为的种类

(一)案情简介

> **案例**
>
> 　　王某系商业公司女职工,居住在公司分配的一间二楼仓库里。2008年初,商业公司因濒临破产,其主管部门商贸局遂将商业公司所有的建筑物(含王某居住的仓库)及建设用地使用权以拍卖方式转让给房地产商经营房地产,商贸局承诺于同年9月底前将商业公司内住户全部安置完毕。王某为安置补偿数额与商贸局发生分歧,不同意搬出,一直居住在二楼仓库。同年10月初,房地产商开始在工地上实施拆房,10月10日,工地上只剩王某居住的孤房未被拆除,房地产商遂向商贸局施压,要求商贸局在次日将王某迁出。10月11日早晨,商贸局邀请城管执法大队工作人员(以下简称城管人员)协助迁出王某一家。为防矛盾激化,又向公安110报警称工地上有紧急情况要求迅速出警。城管人员与穿制服的公安民警到达现场后,王某仍在楼上不肯下来,围观群众很多。在商贸局的要求下,3名警察负责维持现场秩序,4名城管人员上楼将王某强行带下。在带离的过程中,王某极力抗拒,并大喊"救命",现场3名警察置之不理。王某被城管人员从二楼拖至底楼砖屑上,致其上身暴露。王某被医院诊断为:全身多处皮肤损伤,住院7天,花去医疗费若干。

(二) 思考方向

本案显然是一起侵权案件。由于本案涉及多个侵权主体,并且存在多个不同样态的侵权行为,因而要确定不同侵权人的侵权责任,就必须首先厘清侵权行为的种类。

(三) 法律规定

<u>《侵权责任法》第 6 条</u>　行为人因过错侵害他人民事权益,应当承担侵权责任。

根据法律规定推定行为人有过错,行为人不能证明自己没有过错的,应当承担侵权责任。

<u>第 7 条</u>　行为人损害他人民事权益,不论行为人有无过错,法律规定应当承担侵权责任的,依照其规定。

(四) 学理分析

1. 侵权行为的种类

根据不同标准,侵权行为可以作不同的分类。在实践中,较为重要的侵权行为分类有以下几种:

(1) 根据侵权行为的行为形态,侵权行为可分为积极侵权行为与消极侵权行为。积极侵权行为又称作为的侵权行为,是指侵权人以一定的作为方式侵害他人民事权益的侵权行为。在违反义务的性质上,积极侵权行为的侵权人违反的是对他人应负的不作为义务。例如,任何人负有不得侵害他人人身权、财产权的义务,即属不作为义务。如果侵权人不法加害于他人的人身权、财产权,即违反了法定的不作为义务,构成积极侵权行为。消极侵权行为又称不作为的侵权行为,是指侵权人以不作为的方式侵害他人民事权益的侵权行为。在违反义务的性质上,消极侵权行为的侵权人违反的是对他人应负的作为义务,通过不作为而加害于他人。一般地说,消极侵权行为以侵权人负有某种作为义务为前提。侵权人是否负有作为义务,应当视法律的规定、当事人的约定和具体的行为情境而定。例如,消防员对失火者的救助义务、医师对危急病人的救护义务、交通肇事者对受伤者的救护义务等,都属于法定的作为义务。如果侵权人违反了这些义务,即构成消极侵权行为。

(2) 根据侵权行为的加害形态,侵权行为可分为直接侵权行为与间接侵权行为。直接侵权行为是指侵权人以自己的行为直接加害于他人的侵权行为。直接侵权行为是侵权行为的常态,大多数侵权行为都是直接侵权行为。例如,动手殴打他人、出言辱骂他人、著书诽谤他人、驾车撞伤他人等,都是侵权人直接实施的侵权行为。直接侵权人对自己的侵权行为承担侵权责任,是民法上"为自己行为之责任"的典型体现。间接侵权行为是指侵权人假借特定的人或物加害于他人的侵权行为。间接侵权行为虽非侵权行为的常态,但亦不鲜见。与直接侵权行为相对,间接侵权人未直接实施侵权行为,而是通过由其唆使的人或由其管领的物加害于他人。例如,甲教唆乙殴打丙,直接侵权行为的实施者是乙,甲实施的是间接侵权行为;再如,甲饲养的狼狗咬伤乙,甲未对乙直接实施侵权行为,在加害形态上,甲的侵权行为是间接侵权行为。

(3) 根据侵权行为的人数结构,侵权行为可分为单独侵权行为与数人侵权行为。单独侵权行为是指侵权人仅为一人的侵权行为。单一主体实施的侵权行为,行为者为单一,责任者亦为单一,侵权人主体与责任主体明确,有利于被侵权人在明确责任的基础上迅速求偿。数人侵权行为是指侵权人为二人以上的侵权行为。数人侵权行为又分为共同侵权行为与无意识联络的数人侵权行为,前者以数人间存在共同过错为条件,而后者的数人之间不存在共同过错。数人侵权行为因侵权人为复数主体,故不仅涉及被侵权人与侵权人间的求偿关系,而且还涉及数个侵权人之间的责任承担和追偿关系。

(4) 根据侵权行为的责任性质,侵权行为可分为一般侵权行为与特殊侵权行为。一般侵权行为又称通常侵权行为,是指侵权人负单纯的过错责任的侵权行为。基于一般侵权行为而产生的侵权责任,通常称为一般侵权责任。特殊侵权行为是指侵权人所负责任非为单纯的过错责任的侵权行为。特殊侵权行为或按照无过错责任确定侵权责任,或按照过错推定责任确定侵权责任。基于特殊侵权行为而发生的侵权责任,通常称为特殊侵权责任。

2. 案例评析

在本案例中,王某是被侵权人,商贸局、城管执法大队、公安局是侵权

人。本案中的房地产商由于未实施任何的侵权行为,因而不是侵权人。以下结合本案事实,就本案反映出的侵权行为类型作一分析:

(1) 就积极侵权行为与消极侵权行为的分类而言。商贸局的行为、城管人员的行为构成积极侵权行为,警察的行为构成消极侵权行为。理由在于:商贸局、城管人员依法负有不得侵害他人民事权益的义务,该项义务为不作为义务,而这两个主体违反了这一不作为义务,因而构成积极侵权行为;警察依法负有维护治安、保护人民生命财产安全的法定职责,这是一项作为义务,而本案警察面对违法侵害行为却不制止,因而构成消极侵权行为。

(2) 就直接侵权行为与间接侵权行为的分类而言。商贸局的行为属于指使、教唆行为,其本身并没有直接实施致王某身体受到伤害的行为,因而其侵权行为是间接侵权行为。而城管人员把王某从二楼拖到了一楼,直接致王某的身体受到伤害,因而其实施的侵权行为是直接侵权行为。

(3) 就单独侵权行为与数人侵权行为的分类而言。三名警察是在代表公安机关执法,尽管侵权行为的直接实施主体是三位警察,但真正的侵权责任人是其所属的公安机关,因而该不作为的侵权行为只能被视为公安机关一个主体实施的行为,在侵权行为类型上属单独侵权行为。商贸局与城管机关(由4名城管人员作为直接的行为实施主体)之间构成数人侵权行为,商贸局的行为在性质上为指使、教唆行为,城管人员的行为在性质上为直接实施行为。

(4) 就一般侵权行为与特殊侵权行为的分类而言。本案三个侵权行为都属特殊侵权行为,其归责不适用"自己行为责任"的过错责任原则,而是根据法律的直接规定,由相关人员所属的机关承担赔偿义务和责任。

(五) 自测案例

2008年6月,李某经人介绍,与本厂女青工刘某恋爱,后又与一女青工史某自动建立恋爱关系。同年11月间,李某与史某订婚,并将史某带回家同居数月,致史某怀孕。在此期间,李某越来越感到史某与自己性格不合,便逐渐萌发与刘某重归于好的念头。李某几次劝史某人工流产,史某坚决不从。史某在自己怀孕后多次催促李某与她正式结婚,于是二人于2009年元旦到婚姻登记机关办理了结婚登记。2009年1月20日,李某又找到昔日女友刘某,向刘某倾吐自己的不快,要刘某原谅他的过错,表示不愿和史某就这样生活下去,并要刘某想办法,以结束他与史某的婚姻。刘某便问李某:"你敢给她下手(意指毒杀史某)吗?"李某胆小谨慎,表示"使不得"。刘某便斥责李某说:"孬种!有机会我帮你把她毒了,给你省了这份心思,你良心上也好过些。"2009年3月5日下午,刘某借口看望怀孕的史某,携带一些礼物来到李某家。在晚餐时,刘某趁李某、史某二人到厨房取菜之机,往史某盛饮料的酒杯中偷偷放入一小包由剧毒物品氯丙嗪和安眠药混合而成的粉末。史某吃完晚餐后即感身体不适、腹痛,李某认为是妊娠反应,即扶史某上床休息,刘某借机离去。当晚9时左右,李某发现史某开始流鼻血,呼吸逐渐困难,便想起以前刘某所说的"帮你把她毒了"的话,怀疑刘某对史某下了毒。但李某转而又想到,反正不是自己下的毒,刘某要是果真对史某下了毒,史某死后自己倒是解脱,于是李某有意不将史某送医抢救。史某于第二天凌晨6时中毒死亡。

问:单就侵权行为而言,本案中包含哪些侵权行为类型?

第二节 侵权责任法的功能

关于侵权责任法的功能,学者间有不同的概括。但损害填补功能、损害预防功能是公认的侵权责任法的两大功能。此外,侵权责任法在一定程度上还具有权利宣示功能和侵权制裁功能。

一、损害填补功能

(一)案情简介

案例

在一起医疗损害纠纷案中,原告诉称:1997年9月15日,原告因月经紊乱、阴道流血至被告医院就诊,被告诊断后,对原告行诊刮术。当晚,原告腹痛难忍,去上海纺一医院急诊,并于次日入住该医院行剖腹手术探查原因。经查,原告腹痛系被告所行诊刮术造成原告子宫穿孔而大出血,纺一医院对原告进行了治疗。由于被告所行诊刮术的失误,致原告身体严重受损,在纺一医院治疗期间,并发肝脏出血,病危时间长达40多天。现原告虽已出院,但已无法再工作,聘用原告的单位已将原告解聘,使原告在经济上和精神上遭受了重大损失。现请求判令被告赔偿原告误工费人民币14000元、营养费人民币9600元、今后治疗费人民币7200元、原告丈夫护理原告的护理费人民币9000元、女儿护理原告的护理费人民币2000元、交通费人民币480元、其他损失费人民币200元,并一次性补偿原告不能再工作的损失。

在审理过程中,原告同意医疗终结,申请司法鉴定,上海市高级人民法院于1999年8月作出鉴定结论为:原告因诊刮并发子宫穿孔破裂出血,予剖腹探查及子宫修补等治疗,属九级伤残,一般可酌情休息2至3个月,护理1个月、营养1至2个月。原告支付司法鉴定费人民币500元。双方对鉴定结论均无异议,原告并变更诉讼请求,要求被告赔偿医疗费人民币7700元、赔偿3个月误工费人民币2100元、2个月营养费人民币1200元、1个月的护理费人民币1200元、按有关规定赔偿伤残补助费,另坚持要求被告赔偿交通费人民币480元、其他损失人民币200元、今后治疗费人民币7200元、精神损失费人民币40000元。经调解,被告自愿赔偿原告误工费人民币2100元、营养费人民币1200元、护理费人民币1200元、交通费人民币480元、其他损失费人民币200元。但双方就医疗费、伤残补助费、今后治疗费和精神损失费的赔偿不能达成一致意见。

人民法院经审理认为,被告存在医疗过错,应对原告的全部损害承担责任。双方经人民法院主持调解,就误工费、营养费、护理费、交通费、其他损失费的赔偿达成一致意见。原告的伤情经上海市高级人民法院法医鉴定,构成九级伤残,被告应当按照本市居民年平均生活费人民币6763.08元的标准赔偿原告从定残之日起至原告70周岁时止的残疾者生活补助费,计人民币33815.40元;至于原告提出的今后治疗费请求,因其在申请做法医鉴定时同意作为医疗终结鉴定,且被告造成的子宫穿孔已由纺一医院予以修改,故对该请求人民法院不予支持;关于原告提出赔偿精神损失费人民币40000元的请求,因被告只造成原告子宫

> 穿孔的伤害,原告之后发生的第二次出血系因其肝脏问题导致,而肝脏问题与子宫穿孔并发出血间无因果关系,此节有鉴定结论为定论,故被告导致的伤害结果较轻,原告请求的精神损失费数额人民法院难以支持,但被告的诊刮术导致原告受到九级伤残,被告应当在该范围内赔偿原告的精神损失费,以人民币2000元赔偿为宜。
>
> 据此,人民法院依法判决如下:(1)被告于判决生效之日起10日内赔偿原告误工费人民币2100元、营养费人民币1200元、护理费人民币1200元、交通费人民币480元、其他损失费人民币200元;(2)被告于判决生效之日起10日内赔偿原告医疗费人民币1579.27元、生活补助费人民币33815.40元;(3)被告于判决生效之日起10日内赔偿原告精神损失费人民币2000元;(4)原告的其他诉讼请求不予支持。

(二)思考方向

本案是一起医疗损害赔偿纠纷案,属人身损害赔偿的范畴,该案判决结果鲜明地体现了侵权责任法的救济功能。救济功能体现为:有损害即有救济,无损害即无救济。因此,对本案纠纷的解决,在查明事实、分清是非、正确适用法律的基础上,关键在于具体认定原告的损害。

(三)法律规定

1.《侵权责任法》第1条 为保护民事主体的合法权益,明确侵权责任,预防并制裁侵权行为,促进社会和谐稳定,制定本法。

2.《中华人民共和国物权法》(以下简称《物权法》)第1条 为了维护国家基本经济制度,维护社会主义市场经济秩序,明确物的归属,发挥物的效用,保护权利人的物权,根据宪法,制定本法。

3.《中华人民共和国国家赔偿法》(以下简称《国家赔偿法》)第1条 为保障公民、法人和其他组织享有依法取得国家赔偿的权利,促进国家机关依法行使职权,根据宪法,制定本法。

4.《中华人民共和国消费者权益保护法》(以下简称《消费者权益保护法》)第1条 为保护消费者的合法权益,维护社会经济秩序,促进社会主义市场经济健康发展,制定本法。

5.《中华人民共和国产品质量法》(以下简称《产品质量法》)第 1 条

为了加强对产品质量的监督管理,提高产品质量水平,明确产品质量责任,保护消费者的合法权益,维护社会经济秩序,制定本法。

(四)学理分析

1. 侵权责任法的损害填补功能

侵权责任法的损害填补功能,也就是救济功能。侵权责任的承担,首先与损害的移转相关。损害是否应予移转,不仅是一个责任构成的技术问题,更是一个法律政策的选择问题。历史地看,这一过程经历了从客观归责到主观归责、再到严格责任的演进。在侵权责任法发展的早期,法律选择了客观归责模式,即实行结果责任,凡有损害结果的发生即一律由侵权人承担损害责任,并且责任的形式不限于赔偿或补偿等经济责任,还涉及其他的"同态复仇"方式,这是一种损害的绝对移转模式。到近代法时期,侵权责任法由客观归责演进至主观归责,即实行过错责任,造成损害结果发生的人是否承担损害填补责任,还必须看行为人对于损害结果的造成是否具有过错,有过错即有责任、无过错即无责任。于此阶段,损害有可能停留于其发生之处,即由受害人承受损害,而侵害人无损害填补责任。时至现代的高技术经济时期,侵权归责演进至严格责任,即实行无过错责任,即使侵害人对于损害的发生并无过错但法律规定应当承担责任的,侵害人仍须承担损害责任。这一责任阶段,带有客观责任的回归性质,但其与侵权责任法早期实行的结果责任具有本质不同,因为无过错责任只适用于法定的特定领域,处于过错责任的补充地位,其并未取代也不可能取代过错责任而成为现代社会的主导归责模式。

当侵权责任法将损害责任移转由侵害人承担时,即实现了侵权责任法的损害填补功能。由上述侵权责任法演进的三个阶段可以看出,不论在何一时期,损害填补都是侵权责任法的首要功能和核心功能。侵权责任法之所以经由一定的归责原则将损害填补责任移转由侵权人承担,主要是出于矫正正义的考虑,使失衡的侵权人利益与受害人利益得以平复。

通常所言的损害填补,是在归责与究责的意义上对侵权人的一种责任课处。但在现代侵权责任法上,损害填补功能的实现往往又与其他的一些损害分散机制相关,如责任保险机制。通过责任保险,任何一个潜在的加害责任承担者,都可以将自己的可能责任予以分散和社会化,从而避免全部损害责任由自己承担。但是,现代社会的损害分散机制并没有冲淡侵权责任法的损害填补功能,它们只不过是这一功能的变相实现或替代实现方式而已。

损害填补的最典型方式是损害赔偿(或损失补偿)。虽然各国损害赔偿制度的设计并不相同,但观察其最高指导原则却是统一的,即旨在使被害人能够再处于如同损害行为未曾发生时的状态。如《德国民法典》第249条即明定:"损害赔偿义务人必须恢复假如没有发生引起赔偿义务的情况所会存在的状态。"这样的一种"状态",并非指损害未曾发生时的"原有状态",而是指损害未曾发生时的"应有状态",因而可得利益损害的填补亦包含在内。

2. 案例评析

本案判决结果很好地体现了侵权责任法的损害填补功能。原告在被告处因诊刮并发子宫穿孔破裂出血,予剖腹探查及子宫修补等治疗,构成九级伤残,这是为鉴定结论确认的损害事实。基于该损害的发生,原告需休息,休息期间的误工费、护理费、营养费就是因损害的发生而实际导致的损失,依法应予填补。司法鉴定的发生是因被告的侵权行为引起的,虽然原告预先支付了鉴定费,但根据损害填补原则,该笔鉴定费最终也应由被告支付。因被告的侵权行为而导致原告支付的医疗费,在性质上属因人身侵权而导致的财产损失,依法应由被告承担填补责任。交通费、其他损失是原告因遭受侵权而实际发生的损失,因而被告也应予以赔偿。在伤残补助费、精神损失费的赔偿上,原被告不能达成一致意见。双方不能达成一致意见的原因并非在于这两笔损失是否应予赔偿,而是双方在实际损失的数额上无法达成一致。人民法院根据上海市居民年平均生活费的标准,判决被告赔偿原告从定残之日起至70周岁时止的残疾者生活补助费,就是人民法院对实际损失的认定,体现了侵权责任法的损害填补功能。至于原告提出的精神损害赔偿费,人民法院认为其请求的数额已经超出了应予填补的损害的程度和范围,故只支持了2000元的赔偿费。而对于原告提出的今后治疗费赔偿,人民法院认为其在申请做法医鉴定时已经同意做医疗终结鉴定,并且被告造成的子宫穿孔已由其他医院给予了修补,故可以认为后续的损害已经不存在,根据损害填补的要求,不予支持原告的赔偿请求。综上所述,在该案判决中,不论人民法院是支持还是不支持原告的某些诉讼请求,都很好地体现了侵权责任法的损害填补功能,于法有据,与情理相合。

(五)自测案例

某村村民王某租用了本村村西的土地建起养猪场,从事养殖。某建筑公司承建某万吨货港工程,放炮取土。放炮期间,震裂猪舍17处,6间猪舍房盖塌落,砸死母猪2头,砸伤6头,母猪因受惊吓互相啃咬、挤压,个别母猪出现死胎。经相关部门鉴定,猪舍顶棚变形、墙体开裂、下垂严重,已影响到猪舍安全,应尽快修复,猪场建筑物破损修缮费预计为2.5万元。

问:本案的损害赔偿应当如何计算?

二、损害预防功能

(一)案情简介

案 例

某年12月2日,北京某报在没有得到当事人同意和进行技术处理的情况下,在报纸的头版和相关版面中,用很大的篇幅刊登了多幅一名化名小莉的艾滋孤儿的脸部特写照片,以及她与父亲及弟弟的合影照片,并标明了她的真实姓名及其父母因患艾滋病而死亡等情况。报道中更披露了这名艾滋病孤儿的个人隐私,如:其家境如何贫困,社会捐助又被亲属占用;"小莉被寄养到姨母家,姨母34周岁的儿子,相貌较差,好吃懒做,不务正业,找不到媳妇,竟然别有用心地打起了小莉的主意";"小莉到×家后改名为×××";"小莉有严重的自闭症,情绪不稳定,成绩下滑得厉害,而且非常不自信,觉得自己没有用"等。该则报道见报后,本就不多的同学朋友都唯恐避小莉而不及,小莉变得更加自闭,最终得了抑郁症。小莉将记者和报社告上了法庭,要求其赔礼道歉并赔偿5000元的精神损害抚慰金。小莉的诉求得到了人民法院支持。

> 判决作出后,报社和记者都感到委屈,认为报道小莉的故事完全出于一片好意,并无使其受到伤害之心。但报社和记者同时也意识到,该报道的内容虽然实事求是,没有违反新闻报道的真实性要求,但确实因自己的不当处理给小莉造成了一定的伤害,好心办了坏事。吃一堑长一智,该报社和该记者在此后的相关类似报道中,都非常审慎地隐去故事主人公的真实姓名,对配发的照片一律做模糊化处理,并且在见报前一定要征求当事人的意见。采取这些措施后,该报社和该记者再也没有因类似报道而被告上法庭的情况发生。

(二)思考方向

对该案例关注的侧重点不应放在其是一则新闻侵权案例上,只看到小莉最终通过法律的途径维护了自己的肖像权、名誉权和隐私权,而应将关注点放在人民法院判决作出后的社会效果上。报社和记者之所以在后续的相关报道中改变了此前的不当做法,是因为他们从侵权责任的承担中吸取了教训,这就体现出侵权法的损害预防功能。

(三)法律规定

《侵权责任法》第1条　为保护民事主体的合法权益,明确侵权责任,预防并制裁侵权行为,促进社会和谐稳定,制定本法。

(四)学理分析

1. 侵权责任法的损害预防功能

法律为人的行为预设了行为模式,因而任何的法律都具有预防功能,侵权责任法当然也不例外。侵权责任法通过课予侵权人以侵权责任,可以吓阻侵权人再次实施相同的侵权行为,这体现了侵权责任法的直接预防功能。同样地,某人侵权责任的承担,会给身处旁观者地位的他人以警示作用,当他人观察到某人实施某行为而被判处承担侵权责任时,其就会克制和约束自己的行为以避免作出与某人相似的责任行为,这体现了侵权责任法的间接预防功能。因此,侵权责任法的损害预防功能包括直接预防和间接预防。侵权责任法通过对侵权行为之归责原则和构成要件的明确规定,告诉行为人什么行为是正当合法的,什么行为是为法律所禁止的或者应当承担法律责任的,从而起到预防侵权损害发生的功能。

近一个世纪以来,侵权责任法的发展经历了巨大变化。这一巨变的发生主要受两个方面因素的影响:一是严格责任或者无过错责任的出现,二是责任保险的发展。这两方面因素对侵权责任法损害预防功能的发挥都有一定的抑制任用。严格责任原则或者无过错责任原则适用于危险责任领域,不论行为人是否具有过错,也不论行为人是否尽到适当的注意义务,对于损害的发生依法都要承担责任,这就使得侵权责任法的损害预防功能在一定程度上失效,使得行为人丧失了预防侵权损害发生的心理动因。同样地,责任保险的出现与发展也对侵权责任法之损害预防功能带来了一定的冲击。行为人通过责任保险分散了侵权责任的赔偿风险,同样降低了其采取预防措施的心理激励。因此,相对于传统的损害填补功能而言,侵权责任法的损害预防功能往往被认为处于附属性地位,并非侵权责任法的首要功能。但如此认识侵权责任法的损害预防功能也仅具有观念意义,因为在实际上,事后的损害填补往往难以使被侵权人恢复至损害未曾发生时的应有状态,因而通过预防而防止损害的实际发生仍然具有重要的积极意义。

侵权责任法不仅要保障民事权益安全,还要保障行为自由,因而如果过度强调侵权责任法的损害预防功能,就可能产生抵制行为自由的副任用。而行为自由的保障,对于一个富有生机的社会而言是必不可少的。为此,法经济学的研究为我们更好地理解侵权责任法的损害预防功能和适度发挥这一功能提供了一个非常好的分析视角。法经济学立足于"效率",对侵权责任法之损害预防功能的发挥和保障行为自由间的平衡做了量化分析。根据法经济学的分析,当损害的预防成本低于损害事故发生后的损害成本时,行为人即有责任采取预防措施,并且其对于因殆于采取预防措施而发生的损害要承担侵权责任;反之,当损害的预防成本高于损害实际发生后的成本时,则认为行为人并无采取预防措施的注意义务,是否采取预防措施属行为自由的范畴,行为人对损害的发生无须承担侵权责任。① 上述法经济学的分析给我们带来一个启示,即侵权责任法之损害预防功能的发挥还受制于行为成本与行为收益的比较。由这一启示可以看出,对损害预防功能的理解不能仅停留在一般预防的层面上,还须在具体预防的意义上分析侵权责任法在个案上之预防功能的发挥程度和实现程度。

2. 案例评析

损害填补功能与损害预防功能是侵权责任法相辅相成的两项重要功能。从理论上说,通过损害填补可以达到使被侵权人恢复至侵权行为未曾发生时的应然状态。但是,这也仅是理论上的一种可欲设想。在现实社会中,损害一旦发生,就不可能真正恢复至如损害未曾发生时的应有状态。因此,仅有损害填补功能,侵权责任法并不能真正发挥其应有的功能目的,还须强调侵权责任法的损害预防功能,以补此不足。就本案例而言,报社和记者虽然承担了赔礼道歉、赔偿精神损失的侵权责任,但这并不等于说小莉因遭受侵权而受到的损害就已经完全得到了弥补,因为侵害结果既已发生,原则上就无法逆转了。试想,如果没有这次侵权责任的承担,报社和记者就不可能意识到如此报道会构成对新闻主人公的权利侵害,在后续的报道中也就不可能采取相应的预防性措施,类似的侵权行为可能就会继续发生。通过侵权责任的承担,报社和记者认识到了自己行为的违法性,并有针对性地采取了相关的预防措施,就避免了此后再发生类似的侵权行为,这就很好地体现了侵权责任法的损害预防功能。

(五) 自测案例

刘某是大货车司机。某日午夜,刘某驾驶一辆江西牌照的大货车从杭州开往南昌,途中撞上了行驶着的一辆浙江牌照的大货车,不仅把大货车撞出了高速公路,同时导致刘某自己受伤,自己车上的另一名乘客也受了重伤。由于抢救及时,几名伤者都得到了及时救治。经调查,这起事故是由于司机刘某在夜间疲劳驾驶引发的。为此事故,刘某赔偿了 30 万元损害赔偿

---

① 参见〔美〕理查德·A.波斯纳:《法律的经济分析》(上),蒋兆康译,中国大百科全书出版社 1997 年版,第 211—215 页。

金。遭此一劫后,刘某从此驾车就变得非常谨慎,再也不敢疲劳驾驶了。

问:这则案例体现了侵权责任法的何种功能?

三、权利宣示功能

(一)案情简介

> **案例**
>
> 84周岁的李某是原长春市某建筑工程公司的离休干部,从1995年起,他每年都在长春市老龄委领取市公交总公司颁发的"市区70周岁以上乘车证"。乘车证规定:"持此证,可免费乘坐长春市内普通公共电、汽车(不含小公共、郊线、专线车)。"长春市于1995年颁发的"老年人优待证"第一项内容则是:"免费乘坐市内公共电、汽车(不含小公共车、不包括长春至双阳区的长途公共汽车)。"李某认为,以上两个证件规定的内容与吉林省人大常委会1998年颁布实施的《吉林省实施〈中华人民共和国老年人权益保障法〉若干规定》不一致。该规定第18条规定:"70周岁以上的老年人凭有效证件免费乘坐市内公共交通工具,进入公园以及享受当地人民政府规定的其他特殊优待。"依据这条规定,免费乘车范围并没有排除专线车、小公共汽车和郊线车。李某有记日记的习惯,他详细介绍了从1999年至2000年7月间在长春市乘坐专线车的遭遇:1999年5月27日,他被9路专线车拒载,不得不在雨中等了近10分钟,回家后病了三天;1999年8月25日,他乘坐了专线车,但下车时被迫交了一元车票钱;1999年11月2日,他多次欲乘坐1路专线车均遭拒绝,为了等其他公交车,他在路边等了半个小时,结果腰疼病犯了……从1999年起,李某就开始到相关部门反映该问题,要求长春市公交公司依法保护老年人的合法权益,但没有效果。无奈之下,他起诉市公交公司,要求被告立即停止侵害,赔礼道歉;支付原告精神损害补偿费人民币1元;诉讼费由被告承担。李某说:"我打这场官司完全是一个老年人依据法律进行的维权行为,只要我还有口气,就要把它进行到底。"

(二) 思考方向

在本案原告提出的三项诉讼请求中,最值得关注的是第二项请求,即要求被告赔偿精神损失费1元钱。原告提出1元钱的诉讼请求,并不意味着原告的实际精神损失费就是1元钱。按常理推断,精神损害一旦造成,其损失就远不止1元钱。那么,原告为什么只提1元钱的诉讼请求呢?这是值得思考的一个问题。

(三) 法律规定

1.《侵权责任法》第1条 为保护民事主体的合法权益,明确侵权责任,预防并制裁侵权行为,促进社会和谐稳定,制定本法。

第2条第1款 侵害民事权益,应当依照本法承担侵权责任。

第3条 被侵权人有权请求侵权人承担侵权责任。

第22条 侵害他人人身权益,造成他人严重精神损害的,被侵权人可以请求精神损害赔偿。

2.《最高人民法院关于确定民事侵权精神损害赔偿责任若干问题的解释》(以下简称《精神损害赔偿解释》)第8条 因侵权致人精神损害,但未造成严重后果,受害人请求赔偿精神损害的,一般不予支持,人民法院可以根据情形判令侵权人停止侵害、恢复名誉、消除影响、赔礼道歉。因侵权致人精神损害,造成严重后果的,人民法院除判令侵权人承担停止侵害、恢复名誉、消除影响、赔礼道歉等民事责任外,可以根据受害人一方的请求判令其赔偿相应的精神损害抚慰金。

(四) 学理分析

1. 侵权责任法的权利宣示功能

《侵权责任法》第1条中规定的"明确侵权责任",在解释上不仅指明确侵权人应当承担的侵权责任,而且还蕴含着通过明确侵权人的侵权责任而宣告被侵权人之民事权益受到侵害的规范意旨,这体现了侵权责任法的权利宣示功能。

侵权责任法的权利宣示功能往往为大陆法系国家的民法所忽视,但在英美侵权法上,这一功能却受到了应有的重视,并为相关的侵权损害赔偿制度所确认。在英美法上,名义损害赔偿(nominal damages)就是集中体现侵权责任法之权利宣示功能的重要制度。

英美法上之侵权赔偿在类型上包括实质损害赔偿、名义损害赔偿和惩罚性赔偿三个类型。实质损害赔偿体现了损害填补功能,惩罚性赔偿体现了制裁功能,而名义损害赔偿体现的则是权利宣示功能。所谓名义损害赔偿,是指在民事诉讼中,法院判给被侵权人一笔很小的损害赔偿金,如一美元或一便士,前提是人民法院认定原告的权利受到侵害,在法理上应予赔偿,但原告并未遭受任何实质性损失或未能证明损失的数额。① 在英美判例法上,判处名义损害赔偿的最著名案例当属英国前首相温斯顿·丘吉尔(Winston Churchill)诉路易斯(Louis Adamic)诽谤案。路易斯在自己的一篇公开发表的作品中曾写道,丘吉尔在美国白宫的一次晚宴中被灌醉过,丘吉尔认为该作品构成诽谤,侵害了自己的名誉权。最终,丘吉尔胜诉,但陪审团认为丘吉尔的卓越声誉并没有因此而遭受任何的实质性损害,故判决给予其一宪令的名义损害赔偿。② 英美法上另一则名义损害赔偿的著名判例是 Constantine v. Imperial London Hotels, Ltd. 案。③ 在该案中,原告是一名黑人职业板球运动员,被告是英国伦敦的一家旅馆。1943 年,原告代表其所在球队到英国打比赛,其全家预订了被告的旅馆作为在英国期间的下榻处所。在预订时,他被告知,他和他的家人将受到最大的礼遇。但当其到达旅馆时却被告知,他只能住一个晚上,因为下榻同一旅馆的一位美国白人军官对其入住该同一旅馆提出了抱怨。原告被激怒了,他认为被告的行为违反了普通法上旅馆经营业者不得无正当理由拒绝宾客入住的法则,为此原告提起了诉讼。主审法官拒绝采信被告证明其没有种族歧视的证据,判决原告胜诉,并判给原告 5 英镑的名义损害赔偿。通过英美法的以上两则判例可以看出,名义损害赔偿旨在宣告原告的权利受到侵害,被告的行为构成侵权,给予名义损害赔偿的目的不在于补偿原告因被告侵权行为而受到的实际损

---

① 参见薛波主编:《元照英美法词典》,法律出版社 2003 年版,第 968 页。
② Cited from http://legalservicesindia.com/article/article/quantum-of-damages-in-tort-law-296-1.html,访问日期:2011-4-19。
③ [1944] 2 All E. R. 171.

害,而旨在宣告原告的权利。

实际上,在域外立法例上,不仅采用判例法的英美法系国家确立了名义损害赔偿制度,在法典化的大陆法系国家也有通过制定法的形式确认名义损害赔偿的立法例,这就是《埃塞俄比亚民法典》。该法第 2104 条明确规定:"如果起诉完全是为了证实原告的某项权利受到侵犯,或被告已导致某种责任,可授予一个纯粹名义上的损害赔偿。"这是通过法典化法律明确认可名义损害赔偿及宣告侵权责任法之权利宣示功能的大陆法系国家的典型立法例。

在我国《侵权责任法》颁行前,我国法本着"有损害即有赔偿,无损害即无赔偿"的损害赔偿原则,是不认可名义损害赔偿的,从而也就不承认侵权责任法具有权利宣示的功能。但此种立法态度并不能阻挡现实的名义损害赔偿诉求,我国司法实践中大量涌现出的"一元钱官司"即为明证。在"一元钱官司"中,原告不计诉讼成本、不顾实际损害,只要求一元钱的损害赔偿,其目的即旨在通过法院判决确认被告的行为违法、宣告自己的合法权益受到了侵害,而非出于填补损害的赔偿目的。"一元钱官司"的出现,表明我国公民的维权意识正在觉醒,权利保护意识正在提高。与之相适应,我国侵权责任法理应确认名义损害赔偿制度,名正言顺地发挥其权利宣示功能。但遗憾的是,这一法律诉求在《侵权责任法》中并没有通过具体的条文予以体现,这使得我们只能对《侵权责任法》第 1 条有关立法意旨的表述中通过解释导出我国侵权责任法之权利宣示功能。在《侵权责任法》颁行后,人民法院对于"一元钱官司"的态度也要随之改变,不能再草率地认为原告的诉讼请求无法律依据,甚至认为原告是在无理取闹,而是应在依法认定被告行为构成侵权的基础上,支持原告的名义损害赔偿诉求,以宣告被告行为构成侵权、原告权利受到侵害。

2. 案例评析

在本案例中,李某认为自己受到了不公正待遇,所以打起了官司。1996 年颁布实施的《中华人民共和国老年人权益保障法》第 36 条规定:"地方各级人民政府根据当地条件,可以在参观、游览、乘坐公共交通工具等方面,对老年人给予优待和照顾。"1998 年颁布实施的《吉林省实施〈中华人民共和国老年人权益保障法〉若干规定》第 18 条规定:"70 周岁以上的老年人凭有效证件免费乘坐市内公共交通工具,进入公园以及享受当地人民政府规定的其他特殊优待。"李某认为,他依法有权免费乘坐小公共和专线车,因为小公共和专线车也是"市内公共交通工具"。从老人打官司的态度可以看出,打官司并不是因为老人家遭受了什么大的实际损害从而寻求赔偿,而只是为了维护老年人的合法权益,希望通过人民法院判决确认被告的行为违法以及自己的合法权益受到了侵害。因此,这是一起典型的"一元钱官司"。对于该案的处理,人民法院应当首先确认被告公交公司禁止符合条件的老年人免费乘坐小公共和专线车的做法是否构成侵权。如果判定成立侵权,就应当依法支持李某1元钱的诉讼请求,以实现李某的诉求目的和侵权责任法的权利宣示功能;如果判定被告的做法不构成侵权,则另当别论。须特别指出的是,根据我国相关法律的规定,只有在侵权造成他人严重精神损害或因精神损害造成严重后果时,才支持原告的精神损害赔偿请求,对此应做正确理解。当一个行为被判定侵权时,不论因侵权造成的损害后果是否严重,权利受到侵害的事实是无可争议,也是不可否认的,因此,当原告仅提起名义性的损害赔偿请求而并非寻求被告赔偿实质性的精神损害抚慰金时,人民法院理应予以支持,绝不能草率地以法无根据为由驳回诉讼请求。

(五)自测案例

我国著名篮球运动员姚明向某区人民法院起诉可口可乐(中国)有限公司侵犯其肖像权。纠纷源于可口可乐公司在市场上热卖的一种饮料的瓶身上印有中国篮球队队员姚明、巴特尔和郭士强的肖像(姚明居中)。姚明诉称,他只与百事可乐公司签过约,授权该公司使用其肖像。而可口可乐公司未经他本人同意擅自使用其肖像和姓名并用于商业销售,侵犯了其肖像权和姓名权,故要求可口可乐公司停止将其肖像和姓名用于产品外包装的行为,在全国性媒体上公开道歉,并要求1元钱的"精神和经济损失"。

问:姚明1元钱的诉讼请求应否获得人民法院支持?

四、侵权制裁功能

（一）案情简介

案例

2010年7月2日，李某从销售商处购买一部农用三轮汽车跑运输，购车不久就发现该车脚刹车时有时无、制动不灵，于是多次打电话找销售商反映情况，销售商告知其要加装"滴水器"降温。2010年9月16日即事发前一天晚上，李某自行安装了后轮的滴水管，连接的皮管和水龙头因未购买当晚也就未安装上。次日上午，李某驾驶该车在运输过程中，在下坡时因刹车失灵发生了单方交通事故，李某被摔到路面上，该车侧翻到公路边，李某因抢救无效死亡。事后，李某的亲属作为原告将生产厂家起诉到人民法院，认为该车无车门车窗，产品说明书中没有刹车制动总泵中制动液过低会有何风险的说明，这些都是国家标准、行业标准中明确要求的，由此认为该车不合格，要求生产商承担损害赔偿责任，并要求人民法院依法判处生产商承担一定的惩罚性赔偿。诉讼过程中，经专业机构鉴定，该车刹车系统确实存在安全隐患，属不合格产品。事后经调查也证明，生产厂家对车辆存在的此种缺陷是明知的，只是出于改造成本的考虑，仍然未经改造就将该批不合格车辆投放了市场。

（二）思考方向

在侵权行为类型上，侵权行为包括一般侵权行为和特殊侵权行为两种类型。对于特殊侵权行为引发的侵权责任，往往由侵权责任法做明确的类型化规定，如我国《侵权责任法》就明确规定了产品责任、机动车交通事故责任、医疗损害责任、环境污染责任、高度危险责任、饲养动物损害责任、物件损害责任等独立的责任类型。要妥当解决该案件，首先要认识到这是一起产品责任案件，应适用《侵权责任法》中有关产品责任的规定。接下来要注意到，原告在诉讼请求中不仅提出了一般性的损害赔偿请求，还提出了要求被告承担惩罚性赔偿的请求。而惩罚性赔偿的承担,就体现了侵权责任法的制裁功能。

(三) 法律规定

《侵权责任法》第 1 条　为保护民事主体的合法权益,明确侵权责任,预防并制裁侵权行为,促进社会和谐稳定,制定本法。

第 47 条　明知产品存在缺陷仍然生产、销售,造成他人死亡或者健康严重损害的,被侵权人有权请求相应的惩罚性赔偿。

(四) 学理分析

1. 侵权责任法的侵权制裁功能

大陆法系国家一直比较严格地区分公法和私法,认为法的制裁功能应专属于公法,私法的主要功能在于补偿而非制裁。有鉴于此种观念,大陆法系国家往往不认可侵权责任法的制裁功能,这突出地体现在对起源于美国法上之惩罚性赔偿制度的不予认可,因为惩罚性赔偿最能体现侵权责任法的制裁功能。

在美国法上,惩罚性赔偿是指在因被告的鲁莽行为(recklessness)、恶意行为(malice)或者欺诈行为(deceit)而致原告受侵权损害时,除赔偿原告的实际损害(actual damages)外,还应向原告额外支付的一笔损害赔偿金。[①] Grimshaw v. Ford Motor Co. 案[②]是一起典型的惩罚性赔偿案。1972 年 5 月 28 日,原告乘坐的一辆由被告生产的福特汽车,因发生追尾事故油箱起火,导致原告被严重烧伤。审理法院认为,有充足的证据证明被告存在恶意,因为在汽车的碰撞试验中,被告已经知晓即便在低速碰撞下,汽车的油箱和尾部结构仍会致乘客暴露于严重伤害甚至是死亡的危险之中,并且被告有能力以极小的成本改正汽车的此种设计缺陷,但被告在经过成本与收益的权衡比较后放弃了采取改造措施。因此,法院判决,被告应向原告承担 200 万

[①] See Bryan A. Garner, *Black's Law Dictionary*, 7th edition, West Group, 1999, p.396.

[②] 119 Cal. App. 3d 757 (4th Dist. 1981).

美元的实际损害赔偿责任,此外还须承担350万美元的惩罚性损害赔偿责任。在美国的该则判例中,200万美元损害赔偿金体现的是侵权责任法的损害填补功能,而350万美元的惩罚性赔偿金体现的就是侵权责任法的侵权制裁功能。

在我国《侵权责任法》的制定过程中,就是否要规定惩罚性赔偿制度,主要有三种意见:其一认为,惩罚性赔偿在本质上属于公法责任,在形式上属于私法责任,属公私法责任的混合物。从我国法律发展的实际情况看,过去不注重公私法划分,严重妨碍了我国法治现代化,因此制定侵权责任法应坚持近几年理论界普遍主张的公私法严格区分观念,不宜将惩罚性赔偿这种公私法不分的法律责任纳入侵权责任法。其二认为,从我国实际情况看,恶意侵权行为频繁发生,如出售假药导致患者死亡。对这些恶意侵权人若不施以惩罚性赔偿,将无法惩罚侵权人,也不能有效遏止恶意侵权行为的发生。因此,侵权责任法应对惩罚性赔偿做一般性规定,体现侵权责任法的惩罚、遏止功能。其三认为,为制裁严重侵权行为,侵权责任法应当规定惩罚性赔偿。但惩罚性赔偿不同于普通民事责任(即补偿性民事责任),它不是以补偿被侵权人所受损害为目的,主要是对严重不法行为进行惩罚和制裁,实际上属于民事制裁或私人罚款。对这种民事制裁手段应设定严格的适用条件和适用范围,不宜做一般性规定。适用惩罚性赔偿的主观条件应当是侵权人具有故意,客观条件是侵权人对他人的生命或者健康造成了重大损害。此外,惩罚性赔偿的适用应限于部分侵权行为,如产品责任,不应适用于全部侵权行为。[①]

从立法结果上看,我国《侵权责任法》以上述第三种意见为主,在综合各家学说的基础上做了较为折衷的处理:一是侵权责任法应对惩罚性赔偿作出规定;二是侵权责任法对惩罚性赔偿不宜做一般性规定;三是将惩罚性赔偿只规定于产品责任,而不适用于全部的侵权行为。这一立法成果即体现为《侵权责任法》第47条的规定。我国《侵权责任法》之所以于第1条规定中明定了侵权法的"制裁功能",即与该法对惩罚性赔偿的规定直接相关,旨在明确宣示侵权责任法的侵权制裁功能。

---

① 参见全国人大常委会法制工作委员会民法室编:《侵权责任法立法背景与观点全集》,法律出版社2010年版,第504页。

实际上，惩罚性赔偿制度只是直接体现侵权责任法之侵权制裁功能的典型制度之一而已，即便侵权责任法不承认惩罚性赔偿制度，至少传统的精神损害抚慰金就具有一定的制裁性功能。或者准确地说，精神损害抚慰金既具有填补性要素，同时也具有制裁性要素。① 之所以这样认为，是因为精神损害本质上是一种无法具体量化的无形损害，损害一旦发生也难以用物质性的金钱赔偿予以恢复，因而与其说精神损害抚慰金具有损害填补的功能，毋宁说其主要的功能在于通过对侵权人的制裁来安抚被侵权人的心灵。因此可以说，即便在惩罚性赔偿制度出现之前，传统的侵权责任法同样具有侵权制裁功能。

当然，在认识到侵权责任法的制裁功能的同时，也不能过度地强调和夸大该项功能。因为侵权责任法毕竟是私法，其主要功能还是在于填补损害而非惩罚制裁，因而侵权责任法只能通过一些法律明定的惩罚性制度来制裁侵权行为，而不能泛化地认为所有的侵权责任制度都普遍地具有惩罚性功能。

2. 案例评析

在本案例中，原告提出的惩罚性赔偿诉讼请求于法有据，应得到人民法院的支持。根据《侵权责任法》第 47 条的规定，适用惩罚性赔偿的要件有四：一是产品存在缺陷；二是生产者明知产品存在缺陷；三是缺陷产品造成他人死亡或者健康严重损害的后果；四是损害后果与产品缺陷之间具有因果关系。在该案例中，被告生产的农用三轮汽车存在刹车系统上的质量缺陷，这是为鉴定结论所肯定的；被告明知自己生产的三轮汽车存在此种缺陷而仍将其投入市场，具有明显的恶意；李某因使用该车而造成了车毁人亡的严重后果；李某的死亡与产品缺陷之间具有因果关系。因此，被告的侵权行为完全符合适用惩罚性赔偿的要件，人民法院应判决其承担一定的惩罚性赔偿，以制裁被告的此种恶意行为，遏制其再次发生的概率和可能性。

（五）自测案例

申某购得一批假冒品牌的狂犬病疫苗，并伙同其女婿刘某将狂犬病疫

---

① 参见〔日〕圆谷峻：《判例形成的日本新侵权行为法》，赵莉译，法律出版社 2008 年版，第 13 页。

苗销售给被告人赵某。赵某在明知该批疫苗为假冒药品的情况下仍将其分销给多名其他被告人,从而导致该批假药在市场上流通,先后酿成1人死亡、5人重伤、1人轻伤的恶果。人民法院对涉案的多名被告人作出刑事判决:其中被告人申某犯生产、销售假药罪,判处死刑,缓期二年执行,剥夺政治权利终身,并处没收个人全部财产;被告人赵某犯销售假药罪,判处无期徒刑,剥夺政治权利终身,并处没收个人全部财产。

问:被侵权人有权要求被告承担侵权责任法上的惩罚性赔偿吗?

第三节 侵权责任法的保护对象

侵权责任法的保护对象,也就是侵权责任法所保护的民事权益的范围。侵权责任法的保护对象主要是民事权利,包括人身权和财产权。人身权包括生命权、健康权、姓名权、名誉权、荣誉权、肖像权、隐私权、婚姻自主权、监护权等,财产权包括物权、知识产权、股权、继承权等。除上述民事权利外,其他应受侵权责任法保护的人身、财产利益也在侵权责任法的保护对象之列,如死者人格利益、占有利益等。

一、人身权

(一)案情简介

> **案例**
>
> 2005年7月,原告罗某与被告秦某协议离婚。协议约定:婚生儿子(2001年2月生)归男方抚养,女方每月支付200元抚养费,女方可探望孩子,并能接孩子回女方家过周末,男方应给予协助;如一方再婚,孩子归没有再婚的一方抚养;若双方均再婚,按原协议办。2009年10月,罗某再婚,秦某多次接回孩子不成。2010年3月,秦某从罗某父母家中强行将孩子接走。同年6月,罗某以侵害监护权为由,向其住所地人民法院起诉。

(二)思考方向

在本案例中,原告罗某以监护权受到侵害为由提起侵权之诉,其诉讼请求能否得到支持取决于两个问题:一是监护权是否为侵权责任法的保护对象;二是罗某的侵权案由是否成立。

(三)法律规定

1.《侵权责任法》第 2 条第 2 款 本法所称民事权益,包括生命权、健康权、姓名权、名誉权、荣誉权、肖像权、隐私权、婚姻自主权、监护权、所有权、用益物权、担保物权、著作权、专利权、商标专用权、发现权、股权、继承权等人身、财产权益。

2.《民法通则》第 98 条 公民享有生命健康权。

第 99 条 公民享有姓名权,有权决定、使用和依照规定改变自己的姓名,禁止他人干涉、盗用、假冒。法人、个体工商户、个人合伙享有名称权。企业法人、个体工商户、个人合伙有权使用、依法转让自己的名称。

第 100 条 公民享有肖像权,未经本人同意,不得以营利为目的使用公民的肖像。

第 101 条 公民、法人享有名誉权,公民的人格尊严受法律保护,禁止用侮辱、诽谤等方式损害公民、法人的名誉。

第 102 条 公民、法人享有荣誉权,禁止非法剥夺公民、法人的荣誉称号。

第 103 条 公民享有婚姻自主权,禁止买卖、包办婚姻和其他干涉婚姻自由的行为。

3.《精神损害赔偿解释》第 1 条 自然人因下列人格权利遭受非法侵害,向人民法院起诉请求赔偿精神损害的,人民法院应当依法予以受理:

(一)生命权、健康权、身体权;

(二)姓名权、肖像权、名誉权、荣誉权;

(三)人格尊严权、人身自由权。

违反社会公共利益、社会公德侵害他人隐私或者其他人格利益,受害人以侵权为由向人民法院起诉请求赔偿精神损害的,人民法院应当依法予以受理。

第 2 条 非法使被监护人脱离监护,导致亲子关系或者近亲属间的亲属关系遭受严重损害,监护人向人民法院起诉请求赔偿精神损害的,人民法院应当依法予以受理。

第 3 条 自然人死亡后,其近亲属因下列侵权行为遭受精神痛苦,向人民法院起诉请求赔偿精神损害的,人民法院应当依法予以受理:

(一)以侮辱、诽谤、贬损、丑化或者违反社会公共利益、社会公德的其他方式,侵害死者姓名、肖像、名誉、荣誉;

(二)非法披露、利用死者隐私,或者以违反社会公共利益、社会公德的其他方式侵害死者隐私;

(三)非法利用、损害遗体、遗骨,或者以违反社会公共利益、社会公德的其他方式侵害遗体、遗骨。

4.《最高人民法院关于审理人身损害赔偿案件适用法律若干问题的解释》(以下简称《人身损害赔偿解释》)第 1 条第 1 款 因生命、健康、身体遭受侵害,赔偿权利人起诉请求赔偿义务人赔偿财产损失和精神损害的,人民法院应予受理。

(四)学理分析

1. 侵权责任法对人身权的保护

人身权是指民事主体依法享有的,与其人身不可分离的而无直接财产利益内容的权利。人身权包括人格权和身份权两类民事权利。人格权是民事主体基于法律上的独立人格而享有的以人格利益为内容的人身权,如生命权、健康权、姓名权、名誉权、肖像权、隐私权、婚姻自主权等;身份权是民事主体基于特定的身份而享有的以身份利益为客体的人身权,如荣誉权、配偶权、亲权、监护权等都属身份权。上述这些人身权,都属于侵权责任法的保护对象。

人身权受侵害的形态因人身权的种类不同而有所不同。例如,侵害生命权,主要表现为非法剥夺他人的生命;侵害健康权,主要表现损害他人身体健康和生理机能的完整,如损害身体的组织器官、损害身体的生理机能、损害劳动能力等;侵害姓名权,主要表现为干涉、盗用、假冒姓名;侵害名誉权,主要表现为通过侮辱、诽谤的方式名誉;等等。

2. 案例评析

监护权为侵权责任法的保护对象,已经为《民法通则》《侵权责任法》等民事法律所明定,因而罗某以监护权受到侵害为由提起侵权诉讼,不存在受侵客体不属侵权责任法保护对象的法律适用问题。但在该案例中,因为罗某与秦某已经就离婚后儿子的抚养问题达成了协议,因而要解决该案纠纷,还必须对当事人之间的纠纷性质究竟是违约纠纷还是侵权纠纷作出认定。由罗某与秦某达成的儿子抚养协议可以看出,协议的内容是合法有效的,并没有违法无效的情形存在。既然如此,在当事人离婚后,罗某就应严格按照抚养协议的规定履行自己的约定义务。根据协议规定:"如一方再婚,孩子归没有再婚的一方抚养。"儿子本归罗某抚养,既然罗某已经再婚,依约定儿子就应转归秦某抚养。而当秦某依约行使自己的权利时,罗某显然没有履行自己的义务,没有应请求将儿子交由秦某抚养,罗某的行为已经构成违约。在这种情况下,秦某将儿子强行接回,在没有其他严重的违法或不当行为的情况下,也只能视为秦某通过自力救济的方式实现了自己的合同权利,并不构成侵权。因此,虽然监护权为侵权责任法的保护对象,但罗某的监护权并没有受到侵害,人民法院应依法驳回罗某的诉讼请求。

(五)自测案例

2011年3月4日下午,某实验学校在海口市海秀路设置招生咨询宣传点,陈列五块宣传板,宣传该实验学校的情况简介、教育成果及学生家长来信,同时张贴《海口晚报》的"九岁学童欠交学费竟被扣留——某学校如此逼债叫人寒心"、"公安部门出面干预——被扣学童回家了"、"社会各界关注被扣学童"等三篇关于海口某学校扣留欠交学费学生的报道。某学校校长得知此事后,即召集教务主任和一位保安员一同前往实验学校的宣传点,经双方交涉未果,某学校的来人即动手撕毁实验学校的宣传板及宣传资料。第二天,实验学校以名誉侵权为由起诉某学校,要求其赔礼道歉、消除影响并赔偿直接财产损失。

问:实验学校的诉讼请求能否得到人民法院支持?

二、物权

(一) 案情简介

> **案例**
>
> 2009年的严冬来临,某住宅小区的居民家中大都供上了暖气。然而,自打2007年冬季供暖以来,居民徐某家中主卧室的暖气片却冷若冰霜,影响了整个房屋的采暖。同楼其他居民家中卧室的暖气片均存在同样的问题。徐某向小区物业公司反映了该情况,要求派人维修。经过3天的检修,最终发现是由于该楼502室郭某家中暖气泄露,郭某将安装在暖气管道上的阀门关闭造成的。徐某要求郭某尽快维修,以免继续影响整幢楼居民家中的供暖,郭某却置若罔闻,迟迟未予维修。徐某不得已向人民法院提起诉讼,要求判令郭某立即采取维修措施,排除对其采暖的妨碍,并赔偿两年多来因影响供暖给自己造成的经济损失3000元。

(二) 思考方向

本案案情虽然简单,但其反映出的法律问题却不简单。初看之下,本案是建筑物区分所有权人之间的纠纷;但仔细分析,本案纠纷并非是因为区分所有建筑物的专有部分或共有部分的用益、处分而引起的,似乎又不属于建筑物区分所有权的纠纷问题,而应当适用民法中有关相邻关系的规定。但民法中的相邻关系制度主要是为处理相邻不动产的用益冲突而设的,其制度功能并非在于解决相邻不动产所有权人之间的损害赔偿问题。因此,该案纠纷在本质上还是一起侵权纠纷,侵权行为所侵害之客体是他人的物权。

(三) 法律规定

1.《民法通则》第73条第2款 国家财产神圣不可侵犯,禁止任何组织或者个人侵占、哄抢、私分、截留、破坏。

第 74 条第 3 款 集体所有的财产受法律保护,禁止任何组织或者个人侵占、哄抢、私分、破坏或者非法查封、扣押、冻结、没收。

第 75 条第 2 款 公民的合法财产受法律保护,禁止任何组织或者个人侵占、哄抢、破坏或者非法查封、扣押、冻结、没收。

第 117 条 侵占国家的、集体的财产或者他人财产的,应当返还财产,不能返还财产的,应当折价赔偿。

损坏国家的、集体的财产或者他人财产的,应当恢复原状或者折价赔偿。

受害人因此遭受其他重大损失的,侵害人并应当赔偿损失。

2.《侵权责任法》第 2 条第 2 款 本法所称民事权益,包括生命权、健康权、姓名权、名誉权、荣誉权、肖像权、隐私权、婚姻自主权、监护权、所有权、用益物权、担保物权、著作权、专利权、商标专用权、发现权、股权、继承权等人身、财产权益。

3.《物权法》第 35 条 妨害物权或者可能妨害物权的,权利人可以请求排除妨害或者消除危险。

第 37 条 侵害物权,造成权利人损害的,权利人可以请求损害赔偿,也可以请求承担其他民事责任。

第 83 条 业主应当遵守法律、法规以及管理规约。业主大会和业主委员会,对任意弃置垃圾、排放污染物或者噪声、违反规定饲养动物、违章搭建、侵占通道、拒付物业费等损害他人合法权益的行为,有权依照法律、法规以及管理规约,要求行为人停止侵害、消除危险、排除妨害、赔偿损失。业主对侵害自己合法权益的行为,可以依法向人民法院提起诉讼。

4.《最高人民法院关于审理建筑物区分所有权纠纷案件具体应用法律若干问题的解释》(以下简称《建筑物区分所有权解释》)第 15 条 业主或者其他行为人违反法律、法规、国家相关强制性标准、管理规约,或者违反业主大会、业主委员会依法作出的决定,实施下列行为的,可以认定为物权法第八十三条第二款所称的其他"损害他人合法权益的行为":

(一)损害房屋承重结构,损害或者违章使用电力、燃气、消防设施,在建筑物内放置危险、放射性物品等危及建筑物安全或者妨碍建筑物正常使用;

……

（四）学理分析

1. 侵权责任法对物权的保护

物权是指权利人依法对特定的物享有直接支配和排他的权利。物权包括所有权、用益物权和担保物权，其中用益物权与担保物权属于他物权。在我国物权法上，用益物权包括土地承包经营权、建设用地使用权、宅基地使用权和地役权，担保物权包括抵押权、质权和留置权。上述这些物权，均属于侵权责任法的保护对象。

物权受侵害的形态很多，就所有权的侵害而言，主要包括四种形态：一是无权占有他人之物，如占用他人土地摆设地摊，停车于他人的停车位，盗窃他人之物，擅自扣留他人所有的身份证，租赁到期后拒不返还租赁物；二是物之实体的侵害，如对他人的汽车轮胎放气，污损他人的名画，在他人的墙壁上张贴广告，工厂废水污染养鱼池，擅自以他人的水泥修补自家的房屋；三是侵害所有权的归属或者所有权人的法律地位，如无权处分他人之物；四是应有部分的侵害，如共有人对其他共有人共有权益的侵害。[①]

2. 案例评析

在本案例中，徐某与郭某系同住一个单元公寓楼的邻居，他们之间的纠纷令人首先联想到民法中有关建筑物区分所有权纠纷和相邻关系纠纷。根据《物权法》第83条的规定，业主对侵害自己合法权益的行为，有权依法向人民法院提起诉讼。而根据《建筑物区分所有权解释》第15条的规定，郭某擅自将自家暖气阀门关闭达两年之久，从而影响到了上下楼邻居的采暖，属于"损害他人合法权益的行为"，业主有权提起诉讼。根据《物权法》第35条和第37条的规定，妨害物权或者可能妨害物权的，权利人可以请求排除妨害或者消除危险；侵害物权，造成权利人损害的，权利人可以请求损害赔偿，也可以请求承担其他民事责任。由该案事实来看，如果郭某为了维修自家暖气而暂时关闭阀门，对邻居采暖造成一定影响的，根据相邻关系及区分所有

---

① 参见王泽鉴：《侵权行为法：基本理论·一般侵权行为》，中国政法大学出版社2001年版，第155—156页。

建筑物的相关规定,徐某及其他邻居就有容忍义务,其不得请求物权保护。但郭某关闭阀门达两年之久,并且在被催告修缮之后仍殆于采取措施,在主观上就明显地具有过错,其不作为行为已经构成对徐某物权的侵害,并且其不作为与徐某家的采暖妨害间具有因果关系,因而郭某的行为已经构成侵权。根据《民法通则》、《物权法》及《建筑物区分所有权解释》的相关规定,徐某有权提起诉讼,请求郭某停止侵害、排除妨碍并赔偿相关的损失。

(五) 自测案例

三原告于1998年8月1日依法取得了被告村民小组3亩稻田的承包经营权。2008年1月20日,被告矿业公司因办矿需要,与被告村民小组签订土地租用合同,租用该组的部分土地,其中包括三原告的3亩稻田。二被告约定,稻田按16000元/亩计付租金,租用期限为20年。该村组的大部分成员以户为单位在二被告签订的租用合同上签字认可,三原告当时未在家,未在该租用合同上签字。随后,被告矿业公司按合同约定将租金支付给被告村民小组。考虑到20年后土地承包经营权会变动,被告村民小组遂按每年425元/亩的标准将土地租金存入三原告的存折,其余租金由组内统筹分配,并将三原告的存折分别交由三原告的亲属。2008年7月,三原告回来,认为二被告的行为侵害了其土地承包经营权,要求二被告停止侵害、返还土地、赔偿损失,但经多方协调仍未果。现被告矿业公司使用三原告的稻田堆放矿砂已达二年,庭审中,原、被告均认可三原告二年的稻田收益可达2401元。

问:三原告的诉讼请求能得到人民法院支持吗?

三、知识产权

(一) 案情简介

> **案例**
>
> 天津某制药公司合法拥有一种治疗头痛中药的发明专利权。该专利的权利要求保护的是一种治疗头痛的药物的原料构成及各药味的重量配比。天津某制药公司发现广东某医药发展有限公司未经其许可,

代理东莞某制药有限公司制造的养血清脑颗粒仿制药参加了2009年广东省某市药品集中招标（议价）采购活动,进行了药品投标。天津某制药公司认为广东某医药发展有限公司的行为构成了对自己专利权的侵犯,要求其立即停止侵权行为。

（二）思考方向

专利权、商标权、著作权等知识产权是我国《侵权责任法》明定的侵权法保护对象,本案受侵权利即为专利权。对于专利侵权案件的处理,不仅要适用《侵权责任法》的相关规定,还要结合《中华人民共和国专利法》（以下简称《专利法》）中有关专利保护的相关规定。

（三）法律规定

1. 《侵权责任法》第 2 条第 2 款　本法所称民事权益,包括生命权、健康权、姓名权、名誉权、荣誉权、肖像权、隐私权、婚姻自主权、监护权、所有权、用益物权、担保物权、著作权、专利权、商标专用权、发现权、股权、继承权等人身、财产权益。

2. 《专利法》第 11 条　发明和实用新型专利权被授予后,除本法另有规定的以外,任何单位或者个人未经专利权人许可,都不得实施其专利,即不得为生产经营目的制造、使用、许诺销售、销售、进口其专利产品,或者使用其专利方法以及使用、许诺销售、销售、进口依照该专利方法直接获得的产品。外观设计专利权被授予后,任何单位或者个人未经专利权人许可,都不得实施其专利,即不得为生产经营目的制造、许诺销售、销售、进口其外观设计专利产品。

（四）学理分析

1. 侵权责任法对知识产权的保护

知识产权是私权,知识产权法为民法的一个有机组成部分,我国《民法通则》就将知识产权作为并列于物权、债权的民事财产权加以规定。在我国现行法律体系中,知识产权法主要是以各单行法律的形式存在,如《专利法》、《中华人民共和国商标法》(以下简称《商标法》)、《中华人民共和国著作权法》(以下简称《著作权法》)等。在权利性质上,一般认为知识产权属于混合性民事权利,既包含有财产权的要素,又包含有人身权的要素。但更准确地说,知识产权主要是一种财产权,知识产权中包含的人身权要素实际上也主要是以财产利益为其内容的。

我国《专利法》保护的对象是发明创造,即发明、实用新型和外观设计。专利权侵权主要表现为以下三种形式:(1)当专利权的对象是一项产品时,未经专利权人允许,以营利为目的制造、使用、许诺销售、销售或者进口该产品;(2)当专利权的对象是一种方法时,未经专利权人允许,以营利为目的使用该方法,或者使用、许诺销售、销售或者进口用该方法所直接制造的产品;(3)当专利权的客体是外观设计时,未经专利权人允许,以营利为目的制造、许诺销售、销售或进口该外观设计专利产品。①

我国《商标法》保护的对象是注册商标。经商标局核准注册的商标为注册商标,包括商品商标、服务商标和集体商标、证明商标。根据我国《商标法》第52条的规定,常见的侵犯注册商标专用权的行为有:(1)未经商标注册人的许可,在同一种商品或者类似商品上使用与其注册商标相同或者近似的商标的;(2)销售侵犯注册商标专用权的商品的;(3)伪造、擅自制造他人注册商标标识或者销售伪造、擅自制造的注册商标标识的;(4)未经商标注册人同意,更换其注册商标并将该更换商标的商品又投入市场的。除上述四种类型外,还有其他的侵权行为类型,如故意为侵犯他人注册商标专用权行为提供仓储、运输、邮寄、隐匿等便利条件的,也属于侵犯注册商标专用权的行为。

我国《著作权法》保护的对象是作品。著作权侵权主要包括以下表现形式:未经著作权人许可,发表其作品的;未经合作作者许可,将与他人合作创作的作品当作自己单独创作的作品发表的;没有参加创作,为谋取个人名利,在他人作品上署名的;歪曲、篡改他人作品的;剽窃他人作品的;未经著作权人许可,以展览、摄制电影和以类似摄制电影的方法使用作品,或者以改编、翻译、注释等方式使用作品的;使用他人作品,应当支付报酬而未支付

---

① 参见刘春田主编:《知识产权法》,法律出版社2009年版,第220页。

的;未经电影作品和以类似摄制电影的方法创作的作品、计算机软件、录音录像制品的著作权人或者与著作权有关的权利人许可,出租其作品或者录音录像制品的,本法另有规定的除外;未经出版者许可,使用其出版的图书、期刊的版式设计的;未经表演者许可,从现场直播或者公开传送其现场表演,或者录制其表演的;未经著作权人许可,复制、发行、表演、放映、广播、汇编、通过信息网络向公众传播其作品的;出版他人享有专有出版权的图书的;未经表演者许可,复制、发行录有其表演的录音录像制品,或者通过信息网络向公众传播其表演的;未经录音录像制作者许可,复制、发行、通过信息网络向公众传播其制作的录音录像制品的;未经许可,播放或者复制广播、电视的;未经著作权人或者与著作权有关的权利人许可,故意避开或者破坏权利人为其作品、录音录像制品等采取的保护著作权或者与著作权有关的权利的技术措施的;未经著作权人或者与著作权有关的权利人许可,故意删除或者改变作品、录音录像制品等的权利管理电子信息的;制作、出售假冒他人署名的作品的。

2. 案例评析

在本案例中,天津某制药公司拥有的发明专利权真实有效,应当受到法律保护。广东某医药发展公司用东莞某制药有限公司制造的养血清脑颗粒参加2009年广东省某市医疗机构药品集中招标(议价)采购活动,是一种许诺销售行为。广东某医药发展公司未经专利权人许可,许诺销售与该发明专利相同的产品,其许诺销售行为构成侵犯专利权,应当承担立即停止侵犯专利权行为的侵权责任。

(五)自测案例

两年前,甲乙二人合作,由甲作曲、乙填词,共同创作了抒情歌曲《恋爱的感觉》。后来,甲无意间在同事家中听到一首名为《热恋的感觉》的低格调歌曲,与他此前创作的《恋爱的感觉》曲调完全一样。拿起盒带一看,盒带上署名为甲作曲、乙填词。甲非常气恼,对乙提出了谴责,声称乙侵犯了自己的著作权,要求停止侵害,并赔偿损失。但乙辩称,原歌系合作,自己只改了自己所填的歌词部分,这是法律所允许的,从而拒绝了甲的要求。无奈之下,甲起诉到人民法院。

问:乙的行为是否构成对甲的著作权的侵犯?

四、股权

(一)案情简介

案例

姚某系某纺织服装公司的股东。自纺织服装公司成立至今,从未分配过利润。姚某认为纺织服装公司的法定代表人从公司成立到现在,违反忠实勤勉义务,侵占公司财产,严重侵害了公司及股东的利益;因法定代表人个人原因,纺织服装公司未按公司章程的规定于每年元月31日之前将上年度公司财务报告送交各股东;公司账目混乱,多笔巨大数额资金来源和去向不明,或存放公司账外。2009年6月13日,姚某向纺织服装公司书面提出要求查阅公司会计账簿以了解该公司经营管理状况的请求,但纺织服装公司迟迟未予任何答复。姚某认为纺织服装公司的行为违反了法律规定,侵犯了股东的知情权,故诉至人民法院,要求判决纺织服装公司准许查阅、复制公司2000年度至2008年度的财务会计报告,查阅公司2000年12月22日至2008年8月31日的会计账簿。

(二)思考方向

这是一起与公司有关的纠纷案件。与公司有关的纠纷类型众多,如股权确认纠纷、股东名册变更纠纷、股东出资纠纷、公司章程或章程条款撤销纠纷、公司盈余分配纠纷、股东知情权纠纷、股份收购请求权纠纷,等等。本案属股东知情权受侵害纠纷。股东知情权通过查阅公司相关的决议、财务会计报告、财务会计账簿来实现。当股东的查阅权因公司方面的原因无法实现时,即为知情权受到侵害。

(三)法律规定

1.《侵权责任法》第2条第2款 本法所称民事权益,包括生命权、健康权、姓名权、名誉权、荣誉权、肖像权、隐私权、婚姻自主权、监护权、所有权、用益物权、担保物权、著作权、专利权、商标专用权、发现权、股权、继承权等人身、财产权益。

2.《中华人民共和国公司法》(以下简称《公司法》)第34条 股东有权查阅、复制公司章程、股东会会议记录、董事会会议决议、监事会会议决议和财务会计报告。股东可以要求查阅公司会计账簿。股东要求查阅公司会计账簿的,应当向公司提出书面请求,说明目的。公司有合理根据认为股东查阅会计账簿有不正当目的,可能损害公司合法利益的,可以拒绝提供查阅,并应当自股东提出书面请求之日起15日内书面答复股东并说明理由。公司拒绝提供查阅的,股东可以请求人民法院要求公司提供查阅。

(四)学理分析

1. 侵权责任法对股权的保护

股权即股东权,是指股东因向公司出资而享有的权利。股权是一种独立的民事权利,是侵权责任法的保护对象。

股权的权益内容构成比较复杂,既有财产性权益,又有基于股东股份而享有的一些参与管理权等非财产性权益。这些权益可以分为自益权与共益权两类。自益权主要是一些财产性权利,共益权主要是一些非财产性权利。凡仅以股东自己的权益行使和保护为目的的权利,就是自益权。属于自益权的,如发给出资证明的权利、股份转让过户的请求权、分配股息红利的请求权、分配公司剩余财产的请求权等。凡兼以股东自己利益和公司利益为目的而行使的权利,就是共益权。属于共益权的,如出席股东会或者股东大会的表决权、任免董事等公司管理人员的请求权、查阅公司决议及财务账簿的请求权、要求人民法院确认股东会决议无效的请求权等。不论是自益权还是共益权,凡是对其造成侵害的,股东都可依法提起侵权之诉。

2. 案例评析

根据我国《公司法》的规定,股东有权查阅、复制公司章程、股东会会议记录、董事会会议决议、监事会会议决议、财务会计报告和公司会计账簿。应股东请求,公司应当为股东的查阅权和复制权提供便利。《公司法》第34

条就股东查阅权的行使程序作出了明确规定,并就公司的拒绝查阅权作出了严格的条件限制。

股东行使会计账簿查阅权,在形式上须提出书面请求,在内容上须写明查阅的目的。如果股东以口头形式提出查阅请求的,公司应告知其提出书面请求;如果股东拒不提出书面请求的,公司当然有权拒绝查阅。如果股东仅是提出书面的查阅请求,但未在其书面的查阅请求中阐明查阅的目的,公司应当要求请求人以书面形式补交查阅目的的内容;如果请求人拒不补充的,公司当然也可以拒绝查阅。但是,当股东的查阅请求完全符合法律要求的程序要件时,公司就应当受理查阅请求,原则上应配合查阅。

但公司的会计账簿记载的信息属公司的商业秘密,对其不当利用或披露会对公司利益造成损害。因此,法律在赋予股东查阅权的同时,也考虑到了对公司利益的保护性制衡措施,即赋予公司以一定条件下的拒绝查阅权。公司要拒绝查阅,必须满足以下两个条件:其一,从主观上讲,请求查阅人具有不正当目的。其二,从客观上讲,允许查阅将损害公司的合法利益。公司对是否满足以上两个条件负有举证责任,如果公司无合理根据而拒绝查阅的,须承担相应的法律责任。公司拒绝查阅除满足以上两项实体性条件外,还必须满足以下三项程序性条件:其一,从时间上讲,必须于股东提出书面请求之日起 15 日内作出答复;其二,从形式上讲,必须作出书面答复,口头答复视为未答复;其三,从内容上讲,必须具体说明拒绝查阅的理由。同样地,为了制衡公司的拒绝查阅权,法律赋予了请求查阅人以诉权,当公司拒绝提供查阅时,股东可以请求人民法院要求公司提供查阅。

在本案例中,姚某系某纺织服装公司的股东,其依法享有公司财务会计报告及会计账簿的查阅权。姚某请求行使查阅权的原因有以下几个:一是自纺织服装公司成立至今,从未分配过利润;二是姚某认为纺织服装公司的法定代表人从公司成立到现在,违反忠实勤勉义务,侵占公司财产,严重侵害了公司及股东的利益;三是姚某认为因法定代表人的个人原因,纺织服装公司未按公司章程的规定于每年元月 31 日之前将上年度公司财务报告送交各股东;四是姚某认为公司账目混乱,多笔巨大数额资金来源和去向不明,或存放公司账外。应当说,这四个方面的目的都具有正当性,表明姚某行使查阅权的目的并不在于实现个人的不正当私益而损害公司的利益。2009 年 6 月 13 日,姚某书面向纺织服装公司提出要求查阅公司会计账簿的请求权,这在形式上也符合法律的规定。至此,可以认为姚某已经向公司提出了一项合法有效的查阅请求。应其请求,公司应当给予查阅或者依法拒绝查阅。但公司在收到查阅请求后却不予任何答复,这显然是违法的,侵害了姚某的查阅权和知情权,因而姚某向人民法院提出的查阅请求应获得支持。

(五)自测案例

某宾馆有限公司成立于 2000 年 10 月,有 15 名自然人股东和一名国有股股东,注册资金为人民币 500 万元,15 名自然人股东中的苏某等四人共占股 20%。2009 年 8 月 13 日、19 日,刘某与苏某等四人约定以 120 万元购买四人全部股份。8 月 20 日,苏某等四人向其他 11 名自然人股东及国有股东发出通知,要求如愿意购买的股东应当在 2 天内给予回复,并以上述股权价格予以转让;8 月 24 日再次发出通知:撤回 8 月 20 日定价购买的通知,改为与第三人之间竞价购买。9 月 16 日、17 日,其他 11 名股东回函表示同意按 8 月 20 日通知的内容履行。10 月 16 日,苏某等四人与刘某完成股权交割。其他 11 名股东为此与苏某等四人及刘某产生争议并诉至人民法院。人民法院确认苏某等四人与刘某之间的股权转让行为因侵犯了其他股东的优先购买权而无效。

问:人民法院的判决正确吗?

五、继承权

(一)案情简介

> **案例**
>
> 1987 年 9 月中旬,原告出生第 15 天即被徐某、章某夫妇收养。1989 年、1990 年养母、养父先后去世,原告年仅 3 周岁。因无合适的监护人,原告亲生父母王某、金某不忍心看着年幼的原告失去依靠,即毅然举家租住在同堂村,担负起对原告的监护责任至今。期间,原告所在村及乡邻多方关怀,给原告申报落户、分了责任田,并按孤儿给予照顾,对原告生父母担任原告监护人给予大力支持,使原告能重新享受人间

> 真情的关爱,使孤儿能健康成长。但是,养父去世九年后的1999年11月,四被告(原告的生父、生母,原告的二叔、小叔)签订了"协议书",将原告所有的养父遗产处分给"亲胞兄弟所有"(即原告的二叔、小叔)。此后,第三、第四被告(即原告的二叔、小叔)依"协议书"占有了原告养父的遗产(主要是三间房屋)至今。原告以四被告的行为侵害了其继承权为由,向人民法院提起诉讼。

(二)思考方向

本案是一起继承权纠纷。继承权不是一项债权性的请求权,而是一项具有对世效力的绝对权,因而对继承权的侵害可纳入侵权的范畴,继承权为侵权责任法的保护对象。

(三)法律规定

1. <u>《侵权责任法》第2条第2款</u>　本法所称民事权益,包括生命权、健康权、姓名权、名誉权、荣誉权、肖像权、隐私权、婚姻自主权、监护权、所有权、用益物权、担保物权、著作权、专利权、商标专用权、发现权、股权、继承权等人身、财产权益。

2. <u>《中华人民共和国继承法》(以下简称《继承法》)第8条</u>　继承权纠纷提起诉讼的期限为2年,自继承人知道或者应当知道其权利被侵犯之日起计算。但是,自继承开始之日起超过20年的,不得再提起诉讼。

3. <u>《最高人民法院关于贯彻执行〈中华人民共和国继承法〉若干问题的意见》(以下简称《继承法意见》)第8条</u>　法定代理人代理被代理人行使继承权、受遗赠权,不得损害被代理人的利益。法定代理人一般不能代理被代理人放弃继承权、受遗赠权。明显损害被代理人利益的,应认定其代理行为无效。

(四)学理分析

1. 侵权责任法对继承权的保护

继承权包括两类:一为继承开始前之继承权,二为继承开始后之继承权。根据《继承法》第 2 条的规定,继承从被继承人死亡时开始。因此,以被继承人死亡之时点为界,分为继承开始前之继承权和继承开始后之继承权。通说认为,继承开始前之继承权仍是一项权利,为法律所保护,该种权利是一种期待权。因此,继承开始之前的继承权可称为期待继承权,继承开始之后的继承权可称为既得继承权。通常所言的侵害继承权,一般是对既得继承权的侵害。当然,对既得继承权的侵害也可能发生于继承开始之前,延续到继承开始之后。

侵害继承权的,并不限于其他继承人。侵害继承权的侵权人,既可以是其他继承人(如其他继承人否认继承人有继承权),也可以是继承人以外的人;既可以是以合法继承人身份自居的实际上并不享有继承权的人(即伪继承人),也可以是并不认为自己有继承资格的人;既可以是否认继承人继承权的人,也可以是并不否认继承人的继承权但却认为继承人对某项财物不享有权利的人。①

2. 案例评析

在本案例中,原告出生第 15 天起,即被徐某、章某夫妇收养。这是原告生父母与徐某、章某夫妇生前的真实意思表示,而且得到其他亲友及村委会的支持。原告的养子女身份确认后,即可确认其对养父母的遗产继承权,即养父母遗留的三间房屋应归原告继承,由原告取得所有权。原告的养父母死亡后,原告的生父母将其领回抚养,双方之间恢复了父母子女关系,原告的生父母是原告的法定代理人。根据《继承法意见》第 8 条的规定,作为原告之法定代理人的生父母,无权代理原告放弃继承权,其代理放弃继承权的行为是无效的。综上所述,本案四被告的协议行为侵害了原告的继承权,依法应确认其无效,原告之二叔、小叔应将三间房屋返还原告。

(五)自测案例

三原告的父母共生有三女一男,现均已成年,独立生活。1991 年三原告的父亲经有关部门批准在镇上建了五间店面房,1995 年因旧城改造,政府将位于县城内的两套商品房安置给原告父母。后原告父亲生病住院,母亲与

---

① 参见郭明瑞、房绍坤:《继承法》,法律出版社 2004 年第 2 版,第 80 页。

女儿为家庭琐事产生矛盾。2004年7月原告的父亲去世后，原告的母亲及弟弟各居住于其中的一套商品房内，五间店面房由原告母亲以其名义出租，租金亦由其母亲收取。2007年底，女儿提出要求分割房产，母亲不同意。大女儿、二女儿遂向人民法院起诉，三女儿既不申请参加诉讼，又不放弃权利，人民法院遂追加三女儿为共同原告。

问：三位女儿的继承权是否受到侵害？

六、其他民事权益

（一）案情简介

案例1

原告丁兰、丁蓉起诉称，父亲丁先生与母亲温女士生育三儿二女，二原告与被告丁来系兄妹、姐弟关系；父亲丁先生于1999年去世后，被告以没有生活来源为由把自己的房屋出租，强行搬到父母承租的房屋和母亲共同居住；原告多次看望母亲，每次被告都把门关上不让原告进门，原告多次都不能看到自己的亲生母亲；2010年3月30日清明期间原告等人为父亲扫墓，发现墓碑上母亲已于2010年3月17日去世，原告找到被告问母亲因何去世，被告不予理睬。原告认为，被告在和母亲居住期间，对于母亲去世的情况没有尽到告知的义务，致使原告丧失了对母亲吊唁的权利，这严重侵害了原告的合法权利，给原告精神上造成极大的伤害；故诉至人民法院请求判决被告立即向原告赔礼道歉、赔偿原告精神损害抚慰金10万元。人民法院经审理认为，自古以来，中国乃重孝道的国家；吊唁权也是一种特殊的人格利益，老人故去，子女进行吊唁乃人之常情，亦是受法律保护的一项权利；本案中，丁兰、丁蓉与丁来虽关系不睦、互不往来，但母亲去世，作为与母亲同住的丁来有义务将母亲去世的消息告知丁兰、丁蓉，使丁兰、丁蓉享受均等尽孝的机会。但丁来未尽到告知义务，故判令丁来向二原告赔礼道歉，但对于精神损害赔偿的诉讼请求不予支持。

> **案例 2**
>
> 2008年3月,某市纺织品公司与该市某服装批发商场签订了一份丝绸保管合同。随后纺织品公司将其生产的15000匹丝绸送到批发商场的仓库,批发商场清点数目后入库。同年7月,该市连降暴雨,天气潮湿,批发商场的仓库因年久失修有漏水现象发生,并且仓库内异常潮湿。为避免自己的服装及代为保管的丝绸受潮,批发商场与该市一家零售服装的服装城联系,请求将服装和丝绸在其处暂放数日以便及时维修仓库,服装城表示同意。由于时间仓促,双方没有仔细清点丝绸的数目。批发商场的司机李某知道这一情况后,在运送中私自取走了200匹丝绸。批发商场在取回货物时,发现少了200匹丝绸。后查明为司机李某中途取走,便要求其返还,但李某拒绝返还,并声称批发商场对该丝绸没有所有权不能主张返还。批发商场向人民法院起诉,要求李某返还丝绸。

(二) 思考方向

在案例1中,人民法院提出了一个新名词"吊唁权"。吊唁权在我国现行法的民事权利体系中是找不到的。这就带来一个问题:吊唁权是一种民事权利还是仅为一种民事法益,吊唁权受侵权责任法保护吗?在案例2中,被告李某在运货途中擅自取走原告保管货物的行为是否构成对原告利益的侵害,原告对货物没有所有权就不能主张返还货物吗?这涉及占有利益的保护问题。

(三) 法律规定

1.《侵权责任法》第2条第2款 本法所称民事权益,包括生命权、健康权、姓名权、名誉权、荣誉权、肖像权、隐私权、婚姻自主权、监护权、所有权、用益物权、担保物权、著作权、专利权、商标专用权、发现权、股权、继承权等人身、财产权益。

2.《物权法》第245条 占有的不动产或者动产被侵占的,占有人有权请求返还原物;对妨害占有的行为,占有人有权请求排除妨害或者消除危险;因侵占或者妨害造成损害的,占有人有权请求损害赔偿。

占有人返还原物的请求权,自侵占发生之日起1年内未行使的,该请求权消灭。

3.《精神损害赔偿解释》第3条　自然人死亡后,其近亲属因下列侵权行为遭受精神痛苦,向人民法院起诉请求赔偿精神损害的,人民法院应当依法予以受理:

(一)以侮辱、诽谤、贬损、丑化或者违反社会公共利益、社会公德的其他方式,侵害死者姓名、肖像、名誉、荣誉;

(二)非法披露、利用死者隐私,或者以违反社会公共利益、社会公德的其他方式侵害死者隐私;

(三)非法利用、损害遗体、遗骨,或者以违反社会公共利益、社会公德的其他方式侵害遗体、遗骨。

(四)学理分析

1. 侵权责任法对其他民事权益的保护

侵权责任法的保护对象是"民事权益",包括民事权利和民事法益两类。民事权利包括一些具有法定名称的权利,如《侵权责任法》第2条第2款明确列举的18项民事权利,也包括一些虽无法定名称但仍可纳入民事权利体系的权利,如自由权、贞操权等。因此也可以说,民事权利包括有名民事权利和无名民事权利两类。但是否所有的无名民事权利都可以称为"权利",这是有疑问的。一般而言,能够被称为"权利"的民事利益,都是一些重要的民事法律关系的内容,随着社会和法律的发展,民法会将其确认并上升为有名民事权利。如隐私权,在民法发展的早期,其并非为法律明定的民事权利,但随着隐私利益确认和保护的日益重要,民法便将隐私利益上升到有名的民事权利的地位,称之为"隐私权"。但对于类似于隐私利益这样的民事利益而言,即便在民法将其上升为有名民事权利之前,人们也可约定俗成地将其称为"隐私权",并且不妨碍其作为"权利"加以保护的地位。但准确以言,并非所有的受民法保护的民事利益都可以上升到"民事权利"的高度和地位,如愉快度假的利益,其本身也受民法保护,但很难讲存在一种"愉快度假权"的民事权利。这样的虽受民法保护,但尚未被法定化为有名权利、也未被约定俗成为无名权利的民事利益,即民事法益。

综上所述,有名民事权利、无名民事权利和民事法益可统称为民事权益。这就意味着,不仅有名民事权利属侵权责任法的保护对象,无名民事权利和民事法益也属侵权责任法的保护对象,这也是《侵权责任法》第2条第2款在列举了18项有名民事权利后,又明确使用了"等人身、财产权益"的立法表述的用意所在。

2. 案例评析

案例1是我国近几年来新出现的一类侵权诉讼案件。原告诉求能否获得支持的关键在于判断原告提出的"吊唁权"是否为一项受侵权责任法保护的民事权利。审理此案的人民法院认为:"自古以来,中国乃重孝道的国家;吊唁权也是一种特殊的人格利益,老人故去,子女进行吊唁乃人之常情,亦是受法律保护的一项权利。"可见,人民法院认为,"吊唁权"虽然不是一项由民法作出明确规定的有名民事权利,但其作为一项无名民事权利的地位是不容否认的。因此,原告对故去的亲人享有特定的吊唁法益,并受法律保护。

在案例2中,批发商场与纺织品公司订立了丝绸保管合同,因而批发商场对纺织品公司丝绸的占有是合法占有。李某作为司机应当按照批发商场的要求安全、保质保量的运送货物,但李某为牟取私利,在运送过程中私自截留200匹丝绸,这既侵害了纺织品公司的所有权,也侵害了批发商场对丝绸的占有。因此,李某应当承担返还财产的民事责任。

(五)自测案例

2011年2月27日,南京市某区环境卫生管理所汽车驾驶员徐某,在工作时间驾驶东风牌自卸车倒车时,将正在卡车后面帮助关车门的张某撞伤,医院诊断为左骨盆骨折,后尿道损伤。经法医鉴定,结论为:因外伤致阴茎勃起功能障碍。张某的妻子王女士认为,自己作为张某的合法妻子,丈夫因车祸丧失性功能,使自己的生理及心理健康受到了严重伤害,今后将陷入漫长的、不完整的夫妻生活。于是,夫妻二人共同以环境卫生管理所为被告起诉,要求赔偿损失,其中包括性权利损害的精神损害赔偿。

问:"性权利"属于侵权责任法的保护对象吗?

第四节　侵权责任关系的主体

在侵权责任关系中,请求权人是"被侵权人",被请求人即责任人是"侵权人"。但须注意的是,我国《侵权责任法》不仅确立了侵权责任关系的一般主体,在某些特定的侵权责任关系中,根据法律的规定,侵权人和被侵权人却并非是侵害行为人和直接受害人。如《侵权责任法》第四章"关于责任主体的特殊规定",就对特殊的责任人做了系统规定。

一、侵权责任的请求人

(一)案情简介

> **案 例**
>
> 2008年1月22日,北汽福田汽车股份有限公司诸城汽车厂(以下简称诸城汽车厂)的一辆小型货车与颜某的三轮车相撞,致颜某受伤。公安交警部门事故责任认定:诸城汽车厂车辆驾驶员负事故的主要责任,颜某负事故的次要责任。颜某伤情经法医鉴定,构成Ⅱ级伤残。颜某向人民法院提起诉讼,要求诸城汽车厂赔偿经济损失。人民法院判决被告承担各项损失335022元。一审判决作出第二天,颜某因伤情加重医治无效死亡。颜某的近亲属吴某等诉至人民法院,请求诸城汽车厂和北汽福田汽车股份有限公司赔偿后续治疗费、住院伙食补助费、营养费、误工费、丧葬费、死亡赔偿金等各项损失共计554418元。

(二)思考方向

这是一起机动车交通事故损害赔偿案。该案的特殊之处在于,前后两个诉的原告主体不同。在第一个诉中,颜某作为事故的直接受害人提起了诉讼;而在第二个诉中,提起诉讼的主体是颜某的近亲属。颜某的近亲属有权提起诉讼吗?这就需要依据法律和具体的法律事实作出分析。

（三）法律规定

1.《侵权责任法》第3条　被侵权人有权请求侵权人承担侵权责任。

第18条　被侵权人死亡的,其近亲属有权请求侵权人承担侵权责任。被侵权人为单位,该单位分立、合并的,承继权利的单位有权请求侵权人承担侵权责任。

被侵权人死亡的,支付被侵权人医疗费、丧葬费等合理费用的人有权请求侵权人赔偿费用,但侵权人已支付该费用的除外。

2.《国家赔偿法》第6条　受害的公民、法人和其他组织有权要求赔偿。

受害的公民死亡,其继承人和其他有扶养关系的亲属有权要求赔偿。

受害的法人或者其他组织终止,承受其权利的法人或者其他组织有权要求赔偿。

3.《精神损害赔偿解释》第7条　自然人因侵权行为致死,或者自然人死亡后其人格或者遗体遭受侵害,死者的配偶、父母和子女向人民法院起诉请求赔偿精神损害的,列其配偶、父母和子女为原告;没有配偶、父母和子女的,可以由其他近亲属提起诉讼,列其他近亲属为原告。

4.《人身损害赔偿解释》第1条第2款　本条所称"赔偿权利人",是指因侵权行为或者其他致害原因直接遭受人身损害的受害人、依法由受害人承担扶养义务的被扶养人以及死亡受害人的近亲属。

5.《最高人民法院关于审理铁路运输人身损害赔偿纠纷案件适用法律若干问题的解释》(以下简称《铁路运输人身损害赔偿解释》)第2条　铁路运输人身损害的受害人、依法由受害人承担扶养义务的被扶养人以及死亡受害人的近亲属为赔偿权利人,有权请求赔偿。

（四）学理分析

1. 侵权责任的请求人

侵权责任关系的当事人包括请求人和责任人。请求人是自己的民事权益受到侵害的人,或者自己的民事权益虽未直接受到侵害但依法享有损害赔偿请求权的人。在此意义上,请求人即赔偿权利人。一般而言,请求人是因侵权行为而直接受到损害的人,如机动车交通事故的被碰撞人、饲养动物致人损害的被咬伤人、医疗损害中被错误地摘除器官的手术病人等。但根据法律的规定，被侵权人与请求人有时并非就是同一人，作为赔偿权利人的请求人范围要远远大于被侵权人的范围。这类情形主要包括：

（1）自然人死亡的，其近亲属作为请求人。我国现行法对"近亲属"的范围尚没有统一规定。如根据《中华人民共和国刑事诉讼法》（以下简称《刑事诉讼法》）第82条第6项的规定，"近亲属"是指夫、妻、父、母、子、女、同胞兄弟姊妹；根据最高人民法院《关于贯彻执行〈中华人民共和国民法通则〉若干问题的意见（试行）》（以下简称《民法通则意见》）第12条的规定，近亲属包括配偶、父母、子女、兄弟姐妹、祖父母、外祖父母、孙子女、外孙子女；根据最高人民法院《关于执行〈中华人民共和国行政诉讼法〉若干问题的解释》第11条的规定，近亲属包括配偶、父母、子女、兄弟姐妹、祖父母、外祖父母、孙子女、外孙子女和其他具有扶养、赡养关系的亲属。由以上三个规定来看，行政法领域中的"近亲属"在范围上最为广泛，也更为合理。但由于《侵权责任法》属于私法，因而在近亲属范围的确定上应适用《民法通则意见》的规定。近亲属作为赔偿权利人提出请求的依据为何，在理论上存在不同的观点。概括起来，主要有以下四种观点①：一是民事权利能力转化说。认为公民死亡是其民事权利能力终止的法律事实，这两件事实是同时发生的。但民事权利能力由存在到不存在，有一个转化的过程，在这个转化的过程中，产生损害赔偿请求权。二是侵害人赔偿义务说。认为侵权人的赔偿义务，不因被侵权人死亡而消灭，所以被侵权人得受赔偿的地位，当然由其继承人继承。三是同一人格代位说。认为继承人与被继承人二者的人格在纵的方面相联结，而为同一人格，故被害人因生命侵害而生的赔偿请求权，可由其继承人取得。四是间隙取得请求权说。认为被害人从受致命伤到其生命丧失之时，理论上总有一个或长或短的间隙，在这个间隙中，被害人是有民事权利能力的，故可取得损害赔偿请求权。但不论理论上存在何种学说争议，都不影响我国现行法将死亡人的近亲属确立为侵权赔偿请求人的实在法规定。

（2）法人、其他组织终止的，其权利承继人作为请求人。法人、其他组织

---

① 参见杨立新：《人身权法论》（修订版），人民法院出版社2002年版，第476—478页。

虽非如自然人一样会"死亡",但其民事主体资格同样会如同自然人死亡般地终止。一般来说,法人、其他组织终止后,会有权利的承继人存在,其权利承继人即可作为请求人要求对已终止的法人、其他组织实施侵权行为的侵权人承担侵权责任。

(3) 遭受精神损害的间接受害人作为请求人。由于社会关系的连带性,被告的一个侵权行为,既可能给直接受害人造成损害,也可能给间接受害人造成损害。间接受害人所受损害,在损害态样上表现不一,包括财产损害和精神损害。作为侵权责任法的一项一般原则,侵权责任法只对直接受害人的损害予以赔偿,至于间接受害人因直接受害人之损害而造成的损失,则不予赔偿。英国侵权法专家弗莱明(Fleming)曾对该原则做了如下表述:"一般而言,侵权法仅赋予直接受害人(persons immediately injured)以损害赔偿请求权就足够了,而没有必要把求偿权延伸至第三人,即间接受害人。在赔偿直接受害人之外,若再要求赔偿间接受害人,就会被认为对被告课处了不当的负担。因为,绝大多数损害事故,或多或少地,都会对直接受害人的家庭成员、营业伙伴或其他关系亲密人造成影响。"[1]但在侵权责任法的后续发展中,只赔偿直接受害人的原则显然已经被打破,间接受害人也取得了赔偿请求人的地位。间接受害人的精神损害,并非出于对自身安危的担忧而导致,而是出于对他人安危的急切关注导致的,最典型的情形如,一位母亲惊恐地看到自己的孩子被一辆汽车撞倒。于此情形,母亲的惊吓并非出于对自身安全的担心,而是出于对孩子安危的关注。我国现行侵权责任法对遭受精神损害的间接受害人的请求人地位尚不明确,还有待司法解释予以明确确认。

(4) 遭受纯粹经济损失的间接受害人作为请求人。《瑞典侵权责任法》第2、4条对纯粹经济损失做了如下界定:"本法的纯粹经济损失应被理解为不与任何人身体伤害或者财产损害相联系而产生的经济损失。"[2]纯粹经济损失的保护是侵权责任法上最为困难的课题,因为其涉及三个疑难问题:一是在利益衡量上,纯粹经济损失不能与人身或所有权同等并重;二是纯粹经

---

[1] J G Fleming, *The Law of Torts* (8th ed, 1992), p.179.
[2] 参见张新宝、张小义:《论纯粹经济损失的几个基本问题》,载《法学杂志》2007年第4期,第15页。

济损失的范围具有不确定性;三是纯粹经济损失涉及侵权法与契约法的规范机能。① 从比较法上看,域外某些立法例已经认可纯粹经济损失的可赔偿性。如在瑞典,立法机关主张犯罪行为的受害者可以主张纯粹经济损失的赔偿。② 犯罪行为通常是侵权行为,这即意味着对某些恶性侵权行为,瑞典立法已经认可了纯粹经济损失的可赔偿性,遭受纯粹经济损失的间接受害人可以作为侵权请求人。但在我国法上,纯粹经济损失的受害人能否作为请求人获得侵权赔偿,还有待于立法、司法解释和司法实践的进一步明确。

(5) 死者医疗费、丧葬费等合理费用的支付人作为请求人。当被侵权人死亡时,侵权人应支付抢救的医疗费和丧葬费。当这些合理费用由侵权人之外的其他人先行垫付时,垫付人即有权请求侵权人赔偿。死者医疗费、丧葬费等合理费用的支付人作为请求人。

(6) 拥有代位求偿权的保险人作为请求人。《机动车交通事故责任强制保险条例》第22条第1款规定:"有下列情形之一的,保险公司在机动车交通事故责任强制保险责任限额范围内垫付抢救费用,并有权向致害人追偿:(一)驾驶人未取得驾驶资格或者醉酒的;(二)被保险机动车被盗抢期间肇事的;(三)被保险人故意制造道路交通事故的。"该规定确立了交强险中保险人的代位求偿权。《中华人民共和国保险法》(以下简称《保险法》)第60条第1款规定:"因第三者对保险标的的损害而造成保险事故的,保险人自向被保险人赔偿保险金之日起,在赔偿金额范围内代位行使被保险人对第三者请求赔偿的权利。"该规定确立了财产保险中保险人的代位求偿权。根据以上两条规定,保险人作为代位求偿权人,处于请求人的法律地位。但须注意的是,保险人在财产保险中并非一律享有代位求偿权,根据《保险法》第62条的规定:"除被保险人的家庭成员或者其组成人员故意造成本法第六十条第一款规定的保险事故外,保险人不得对被保险人的家庭成员或者其组成人员行使代位请求赔偿的权利。"在该条规定的情形发生时,保险人即不能行使代位求偿权。此外,依《保险法》第46条规定:"被保

---

① 参见王泽鉴:《侵权行为法:基本理论·一般侵权行为》,中国政法大学出版社2001年版,第98—99页。
② 参见〔意〕毛罗·布萨尼、〔美〕弗农·瓦伦丁·帕尔默主编:《欧洲法中的纯粹经济损失》,张小义、钟洪明译,法律出版社2005年版,第5页。

险人因第三者的行为而发生死亡、伤残或者疾病等保险事故的,保险人向被保险人或者受益人给付保险金后,不享有向第三者追偿的权利,但被保险人或者受益人仍有权向第三者请求赔偿。"该规定确立了我国法上人身保险中的双重赔偿制度,即被保险人有权取得保险金,同时有权向侵权人请求损害赔偿,保险人在人身保险中不享有代位求偿权,因而也就不能成为侵权责任关系中的请求人。

(7)相关的财产管理人作为请求人。《民法通则》第21条规定:"失踪人的财产由他的配偶、父母、成年子女或者关系密切的其他亲属、朋友代管。代管有争议的,没有以上规定的人或者以上规定的人无能力代管的,由人民法院指定的人代管。失踪人所欠税款、债务和应付的其他费用,由代管人从失踪人的财产中支付。"《公司法》第185条规定:"清算组在清算期间行使下列职权:(一)清理公司财产,分别编制资产负债表和财产清单;(二)通知、公告债权人;(三)处理与清算有关的公司未了结的业务;(四)清缴所欠税款以及清算过程中产生的税款;(五)清理债权、债务;(六)处理公司清偿债务后的剩余财产;(七)代表公司参与民事诉讼活动。"根据以上规定,宣告失踪人的财产代管人和公司清算中的清算组,都依法享有财产管理权,当被管理的财产受到侵害时,可依法作为请求人请求侵权人给予损害赔偿。

(8)人民检察院作为请求人。根据《刑事诉讼法》第77条规定:"如果是国家财产、集体财产遭受损失的,人民检察院在提起公诉的时候,可以提起附带民事诉讼。"依此规定,人民检察院在国家财产和集体财产遭受损失的刑事案件中,可以在附带民事诉讼中作为请求人要求实施犯罪的被告人给予损害赔偿。

2. 案例评析

在本案例中,人民法院作出的第一份生效判决是针对被侵权人颜某因交通事故致残造成损失部分应获赔偿的民事判决,因而颜某处于侵权请求人的地位,作为原告提起了诉讼。而在第二个诉中,被侵权人颜某已经死亡,其权利能力和诉讼能力随之终止,他的近亲属就依法取得了侵权请求人的主体资格,因而有权作为原告提起死亡赔偿的诉讼。

(五) 自测案例

在英国的 Victorian Railways Comm. v. Coultas 案①中，Coultas 夫妇赶着马车走在回家的路上，在途经一处平交道时，平交道口的守门人放行，允许他们穿越铁路。突然，一列火车快速地逼近，丈夫在退无可退的紧急情况下，催马加鞭，火速穿越了铁轨。在穿越铁轨的一刹那，火车与他们的马车擦肩而过。一场严重的铁路交通事故幸而避免，但不幸的是，作为本案原告的妻子受到惊吓，并进而引发了严重的精神损害（severe nervous shock）。一审法官判决原告胜诉，其精神损害应予赔偿；二审法官确认了一审判决；但终审法院认为，此等精神损害过于遥远（too remote），理由是："未发生实际的身体损害（actual physical injury），只是由于突然惊吓而导致的精神损害，依正常的事理考量，不能被认定为是由于守门人的过失行为而导致的后果。"

问：该案如发生在我国，人民法院将如何处理？

二、侵权责任的责任人

(一) 案情简介

> **案例**
>
> 余某与武某、汪某、董某等人受程某雇请到村里为程某砍伐杉木，但到了之后，程某又不要汪某等人砍伐。第二天，汪某与程某商议赔偿误工费事宜。后双方发生争执，汪某、武某、董某三人与程某双方互殴，并互扔啤酒瓶、高压锅等物砸对方，余某见状就上前劝阻，在劝架中被东西击中了右臂，导致手臂被砸伤，经诊断为左桡骨粉碎性骨折。余某以程某、汪某、武某、董某为被告向人民法院起诉，要求四被告连带赔偿各项损失。

---

① [1888] 13 AC 222.

（二）思考方向

本案是一起人身伤害案件。原则上，侵权人是侵权责任人。侵权行为的实施人是侵权人，但并非侵权行为的实施人一定会自己承担侵权责任，承担侵权责任的责任人也并非一定是侵权行为的实施人。对于责任人，侵权责任法上有许多特殊规定。在本案例中，侵权人只有一个，但被起诉要求承担侵权责任的责任人却有四个，这就需要弄清侵权人与侵权责任人的关系问题。

（三）法律规定

1.《侵权责任法》第 3 条　被侵权人有权请求侵权人承担侵权责任。

2.《人身损害赔偿解释》第 3 款　本条所称"赔偿义务人"，是指因自己或者他人的侵权行为以及其他致害原因依法应当承担民事责任的自然人、法人或者其他组织。

（四）学理分析

1. 侵权责任的责任人

根据"为自己行为之责任"的原则，侵权人是责任人。但侵权人与侵权责任人并非都是重合的。有时，行为人并非责任人；有时，责任人并非行为人；有时，损害原因并非是人的行为，而是饲养的动物或者物件，但责任人仍要对之承担责任。以下根据《侵权责任法》及相关法律的规定，就侵权责任之责任人的主要类型加以简要概括。

（1）侵害行为的实施人作为责任人。如《侵权责任法》第 8 条规定的共同侵权行为的实施人，第 9 条规定的教唆人、帮助人，第 11 条、第 12 条规定的分别侵权行为的实施人，第 33 条规定的完全民事行为能力人暂时无意识或者失去控制后实施侵权行为时的行为人。

（2）侵害行为的可能实施人作为责任人。该类型主要指共同危险行为人。数人实施共同危险行为，但导致损害结果发生的行为只是其中的一个或数个，并非全部的危险行为都是共同的损害原因，但当不能确定具体的侵权人时，《侵权责任法》第 10 条规定由所有的危险行为的实施人承担连带责任。再如根据《侵权责任法》第87条的规定,从建筑物中抛掷物品或者从建筑物上坠落的物品造成他人损害,难以确定具体侵权人的,除能够证明自己不是侵权人的外,由可能加害的建筑物使用人给予补偿。

（3）监护人作为责任人。根据《侵权责任法》第32条规定,无民事行为能力人、限制民事行为能力人造成他人损害的,由监护人承担侵权责任。

（4）用人单位作为责任人。根据《侵权责任法》第34条规定,用人单位、劳务派遣单位、用工单位都可以成为侵权责任人。

（5）雇用人作为责任人。根据《侵权责任法》第35条规定,个人之间形成劳务关系的,提供劳务一方因劳务造成他人损害的,由雇用人作为责任人。

（6）网络服务提供者作为责任人。根据《侵权责任法》第36条规定,网络服务提供者在具体法定条件的情形下,须与实施侵权行为的网络用户承担连带责任。

（7）安全保障义务人作为责任人。根据《侵权责任法》第37条规定,宾馆、商场、银行、车站、娱乐场所等公共场所的管理人或者群众性活动的组织者,未尽到安全保障义务,造成他人损害的,应当承担侵权责任。

（8）教育机构作为责任人。根据《侵权责任法》第38—40条规定,幼儿园、学校以及其他教育机构对于无民事行为能力人、限制民事行为能力人在学习、生活期间所受伤害,须根据过错责任、过错推定责任和补充责任承担一定的侵权责任。

（9）动物饲养人、管理人作为责任人。根据《侵权责任法》第78条规定,饲养的动物造成他人损害的,动物饲养人或者管理人作为责任人承担侵权责任。

（10）物件所有人、管理人、使用人作为责任人。根据《侵权责任法》第十一章的规定,建筑物、构筑物、其他设施的所有人、管理人、使用人、建设单位、施工单位等可以作为责任人,堆放物的堆放人、林木的所有人、林木的管理人、在公共场所的施工人等也可以作为责任人承担侵权责任。

（11）见义勇为行为的受益人作为补偿责任人。根据《侵权责任法》第23条规定,因防止、制止他人民事权益被侵害而使自己受到损害的,如果侵权人逃逸或者无力承担责任的,被侵权人请求补偿的,受益人应当给予适当补偿。

（12）无偿帮工中的被帮工人作为责任人。根据《人身损害赔偿解释》

第13、14条的规定,在无偿帮工中,帮工人受到损害的,被帮工人为责任人承担赔偿责任。

(13)定作人作为责任人。根据《人身损害赔偿解释》第10条规定,承揽人在完成工作过程中对第三人造成损害或者造成自身损害的,如果定作人对定作、指示或者选任有过失的,应当承担相应的赔偿责任。

2. 案例评析

在本案例中,武某、汪某、董某与程某互殴,相互投掷物品。在混乱的局面中,余某出面劝架。余某不是参与殴斗的一方,他自己本身不是侵权行为的实施者,对其自身所造成的伤害也是没有过错的。从伤害的结果看,余某的骨折是由互殴双方投掷的物品中的一件物品的一次打击造成的,而非由多件物品的多次打击造成的。这即意味着,造成伤害后果的侵权行为是一个行为,从应然角度讲,应由该侵权行为的直接实施人承担最终的侵权责任。但由于双方互殴,参与殴斗的人员都同时在投掷物品,而又不能确定何人投出何物品以及余某是被何种物品所伤,因而无法确定具体的侵害行为人。于此情形,根据《侵权责任法》第10条规定,二人以上实施危及他人人身、财产安全的行为,其中一人或者数人的行为造成他人损害,能够确定具体侵权人的,由侵权人承担;不能确定具体侵权人的,行为人承担连带责任。依该规定,本案被告四人中,其中有三人的行为并非是造成伤害后果的原因行为,但仍应作为侵权责任人承担连带赔偿责任。这充分说明了,侵权责任人并非一定是侵权行为的直接实施人。

(五)自测案例

北京中文在线文化发展有限公司(以下简称中文在线公司)与《拯救乳房》的作者毕某早已签订协议,约定中文在线公司为作品的独家数字化复制品出版(包括但不限于信息网络传播权、CD-ROM)专有权利人,中文在线公司可以在网站上出售该作品的数字化复制品。中文在线公司发现某公司未经许可擅自在其网站上公开允许用户下载中文在线公司拥有独家数字化制品专有使用权的小说《拯救乳房》及《一个人的战争》,遂起诉至人民法院,请求人民法院判令某公司公开赔礼道歉并赔偿经济损失3万元。

问:某公司应当承担网络侵权责任吗?

第五节 侵权责任的聚合与竞合

同一侵权行为发生后,不仅产生侵权责任,而且还可能产生行政责任或刑事责任,这就产生了责任聚合问题。同时,侵权责任不仅可能与其他性质的法律责任聚合,还可能与其他形态的民事责任发生竞合,如侵权责任与违约责任的竞合问题。在责任聚合与责任竞合的情况下,如何处理不同责任之间的关系,这是需要法律加以解决的。

一、责任聚合

(一)案情简介

> **案例**
>
> 潘某夫妇在市区一批发市场上贩卖海鲜,每天起早贪黑地忙碌着,生意非常红火。某日晚,因货卖完了,潘某夫妇收了摊驾驶三轮机动车回家。21时30分许,行至一大拐弯处,潘某欲左拐,没想到身后窜出了一辆摩托车,潘某来不及刹车,二车发生了碰撞,惊魂未定的潘某赶忙下车查看情况。此时,摔倒在地的摩托车主周某也从地上爬了起来。摔了一跤的周某借着酒劲与潘某开始理论,相互推卸责任,没一会儿周某与潘某便扭打在了一起。潘某被打倒在地,后潘某为治疗伤情花去医药费3000元。为此,周某被派出所行政拘留7天。潘某向周某索赔3000元医药费遭到拒绝,周某认为自己已经被拘留了7天,潘某再向其索要医药费没有道理。无奈之下,潘某向人民法院提起了诉讼。

(二)思考方向

因同一侵害他人合法权益的违法行为可能同时触发多种法律责任的发生,对于此种责任聚合现象应有清楚的认识。在本案例中,周某将潘某打伤,周某的打人行为导致行政拘留之行政责任的承担。但潘某还起诉周某要求其承担侵权责任,这就涉及行政责任与民事侵权责任的聚合问题。

(三)法律规定

1.《民法通则》第 110 条 对承担民事责任的公民、法人需要追究行政责任的,应当追究行政责任;构成犯罪的,对公民、法人的法定代表人应当依法追究刑事责任。

2.《侵权责任法》第 4 条 侵权人因同一行为应当承担行政责任或者刑事责任的,不影响依法承担侵权责任。

因同一行为应当承担侵权责任和行政责任、刑事责任,侵权人的财产不足以支付的,先承担侵权责任。

3.《中华人民共和国刑法》(以下简称《刑法》)第 36 条 由于犯罪行为而使被害人遭受经济损失的,对犯罪分子除依法给予刑事处罚外,并应根据情况判处赔偿经济损失。承担民事赔偿责任的犯罪分子,同时被判处罚金,其财产不足以全部支付的,或者被判处没收财产的,应当先承担对被害人的民事赔偿责任。

第 37 条 对于犯罪情节轻微不需要判处刑罚的,可以免予刑事处罚,但是可以根据案件的不同情况,予以训诫或者责令具结悔过、赔礼道歉、赔偿损失,或者由主管部门予以行政处罚或者行政处分。

第 60 条 没收财产以前犯罪分子所负的正当债务,需要以没收的财产偿还的,经债权人请求,应当偿还。

4.《中华人民共和国治安管理处罚法》(以下简称《治安管理处罚法》)第 8 条 违反治安管理的行为对他人造成损害的,行为人或者其监护人应当依法承担民事责任。

对于因民间纠纷引起的打架斗殴或者损毁他人财物等违反治安管理行为,情节较轻的,公安机关可以调解处理。经公安机关调解,当事人达成协议的,不予处罚。经调解未达成协议或者达成协议后不履行的,公安机关应当依照本法的规定对违反治安管理行为人给予处罚,并告知当事人可以就民事争议依法向人民法院提起民事诉讼。

(四)学理分析

1. 责任聚合的含义

责任聚合有狭义和广义之分。狭义的责任聚合是指不同性质的法律责任的聚合,亦即民事责任、行政责任和刑事责任的聚合;申言之,包括民事责任与行政责任的聚合、民事责任与刑事责任的聚合、行政责任与刑事责任的聚合。广义的责任聚合除包含上述狭义的责任聚合外,还包括同种性质的不同责任方式之间的聚合。如民法上规定的财产责任方式与非财产责任方式的聚合,行政法上规定的罚款与行政拘留的聚合、刑法上规定的财产刑与自由刑及生命刑的聚合。

在处理侵权责任与其他责任的聚合时,《侵权责任法》第4条规定提出了两条基本规则:一是其他法律责任的承担不影响侵权责任的承担,侵权人在承担了刑事责任和行政责任后,还须承担侵权责任。刑事附带民事诉讼、行政附带民事诉讼这两种诉讼形式,就是为了一并解决侵权责任与刑事责任、行政责任的聚合而设的。二是侵权损害赔偿责任优先于行政法上、刑法上的财产责任。例如,如果犯罪人被判处10万元罚金的同时,还在附带民事诉讼中被判处赔偿被侵权人10万元的损害赔偿金,而犯罪人的总财产只有12万元,那么其12万元财产应先赔付被侵权人的10万元损害赔偿金,剩余的2万元才能作为罚金,而不能反转过来在交付了罚金后被侵权人只能拿到2万元,这体现了私法债权相对于公法债权的优益性。

2. 案例评析

在本案例中,潘某与周某因交通事故发生口角,进而二人发生殴斗,在形式上是二人在相互实施侵害对方人身权的行为。根据《治安管理处罚法》第43条的规定,周某对潘某实施了故意殴打行为,因而其应依法承担行政拘留的行政责任,这是于法有据的。周某承担行政责任的原因是因为其侵权行为符合了行政责任的责任构成要件,因而其须依法承担行政责任。同时,周某的打人行为还符合了民法上侵权责任的构成要件,因而其还须依法承担侵权责任。根据相关的责任聚合规定,行政责任的承担并不影响侵权责任的承担,更不能以已承担了行政责任为由而推卸自己的侵权责任,行政责任的承担并不能替代侵权责任的承担。因而在本案例中,周某的抗辩理由是不能成立的,其在承担了行政拘留的行政责任后,还须依法承担对潘某的赔偿责任。至于赔偿的数额是否应为3000元,因为在双方互殴中潘某也存在一定的过错,可由法官依具体案情判定应赔偿的具体数额。

(五) 自测案例

某日,刘敏参加了深圳某单位举办的英语口语对话活动,认识了华人李某。当天下午,李某带着刘敏来到他的住处,强行将刘敏多次奸污。李某后被人民法院以强奸罪判处有期徒刑12年。刘敏向深圳市中级人民法院提起刑事附带民事诉讼,要求赔偿精神损失10万元无果,随后向深圳罗湖区人民法院提起民事诉讼,要求赔偿精神损失45万元人民币。人民法院判决认定,李某的犯罪行为实质是一种严重的侵权行为,其直接侵害的对象是原告的生命健康权和贞操权,造成的直接后果是给原告造成终身精神痛苦和部分可得精神利益的丧失,并由此导致原告社会评价的降低,被告应承担赔偿责任。又因原告系处女,受损害的结果严重。最后判决被告支付刘敏精神损害赔偿金人民币8万元。

问:人民法院的判决在现行法上有法律依据吗?

二、责任竞合

(一) 案情简介

> **案例**
>
> 原告李某将自家的一头骡子交给另一原告祁某代牧,李某支付一定的工资。9月份放牧时间已满,下山时祁某发现李某的骡子找不到,后二原告经多方寻找,十多天后终于在邻村被告马某家找到原告的骡子,但被告不肯将骡子归还原告,并称该骡子是另一村的蔡某顶替他家骡子而给他的。原来,被告马某的骡子交给了蔡某代牧,下山时马某的骡子也丢了,所以蔡某就随便在大山的畜群里拉了一头骡子顶给了马某,现二原告起诉要求被告马某归还骡子。法庭于当日立案后,赴当地进行审理,并请司法联络员和村干部参加调解。在庭前调解中,司法联络员和村干部积极配合法官,对被告进行了不当得利要返还、拒不返还要担责的法制教育,并告知被告丢失的骡子,应当通过法律途径向其代牧人蔡某索要,而不能以损失他人财物来满足自己的利益,这样被告才愿意将骡子归还原告,原告也放弃索要误工费的请求,被告也将骡子归还了原告。

（二）思考方向

本案最终得到了圆满处理，但须注意相关人员在对马某进行说服教育时的理由："不当得利要返还、拒不返还要担责。"如果马某拒不返还，他要承担何种责任呢？这就涉及侵权责任与不当得利返还责任之间的竞合问题。

（三）法律规定

《合同法》第 122 条　因当事人一方的违约行为，侵害对方人身、财产权益的，受损害方有权选择依照本法要求其承担违约责任或者依照其他法律要求其承担侵权责任。

《民法通则》第 92 条　没有合法根据，取得不当利益，造成他人损失的，应当将取得的不当利益返还受损失的人。

第 93 条　没有法定的或者约定的义务，为避免他人利益受损失进行管理或者服务的，有权要求受益人偿付由此而支付的必要费用。

（四）学理分析

1. 责任竞合的含义

侵权责任与其他民事责任可以发生竞合，具体表现为侵权责任与违约责任竞合、侵权责任与不当得利责任竞合、侵权责任与无因管理责任竞合。当侵权责任与其他民事责任竞合时，合法权益受到损害的人只能选择要求责任人承担其中的一种民事责任，而不能同时要求责任人承担数种竞合责任，这是责任竞合与责任聚合的根本不同之点。还须注意的是，责任竞合只发生于同一债务人身上，如果债务人有数个，数个债务人针对同一债权人须分别依不同的规范基础承担不同性质的民事责任，则不是责任竞合问题。

侵权责任与违约责任之竞合情形很常见。在两个存在合同关系的当事人之间，因一方的履约行为造成对方的人身伤害或者造成对该合同履行利益之外的其他财产权益的侵害，就会形成违约责任和侵权责任的竞合。如在买卖合同中，卖方存在加害给付行为，就不仅构成违约责任，还须就因其加害给付导致的买方的人身或其他财产损害承担侵权责任，从而形成违约责任与侵权责任的竞合。

侵权责任与不当得利责任的竞合包括两种情形:一是因侵权行为导致不当得利的发生,二是因不当得利导致侵权行为的发生。前者如,侵害他人知识产权的侵权人因侵权行为获得利益,该利益即为不当得利;后者如,因不当得利而占有他人的财物拒不返还,就构成侵权。不论给付型不当得利还是非给付型不当得利,都会发生与侵权责任的竞合情形。

对于适法的无因管理行为,因无因管理具有阻却违法性,因而原则上不会存在无因管理责任与侵权责任的竞合问题。但须注意的是,无因管理成立后,在管理人与本人之间就成立债的关系,管理人因可归责之事由未依本人明示或可得推知之意思,以有利于本人之方法为事务之管理时,致侵害本人权利时,如因过失以不洁食物喂养收留孩童,致其健康受损时,除构成不完全给付的债务不履行责任外,还应依法承担侵权责任,无因管理的成立并不排斥侵权行为之成立。① 因此,侵权责任与无因管理中的债务不履行责任可以发生竞合。

2. 案例评析

在本案例中,李某是骡子的所有权人,李某将骡子交由祁某放牧,祁某依委托成为骡子的直接占有人。马某将自家的骡子交由蔡某放牧,蔡某依委托取得对马某骡子的直接占有。这是本案中两头骡子的所有权归属与占有状态。不论是祁某还是蔡某,在其放牧下山时,都应当依约定将自己代牧的他人的骡子交还骡子的所有权人。但不幸的是,代牧人祁某和蔡某在下山时都找不到自己代牧的骡子了。祁某的做法是与骡子的所有权人李某一同寻找丢失的骡子,而蔡某的做法却是"顺手牵骡",把由祁某代牧、属于李某的骡子给牵走了,这一行为显然构成对祁某有权占有的侵害,也构成对李某财产所有权的侵害,构成侵权行为。蔡某把本不属于马某所有的骡子交给了马某,马某也明知这不是自家的骡子,但仍予占有,这显然属于没有合法根据而取得利益、造成他人损失的不当得利行为。于此情形,应所有权人李某的请求,根据不当得利应予返还的规定,马某应将构成不当得利的骡子返还李某,但因其拒绝返还,这时就由不当得利演化成了侵权行为,李某也

---

① 参见王泽鉴:《侵权行为法:基本理论·一般侵权行为》,中国政法大学出版社2001年版,第84—85页。

可以要求马某承担返还原物的侵权责任。在知法后,马某经劝解将骡子返还了李某,既可以说是基于不当得利的返还,也可以说是基于侵权责任的原物返还。

(五)自测案例

赵女士乘坐某出租车公司的一辆出租车外出办事,出租车行驶途中与某物资公司的一辆大货车相撞,赵女士受伤。公安交警部门对该起事故出具了责任认定书,出租车不负责任。赵女士向人民法院提起了诉讼,要求出租车公司赔偿损失。人民法院审理后认为,原告乘坐被告的出租车,被告有义务将原告安全运送到目的地。现原告在乘坐被告出租车的过程中因交通事故受伤,虽被告在该交通事故中无过错,但无证据证明原告受到的伤害是原告自身健康原因或原告有故意、重大过失造成的,故被告应承担损害赔偿责任。

问:本案哪两种责任构成竞合?

第六节 侵权责任特别法的适用

在我国法律体系中,调整侵权责任的法律规范相当多,除《侵权责任法》外,还有许多法律、行政法规对特殊领域的侵权行为也有所规定,这构成了侵权责任法特别法。在法律适用中,应当坚持侵权责任的特别法优先于一般法的原则。

(一)案情简介

案例

李某系上海市外来务工人员,与上海某有限公司签订了一年劳动合同,成为其公司员工。某日在上班途中,李某与黄某驾驶的机动车发生交通事故受伤。次日,公安交警部门作出黄某负事故全责,李某无事故责任的事故认定。因为赔偿问题与对方协商未果后,李某遂将黄某和车主及某保险公司告到上海市某区人民法院，要求二被告及保险公司赔偿原告医药费、营养费、护理费、残疾赔偿金等。经人民法院开庭审理查明事实后，依法判决由二被告及保险公司赔偿原告医药费、营养费、护理费、残疾赔偿金等各项损失。在处理人身损害赔偿过程的同时，还有工伤保险待遇的问题。李某向上海市某区劳动和社会保障局申请了工伤认定，经劳动和社会保障局认定，李某因上班途中发生交通事故受伤为工伤。其伤势后经劳动能力鉴定委员会鉴定为：因工致残六级。由于李某在职期间公司未为其交纳外来人员综合保险，遂申请劳动仲裁，要求用人单位上海某有限公司就李某因工致残六级工伤保险待遇等费用承担责任。上海市某区劳动争议仲裁委员会依法作出裁决后，公司不服，认为李某在交通事故案件中已经获得赔偿，不应再享受工伤保险待遇，遂向上海市某区人民法院提起诉讼。人民法院经审理查明后认为，用人单位以外的第三人侵权造成劳动者损害的，侵权人已对劳动者（被侵权人）进行了赔偿，并不影响被侵权人享受工伤待遇的权益，因此对上海某有限公司提出"李某已获得交通事故赔偿后，不应再享受工伤保险待遇"的主张依法不予支持。因上海某有限公司没有为李某在职期间缴纳外来人员综合保险费，故李某享受的工伤保险待遇应当由公司自己直接全部承担。因此，人民法院判决：驳回诉请，维持原来裁决结果，用人单位承担李某一次性残疾赔偿金。

（二）思考方向

《侵权责任法》只是就侵权责任问题作出一般性规定，其不可能就与侵权责任法相关的所有问题都作出详细的规定，这就有赖于其他一些特别法律的补充和辅助。侵权损害赔偿与工伤保险的适用关系问题，就是由其他特别法作出规定的。该案例的处理为我们理解《侵权责任法》与其他特别法的适用关系提供了一个典范的样本。

（三）法律规定

《侵权责任法》第5条 其他法律对侵权责任另有特别规定的，依照其规定。

《人身损害赔偿解释》第 12 条 依法应当参加工伤保险统筹的用人单位的劳动者,因工伤事故遭受人身损害,劳动者或者其近亲属向人民法院起诉请求用人单位承担民事赔偿责任的,告知其按《工伤保险条例》的规定处理。因用人单位以外的第三人侵权造成劳动者人身损害,赔偿权利人请求第三人承担民事赔偿责任的,人民法院应予支持。

《中华人民共和国社会保险法》(以下简称《社会保险法》)第 41 条 职工所在用人单位未依法缴纳工伤保险费,发生工伤事故的,由用人单位支付工伤保险待遇。用人单位不支付的,从工伤保险基金中先行支付。从工伤保险基金中先行支付的工伤保险待遇应当由用人单位偿还。用人单位不偿还的,社会保险经办机构可以依照本法第六十三条的规定追偿。

第 42 条 由于第三人的原因造成工伤,第三人不支付工伤医疗费用或者无法确定第三人的,由工伤保险基金先行支付。工伤保险基金先行支付后,有权向第三人追偿。

(四)学理分析

1. 侵权责任特别法的范围与适用

我国侵权责任法的法律渊源包括《侵权责任法》、《国家赔偿法》以及其他民事法律、行政法律、刑事法律中有关侵权责任的规范,如《产品质量法》、《消费者权益保护法》、《刑法》等法律中有关侵权责任的法律规范。在这些法律渊源中,《侵权责任法》是一般法,其他的侵权责任法律规范构成特别法。在适用关系上,根据《侵权责任法》第 5 条的规定,其他法律对侵权责任另有特别规定的,依照其规定。该规定确立了侵权责任特别法优先于侵权责任一般法适用的规则。举例来说,《国家赔偿法》就行政赔偿与刑事赔偿作了一系列规定,这些规定就是请求国家赔偿和国家承担赔偿责任的规范依据,当出现国家赔偿情形时,应依《国家赔偿法》的规定进行,而不是依《侵权责任法》的一般性规定处理。

要正确理解和适用《侵权责任法》第 5 条的规定,就必须对"其他法律"的范围有一个清楚的界定。在立法本意上,所谓的"其他法律"应仅指由全国人大及其常委会制定的法律和由国务院制定的行政法规,而不包括地方性法规和政府规章。并且,在处理这些法律之间的规范冲突时,应本着以下两项原则:一是新法优于旧法,二是低位阶法不得冲突高位阶法。例如,在某些特殊侵权行为的规定上,《侵权责任法》的规定与《民法通则》的规定不一致,这时就应适用《侵权责任法》这一新法的规定,《民法通则》中有关同一问题的不同规定应随着新法的生效而失效。再如,当行政法规与《侵权责任法》的规定有冲突时,不得适用行政法规的规定,行政法规只能在《侵权责任法》没有规定的领域作出不得与上位阶法律相冲突的补充性规定。

2. 案例评析

本案争议的焦点在于,李某在获得了民事损害赔偿后还能否享受工伤保险待遇。从我国现行法的规定来看,侵权损害赔偿与工伤保险补偿是并行不悖的,第三人侵权责任的承担并不影响被侵权人再次享受相关的工伤保险待遇,在这里不存在双重赔偿的问题。被侵权人要求第三人承担侵权责任的请求权基础是第三人的行为构成侵权责任,被侵权人要求用人单位承担支付工伤保险待遇的请求权基础是发生了工伤保险事故,这两种请求权是并行不悖的。故本案中李某从民事损害中获得赔偿并不能减轻用人单位应当承担的责任,人民法院的判决是正确的。

(五)自测案例

某日下午1点多,吃过午饭的王某趁着黄金周休息,骑上摩托车带着妻子和女儿,匆匆赶往市区。途径郊区一个无人看守的铁路道口时,一列由西向东的火车疾驰而来,由南向北的王某看通过无望,就将摩托车停在了另一个铁道上等待火车通过。此时的王某哪里注意到,就在他刚刚停下不久,自东向西也疾驰而来一列火车,灾难瞬间发生,王某的妻子和女儿当场被撞死,王某被撞成重伤。

问:对于铁路运输人身损害赔偿,我国现行法有特殊规定吗?

第二章 侵权责任的归责原则与构成要件

第一节 侵权责任的归责原则

侵权责任的归责原则是指据以确定侵权责任由行为人承担的根据。在理论上,由于确立侵权责任归责原则的标准不同,因而,学者们关于归责原则体系的构造也存在严重的分歧。我们认为,根据《侵权责任法》的规定,侵权责任的归责原则包括过错责任原则和无过错责任原则,而过错推定原则和公平责任原则均不能成为侵权责任的归责原则。一方面,过错推定只是过错责任原则适用的一种规则,包含在过错责任原则之中,是过错责任原则适用的一种特殊情况。① 另一方面,《侵权责任法》第24条规定:"受害人和行为人对损害的发生都没有过错的,可以根据实际情况,由双方分担损失。"可见,《侵权责任法》对于当事人对损害的发生都没有过错的情况,只是按损失分担来处理,而不是按侵权责任处理。首先,从内容上看,规定过错责任原则和无过错责任原则的第6条和第7条中均有"承担侵权责任"字样,但第24条中仅有"损失"字样而并无"责任"。其次,从条文规定的位置上看,如果第24条是关于归责原则的规定,则其应规定于第6第和第7条之后的第8条。而第24条是第二章的倒数第二条,说明了其位置并非如第6第和第7条般重要。因此,可以认定第24条仅为损失分担规则,而非侵权责任的归责原则。

---

① 参见王胜明主编:《中华人民共和国侵权责任法释义》,法律出版社2010年版,第45页。

一、过错责任原则

(一) 案情简介

案例1

王某发现自家房屋门头上的墙体出现裂缝,地基也有一些下沉。经调查发现,王某房屋后的镇办企业某食品厂厂房内自来水检查井内通往于某家的塑料管破裂而造成向外溢水,致王某的房屋四周被水浸泡。食品厂已经停业,自来水公司也已停止供水,此后再未恢复供水。在食品厂停业前,于某使用自来水的费用直接交给食品厂。停业后,自来水公司在停止给食品厂供水的同时,也将通往于某家的自来水切断。后经于某申请,自来水公司又在该自来水检查井内将通往于某家的管线接通(镇政府不知此事),并给于某发放了用水许可证。王某的房屋四周浸泡在水里,正是由于自来水检查井内通往于某家的水管破裂向外冒水所致。事发后,自来水公司派人将井内积水抽干。此后,该自来水检查井又两次向外溢水,在于某的要求下,自来水公司又两次派人维修。由于水害,王某的房屋已成危房。王某在向各方寻求损害赔偿未果的情形下,遂将自来水公司、镇政府、于某诉至人民法院。

案例2

被告某交通工程公司承包了国道104线福鼎路段的改建工程,原告邹某在被告承包施工的福鼎路段做工。某日下午,原告在工地劳动时,其妻带着儿子到工地向原告要钱。就在此时,已施工完毕的路旁山坡发生土石脱落,原告的妻子及儿子均被脱落下来的土石所压。被挖出后送到医院治疗,原告的妻子及儿子经抢救无效于当日死亡。原告要求被告赔偿各项花费及损失,遭被告拒绝。

(二) 思考方向

过错责任原则是侵权责任法的一般归责原则,以行为人的主观过错为归责依据。在法律没有特殊规定的情况下,应适用过错责任原则确认行为人的侵权责任。因此,在适用过错责任原则时,确定行为人的主观过错是至关重要的。在过错责任原则中,如果适用过错推定规则,则应根据法律的规定推定行为人的过错。

(三) 法律规定

《侵权责任法》第6条第1款　行为人因过错侵害他人民事权益,应当承担侵权责任。

第85条　建筑物、构筑物或者其他设施及其搁置物、悬挂物发生脱落、坠落造成他人损害,所有人、管理人或者使用人不能证明自己没有过错的,应当承担侵权责任。所有人、管理人或者使用人赔偿后,有其他责任人的,有权向其他责任人追偿。

(四) 学理分析

1. 过错责任原则的概念和特点

过错责任原则是指以行为人的过错确定行为人是否承担侵权责任的归责原则。过错责任原则具有如下特点:

(1) 过错责任原则是核心归责原则。无论侵权责任的归责原则体系如何构建,过错责任原则都是公认的归责原则,且属于居核心地位的归责原则。因此,在侵权责任法上,过错责任原则通常被称为侵权责任的一般条款。这种一般条款可以直接适用,用以解决侵权责任纠纷。

(2) 过错责任原则具有主观归责性。过错责任原则所贯彻的基本精神是:没有过错,就没有侵权责任。因此,按照过错责任原则,过错是决定过错责任是否成立的主观要件。在价值判断上,过错责任原则关注的是行为的道德非难性,强调矫正正义的实现。

(3) 过错责任原则具有广泛适用性。过错责任原则是一般侵权责任的归责原则,适用于因行为人的过错而产生的侵权责任。即使是特殊侵权责任,也有的以过错责任原则作为归责原则(如医疗损害责任),有的适用过错推定规则(如物件损害责任中的部分责任)。因此,过错责任原则具有广泛的适用性。

2. 过错责任原则的适用

在侵权责任中,适用过错责任原则应当注意以下主要问题:

(1) 过错是指行为人的过错。在过错责任中,"过错"是指行为人的过错,而不包括其他人的过错。就是说,侵权责任的确认是以行为人有无过错为依据的。因此,过错责任原则只考虑行为人的过错,而不考虑第三人的过错和受害人的过错。第三人的过错和受害人的过错是行为人免除或减轻侵权责任的事由,而不是确定行为人是否承担责任的根据。

(2) 过错是过错责任的构成要件。根据过错责任原则,过错是承担侵权责任的必备条件。行为人只有在主观上存在过错的情况下,才承担侵权责任。"无过错,则无责任"。因此,行为人有无过错,是确定侵权责任归属的基本因素或最终要件。就是说,即使行为人的行为造成了损害后果,并且损害后果与其行为之间具有因果关系,但如果行为人没有过错,则行为人也不应承担侵权责任。

(3) 过错的存在与否通常应由受害人举证。过错属于行为人的主观因素。按照过错责任原则,证明行为人主观存在过错的责任应当由受害人承担,即由受害人就行为人的过错问题举证。这就是"谁主张,谁举证"的原则。但是,在特殊情况下,法律为保护受害人的利益,实行举证责任倒置,即由行为人承担证明自己没有过错的举证责任。只要行为人不能证明自己没有过错,就推定其有过错。这就是过错责任中的特殊情况——过错推定规则。

(4) 过错在一定情况下是确定责任的范围和方式的依据。根据过错责任原则确认侵权责任,过错程度一般不影响责任的范围和方式。但在一定情况下,过错程度也产生一定的影响,成为确定责任的范围和方式的依据。例如,在确定精神损害赔偿的数额时,就需要考虑侵权人的过错程度;在共同侵权责任中,侵权人之间的责任也需以过错程度作为确定依据。再如,在产品责任中,如果产品生产者、销售者明知产品存在缺陷仍然生产、销售,造成他人死亡的或者健康严重损害的,被侵权人有权要求惩罚性赔偿。

3. 过错推定规则

过错推定是过错责任原则适用的一种特殊情况,是指受害人若能证明其所受损害是由行为人所造成的,而行为人不能证明自己对造成损害没有过错,则法律就推定其有过错并就此损害承担侵权责任。过错推定是在众多的工业事故造成受害人损害而又不能通过过错责任原则得以补救的情况下而产生的,是介于过错责任和无过错责任之间的一种中间责任形式。过错推定较之一般的过错责任,更有利于保护受害人的利益,因为它将过错的举证责任转移给了行为人,从而减轻了受害人的举证责任。

根据《侵权责任法》的规定,下列侵权责任应适用过错推定规则:(1)无民事行为能力人在幼儿园、学校或者其他教育机构内受到损害的侵权责任(第38条);(2)在高度危险责任中,非法占有高度危险物造成损害,所有人、管理人所承担的侵权责任(第75条);(3)在饲养动物损害中,动物园所承担的侵权责任(第81条);(4)建筑物、构筑物或者其他设施及其搁置物、悬挂物脱落、坠落造成损害的侵权责任(第85条);(5)堆放物倒塌造成损害的侵权责任(第88条);(6)林木折断造成损害的侵权责任(第90条);(7)窨井等地下设施造成损害的侵权责任(第91条第2款)等。

4. 案例评析

在案例1中,王某的房屋被水浸泡,导致地基下沉而成为危房,对于这类事件法律并没有特殊的规定,因此,应当适用过错责任原则确定王某的所受损失能否得到赔偿,这需要确认自来水公司、镇政府、于某在此事件上是否存在过错。首先,自来水公司作为城市供水及供水设施管理部门依照有关规定建立城市输配水管网,对用水户管线的安装、检查、维修是其应尽的职责。但是,本案中的自来水公司却没尽到管理的责任。这主要表现在自来水公司没有按照《城市供水条例》的规定,定期对其管辖的自来水检查井内的水管进行妥善维修。具体来说,自来水公司为于某家在检查井内接通供水水管后,一直未进行检查,导致安装的塑料管发生破裂后溢水。之后,该井内的水管一次又一次破裂,自来水公司没有派得力的员工和使用质量好的水管,没有对水管进行彻底维修,结果由于该井内的水管一再破裂,造成王某的损失。自来水公司应当知道其不对所辖自来水供水设施严格管理,仔细检查,认真维修,很可能会发生导致用户或他人损害的结果,但却仍未尽到检查维修义务,最终导致原告房屋受损。因此,自来水公司在主观上存在过错。其次,于某作为自来水公司的用户,用水经自来水公司批准并发有用水许可证,在漏水事件发生后,先后三次请求自来水公司派人维修,已尽到了其应负担的注意义务,对王某房屋受损之事实并无过错。最后,食品厂停业后,镇政府与该厂间的行政管理关系即告终止,本案中所发生的相关事实不在镇政府的职务范围之内。且自来水公司在给于某家接通自来水时,镇政府并不知情,故镇政府对于王某损害的发生不存在过错。综上,依照过错责任原则,自来水公司因对王某所遭受的损害存在过错,故应当承担赔偿责任。而镇政府和于某对王某所遭受的损失不存在过错,故没有赔偿责任可言。

在案例2中,已施工完毕的路旁山坡发生土石脱落造成他人损害属于物件损害责任中的建筑脱坠物损害责任。根据《侵权责任法》第85条的规定,本案中已施工完毕的山坡可以解释为"其他设施"。从案情来看,该处山坡发生土石脱落并非自然力所致,而是经过人工挖掘后处理不当造成的,故应排除不可抗力的适用。在一般侵权行为的案件中,行为人的主观过错需要由受害人来证明,这无疑会加重受害人的责任。而在建筑脱坠物的损害责任中,虽然责任的构成仍须以存在过错为必要,但受害人无须证明行为人的过错,而应由建筑脱坠物的所有人、管理人或者使用人对自己无过错承担举证责任。若建筑脱坠物的所有人、管理人或使用人不能证明自己没有过错,则推定其在主观上有过错,承担建筑脱坠物的损害责任。在本案例中,作为改建工程承包者的被告,对该工程负有管理义务,应根据该处山坡的地质情况进行妥善处理。被告若要免责,必须证明其对该工程尽到了严格的注意管理义务。若被告不能提出充分合理的证据证明自己不存在过错,故应推定其有过错,应承担赔偿责任。

(五) 自测案例

1. 原告王立国(7周岁)与被告张春英(55周岁)系一栋房屋的邻居,平素关系融洽。某天下午5时许,原告在家门口玩耍,被告则坐在自己家门口乘凉。原告在玩耍中,乘被告不注意,将被告推倒在地,并夸口说:"奶奶,我的劲很大。"被告从地上站起,乘兴逗原告玩耍,并说:"你劲大,来背我!"被告遂让原告做好背人的姿势,然后趴在原告的背上。原告用力背被告,但因力量不够,当即被压倒在地,造成原告左股骨外伤性骨折,花去医疗费等各种费用若干。原告的法定代理人王子民因要求被告赔偿损失而遭到拒绝,诉至人民法院。

问:本案应否适用过错责任原则?

2. 徐某于2月2日在华联商厦购买电暖气1台,使用后发现未能提高房内温度,遂认为该机有质量问题,于3月4日与妻至商厦交涉。在该商厦质量投诉处,接待人员询问:"为何2月2日买的产品现在才来退调?""用过几次?有人证明吗?"在询问过程中,徐某之妻突然倒地,抢救无效死亡。经法医鉴定:死亡原因为高血压性脑溢血以及颅脑损伤导致肾功能衰竭。死者头部右顶自发性脑内血肿,左基底区脑出血,与3月4日情绪激动可能有关。另查,死者生前患有高血压病症。徐某于是起诉华联商厦,要求赔偿损失。

问:依据过错责任原则,被告是否要承担责任?

3. 原告王烈凤之夫马学智下班后骑自行车回家,行至某县电力局门前的公路时,突遇大风把公路旁的护路树吹断。马学智躲避不及,被断树砸中头部,当即倒地昏迷,所骑自行车也被砸坏。马学智被同行的雷书学等人送往医院,经抢救无效死亡。临床诊断,马学智因重度脑挫伤并呼吸衰竭,颅底骨折,门诊抢救无效死亡。经查明,这段公路及路旁树木属于某县公路管理段管辖。路旁树木受黄斑星天牛危害已有三年之久,经县公路管理段逐级向上请示,上级公路管理部门下达了采伐路旁虫害护路树的文件。由于县公路管理段对采伐枯树一事未采取任何积极措施,致使发生上述事故。

问:过错推定规则在本案例中可否适用,为什么?

二、无过错责任原则

(一)案情简介

案例1

2000年3月,王某经当地政府批准,在某县城宝春路旁边建造了两间平顶房屋。2004年5月,县电力公司经批准在宝春路自东向西架设了10千伏高压电线路,高压电线与王某平顶房屋之间垂直距离大于4

米。2009年4月，王某未经当地有关政府批准，将平顶房翻建为三层半楼房，东边间三楼阳台扶手与高压线间最近距离为40厘米，当地电力部门对王某的翻建行为未加阻止。2009年7月18日，王某的外甥女（12周岁）张某到王某家度暑假，当晚8点，在东边间三楼阳台乘凉靠近扶手时，被高压电所吸而触电受伤，经法医鉴定，其伤情属重伤范围。同年9月，张某向当地人民法院提起诉讼，要求被告电力公司承担责任。

电力公司辩称：公司于2004年架设的高压电线与王某平顶房之间的垂直距离大于4米，符合国家关于10千伏高压电线与建筑物的垂直距离不小于3米的规定，而王某在2009年未经审批，又未与电力部门协商，擅自翻建三层半楼房，使东边间三楼阳台扶手离高压线只有40厘米，致使张某触电受伤，故应由王某承担赔偿责任。

案例2

被告市政管理处承担该市龙源街东段排水施工工程，至10月21日，已挖好东西走向长20米、宽1米、深3米排水沟。10月21日下午，被告在排水沟的西端设置了红色标志灯和栏杆路障，在排水沟的东端设置了南北排列的各长2米、直径70公分的四根水泥管为路障，在南侧水泥管与排水沟施工土堆间的空隙中设置了2盏红色标志灯。该日晚7点，原告陈某骑自行车回家，由东向西经过龙源街东端排水施工工程处，骑进了工程东端路障南侧水泥管与施工土堆之间的空隙处，连人带车掉进了排水沟内，后被行人救出送往医院。经诊断原告骨盆双侧耻骨下肢骨折，构成7级伤残。经查明，被告在南侧水泥管与施工土堆间的空隙处设置的2盏红色标志灯在工作人员下班后被人砸坏，故原告看不清而跌入排水沟内。原告诉至人民法院，要求被告承担责任。

被告辩称：原告虽掉进我单位施工的排水沟内，但我方在施工中已设置了明显的标志灯和路障，符合法律规定的免责条件。至于标志灯被砸坏，是我方工作人员下班后不明人士所为，我方不应对此负责。

(二)思考方向

在上述案例中,案例 1 属于高度危险作业责任,案例 2 属于物件损害责任中的地面施工责任。这两种责任不适用过错归责原则,而应适用无过错责任原则。在适用无过错责任原则的情况下,被告是否承担侵权责任的关键在于被告提出的免责抗辩是否有法律依据。

(三)法律规定

1.《侵权责任法》第 7 条 行为人损害他人民事权益,不论行为人有无过错,法律规定应当承担侵权责任的,依照其规定。

第 69 条 从事高度危险作业造成他人损害的,应当承担侵权责任。

第 73 条 从事高空、高压、地下挖掘活动或者使用高速轨道运输工具造成他人损害的,经营者应当承担侵权责任,但能够证明损害是因受害人故意或者不可抗力造成的,不承担责任。被侵权人对损害的发生有过失的,可以减轻经营者的责任。

第 91 条第 1 款 在公共场所或者道路上挖坑、修缮安装地下设施等,没有设置明显标志和采取安全措施造成他人损害的,施工人应当承担侵权责任。

2.《最高人民法院关于民事诉讼证据的若干规定》(以下简称《民事诉讼证据的规定》)第 4 条第 1 款 下列侵权诉讼,按照以下规定承担举证责任:

……

(二)高度危险作业致人损害的侵权诉讼,由加害人就受害人故意造成损害的事实承担举证责任;

(三)因环境污染引起的损害赔偿诉讼,由加害人就法律规定的免责事由及其行为与损害结果之间不存在因果关系承担举证责任;

……

(五)饲养动物致人损害的侵权诉讼,由动物饲养人或者管理人就受害人有过错或者第三人有过错承担举证责任;

(六)因缺陷产品致人损害的侵权诉讼,由产品的生产者就法律规定的免责事由承担举证责任;

……

（四）学理分析

1. 无过错责任原则的概念和特点

无过错责任原则是指不以行为人主观上的过错，而是依照法律的特别规定确定行为人是否承担侵权责任的归责原则。无过错责任原则具有如下特点：

（1）无过错责任原则具有客观归责性。无过错责任原则并不强调归责的主观性，而是强调归责的客观性，即无过错责任的成立并不以行为人的主观过错为要件，不论行为人有无过错，只需具有侵权责任构成的客观要件即可。

（2）无过错责任原则的归责事由在于行为的危险性。无过错责任原则不以过错作为行为人承担侵权责任的归责事由，而是以行为人的行为危险性为归责事由，因此，无过错责任通常又称为危险责任。由于无过错责任的基本思想在于"不幸损害"的合理分配，因此，在价值判断上，无过错责任原则对行为的道德性不做评价，关注的是损害的分散性，强调分配正义的实现。

（3）无过错责任原则的适用范围具有限定性。无过错责任原则与过错责任原则虽同为侵权责任的归责原则，但无过错责任原则不具有过错责任原则的广泛适用性，它只能适用于法律特别规定的侵权责任，通常适用于特殊侵权责任。因此，只有在法律有特别规定时，无过错责任原则才有适用的余地。

2. 无过错责任原则的适用

在侵权责任中，适用无过错责任原则应当注意以下主要问题：

（1）无过错责任原则具有特定的适用范围。无过错责任原则只有在法律有特别规定的情况下才能适用，具体适用于法律特别规定的部分特殊侵权责任。根据《侵权责任法》的规定，下列侵权责任适用无过错责任原则：产品责任、高度危险责任、环境污染责任、饲养动物损害责任、被监护人致人损害责任、使用人责任等。

（2）无过错责任原则不考虑行为人有无过错。适用无过错责任原则确定侵权责任时,不考虑行为人是否存在主观过错。也就是说,行为人有无过错,对于侵权责任的构成不产生影响。因此,无过错责任并不是指行为人在"无过错"情形下承担的责任。但应当指出的是,无过错责任原则不考虑过错,只是不考虑行为人的过错,并不意味着也不考虑受害人的过错,因为受害人的过错对侵权责任的构成和范围有一定的影响。

(3) 无过错责任原则实行特殊的举证责任规则。适用无过错责任原则,不要求受害人举证证明行为人是否有过错,也无须推定行为人具有过错。只要受害人能够证明损害的事实及行为人的行为与损害事实之间具有因果关系,行为人即应承担侵权责任。在某些特殊情况下,法律为保护受害人的利益,在因果关系的证明上实行举证责任倒置,即由行为人举证证明其行为与损害事实之间没有因果关系。如果行为人不能证明,就推定因果关系的存在。

(4) 无过错责任原则不排除不承担责任或减轻责任事由的适用。无过错责任原则虽然不以行为人的过错作为承担侵权责任的根据,但无过错责任原则并非"有损害即有责任"的结果责任原则。因此,在适用无过错责任原则时,行为人仍有权主张法定的不承担责任或减轻责任的事由。但应当指出的是,适用无过错责任原则的特殊侵权责任,其不承担责任或减轻责任的事由并不相同。例如,在高度危险责任中,民用核设施发生核事故造成损害的高度危险责任,其不承担责任的事由为战争等情形或受害人故意;民用航空器造成他人损害的高度危险责任,其不承担责任的事由为受害人故意;从事高空、高压、地下挖掘活动或者使用高速轨道运输工具造成他人损害的高度危险责任,其不承担责任的事由为受害人的故意或不可抗力。因此,在无过错责任原则中,适用不承担责任或减轻责任的事由应当受法律规定的限制。

(5) 无过错责任原则的适用可能会存在赔偿限额。基于特定行业的风险性和保护该行业发展的需要,在某些情况下,法律会对适用无过错责任原则的特殊侵权责任规定其赔偿限额。对此,《侵权责任法》第77条规定:"承担高度危险责任,法律规定赔偿限额的,依照其规定。"

3. 案例评析

在案例1中,电力公司架设10千伏高压电线路为从事高压活动,属于高度危险作业的范畴,被告因从事高压活动造成了原告的损害,构成了高度危险责任中的高压作业损害责任。根据《侵权责任法》第69的规定,该种责任应适用无过错责任原则。那么,电力公司是否具有法定的免责事由呢?根据《侵权责任法》第73条的规定,在高压作业损害责任中,经营者的免责事由只有受害人故意和不可抗力。被侵权人对损害的发生只有过失的,可以减轻经营者的责任。本案的被侵权人张某触电时年仅12周岁,系限制民事行为能力人,法律上对于欠缺意识能力的非完全民事行为能力人施加额外保护,对此类人所应有的注意义务的要求也不同于完全民事行为能力人,一般不认为具有故意造成自身损害的意识能力。所以,电力公司不具备"受害人故意"这一免责事由。同时,这一损害也不是不可抗力造成的。故电力公司虽然依照有关规定建成的高压线路为合法作业,主观上亦无过错,但依据法律规定,对张某触电受伤仍需承担赔偿责任。在本案例中,王某违反有关规定,未经有关部门批准,擅自违章翻建房屋,使东边间三楼阳台扶手离高压线只有40厘米,这在一定程度上加大了张某受伤的可能性,具有明显的过错。对同一致害后果,法律并不排除对不同的责任主体使用不同的归责原则,所以,王某也应当依照其过错程度,承担相应的赔偿责任。

在案例2中,原告陈某的损害是因掉入被告的排水沟而造成的,应属于地面施工责任。根据《侵权责任法》第91条第1款的规定,地面施工责任适用无过错责任原则,其免责条件除不可抗力外,主要为施工人已设置明显标志和采取安全措施。从本案的具体情况来看,被告确实在施工现场的南侧水泥管与排水沟施工土堆间的空隙中设置了2盏红色标志灯,从这一点上,被告似履行了设置明显标志和采取安全措施的义务。但被告采取的措施有明显的漏洞,并不足以保障他人安全。被告仅设置2盏灯且没有人维护,当有人将标志灯砸坏时,南侧水泥管与排水沟施工土堆就漆黑一片,加上没有其他障碍设置,导致原告连人带车跌入排水沟中。被告既有设置标志灯的义务,又有维护标志灯使其可以正常的起到警示作用的义务。当事故发生时,标志灯熄灭,足以表明被告未尽到义务。被告主张其所设标志灯是为他人所破坏以至于灯灭,被告已实施法律规定的施工人应设置安全标志和采取安全措施,这种主张是不成立的。因此,被告应当对原告的损害承担赔偿责任。

(五) 自测案例

1. 原被告双方均系某村村民,被告郑甲、郑乙、郑丙、郑丁、郑戊5人按比例共有一头耕牛,五户轮流饲养。某日上午,郑乙从轮值饲养人郑甲处牵走耕牛使用,交给常年雇请的徐某耕作。徐某将牛拴在楚某责任田边的树上。楚某到自家责任田摘扁豆时发现牛在吃田中种植的山芋藤,在询问无人回答后,便上前去解牛绳,欲将牛牵走。此时牛发怒用牛角将楚某戳倒在地,经诊断为脾破裂。事发后,楚某要求郑甲等5人赔偿损失。郑甲认为自己当时虽是饲养户,但耕牛被郑乙牵走,所造成的损害与己无关;郑乙认为,事发当天虽是自家用牛,但5户都有责任赔偿,原告自己处理不当也有责任;郑丙、郑丁、郑戊认为自己虽占有牛的份额,但事发时没有饲养牛,也未使用牛,事故的发生与自己无关,也不同意承担赔偿责任。

问:确定被告的侵权责任时应适用哪一种归责原则?

2. 被告余某在承包地里种植的农作物经常被牲畜践踏、啃吃,又抓不住致害的牲畜。于是,被告即用菜叶拌上乐果剧毒农药,撒在承包地里、地边及通过承包地的小路边。撒过后,被告没有在地边、田头树立警示标志,也没有向其他任何人做过通知。一日下午,原告齐某放牛回家,赶着5头牛经过原告承包地中的小路,牛吃了路边拌有农药的菜叶。原告将牛赶回家后,牛即开始出现倒地抽搐、口吐白沫的现象。经当地兽医抢救,三头牛脱险,两头牛死亡。后经对死牛进行解剖检验,结论是吃了拌有乐果农药的菜叶中毒所致。经了解,当地只有被告的承包地里撒有这种拌农药的菜叶。原告即向人民法院起诉,要求被告赔偿损失。

问:本案能否适用无过错责任原则?

第二节 侵权责任的构成要件

侵权责任的构成要件是行为人承担侵权责任所应当具备的条件。行为人实施了侵害他人合法权益的行为,只有符合一定的条件,才能承担侵权责任。探讨侵权责任的构成要件,首先应当明确以下三点:第一,不同的侵权责任因其归责原则的不同,其构成要件有所不同。例如,按照过错责任原则,侵权责任必以过错为构成要件;而按照无过错责任原则,侵权责任则不以过错为构成要件。第二,法律对特殊侵权责任有特殊的要求,规定了特殊的条件。只有具备了法律所规定的特殊条件,该种侵权责任才能成立。第三,侵权责任的形式是多种多样的,而不同的责任形式要求有不同的责任要件。例如,消除危险就不需要有损害后果的现实存在,而赔偿损失则要求必须有损失。可见,在侵权责任法中,适用于所有侵权责任的构成要件是不存在的。因此,理论上通常只研究侵权责任的一般构成要件。

关于侵权责任的一般构成要件,以法国为代表的国家主张三要件说,即侵权责任由损害后果、因果关系和过错三个要件所构成;而以德国为代表的国家则主张四要件说,即侵权责任由加害行为、损害后果、因果关系和过错四个要件所构成。我国学者对侵权责任的一般构成要件也存在着上述两种不同的观点。我们认为,侵权责任的一般构成要件应包括加害行为、损害后果、因果关系、主观过错四个要素。

一、加害行为

(一)案情简介

> **案 例**
>
> 原告赵某(9周岁)、被告闫某(8周岁)均系被告某市南楼小学的学生,被告王某系原告的班主任。某日中午12点,被告王某让已下课的原告为其打开水。原告在打回开水上楼时,恰逢被告闫某在学校楼道的防盗门横梁上打秋千,闫某将暖水瓶碰碎烫伤了原告的右腿。事发后,原告被送往医院就诊,经医院诊断,原告右腿热烫伤3%,深2度。原告经21天住院治疗,伤口愈合后出院。因医疗费及精神损失的赔偿问题与被告协商不成,原告遂诉至人民法院。

(二)思考方向

在本案例中,被告闫某不遵守校规,在楼道内打秋千将原告烫伤,应由其监护人承担民事责任。被告王某不遵守学校规定,让无民事行为能力的原告为其打水,对造成原告的烫伤亦应承担一定的责任。案件的争议在于,南楼小学是否应承担一定责任。因为被告王某让原告为其打水的行为完全是王某个人的意志和行为,不是工作中的职务行为,没有体现学校的意志,且事发时是中午放学以后,而非正常的教学活动中,因此就涉及学校是否存在加害行为的问题。即在明确王某的行为为非执行职务行为的前提下,若要学校承担责任,就取决于如何证明学校是否存在加害行为。

(三)法律规定

《侵权责任法》第 6 条第 1 款　行为人因过错侵害他人民事权益,应当承担侵权责任。

第 38 条　无民事行为能力人在幼儿园、学校或者其他教育机构学习、生活期间受到人身损害的,幼儿园、学校或者其他教育机构应当承担责任,但能够证明尽到教育、管理职责的,不承担责任。

(四)学理分析

1. 加害行为的概念和性质

加害行为是行为人实施的加害于他人民事权益的不法行为,是侵权责任构成的客观条件之一。侵权行为的本质特点在于其不法性,因此,只有行为人的加害行为违法,才能产生侵权行为,进而产生侵权责任。所谓行为违法,是指行为违反法律的规定。如果一个行为并不违法,即说明该行为不具有受法律谴责性,行为人也就无须承担责任。

行为违法表现为社会对这种行为的法律评价,包括形式违法或实质违法。所谓形式违法,是指行为与法律的明文规定相抵触。例如,《民法通则》第 75 条第 2 款规定,禁止任何组织或者个人侵占、哄抢、破坏或者非法查封、扣押、冻结、没收个人财产。凡实施上述行为的,显然与法律的规定相抵触,这样的行为就属于形式的违法;所谓实质违法,是指行为不是从形式而是从实质上违法。这种行为难以确定其所违反的特定法律规范,但它却违反了法律的精神、原则。例如,《民法通则》第 5 条规定:"公民、法人的合法的民事权益受法律保护,任何组织和个人不得侵犯。"因此,只要行为人所实施的行为侵害了他人民事权益,即使不能确定其所违反的特定法律规范,该行为实质上也是违法的。

2. 加害行为的形式

加害行为从行为的自身性质上看,可以分为作为的加害行为和不作为的加害行为。作为的加害行为是指行为人实施法律禁止实施的行为,即法律禁止为之而为之。因此,凡是法律禁止某种行为的,行为人就有不从事该行为的不作为义务。行为人若违反法律规定的不作为义务而作为,其行为就是作为的加害行为。不作为的加害行为是指行为人不实施法律所要求实施的行为,即法律要求为之而不为之。因此,凡是法律要求实施某种行为的,行为人就有实施该种行为的作为义务。行为人没有实施法律要求的行为,其行为即为不作为的加害行为。

3. 加害行为违法性的判断

加害行为的违法性是违反法律的要求,其实质是损害了法律所保护的合法权益。因此,行为违法的内容从本质上讲,是违反了法律所规定的义务。这种义务是法律所规定的任何人不得损害他人合法权益的不特定义务。如何判断行为的违法性,理论上有结果不法说和行为不法说两种不同的主张。结果不法说认为,加害行为之所以被法律非难而具有违法性,乃因其肇致权利侵害的"结果";行为不法说认为,一个行为不能仅因其肇致他人之权利受侵害,即构成不法,其违法性的成立须以行为人未尽避免侵害他人权利的注意义务为必要。若行为人已尽其社会活动上必要注意时,纵因其行为侵害他人权益,亦不具有违法性。德国学者通说采行为不法说,而实务界则采结果不法说;我国台湾地区的学说及判例均采结果不法说。① 我们认为,结果不法说是可取的。

4. 案例评析

在本案例中,学校不但是教育单位,同时也是教学管理机构;不但在正

---

① 参见王泽鉴:《侵权行为法》(第1册),中国政法大学出版社2001年版,第229—230页。

常教学活动中要对校内秩序及其他设施进行严格的管理,在放学后对其控制区域内的正常秩序也需严加管理,特别是在对象为无民事行为能力、限制民事行为能力人的情况下,更加重了其管理责任。本案被告闫某在学校楼道内打秋千,可能失手伤害自己,也可能撞上他人致他人损害。由于其年龄的缘故,该行为的危险性是其不可能完全意识到的,但学校对于这种危险行为负有管理责任,应当保证管理对象的人身安全。在本案例中,学校并未有人制止这种行为,可见,学校疏于管理,对来源于法律的直接规定和职务上要求的特定义务没有履行,已构成了不作为的违法行为。

(五) 自测案例

1. 陈游与周江红为某大学外语学院学生,同住一个宿舍。某日晚,睡在该屋双层铁架床下铺的周江红在晚间熄灯后,在蚊帐内点蜡烛看书。次日凌晨1点25分左右,蜡烛点燃了周江红的蚊帐,火苗往上铺的陈游床上蔓延,把陈游床上的蚊帐等物烧着,陈游在熟睡中被火所困,当火被扑灭后,陈游已被烧伤。在其住院期间,学校先后垫付了医药费共15万元,周江红也赔偿了1万元。以后,陈游又两次在北京做整形手术,花费甚大。陈游要求周江红及学校另承担今后的医药费、营养费及其他费用50万,精神损害赔偿费5万元。周江红对于承担责任没有异议,只是认为赔偿费过高,有一些部分不合理。学校称:我校在每个学生入校时,均颁发了学校关于宿舍管理的正式规定,不允许在床上点蜡烛看书,每晚学校也都派员巡查落实,消防部门多次例行检查,均未提出异议。引起原告受伤的责任在于周江红,不应由我校承担,但事发后,我校仍积极承担了一部分的医药费。但并不证明我校要承担责任,故不同意赔偿原告55万。

问:某大学的行为是否具有违法性?

2. 某日中午11时许,原告吴新华到一饭店吃涮羊肉。当时,饭店底层大火锅已经客满,二楼小火锅需4个人方能租用。吴新华便和在场的三位素不相识的顾客相约合租一个小火锅,吴新华见二楼供应的套菜不够,便去下楼开票添菜。就餐时,吴新华看到同桌的江某楼上、楼下来回跑了几次未取到菜,便自告奋勇地去帮江某取菜。吴新华见餐厅东面楼梯上下的人较多,欲从无人的餐厅西面绕过去下楼。由于此处地板刚打过蜡,吴新华走在上面不慎滑倒,造成右股骨骨折,花去医疗费若干。为此,吴新华要求饭店赔偿损失,其理由是:饭店不应该在即将营业的餐厅打蜡,打蜡后仅用几张桌子、几把椅子稀稀拉拉地挡着,没有醒目的标记,告知顾客"此处不能通行"。饭店老板则认为,饭店二楼餐厅规定,购买套菜由饭店服务员服务到桌,原告未按规定办,擅自将一楼餐厅的食物拿到二楼,才误入打蜡区。并认为饭店何时打蜡,上级未做任何规定,而他们在上午打蜡是该饭店的惯例,况且他们在打完蜡后,已用台子、椅子等将打蜡区挡好,原告因取食物心切,闯入无人就餐的打蜡的餐厅,以致滑倒受伤,过错完全在其自己,饭店不承担赔偿责任。

问:本案中饭店的行为是否具有违法性?

二、损害后果

(一) 案情简介

案例1

原告某职业技术学校的建筑主要由敬业楼、进取楼、崇德楼、和乐楼四栋大楼组成。被告第一百货公司在该校西侧筹建六和路商业大楼,发包给某市第二建筑公司施工。工程桩、围护桩、基坑施工后不久,原告的房屋开始出现开裂、倾斜、变形等损坏现象。经市房屋质量监测站质量监测表明,六和路商业大楼的施工是造成原告房屋损坏的主要原因。针对房屋现状、结构形势及六和路大楼施工情况的综合分析,该校房屋现阶段处于安全状态,无结构危险,崇德楼房屋东西向有一定的倾斜,从结构安全和一般教学使用要求等方面综合分析,可不考虑纠偏措施。该报告并对损坏的房屋提出修复、加固方案,依据该方案,作出工程预算,预算总造价为人民币40万元。因双方对赔偿费用问题不能协商一致,原告向人民法院提起诉讼。

> **案例2**
>
> 某日上午,原告汤某到被告某日用品商店购物。当汤某离开该店时,店门口警报器鸣响,该店一女保安员上前阻拦汤某离店,并引导汤某空越三处防盗门,但警报器仍鸣响,汤某遂被保安人员强行带入该店办公室内,女保安用手提电子探测器对汤某进行全身检查,确定汤某在髋部带有磁信号,女保安即要求汤某脱去裤子接受检查。汤某在拒绝无效的情况下,在女保安及另一女店员在场的情况下,被迫解脱裤扣接受检查。但女保安未检查出汤某身上带有磁信号的商品,才允许汤某离店。汤某离店后即向消费者保护协会投诉,要求店方向其赔礼道歉,并给予人民币2000元的经济赔偿,但遭到拒绝。于是,汤某以名誉权受到侵害为由,向人民法院提起起诉,要求被告日用品商店赔偿损害,公开登报赔礼道歉并赔偿精神损失费50万。

(二) 思考方向

侵权责任的承担是以被侵权人的权益受到损害为前提的,否则即不会发生侵权责任的承担问题。在诉讼中,原告应对损害事实的存在承担举证责任。就上述案例而言,原告只有在因侵权行为造成其权益受到损害时,侵权人才承担侵权责任。案例1中的被告修建大楼的行为是否造成了原告的财产损害,案例2中的被告行为是否侵犯了原告的人身权利并产生损害后果,成为解决纠纷首先需要考察的问题。

(三) 法律规定

1.《侵权责任法》第6条第1款 行为人因过错侵害他人民事权益,应当承担侵权责任。

第19条 侵害他人财产的,财产损失按照损失发生时的市场价格或者其他方式计算。

第22条 侵害他人人身权益,造成他人严重精神损害的,被侵权人可以请求精神损害赔偿。

(四)学理分析

1. 损害的概念和特点

所谓损害,是指因人的行为或对象的危险性而导致人身权益或财产权益所遭受的不利后果。在侵权责任法中,损害具有如下特点:

(1) 损害是侵害民事权益的客观后果。民事主体的合法权益受法律保护,任何人不得侵害。侵害他人民事权益所产生的后果,就是损害。因此,不仅侵害民事权利会造成损害后果,侵害其他合法利益的,也会造成损害后果。

(2) 损害具有确定性。损害的确定性是指损害事实是真实存在的,在客观上能够认定的。首先,损害是已经发生的、真实存在的侵害后果;没有发生的侵害后果或者仅对未来利益构成侵害的可能,不能构成损害。其次,损害是在客观上能够认定的。就是说,损害后果的范围和程度能够根据一定的标准加以确认。否则,不能称其为损害。

(3) 损害具有法律上的补救性。侵权责任具有补偿的功能,因此,只有损害具有法律上的补救性时,才能产生侵权责任。损害的补救性包括两个方面的含义:一是损害具有补救的必要性。应当说,只要行为人侵害了他人民事权益,都会造成一定的损害后果。但是,这种客观上的损害后果,只有在法律上有补偿的必要时,法律才予以补偿,才能构成法律上的损害。也就是说,损害必须在量上达到一定程度才能被视为可以补偿的损害。当然,这里的"量"决不能理解为必须可以用金钱衡量。二是损害具有补偿的可能性。法律上所要求的损害并不是客观上所发生的一切损害,而只是具有补偿可能性的损害。对于不具有补偿可能性的损害,法律上不将其纳入可补偿的范围。

2. 损害的分类

侵权行为的种类不同,其所造成的损害也有所不同。一般地说,损害可以分为以下几类:

(1) 财产损害。财产损害是指侵害他人的人身权益和财产权益所造成的财产上的不利益,这种不利益通常为财产利益的减少、丧失,即损失。凡是民事主体遭受的一切具有财产价值的损失,都称为财产损害。财产损害的产生主要有三种情况:一是侵害财产权益而产生的财产损害;二是侵害自然人的人身所造成的财产损害,如致人伤害、残废、死亡所造成的医疗费、丧葬费、误工收入等财产损害;三是侵害他人的姓名权、肖像权、名誉权、荣誉权等人身权益所造成的财产损害。

财产损害包括实际损失和可得利益损失。实际损失又称为积极损害,是指现有财产的减少或灭失。例如,现有财物的毁损、因治疗伤害所支出的医疗费等。可得利益损失又称为消极损害,是指应得到而未得到的利益的损失,即未来财产的减损。例如,利润损失、工资收入损失、孳息损失等。由于可得利益损失是未来财产的减损,所以,可得利益的损失不能通过财产的受损程度加以确定。确定可得利益损失,应当取决于以下两个主要条件:一是这种利益是权利人尚未取得的。已经取得的利益受到损害的,为实际损失,而非可得利益损失;二是这种利益是权利人在正常情况下必定会取得的。所谓必定取得,是指行为人不实施加害行为是该利益取得的充分必要条件。也就是说,只要行为人不实施加害行为,权利人就一定能取得该利益,而并非可能取得。

(2)人身损害。人身损害是指侵害自然人的生命权和健康权,致使被侵权人的身体遭受伤残或死亡的后果。一般地说,人身损害可以分为三种情况:一是一般伤害;二是残废;三是死亡。人身损害通常会引起财产损失,但人身损害本身是指自然人的生命权和健康权受到侵害,而不是指财产损失,财产损失只是人身损害的后果。

(3)人格损害。人格损害是指侵害生命权和健康权以外的人格权所导致的不利后果。例如,自然人因受到诽谤而使其社会评价降低,自然人的隐私被他人非法披露,自然人的肖像被他人非法利用等。人格损害通常会伴随精神损害的发生,但人格损害与精神损害并不是同一个概念,精神损害只是人格损害的后果。

(4)精神损害。精神损害又称为无形损害,是指侵害自然人的人身权益所造成的被侵权人的精神利益的减少或丧失,表现为被侵权人精神上的恐惧、悲伤、痛苦、羞辱以及神经损伤等。

3. 案例评析

在案例1中,判断原告是否存在损害事实,其方法一般是对加害行为发生前后的权利主体不同的利益状态进行比较,以此来观察利益是否发生减损。原告的房屋在被告的大楼兴建之前一直处于稳定状态,而在被告的大楼开始施工后,便开始出现开裂、倾斜、变形等现象,并经房屋质量监测站出具报告,表明前者所出现的不正常现象确因后者行为所致。在本案例中,由于施工一方的原因,导致原告房屋出现开裂、倾斜和变形等现象,这一损害可视为实际损失,即造成了原告财产的积极减少。为对原告的实际损失进行弥补,首先需进行修复加固,有关建筑设计部门作出工程预算造价为40万元,也就是说因被告方施工的原因,原告需要为本不需加固的房屋进行加固,从而要支付40万元。所以,在本案例中,被告的行为已经给原告造成了损害。

在案例2中,原告因被被告工作人员搜身而认为其名誉权受到侵害并造成了精神损害,从而要求被告赔偿损失。那么,本案原告是否因名誉权受到侵害而有精神损害呢?我们知道,名誉权是民事主体的人格在社会中的反映,是民事主体对自己在社会生活中所获得的社会评价依法所享有的不可侵犯的权利。因此,名誉权与名誉感不同。法律上的名誉权是指他人对特定人的属性所给予的社会评价,即外部名誉或客观名誉;而名誉感则是人对其内在价值的感受,即内部名誉或主观名誉。在侵权责任法上,侵犯名誉权指的是对客观名誉而非主观名誉的侵犯。在本案例中,被告工作人员对原告进行检查时并没有第三人在场,事后也未必会被第三人甚至社会公众知晓。在此情况下,原告的社会评价并不会受到影响,因此并不能认为名誉权受到侵害。那么,能否就此认定原告没有损害存在呢?回答应当是否定的。原告被侵犯的实际上是人格尊严,即自然人的一种自尊和要求得到他人尊重,不愿被歧视、侮辱的心理状态。在本案例中,被告强行检查原告身体并使其解脱裤扣,这种带有人身侮辱性的行为令原告的自尊和人格尊严受到了刺激与伤害,因此,被告的行为已造成了原告人格利益的无形损害,此损害虽然在客观上没有实在的外在表象,但确使原告的自尊与人格尊严受到伤害,同时产生了精神创伤和精神痛苦。由此可见,原告遭受损害这一事实是明显的。

(五) 自测案例

1. 原告胡某与被告叶某系同一个单位的职工。某日上午,被告到原告家要求借看原告收藏的特15首都名胜第四枚"天空光芒四射"邮票。看后被告提出将该邮票借去给其老师钟国强鉴定真伪,原告同意。几天后,原告父亲发现该枚邮票不在,就询问原告。原告父亲得知情况后就要求速将邮票索回。当原告向被告索回邮票时,被告则称邮票已丢失,需要时间找一找,但一直没有找到。原告遂多次向被告要求返还邮票,被告写下"借条"保证在年底前返还,但均未有结果。之后不久,某邮票市场出现了一枚南昌日戳1956"天空光芒四射"邮票,成交额在2.5—3万元之间。由于该枚邮票未正式发行,这次在邮票市场上首次出现且价格较高,轰动了当地的集邮界。

经查,原告收藏的这枚邮票,是我国50年代由著名邮票设计家邵伯龄先生设计的首都名胜特种邮票中的第四枚。当时,该枚邮票制成后,准备向全国发行,后邮电部门发现该邮票存在印刷方面的失误。为避免造成不良政治影响,遂急电各地邮局不要发行,但仍有20余枚售出,无法追回。因此,该票被海内外邮票收藏者视为珍品。

问:如何认定本案的损害后果?

2. 李某、江女、张男为同一单位的同事,江女一直在追求张男。4月1日愚人节这一天,李某想与张男开一个玩笑。于是,他来到鲜花店以张男名义订了一枝红玫瑰并留下了单位地址,让花店在下午4点将花送到单位交给江女。花店准时将花送到江女手中后,李某马上又以张男的名义给江女发一个短信,内容为:"不知你是否喜欢?晚上一起吃饭好吗?"江女收到鲜花和短信后,非常高兴。下班后,江女找到张男对他表示感谢,张男对此莫名其妙,江女以为张男戏弄自己,非常气愤。事后,李某向张男、江女做了解释,张男、江女听后极为生气,要求李某赔礼道歉。李某认为这不过是愚人节的一个玩笑,自己并无恶意,不同意道歉。张男、江女遂向人民法院提起诉讼,请求人民法院判决李某礼道歉并赔偿精神损害。

问:本案是否存在损害事实?

三、因果关系

（一）案情简介

案例1

某日凌晨，洛阳地区普降特大暴雨。早7时许，偃师市总工会司机魏某驾驶该单位桑塔纳汽车从偃师前往洛阳，行至洛阳市东花坛立交桥时，因机动车道积水，遂驾车沿非机动车道行使。此时因市公路总段负责养护维修的公路防护墙被雨水浸泡，近50米长的防护墙突然倒塌，将该车砸毁，魏某当场死亡。中保财产保险有限公司偃师市支公司机动车辆勘察报告载明：车已严重变形，无修复价值。该公司赔付车辆损失104800元，赔付乘坐险10000元，因对其他赔偿问题达不成协议，死者所在单位及家属以洛阳市公路管理总段为被告提起诉讼，要求被告赔偿机动车损失55200元，赔偿死者家属抚恤金、抚养费、工伤补助费等152736元。

被告辩称：造成这次车毁人亡的直接原因，是魏某违章行驶在非机动车道上遇到了40年不遇的特大暴雨袭击，属于不可抗力。同时，若他遵守交通规则在机动车道行使，即使防护墙倒塌，他也会无事，故自己不应承担责任。

案例2

吴迪（12周岁）与同学杨华（11周岁）放学后在学校附近的施工场地嬉闹，不慎被杨华用玻璃片将其左膝关节处割伤。杨华立即跑回家中叫了父母将吴迪送到某门诊部做了清创缝合治疗，杨华父母负担了全部医疗费用。吴迪在伤口愈合后，时感左膝关节疼痛。于是，吴迪的父母带其到门诊部再做检查。医生在检查后认为，伤口愈合良好，不必照片子。两个月后，吴迪的伤口出现轻微肿胀，疼痛加剧。其父母带他到一家大医院进行检查治疗。医院诊断后发现吴迪左膝关节内有异物，经手术,取出玻璃碎片两块,最后的诊断结论为:左膝关节腔内异物合并左膝关节外侧半月板损伤;创伤性关节炎。医疗事故鉴定委员会经鉴定认为:吴迪左下肢经锻炼可恢复正常功能,门诊部不构成医疗事故,但属于严重医疗差错。吴迪遂起诉杨华和门诊部,要求赔偿。

(二) 思考方向

在通常情况下,损害发生并非只有唯一原因,而是由多个原因综合作用而生。因此,在确定侵权责任时,既要确定损害结果的原因,又要确定不同的原因对于损害发生的原因力,进而确定侵权责任的分担。在上述案例中,被告是否应对原告所受损害承担赔偿责任,除考察其他侵权责任的构成要件外,应着重考察被告的行为与损害的发生之间是否存在因果关系。

(三) 法律规定

1.《侵权责任法》第 6 条第 1 款 行为人因过错侵害他人民事权益,应当承担侵权责任。

第 32 条 无民事行为能力人、限制民事行为能力人造成他人损害的,由监护人承担侵权责任。监护人尽到监护责任的,可以减轻其侵权责任。

有财产的无民事行为能力人、限制民事行为能力人造成他人损害的,从本人财产中支付赔偿费用。不足部分,由监护人赔偿。

第 54 条 患者在诊疗活动中受到损害,医疗机构及其医务人员有过错的,由医疗机构承担赔偿责任。

2.《民事诉讼证据的规定》第 4 条第 1 款 下列侵权诉讼,按照以下规定承担举证责任:

……

(三) 因环境污染引起的损害赔偿诉讼,由侵害人就法律规定的免责事由及其行为与损害结果之间不存在因果关系承担举证责任;

……

(七) 因共同危险行为致人损害的侵权诉讼,由实施危险行为的人就其行为与损害结果之间不存在因果关系承担举证责任;

（八）因医疗行为引起的侵权诉讼，由医疗机构就医疗行为与损害结果之间不存在因果关系及不存在医疗过错承担举证责任。

……

（四）学理分析

1. 因果关系的概念和形态

在侵权责任法中，因果关系有责任成立的因果关系和责任范围的因果关系之分。前者所要解决的是行为与损害之间是否具有因果关系，即侵权责任是否成立的问题，如甲的死亡是否因食用乙的食品所致；后者所要解决的是行为与赔偿范围之间是否具有因果关系，即赔偿范围的问题，如甲因乙的行为而受害住院所支出的医疗费应否得到赔偿。可见，责任成立的因果关系属于侵权责任构成要件中所要解决的问题，而责任范围的因果关系则属于赔偿责任范围所要解决的问题。在侵权责任的构成要件中，因果关系是指行为人的行为与受害人的损害之间的因果关系。就是说，若某一结果是由某一行为所引起的，损害是行为的结果，行为是损害的原因，则二者之间就有因果关系。

在侵权责任中，行为与损害之间的因果关系有多种表现形态，主要有以下几种：

（1）一因一果，即一个原因事实产生一个损害后果，如甲将乙的电视机损坏。

（2）一因多果，即一个原因事实导致两个以上的损害后果，如甲将乙打伤会同时产生乙的人身损害和财产损害两种损害后果。

（3）多因一果，即多个原因事实导致一个损害后果。在多因一果的情形下，因多个原因事实之间的关联程度不同，因果关系的判定也有所不同。多因一果的因果关系，主要包括以下三种情形：一是聚合因果关系（累积性的因果关系），即两个以上的原因事实导致损害后果发生，且其中任何一个原因事实均足以导致损害后果发生。例如，甲乙二人分别对丙下毒，其分量各足以致丙死亡。二是共同的因果关系，即两个以上的原因事实共同作用导致损害后果发生，而单个的原因事实不能导致损害后果的发生。例如，甲乙二人分别对丙下毒，个别的分量均不足以致丙死亡，但二者的共同作用导致丙死亡。三是择一的因果关系，即两个以上的原因事实均足以导致损害后果的发生,但不知是哪一种原因事实导致损害后果的发生。例如,甲乙二人同时向丙开枪,只有一枪伤害丙,但不知为何人所射。

(4) 多因多果,即多个原因事实导致多个损害后果。在多因多果的情形下,其因果关系的形态也会出现如同多因一果的情形。

2. 损害的原因力

侵权责任的因果关系是复杂多样的,既有一因一果、一因多果的现象,又有多因一果、多因多果的现象。在一个损害结果是由行为人的行为在内的诸多原因引起的情况下,行为人的行为对损害结果发生的原因力是不同的。因此,在分析因果关系时,正确地分析行为人的行为对损害结果所发生的原因力,对于确定行为人的责任是有重要意义的。

损害的原因力,主要有以下两类:

一是根据行为对损害结果所起作用的大小,原因可分为主要原因和次要原因。前者是指对结果的发生起主要作用的原因事实;后者是指对结果的发生起次要作用的原因事实。在引起一个损害结果发生的原因为两个以上的行为时,若各个行为的原因力不同,就应当区分主要原因和次要原因,从而确定行为人的责任。因为行为的原因力不同,行为人所承担的责任也就有所不同。

二是根据行为作用于损害结果的形式,原因可分为直接原因和间接原因。前者是指直接引起损害结果发生的原因事实,即损害结果是由行为人的行为直接引起的;后者是指间接引起损害结果发生的原因事实,即损害结果是由行为人的行为所引起的结果而引起的。区别直接原因和间接原因的目的,主要在于确定间接原因的行为人是否应当承担责任。对此,应当根据客观情况,结合其他的构成要件综合加以分析。

3. 因果关系的认定

行为与损害之间的因果关系应当如何认定,理论上存在着不同的认定标准。我们认为,由于因果关系的复杂性,任何一个单一标准都很难解决所有因果关系的认定问题。因此,应当结合因果关系的具体形态,采取不同的认定标准。在实践中,可以采取以下几种主要的因果关系认定标准。

其一,必然因果关系的认定标准。必然因果关系说主张,当行为人的行为与损害结果之间有内在的、本质的联系时,行为与损害之间为有因果关系。如果行为与结果之间只有外在的、偶然的联系,则二者之间没有因果关系。这种学说强调要将原因和条件区别开来,原因是必然引起结果发生的因素,而条件仅为结果的发生提供了可能性。应当说,必然因果关系说在因果关系的认定上存在一定的缺陷,这是因为:在必然因果关系中,虽然原因与结果之间存在内在的、本质的必然联系,而条件与结果之间只是外在的偶然的联系,但不可否认的是,这种外在的偶然的联系,仍属于因果关系的范畴。况且,在侵权责任的认定上,要证明因果关系的必然联系性,有时是非常困难或根本不可能的。但尽管如此,这种认定标准在某些情况下还是很适用的。例如,甲用一把尖刀刺中乙的心脏导致乙死亡,通过必然因果关系就可以认定因果关系的存在,无须采取其他的认定方法。

其二,相当因果关系的认定标准。相当因果关系说主张,某一条件仅于现实特定情形发生某种结果,还不能认定有因果关系,须依一般观察,在有同一条件存在即能发生同一结果的,才能认定条件与结果之间有因果关系。关于相当因果关系,我国台湾地区学者均采如下认定公式:"无此行为,虽不必生此损害,有此行为,通常即足生此种损害者,是为有因果关系。无此行为,必不生此种损害,有此行为,通常亦不生此种损害者,即无因果关系。"可见,相当因果关系由"条件关系"和"相当性"所构成,这是确认因果关系的两个阶段:第一个阶段是审查其条件上的因果关系,即确认某一原因事实是否为某种损害的条件。如为肯定,则再于第二个阶段认定其条件的相当性,以确定条件的范围。"条件关系"是指行为与损害之间具有条件关系,采取的是"若无,则不"(But—for)的检验方式,即"无此行为,必不生此种损害"。通过这个检验方式,如确定行为与损害之间有条件关系,则须通过"相当性"来确定行为与损害之间是否有因果关系。"相当性"旨在合理限定条件的范围,以防止因果循环而永无止境。从积极方面看,"相当性"可表述为:"有此行为,通常即足生此种损害。"从消极方面看,"相当性"可表述为:"有此行为,通常亦不生此种损害。"[①]

相当因果关系具有相当的合理性。一方面,相当因果关系承认所有对结果起作用的条件都是原因;另一方面,为了防止将因果的链条拉得过长,

---

[①] 参见王泽鉴:《侵权行为法》(第1册),中国政法大学出版社2001年版,第191、193、204页。

相当因果关系说以"相当性"来合理限定条件的范围。这样,既有利于保护被侵权人的利益,又有利于防止侵权人的责任被无限地扩大。因此,相当因果关系可以用于认定较为复杂的因果关系,如间接原因与损害后果之间因果关系的认定。但是,相当因果关系也不是万能的,并不能解决所有因果关系的认定问题。同时,相当因果关系的认定过程比较复杂,对于极为简单的因果关系没有必要采取这种认定方法。

其三,推定因果关系的认定标准。在侵权责任的构成中,行为与损害之间是否存在因果关系,通常应由受害人举证证明。但在某些情况下,法律为保护受害人的利益,实行因果关系推定原则,即由行为人举证证明因果关系的不存在,如果行为人不能证明因果关系不存在,则推定因果关系存在。例如,因污染环境致人损害的,应由行为人就其行为与损害结果之间不存在因果关系承担举证责任;因共同危险行为致人损害的,应由实施危险行为的人就其行为与损害结果之间不存在因果关系承担举证责任。

4. 案例评析

在案例1中,死者违章行车事实与防护墙倒塌事实共同作用造成了本案损害,其中的任何行为都不能独立造成本案的损害结果。因此,这两种事实都是造成损害的原因,但它们对损害发生所起的作用是不同的。首先,造成魏某死亡的直接原因是公路防护墙因雨水浸泡突然倒塌。依社会一般见解,公路防护墙倒塌这一事实足以造成伤亡后果,而且在魏某行车时确实也出现了防护墙倒塌致其死亡的后果,因此,防护墙倒塌这一事实与魏死亡这一结果间存在相当因果关系。其次,魏某违章行车是造成车毁人亡的间接原因,因为若魏某不在非机动车道上行使,就不会发生这一事故。因此,魏某违章在非机动车道上行驶与车毁人亡的损害事实之间也存在一定的因果关系。当然,确定违章行车与损害事实之间存在因果关系并不意味着魏某就应承担一定的责任。确定魏某是否承担一定的责任,还需要根据其他构成条件来考察。最后,被告洛阳市公路管理总段是否可以不可抗力为由而获得免责呢?在本案例中,从客观上说,普降特大暴雨应属于不可抗力的范围,原告的损害确实也是因防护墙被雨水浸泡倒塌造成的,但被告不能以不可抗力为由要求免责。这是因为,作为公路的保养、管理部门,应当对公路及附属设施经常性地进行保养,其中就包括采取对公路防护墙采取加固等措施以避免被雨水浸泡发生倒塌等情况而致路人受损。但是，被告却以不作为的方式不履行其义务，而导致了本案损害事实的发生。所以，被告不能以不可抗力为由而获得免责。

在案例2中，吴迪的受伤可分为两个阶段。第一阶段，杨华与吴迪在嬉闹间，不慎用玻璃片将吴迪左关节处砍伤，杨华立即跑回家中叫了父母将吴迪送到门诊部做了清创缝合治疗，杨华父母负担了全部医疗费用。在此阶段中，因杨华的行为致吴迪损害，二者间存在因果关系。在第二阶段，门诊部因严重差错而未将关节内异物取出，延误了治疗时间，此种不作为行为导致吴迪伤口恶化。门诊部的误诊行为对于第二阶段中杨华伤口的恶化起了直接的决定作用，正是由于门诊部医生在吴迪经过初次治疗即发觉膝部疼痛而至门诊部复诊，仍认为伤口愈合良好，不必照片子，从而导致病伤拖延，延误了治病的时机，导致吴迪伤口严重恶化。依照门诊部行为时的知识、经验，其应当对此种损害结果的发生具有一定的预见，而依照社会一般人来看，门诊部的这种误诊行为与吴迪最终损害结果之间也是存在因果关系的，因此，某门诊部应当承担赔偿责任。当然，对于吴迪伤口严重恶化的这种损害，杨华的行为也起到了一定的作用，但应属于间接原因。因杨华及其监护人对此并没有过错，因此没有赔偿责任可言。

（五）自测案例

1. 韩某与李某均系同一村农民。某年日，李某开自己的28型大4轮拖拉机为自己拉沙子灌地基，韩某及其他7人装车。由于河床通向河坝的路较陡，摩擦力不够而令拖拉机无法爬上坡。在爬坡时，韩某与其他帮工共7名均上拖拉机主车上，以增加主车重量，加大牵引力。前几次均成功，爬完坡后，停车，该7人再到拖车上乘车。当拉最后一车沙子的时候，仍采取同样办法，韩某在主车右侧脚踏板上站立，其他6人均在主车前部。当拖拉机驶过河爬上坡以后，还没到前几次停车地点时，韩某见车速较慢，便从主车上跳到地上，抓住拖车的保险架横梁，脚踩拖车连接架，欲跳上拖车。由于手没有抓实，脚又踩空，韩某掉在地上，被拖车右前轮轧伤，造成左股骨中下段粉碎性骨折，花去大量医疗费后仍未治愈。

问：李某的行为与韩某受伤之间是否具有因果关系？

2. 周蕾系某县第一中学初三的女学生，刘强系该班班主任。周蕾学习成绩不好,且时有旷课现象,刘强曾多次对其说服教育。某日上午第四节课,刘强发现周蕾缺课,放学后,周蕾仍未归。为避免其书包丢失,刘强便替周蕾收拾书包,准备将书包放进办公室存放,无意中发现了周蕾的一封恋爱情书,遂揣入自己的口袋。当周蕾前来索取时,刘强坚持让周蕾说清事实。周蕾称这是自己的隐私,别人无权过问。刘强一时火起,将周蕾拉进教室,掏出情书便要宣读,周蕾见状,上前夺取,刘强一怒之下将情书内容向全班同学抖了出来,且再次大声斥责周蕾。当晚周蕾回到家中,越想越气,遂走到自家三楼阳台上,跳了下去,致使左肋骨骨折、骨盆骨折、左腿骨折。经住院治疗,花去各项费用共计6000元。周蕾出院后,要求学校赔偿,并补偿丧失部分劳动能力带来的损失。学校认为,周蕾跳楼系自身行为,与学校无关,其后果自负。为此,周蕾向人民法院提起诉讼。

问:周蕾所受到损害与学校的行为间有无因果关系,为什么?

四、过错

(一)案情简介

案例1

被告某市供销合作社的大楼共有七层,配有电梯七站七门,七层顶上(八层)系天台,天台设有对外营业的露天舞厅,外单位的人员常乘供销社大楼内的电梯上八楼舞厅学跳舞,被告亦未反对。某日晚,原告林启梁夫妇及其朋友一同到被告八楼露天舞厅学跳舞。跳舞后,原告夫妇及其朋友离开舞厅,步行到七楼欲乘电梯下楼,随行一朋友随即按电梯的电钮,但电梯厢停在三楼,又按了七层电梯的按钮,电梯厢仍停在三层上,电梯前厅门仍然关闭。与此同时,原告用手扳开电梯前厅门,随即一脚向前迈进踩空,跌入井道,坠落至停在三楼的电梯厢顶部。经法医鉴定,原告受伤为脑震荡,多处皮肤挫裂伤。经劳动安全卫生检验部门鉴定:被告电梯七楼层门机械锁锁钩磨损,锁钩固定钉未紧固,使锁钩有小角度的转动,所以机械锁不能起到可靠的保护作用,以致当电梯停靠于三楼层门时,乘客能从七楼层门外施加外力扳开层门,致使踏空坠落。

> **案例2**
>
> 2010年9月14日、15日、27日,原告黄生智所在的永安市第五中学初三(2)班全体学生分别听取了化学科任老师依学校教学计划安排讲授的关于氧气的性质、用途以及氧气制取、注意事项和红磷在氧气中燃烧有关课文内容,任老师还演示了氯酸钾加二氧化锰混合加热制取氧气的过程,并布置了相关的作业。同年12月26日上午按教学计划,初三(2)班全体学生到校实验室做用高锰酸钾加热制取氧气以及红磷在氧气中燃烧两项实验。当任老师到实验室时发现有2名女生未到,以及实验室没有自来水,即分别叫原告去找2名女生,同时又让部分学生去提水。期间,任老师在实验前讲解了实验要点以及红磷不能与高锰酸钾混合等。由于课堂有人走动、喧哗以致秩序较乱,原告未听到上述要点。当学生们分得高锰酸钾和红磷后,便陆续擅自做起实验,任老师未予制止。原告与同学在分得高锰酸钾和红磷后即把红磷放入试管与高锰酸钾混合加热,任老师未发现。因实验室没有木垫,原告即用手拿着酒精灯给试管加热,后试管爆炸,碎片扎伤原告左眼。经医院诊断,原告左眼角巩膜裂伤,内容物脱失,眼球挫伤,眼内积血。

(二)思考方向

案例1、2分别为因电梯事故和试验不当造成的人身伤害案件,属侵犯健康权的一般侵权行为,适用过错责任原则。因此,在损害事实、侵权行为、因果关系均已具备的情况下,行为人是否存在过错,以及受害人对损害的发生是否也具有过错,成为确定案件责任承担的关键。

(三)法律规定

《侵权责任法》第6条第1款 行为人因过错侵害他人民事权益,应当承担侵权责任。

第26条 被侵权人对损害的发生也有过错的,可以减轻侵权人的责任。

第37条 宾馆、商场、银行、车站、娱乐场所等公共场所的管理人或者群众性活动的组织者,未尽到安全保障义务,造成他人损害的,应当承担侵权责任。

因第三人的行为造成他人损害的,由第三人承担侵权责任;管理人或者组织者未尽到安全保障义务的,承担相应的补充责任。

第39条 限制民事行为能力人在学校或者其他教育机构学习、生活期间受到人身损害,学校或者其他教育机构未尽到教育、管理职责的,应当承担责任。

(四) 学理分析

1. 过错的概念

什么是过错?理论上有不同的解释。主观说认为,过错是行为人具有的应受非难的心理状态,不包括行为人的外部行为。按照主观说,过错和加害行为是两个不同的责任构成要件。客观说认为,过错是对注意义务的违反。按照客观说,过错并不在于行为人的主观心理状态所具有的应受非难性,而在于行为具有的应受非难性。折衷说认为,过错是行为人通过违反义务的行为所表现出来的一种应受非难的心理状态。按照折衷说,过错固然是一种主观心理状态,但这种心理状态需要通过客观的外在行为表现出来。

我们持主观说。过错就是行为人实施加害行为时的心理状态,是行为人对自己行为的损害后果的主观态度。这种过错观念并不包括对行为的评价,从而将过错与加害行为区别开来。当然,我们认定过错是行为人的主观心理状态,绝不是说过错仅是一种心理现象。因为作为一种心理现象,只有通过一定的行为表现出来才有意义。但这种行为本身并不能成为过错的构成因素,而只是证明行为人存在过错的一种外在表征。

2. 过错的形式

过错的形式是指过错的等级、类型,是过错轻重程度的表现。过错一般分为故意和过失两种基本形式。

(1) 故意。通说认为,故意是指行为人预见到自己行为的后果而仍然希望或放任该结果发生的心理状态。如果行为人希望损害结果发生,为恶意;

如果行为人听任损害的发生,为放任。① 可见,故意的成立应包括两个条件:一是行为人预见到了自己行为的后果;二是行为人希望或放任这种后果的发生。在刑法中,故意有直接故意与间接故意之分。但在民法中,这种分类对侵权责任的构成没有实际意义,因此,民法上的故意没有直接故意与间接故意之分。

（2）过失。一般认为,过失是指行为人应当预见或能够预见自己行为的后果而没有预见,或者虽然预见到了其行为的后果但轻信能够避免该后果的心理状态。如果行为人应当预见或能够预见而没有预见,为疏忽;已经预见而轻信能够避免,为懈怠。② 可见,过失就是由于疏忽或懈怠而未尽到合理的注意义务。

过失的形式,传统民法一般分为重大过失、具体轻过失和抽象轻过失三级。所谓重大过失,是指显然欠缺一般人的注意。也就是说,在社会观念上,一般人稍微注意即可避免而行为人却未能避免的,即为重大过失。在重大过失的场合,法律所要求的注意程度甚低,而行为人仍怠于注意,反映了行为人极不负责的态度。因此,在民法中,重大过失往往与故意发生同样效果,即"重大过失视同故意"。所谓具体轻过失,是指欠缺与处理自己事务同一的注意。实际上,具体轻过失的确定是以每个人的注意程度为标准的,因之它有相当大的幅度,同一情形在甲来说可能不为有过失,而在乙来说则可能为有过失。所以,具体轻过失反映了具体行为人的主观努力程度。所谓抽象轻过失,是指欠缺日常生活所必要的注意。这里的注意标准是抽象的,罗马法上称为善良家父的注意,德国民法称为交易上的必要注意,我国台湾地区民法称为善良管理人的注意。实际上,抽象的注意程度是以社会上一般勤勉诚实具有相当经验的中等程度的注意力之人的注意程度为标准的。

我国民法上没有对过失的形式加以规定。在理论上和实践中,一般将过失分为轻过失和重大过失。如果法律在某种情况下对行为人应当注意和能够注意的程度有较高要求时,行为人没有遵守这种较高的要求,但未违背一般人应当注意并能注意的一般规则,这种过失就是轻过失,又称一般过

---

① 参见佟柔主编:《中国民法》,法律出版社1990年版,第570页。
② 同上。

失；如果行为人不仅没有遵守法律对他的较高要求，甚至连人们都应当注意并能注意的一般标准也未达到，这种过失就是重大过失。

3. 过错的认定

如何认定行为人具有过错，是一个十分复杂的问题。过错包括故意和过失。故意总是与"明知"、"有意"有关。行为人明知其行为后果而有意为之，或者听之任之，这在实践中是不难确定的。而过失总是与行为人的"预见"有关，行为人应否预见、能否预见、是否预见，这是不容易确定的。所以，对于过错的认定，主要集中在对过失的认定上。

关于过失的认定标准，外国民法理论上存在着客观标准和主观标准两种不同的主张，在我国民法理论上也有不同见解。我们认为，在确定行为人的过失时，应当坚持主客观标准的统一。

首先，过失虽然是一种心理状态，但它又是通过行为人的不法行为反映出来的。法律对于具体场合下具体关系中的行为人的要求是统一的。法律的要求不同，行为人应具备的注意程度也就不同。所以，我们在认定行为人有无过失时，要先考虑法律的要求，以便确定行为人应具备的注意程度，从而才能确定该行为人是否给予了足够的注意。例如，法律对于医生和护士的要求是不同的，因此，同样的救护措施，医生施行的，可能存在过失；但相应于护士而言，则可能不存在过失。坚持法律要求这一标准，目的是要把法律对此类人员与彼类人员所要求的应具备的注意程度区别开来。可以说，这一客观标准只是针对从事某一职业、行业或者处于某类关系中普遍的、抽象的人来说的，而不是针对某一具体行为人而言的。

其次，在认定过失时，要分析具体行为人有无作出行为选择的可能。过失实质上是行为人的意志活动，反映行为人对其行为的理解和判断能力。法律上之所以认定行为人的行为是有过错的，是因为行为人对自己行为的理解、认识、判断和选择是不正确的，不符合社会的要求。因此，在分析某一行为人有无过失时，应当从该行为人实施行为时的特定环境出发，考察行为人在该场合能否做出更大努力，有无认识该行为后果的可能，能否选择另外的不发生损害的行为。如果行为人可以做出更大的努力而未做出，能认识行为后果而未认识，能选择另外的不发生损害的行为而未选择，则该行为人就是有过失的。反之，行为人就无过失。也就是说，尽管法律要求行为人应具备某种注意程度,但实际上行为人不能做到具备该注意程度时,也不能认定其有过失。至于行为人能否做出努力,能否认识和能否选择,则须把握案件的全部事实情况,按照社会的一般观念来确定。

4. 案例评析

在案例1中,被告是否存在过错是认定其应否承担侵权责任的关键。第一,被告的电梯存在故障是该电梯事故发生的原因之一。电梯机械锁的作用是当电梯厢不在某层停靠时,此层层门被机械锁锁闭而不能被开启。被告电梯七楼层门机械锁锁钩磨损,使锁钩有小角度的转动,机械锁不能起到可靠的保护作用,即在正常情况下,层门无法从前厅门用手扳开,而在本案例中,层门却被他人从前厅用手扳开。第二,被告存在过错,且过错与本案发生后果有联系。电梯是一种高空运载交通工具,其在运动操作中靠电梯精密设备、安全装置、安全技术操作、严格安全管理制度等保证安全运行。被告是电梯的所有人和使用单位,负有保障该电梯安全运行的法定义务。被告在大楼顶层开设露天舞厅,自然会有外单位人员利用电梯进出,被告应对利用电梯进出舞厅的消费者负安全保障义务,但被告却未对电梯起重机械安全设备、装置分别进行年检、月检、日检,疏忽大意未及时发现故障、排除隐患,致使乘客从电梯前厅门打开电梯层门,误入井道致伤。显然,被告对此是存在过失的。第三,原告主观上存在一定过错。原告应知道电梯不在同层时,扳开层门极易误入井道而存在坠伤的危险性。原告在其友按下了召唤电钮后,见电梯层楼显示屏显示电梯厢仍停在三层,其层门仍关着时,便用手扳开层门,一脚踩空,坠落致伤,产生了损害后果,原告在主观上对损害的发生也具有过错,因此,原告也承担部分责任。

案例2是涉及学校对学生在校时的人身伤害是否应承担责任的案件。在民法中,行为人的注意义务一般来自法律上的要求,不同人、不同场合往往负担不同的注意义务。对于学校而言,学校作为教育机构,承担保护学生安全的义务,这决定了学校所承担的注意义务较高。在本案例中,若要认定学校的过错,则需证明学校未尽到教育、管理职责。过错虽是主观心理状态,但却仍可通过行为表现出来。在过错的判断上,一般也是通过行为来检验的。本案中所需要着重考虑的是学校在客观上是否尽到了教育、管理职责。初中学生一般是限制民事行为能力人,对某些事物欠缺相应的意识能力,这也就需要学校时时注意,处处观察,以避免潜在的危险变为现实。而对于进行化学实验,因其具有一定的危险性,学校应当提供相对完善的、安全的化学实验设施,同时应要求其工作人员提高警惕,时时注意进程,从客观条件上与主观注意上尽到相应的义务。从本案的案情可以看出,任老师在化学课的教学过程中,按照教学大纲的安排,授完课后再进行实验,这是正常的、符合常规的教学程序,学校未违反此教育、管理职责。但是,在接下来的实验课中,学校未提供化学实验室所应具备的设备,在这一点上是有过错的。任老师没有严格按照化学实验课教学要求进行教学工作,让学生寻找未上课的女生,让部分学生提水供实验室用,在人数不齐的情况下,讲授实验要点,对于学生的擅自实验不加以制止,对学生使用具有危险性的化学药物也未严格巡视,以至于未发现原告的实验情况。按照化学实验课的规定,老师要时时关注学生的实验状况,作为学校工作人员的任老师没尽到这种注意义务,也正是这一系列的疏忽导致原告把红磷放入试管与高锰酸钾混合加热,造成了原告的伤害。通过这些客观的外部行为足可以认定被告违反了其负担的教育、管理职责,对于原告损害的发生,在主观上存有过错。同时,我们认为,原告在对实验操作不甚明了的情形下,没有询问老师,擅自将两种化学物品混合加热,且不遵守操作规程,用手拿酒精灯给试管加热,也存在一定的过错。

(五) 自测案例

1. 陈某是某县第一中学高中部学生。2009年3月13日晚,他因第二节晚自习无教师看班辅导,遂与同学一起擅自离校来到附近的网吧,在返回学校途中,失足掉入河中溺水身亡。事故发生后,其父母雇人雇船多方寻找,直到3月29日下午才找到尸体,为此花去丧葬费、打捞费约8000多元。事故发生后,原、被告双方经过协商,达成由被告学校补偿原告3000元的协议。但死者父母认为,被告学校在组织学生参加教育教学活动中有失职行为,此失职行为与陈某溺水身亡有一定的内在联系,学校应承担相应的民事责任,故依法要求被告学校赔偿全部损失。

问:学校对陈某的死亡是否存在过错?

2. 原告陈东与被告范宏系同事,2010年7月21日下午,两人在陈东家玩康乐棋,范宏在击子时,不慎用棋棒戳到陈东的眼镜上,致镜片破碎,玻璃片伤及眼球,造成陈东右眼巩膜裂伤,球结膜裂伤,上睑皮损伤。当日在当地医院诊治,进行了修补缝合手术,一个月后又在局部麻醉下做了外伤性白内障束外摘除手术。其后,陈东又多次进行了诊治,发现陈东右眼内有半透明异物一枚。后经法医鉴定,结论为:陈东右眼视力已属盲目,异物残留在眼球内,今后需要进一步治疗。

  问:如何认定被告的过错?

第三章　侵权责任的承担方式

第一节　侵权责任承担方式的主要类型

侵权责任的承担方式是指侵权人承担侵权责任的具体形式。《侵权责任法》第15条规定了八种侵权责任的承担方式,包括停止侵害、排除妨碍、消除危险、返还财产、恢复原状、赔偿损失、赔礼道歉、消除影响、恢复名誉。这八种责任方式可单独适用,也可以合并适用。

一、停止侵害、排除妨碍、消除危险、赔偿损失

(一)案情简介

> **案例**
>
> 张林住在马亮家前院,张林家前面不远处有一条小河。每到夏季,小河的水都要上涨好几倍。2008年秋天,马亮因经商需要,准备在自家院子修一个地窖。地窖刚刚挖到2米深的时候,张林担心夏季河水倒灌,冲毁自己的住宅,便出面阻拦。马亮认为,地窖是在自家院子挖的,张林无权过问,就继续施工。2010年夏天,河水上涨,马亮家的地窖开始渗水,致使张林房子的地基毁坏,房子中间出现了裂痕。张林要求马亮停止使用地窖,用土填平,但遭到马亮的拒绝。为防止房屋因河水倒灌倒塌,张林起诉至人民法院,要求马亮停止侵害、排除妨碍、消除危险并赔偿其所遭受的损失。

（二）思考方向

在本案例中，张林的主张是否能够得到人民法院的支持，主要涉及停止侵害、排除妨碍、消除危险及赔偿损失四种责任方式的适用问题，即应明晰四种责任方式的适用前提。对此，应结合个案中的具体情况进行判定。

（三）法律规定

1.《侵权责任法》第 15 条　承担侵权责任的主要方式有：

（一）停止侵害

（二）排除妨碍

（三）消除危险

……

（六）赔偿损失

……

<u>第 21 条</u>　侵权行为危及他人人身、财产安全的，被侵权人可以请求侵权人承担停止侵害、排除妨碍、消除危险等侵权责任。

2.《物权法》第 35 条　妨害物权或者可能妨害物权的，权利人可以请求排除妨害或者消除危险。

（四）学理分析

1. 四种侵权责任承担方式的概念及适用条件

停止侵害是指责令侵权人停止正在进行的侵权行为。停止侵害的适用前提为侵权行为正在进行之中，对于已经停止的侵权行为不能适用这种责任形式。因此，只要侵害他人民事权益的侵权行为正在进行之中，不论该行为持续多长时间，也不论行为人主观上有无过错，被侵权人都有权请求行为人停止其侵害。停止侵害的适用范围相当广泛，对于一切正在实施的侵害行为都可适用。停止侵害的适用，对于及时制止侵害行为，防止损害的扩大有着重要作用。

排除妨碍又称排除妨害，是指排除侵权行为给他人正常享有和行使民事权益所造成的妨碍。排除妨碍的适用前提为行为人的行为给他人正常享有和行使民事权益造成了妨碍。这种妨碍应当是实际存在的、不正当的,对于行为人正当享有和行使民事权益所造成的妨碍,不得请求排除。侵权人对他人正常享有和行使民事权益造成的妨碍,无论侵权人是否存在过错,也无论妨碍行为存在多久,侵权人都应当予以排除。排除妨碍的费用,也应当由侵权人承担。

消除危险是指消除因侵权行为而造成他人民事权益的损害的危险。消除危险的适用以存在造成他人民事权益损害的危险性为前提。这里的危险应当是现实存在的,而不能仅仅是一种潜在的可能性。消除危险的目的在于防止损害的发生,是一种预防措施,体现了侵权责任的预防功能。

赔偿损失是指侵权人支付一定的金钱或实物赔偿因其侵权行为给被侵权人所造成的损害。赔偿损失主要包括三个方面的内容:一是侵权人侵害他人财产权益造成损失的,侵权人应当赔偿损失;二是侵权人侵害他人人身权益及知识产权等,造成他人人身伤害及财产损失的,侵权人应当赔偿损失;三是侵权人侵害他人人身权益造成精神损害的,侵权人应当对被侵权人的精神损害予以赔偿。

2. 案例评析

在本案例中,适用赔偿损失的责任方式不存在任何疑问。河水上涨后,马亮家的地窖开始渗水,致使张林房子的地基毁坏,房子中间出现了裂痕,对张林房屋造成的损害自应由马亮承担赔偿损失的责任。而张林是否能够主张马亮停止侵害、排除妨碍并消除危险,则需要结合本案的案情具体分析。停止侵害的适用,其前提是行为人实施的侵权行为仍在继续,损害正在发生。通常而言,停止侵害的适用对象应为作为,但在特殊情况下停止侵害的对象也可以是不作为。在本案例中,地窖渗水导致张林房屋毁损,在损害的发生过程中马亮并无积极的作为,没有尽到填平地窖并采取措施制止损害继续发生的作为义务,构成不作为的加害行为。在河水上涨并持续造成张林房屋毁损的情况下,马亮应采取措施制止损害的持续发生和扩大,故本案中张林可以向人民法院主张马亮停止侵害。在本案例中,由于房屋已经遭到损害,故而并无排除妨碍责任方式的适用。同时,在房屋损害已经发生并在持续的情况下,并无消除危险这种责任方式的适用。

(五) 自测案例

某年3月,被告程某在其宅基地范围内与原告李某所有房屋毗邻建房。因为李某房屋二楼现浇板伸出,程某房屋一楼砌起后无法往上砌,程某便请刘某给李某做工作,要求将伸出部分切割去。刘某同意后,便去找李某商量此事,因李某外出,便向李妻说了此事。李妻同意后,程某在现浇板上弹出了一条线,随后施工工人便按线切现浇板,但未能全部切除。程某在修第二、三楼时便将未切除部分含在其墙体内。因两房相距较近,且程某房屋高于李某房屋,在荷载增加的情况下基础土质发生应力变化,造成李某房屋墙壁局部裂缝浸水。事故发生后,程某找李某协商解决此事,同意适当给予赔偿,但李某坚持要将程某压在其板上的墙拆除,恢复原状,而程某只同意适当给予赔偿,为此发生纠纷,李某遂起诉至人民法院,要求被告程某停止侵害、排除妨碍、赔偿损失。

问:李某的主张能否得到人民法院的支持?为什么?

二、返还财产

(一) 案情简介

> **案例**
>
> 李某是个金庸迷,家中存有一套金庸全集。王某是李某的好友,也十分喜欢金庸的书。一日,王某到李某家里做客,李某因急事外出,留王某一人在其家里。王某在未经李某同意的情况下,径自将李某的金庸全集带回家中。由于这套书是李某的一位极为要好的朋友在出国前相赠,故李某极为珍惜。在李某得知该套书为王某拿回家中之后,多次索要,但王某拒不归还。李某向人民法院起诉,要求王某返还书籍。

(二) 思考方向

在本案例中,李某能否要求王某返还书籍,主要涉及侵权责任方式中返还财产的适用。

(三) 法律规定

1.《侵权责任法》第 15 条　承担侵权责任的方式主要有：

……

（四）返还财产

……

2.《物权法》第 34 条　无权占有不动产或者动产的，权利人可以请求返还原物。

(四) 学理分析

1. 返还财产的概念及适用条件

返还财产是指侵权人将非法侵占的财产返还给被侵权人。返还财产的适用条件主要有两个：第一，侵权人非法侵占他人的财产。所谓侵权人非法侵占，指的是侵权人在既无法律规定也无合同约定等正当事由的情况下，侵占了所有人或占有人的财产，从而构成了对他们所享有的权益的侵害。返还财产只适用于积极侵权行为，即只有在侵权人实施侵占财产的行为时，才能请求返还财产。第二，返还财产仍然可能。返还财产仍然可能，指的是侵权人依旧可以返还原物。如果原物已经毁损或存在其他无法返还原物的情形，则只能采取赔偿损失的责任方式。此外，在返还财产的范围上，侵权人不仅需返还原物本身，还需返还原物所生的孳息。

当然，在返还财产责任上，也涉及《侵权责任法》与《物权法》在返还财产上应如何适用的问题。《物权法》第 34 条规定："无权占有不动产或者动产的，权利人可以请求返还原物。"此规定为物权人行使返还原物请求权的规定。因此，当他人无权占有某物时，权利人既可以依据《物权法》请求返还原物，也可依《侵权责任法》要求返还财产。

2. 案件评析

在本案例中，王某将李某书籍拿走拒不返还，既无法律规定也与李某间不存在合同约定，此种非法占有的行为已经构成对李某书籍所有权的侵害。就此，李某可以向人民法院起诉，要求王某返还书籍。

(五) 自测案例

原告孙某与被告袁某系好友,孙某系一服装店主。一日,孙某找到袁某,说自己要进一批货,急需一笔现金,要袁某帮忙解决。袁某即找到自己的一位在银行工作的朋友郑某,请求帮助贷款。郑某碍于朋友的面子,遂给孙某贷了款,期限为4个月。贷款期限届满后,孙某没有还款。此后,袁某一直找孙某,要求其尽快将贷款还上,但孙某总是一拖再拖,时间长达半年之久。袁某见孙某迟迟不还贷款,对自己的朋友实在说不过去,即用自己的钱替孙某还了贷款,然后要求孙某偿还这笔钱,但孙某还是没有还。袁某一气之下,找了几个朋友,到孙某家将其电视机、电冰箱、洗衣机等搬走,以抵顶贷款,孙某要求袁某返还上述物品,遭到袁某拒绝。于是,孙某起诉至人民法院,要求袁某返还电视机等财产。

问:孙某是否有权要求返还电视机等财产?

三、恢复原状

(一) 案情简介

> **案 例**
>
> 李某系大王庄村民,于2005年分得大王庄耕地4亩。原告常年在外地做生意,无暇耕种其所分得的耕地。2008年4月,同村村民夏某在自己的耕地上建温室种植蔬菜。但是由于自家的土地面积不够,于是在未经李某同意的情况下,占用了与自己家耕地相毗邻的李某的耕地,面积约1亩左右。李某准备在下一年回家耕种该块土地,因此其找到夏某欲与其交涉,但夏某对此置之不理。李某遂诉至人民法院,要求夏某拆除占用其耕地部分的温室,恢复其耕地的原貌。

(二) 思考方向

在本案例中,李某要求夏某拆除夏某占用其土地部分的温室能否得到人民法院的支持,这涉及其主张恢复原状的侵权责任承担方式是否合理的问题？对此，应明确恢复原状这一责任方式的内涵及适用条件。

（三）法律规定

《侵权责任法》第 15 条　承担侵权责任的方式主要有：

……

（五）恢复原状

……

（四）学理分析

1. 恢复原状的概念及适用条件

恢复原状有广义和狭义两种理解。狭义的恢复原状是指判令行为人通过修理等手段使受到损坏的财产恢复到损坏前状况的一种责任方式；广义的恢复原状则还包括赔礼道歉、消除影响和恢复名誉等。我国《侵权责任法》将恢复原状、赔礼道歉、消除影响、恢复名誉等作为并列的侵权责任方式，因此，恢复原状应作狭义理解。恢复原状的适用须有两个条件：一是被损坏的财产要有修复的可能。没有修复可能的，不能适用恢复原状；二是须有修复的必要。被损坏的财产有无修复的必要，应当从经济效益、社会效益、民事主体的需要等因素综合加以判断。

2. 案例评析

在本案例中，夏某在未经得李某同意的情况下，擅自占用李某的耕地建温室，构成了对李某土地承包经营权的侵犯。在这种情况下，李某要求夏某拆除温室，是符合恢复原状的两个适用条件的。首先，被占有的土地有被修复的可能。其次，李某欲在下一年回家耕种该土地，存在恢复该土地的必要性。因此，夏某应拆去其所占用李某土地部分的温室，恢复耕地的原貌。

（五）自测案例

原告李某与被告张某系同事关系。某日晚，被告与原告一起在原告家中收看电视。在收看过程中，原告的电视机突然失去声音，原告无论如何也调不出声音来。因原告的邻居关某会修理电视机，原告遂出去找关某前来帮助检查原因,并请帮助修理好。关某来到原告家后,将电视机从电视柜上搬到床上,打开电视机后盖检查,发现是电视机扬声器处电路虚焊脱焊造成的,需要重新焊接。关某因没有带焊接工具,即对原告说要回去取一下焊接工具。关某走后,被告想要看个究竟,于是就转动电视机查看。此时,关某回来敲门,被告就松开扶着电视机的左手,转身去开门。可就在被告刚刚松开手转身时,只听一声响,电视机从床上摔到地上。被告赶紧回身将电视机抱到床上,再一试机,连图像也没有了。经关某检查,是电视机显像管摔坏了,需要更换显像管。

问:被告张某应否承担恢复原状的侵权责任?

四、赔礼道歉、消除影响、恢复名誉

(一) 案情简介

> **案 例**
>
> 江某与高某系男女朋友。曾在某杂志从事资讯工作的江某,因对公司上级张某不满,常在"男友"高某面前流露。2009年3月间,高某根据江某的讲述以"今生有缘"、"昔日战士"为网名,在多家网站发布不实文章,给张某造成了不良影响。4月20日,张某对网站存在的涉案文章进行了公证,以名誉权受侵害为由将江某和高某诉至人民法院,要求二人发布致歉信、消除影响、恢复名誉。

(二) 思考方向

在本案例中,高某在网络上发布不实信息给张某造成不良影响固然构成侵权。但如何对张某的损害给予救济,则涉及名誉权损害时的救济方式问题。

(三) 法律规定

《侵权责任法》**第 15 条** 承担侵权责任的方式主要有:

……
（七）赔礼道歉
（八）消除影响、恢复名誉

（四）学理分析

1. 赔礼道歉、消除影响、恢复名誉的概念及适用条件

赔礼道歉是指侵权人向被侵权人公开承认错误，表示歉意，以取得被侵权人谅解的一种责任承担方式，其主要适用侵害人身权益的场合，如名誉权、隐私权、姓名权、肖像权等。赔礼道歉可以采取口头道歉的方式，也可以采取书面道歉的方式，如张贴公开信、登报道歉等。口头道歉是由侵权人直接向被侵权人表示，基本不公开进行；书面道歉以文字形式进行，可以登载在报刊上，或者张贴于有关场所。行为人不赔礼道歉的，人民法院可以判决按照确定的方式进行，产生的所有费用由行为人承担。

消除影响是指侵权人因其侵害了他人人身权益而造成不良影响的，应当消除这种不良后果；恢复名誉是指侵权人因其侵害了他人名誉而将被侵权人的名誉恢复至未受侵害时的状态。一般地说，在什么范围内造成不良影响，就应当在什么范围内消除影响，并且消除影响的途径、方式应当比实施侵害行为的途径、方式能更为有效地传播信息。消除影响、恢复名誉属于非财产责任形式，主要适用于名誉权、肖像权、姓名权以及其他人身权益受到侵害的场合。

2. 案例评析

在本案例中，高某以"今生有缘"、"昔日战士"为网名，在多家网站发布不实文章，给张某造成了不良影响，损害了张某的名誉权。在这一过程中，江某不仅对高某做出了不实的陈述且对高某的侵权行为不加阻止并任由这些信息传播，其主观上存在侵害张某的故意。因此，二人构成了共同侵权。名誉权属人格权范畴，而赔礼道歉及消除影响的适用对象均为人身权。同时，恢复名誉作为侵权责任的承担方式仅适用于名誉权受损案件。因此，对于张某名誉权受到损害的事实，人民法院可判令江某、高某承担赔礼道歉、消除影响、恢复名誉的侵权责任。

(五) 自测案例

李某系某娱乐周报记者,2009 年 3 月其在该报上撰文称著名影星王某多次偷税漏税,并与多位富豪有染。但实际上王某为演艺界正派人士,多年来一直为了艺术孜孜以求,获得了同行的一致好评。该文见报后,其后果直接造成了对王某形象的毁损,并惹来了众多非议。于是,王某将李某起诉至人民法院,要求其承担赔礼道歉、消除影响和恢复名誉的侵权责任。

问:人民法院是否应当支持王某的主张?为什么?

第二节 侵权损害的赔偿责任

赔偿损失是最基本的责任承担方式,在司法实践中被大量适用。侵权损害的赔偿责任应当贯彻以下四个规则:全部赔偿规则、过失相抵规则、损益相抵规则、权衡利益规则。在确定侵权损害赔偿的范围时,应当区分不同的损害而加以确定,具体可以分为人身损害的赔偿责任、财产损害的赔偿责任和精神损害的赔偿责任。在具体的赔偿数额被确定之后,即涉及赔偿费用的支付方式问题。赔偿费用的支付方式,应根据双方当事人的实际情况而加以确定。

一、侵权损害赔偿责任的适用规则

(一) 案情简介

案例1

甲在骑自行车沿公路行进途中,与反方向驶来的乙无证驾驶的摩托车相撞。甲当时自感没有受伤,便没有向乙提出任何要求。第二天,甲呕吐、昏迷,被送到当地乡医院医治,被诊断为颅内出血,后又转入县医院治疗。县医院诊断为脑出血、硬膜下血肿,要求其住院手术治疗,但甲自认为伤势不重,不愿住院手术治疗。在医院向甲表明如不予手术治疗可能会有生命危险时,甲仍执意不手术治疗,并称后果自己负责,与医院无关。甲出院回家后,便一直处于昏迷状态,并最终发生了死亡的后果。经交通管理部门认定,乙对这起交通事故负全部责任。又经法医鉴定:甲因车祸致颅脑损伤、硬脑膜下血肿及颅内高血压、脑疝形成而死亡。

案例2

甲欠乙1万元借款一直没有偿还,于是,乙便将甲用于营运的一辆农用拖拉机拉走,放置在自己家的院子中。因长时间的风吹日晒,拖拉机多处发生损坏。甲多次求情要求乙返还拖拉机,但均遭到乙的拒绝。于是,甲便向人民法院起诉要求乙返还拖拉机,并赔偿损失。

(二)思考方向

在侵权损害的赔偿责任中,如何确定赔偿损失的范围,首先应当明确赔偿责任的适用规则,如全部赔偿、过失相抵、损益相抵、权衡利益等。

(三)法律规定

《侵权责任法》第26条 被侵权人对损害的发生也有过错的,可以减轻侵权人的责任。

第77条 承担高度危险责任,法律规定赔偿限额的,依照其规定。

(四)学理分析

1. 全部赔偿规则

全部赔偿是指侵权人对因其侵权行为所造成的被侵权人的全部损失都应予以赔偿。也就是说,侵权人的赔偿范围应当与被侵权人的损失范围相当,损失多少,赔偿多少。之所以坚持全部赔偿规则,是由侵权责任的补偿性所决定的。既然赔偿损失是对被侵权人的损害的补偿,就只有全部赔偿才能达其目的。因此,坚持全部赔偿规则是十分必要的,也是合理的。

适用全部赔偿规则确定赔偿责任的范围,应当注意以下问题:(1)赔偿范围的确定,一般应以被侵权人所受到的损失大小为标准。(2)赔偿范围包括被侵权人所遭受的全部损失。就财产损害而言,包括实际损失和可得利益损失;就人身损害而言,包括因人身损害而支出的全部费用以及因受害而失去的利益;就精神损害而言,包括因精神损害而受到的财产损失以及其他的合理费用的损失。(3)法律对赔偿数额有所限制的,全部赔偿规则应在法律限制的数额内适用。

2. 过失相抵规则

过失相抵又称为"与有过失",是指被侵权人对损害的发生也有过错的,可以减轻侵权人的赔偿责任。过失相抵规则是基于公平原则和诚实信用原则而确立起来的,是被侵权人对自己的过失负责。因为,既然被侵权人对损害的发生也有过错,就不应使侵权人负全部赔偿责任,否则就等于将基于自己的过错所引起的损害转嫁于侵权人负担。

过失相抵规则的适用须符合以下条件:(1)被侵权人的行为与侵权人的行为系损害发生的共同原因。就是说,损害的发生是由被侵权人和侵权人双方的行为所共同造成的。(2)被侵权人的行为须有不当。被侵权人的行为是否不当,应依社会一般观念确定。例如,被侵权人被侵害致伤,其拒绝医院的治疗,导致伤势恶化,被侵权人的行为就为不当。(3)被侵权人须有过错。如果被侵权人对于损害的发生没有过错,则应由侵权人承担责任,自无过失相抵规则的适用。(4)须依侵权人和被侵权人的过错程度以及各方行为对损害发生的作用,确定各方应承担责任的比例,并据此确定减轻侵权人赔偿责任的数额。

3. 损益相抵规则

损益相抵是指被侵权人基于受损害的同一原因而受有利益时,应将所受利益从损害额中扣除,以确定侵权人的赔偿数额。损益相抵是将侵权人所造成的损害,与被侵权人所受的利益相互抵销,故又称为损益同销,其实质仍为侵权人只对被侵权人的损失负赔偿责任,以免被侵权人得到不当的利益。

损益相抵规则的适用应符合下列条件:(1)须侵权人造成被侵权人损害。若没有损害的发生,当然也就不会有损益相抵规则的适用。(2)须被侵权人受有利益。被侵权人受有利益,是损益相抵的必要条件。被侵权人受到损害,但如果没有因此而受有利益,则没有损益相抵规则的适用余地。被侵权人所受利益既包括积极利益,也包括消极利益。(3)被侵权人的损害与受有利益之间须有因果关系,即损害与利益须基于同一原因事实而发生。例如,损坏他人用于营运的汽车,汽车的损坏及营运收入损失属于损害,而因汽车停运没有支出汽油费则属于受有利益。这里的损害与利益均系基于侵权人损坏汽车这一原因事实而造成的,二者间为有因果关系。但若被侵权人因受害而获得其他人的救济,则损害与利益间不存在因果关系。

4. 权衡利益规则

权衡利益是指应当考虑当事人的经济状况,从而确定侵权人的赔偿范围。按照权衡利益规则,在确定赔偿范围时,应当从当事人的经济状况等因素出发,权衡当事人双方的利益关系。例如,在侵权人的经济状况不好,如果全部赔偿,就会使其本人及其家庭的生活陷于极度困难时,就可以根据实际情况,适当减少侵权人的赔偿数额。权衡利益规则的目的在于维护公平正义,维护社会的安定。

适用权衡利益规则,应当注意以下问题:(1)须分清当事人的责任。如果不分清当事人的责任,径行考虑侵权人的经济状况而减少赔偿数额,不仅达不到教育当事人的目的,而且会导致当事人长期缠讼,影响社会的安定。(2)须综合考虑各种因素,以达到既切实保护被侵权人的利益,又不至于使侵权人处于重大不利境地的目的。权衡利益规则所考虑的情况,主要是当事人的经济状况。此外,当地的社会风俗习惯、社会舆论等也是考虑的因素。(3)须以全部赔偿规则为前提。全部赔偿规则是确定赔偿范围的首要规则,权衡利益规则应当以该规则为前提。就是说,应当首先明确侵权人须全部赔偿。然后,根据侵权人的经济状况,决定是否减少侵权人的赔偿数额。

5. 案例评析

在案例 1 中,经交通管理部门认定,乙对交通事故负有全部责任,而甲没有过错,因此,乙应当对甲的死亡承担赔偿责任。但是,甲在受伤后,不配合医院的治疗,对其死亡有一定的过错。因为,从医学上讲,颅内出血只要及时治疗,采取适当的治疗方法,一般情况下是不会发生死亡后果的,而甲的死亡恰恰是其拒绝医院的治疗而造成的。所以,甲对其死亡是有过失的。既然甲对死亡的损害后果也有过失,则应当适用过失相抵规则确定乙的赔偿责任,而不能让乙承担全部赔偿责任。

在案例 2 中,乙以甲借款没有偿还为由将甲的拖拉机拉走,是对甲的所有权的侵犯,乙应当承担侵权责任,赔偿甲由此所受到的损失。同时,在确定乙的赔偿责任时,应适用损益相抵规则,扣除甲在拖拉机被扣期间所节省的油料费用。这是因为,拖拉机的损坏及营运收入损失属于损害,而拖拉机因停止使用而没有支出的油料费则属于利益。这里的损害与利益均系基于乙侵占拖拉机这一原因事实而造成的,二者间有因果关系。

(五) 自测案例

1. 李某在一家汽车修理站附近遇到其两位朋友王某和于某,三人遂在汽车修理站门口闲谈。谈话过程中,李某掏出香烟招呼王某和于某吸烟。王某随即拿出其衣袋中的一盒火柴帮李某和于某点烟,点完之后王某随手将火柴扔在离其不远处的地上,当时火柴尚未完全熄灭。汽车修理站门口有许多擦车用的破布,破布上黏着汽油,极易被引燃,火柴正巧引着了地上的破布,火势蔓延到了汽车修理站,烧毁了房屋五间,存放修理的汽车也有三辆被烧毁。大火被扑灭后,经检查认定,五间房屋和三辆汽车已经被完全烧坏,不能继续使用,但是房屋残留的砖瓦以及汽车的残存物尚有三万元的价值。汽车修理站因索赔不成,遂向当地人民法院提起诉讼。

问:因火灾而造成的残留物的价值是否可以折抵赔偿数额?

2. 梁小龙和李小刚是某学校初中三年级的同班同学。两人自幼一起长大,十分要好。他们父母也都是邻居,素来关系也比较好。中秋之夜,梁小龙一人靠在家门口一棵老槐树上仰头赏月。李小刚悄悄走到树后,伸手在梁小龙后脑拍了一下,又急速躲到树后。可是等了一会儿,梁小龙没有动静。李小刚歪着头往树前一瞧,只见梁小龙已经瘫软在地。李小刚急忙喊人,两家的父母都赶来了,把梁小龙送到医院,梁小龙却因为抢救无效而死亡。经有关部门鉴定,系李小刚拍梁小龙后脑误伤迷走神经,引起中枢神经紊乱,造成死亡,这是一起非常偶然的伤亡事故。梁家和李家为梁小龙的死亡赔偿问题发生纠纷，梁小龙的父母起诉至人民法院。据了解，李小刚家孩子多，经济条件十分困难，难以承担数额巨大的医疗费、丧葬费和死亡赔偿金，而梁小龙家经济条件十分富裕。

问：是否可以适当地减轻李小刚家的赔偿责任？

二、人身损害的赔偿责任

（一）案情简介

案例1

某年8月，某建筑公司投标承建自来水公司第三水厂清水池工程，自来水公司为建筑公司运料方便，在第三水厂大门东侧打开一豁口，该豁口深及地下一米有余。同年11月5日上午9时许，徐某在三水厂周围玩耍时，从无人把守的豁口进入三水厂东南角变压器下，自置于变压器下方的石块攀至变压器高压引进线处被击伤。经治疗，徐某左前臂被截肢，右手1、2、3指被截指，4、5指功能丧失。右额顶部、左肘前侧、右手背及右手腕前侧、双侧腋窝、前胸、腹部等处留有多处疤痕，总面积约为11%。经司法鉴定中心鉴定，徐某为二级伤残，完全丧失了劳动能力。徐某攀登的变压器系由自来水公司申请，电业公司安装。该变压器安装时的高度符合相关规范。但发生事故时变压器周围无防护措施，无警示标志。该变压器额定容量为20KVA，产权属于自来水公司。人民法院审理后判决：自来水公司、建筑公司和电力公司对徐某的医疗费、护理费、继续治疗费、残疾用具费等分别按25%、30%和5%承担赔偿责任。

案例2

2009年9月，某煤矿由于矿井内通风设施不完善，造成矿井内瓦斯爆炸事件，致使在矿井内作业的24人全部遇难。事件发生后，遇难者家属诉至人民法院，请求赔偿。

(二) 思考方向

在人身损害赔偿案件的处理上，主要涉及赔偿范围的确定，如医疗费、护理费、残疾赔偿金和死亡赔偿金等，因此，需要根据被侵权人的具体损害情况，确定相关的合理赔偿额度。

(三) 法律规定

1.《侵权责任法》第 16 条 侵害他人造成人身损害的，应当赔偿医疗费、护理费、交通费等为治疗和康复支出的合理费用，以及因误工减少的收入。造成残疾的，还应当赔偿残疾生活辅助具费和残疾赔偿金。造成死亡的，还应当赔偿丧葬费和死亡赔偿金。

<u>第 17 条</u> 因同一侵权行为造成多人死亡的，可以以相同数额确定死亡赔偿金。

<u>第 18 条</u> 被侵权人死亡的，其近亲属有权请求侵权人承担侵权责任。被侵权人为单位，该单位分立、合并的，承继权利的单位有权请求侵权人承担侵权责任。

被侵权人死亡的，支付被侵权人医疗费、丧葬费等合理费用的人有权请求侵权人赔偿费用，但侵权人已支付该费用的除外。

2.《人身损害赔偿案件解释》第 17 条 受害人遭受人身损害，因就医治疗支出的各项费用以及因误工减少的收入，包括医疗费、误工费、护理费、交通费、住宿费、住院伙食补助费、必要的营养费，赔偿义务人应当予以赔偿。

受害人因伤致残的，其因增加生活上需要所支出的必要费用以及因丧失劳动能力导致的收入损失，包括残疾赔偿金、残疾辅助器具费、被扶养人生活费，以及因康复护理、继续治疗实际发生的必要的康复费、护理费、后续治疗费，赔偿义务人也应当予以赔偿。

受害人死亡的，赔偿义务人除应当根据抢救治疗情况赔偿本条第 1 款规定的相关费用外，还应当赔偿丧葬费、被扶养人生活费、死亡补偿费以及受害人亲属办理丧葬事宜支出的交通费、住宿费和误工损失等其他合理费用。

<u>第 19 条</u> 医疗费根据医疗机构出具的医药费、住院费等收款凭证，结合病历和诊断证明等相关证据确定。赔偿义务人对治疗的必要性和合理性有异议的，应当承担相应的举证责任。

医疗费的赔偿数额,按照一审法庭辩论终结前实际发生的数额确定。器官功能恢复训练所必要的康复费、适当的整容费以及其他后续治疗费,赔偿权利人可以待实际发生后另行起诉。但根据医疗证明或者鉴定结论确定必然发生的费用,可以与已经发生的医疗费一并予以赔偿。

第 20 条 误工费根据受害人的误工时间和收入状况确定。

误工时间根据受害人接受治疗的医疗机构出具的证明确定。受害人因伤致残持续误工的,误工时间可以计算至定残日前一天。

受害人有固定收入的,误工费按照实际减少的收入计算。受害人无固定收入的,按照其最近三年的平均收入计算;受害人不能举证证明其最近三年的平均收入状况的,可以参照受诉人民法院所在地相同或者相近行业上一年度职工的平均工资计算。

第 21 条 护理费根据护理人员的收入状况和护理人数、护理期限确定。

护理人员有收入的,参照误工费的规定计算;护理人员没有收入或者雇佣护工的,参照当地护工从事同等级别护理的劳务报酬标准计算。护理人员原则上为一人,但医疗机构或者鉴定机构有明确意见的,可以参照确定护理人员人数。

护理期限应计算至受害人恢复生活自理能力时止。受害人因残疾不能恢复生活自理能力的,可以根据其年龄、健康状况等因素确定合理的护理期限,但最长不超过 20 年。

受害人定残后的护理,应当根据其护理依赖程度并结合配制残疾辅助器具的情况确定护理级别。

第 22 条 交通费根据受害人及其必要的陪护人员因就医或者转院治疗实际发生的费用计算。交通费应当以正式票据为凭;有关凭据应当与就医地点、时间、人数、次数相符合。

第 23 条 住院伙食补助费可以参照当地国家机关一般工作人员的出差伙食补助标准予以确定。

受害人确有必要到外地治疗,因客观原因不能住院,受害人本人及其陪护人员实际发生的住宿费和伙食费,其合理部分应予赔偿。

第 24 条 营养费根据受害人伤残情况参照医疗机构的意见确定。

第 25 条 残疾赔偿金根据受害人丧失劳动能力程度或者伤残等级,按照受诉人民法院所在地上一年度城镇居民人均可支配收入或者农村居民人均纯收入标准,自定残之日起按20年计算。但60周岁以上的,年龄每增加1岁减少1年;75周岁以上的,按5年计算。

受害人因伤致残但实际收入没有减少,或者伤残等级较轻但造成职业妨害严重影响其劳动就业的,可以对残疾赔偿金做相应调整。

第26条 残疾辅助器具费按照普通适用器具的合理费用标准计算。伤情有特殊需要的,可以参照辅助器具配制机构的意见确定相应的合理费用标准。

辅助器具的更换周期和赔偿期限参照配制机构的意见确定。

第27条 丧葬费按照受诉人民法院所在地上一年度职工月平均工资标准,以6个月总额计算。

第28条 被扶养人生活费根据扶养人丧失劳动能力程度,按照受诉人民法院所在地上一年度城镇居民人均消费性支出和农村居民人均年生活消费支出标准计算。被扶养人为未成年人的,计算至18周岁;被扶养人无劳动能力又无其他生活来源的,计算20年。但60周岁以上的,年龄每增加1岁减少1年;75周岁以上的,按5年计算。

被扶养人是指受害人依法应当承担扶养义务的未成年人或者丧失劳动能力又无其他生活来源的成年近亲属。被扶养人还有其他扶养人的,赔偿义务人只赔偿受害人依法应当负担的部分。被扶养人有数人的,年赔偿总额累计不超过上一年度城镇居民人均消费性支出额或者农村居民人均年生活消费支出额。

第29条 死亡赔偿金按照受诉人民法院所在地上一年度城镇居民人均可支配收入或者农村居民人均纯收入标准,按20年计算。但60周岁以上的,年龄每增加1岁减少1年;75周岁以上的,按5年计算。

第30条 赔偿权利人举证证明其住所地或者经常居住地城镇居民人均可支配收入或者农村居民人均纯收入高于受诉人民法院所在地标准的,残疾赔偿金或者死亡赔偿金可以按照其住所地或者经常居住地的相关标准计算。

被扶养人生活费的相关计算标准,依照前款原则确定。

第31条 人民法院应当按照民法通则第131条以及本解释第2条的规定,确定第19条至第29条各项财产损失的实际赔偿金额。

前款确定的物质损害赔偿金与按照第18条第1款规定确定的精神损害抚慰金,原则上应当一次性给付。

第32条 超过确定的护理期限、辅助器具费给付年限或者残疾赔偿金给付年限，赔偿权利人向人民法院起诉请求继续给付护理费、辅助器具费或者残疾赔偿金的，人民法院应予受理。赔偿权利人确需继续护理、配制辅助器具，或者没有劳动能力和生活来源的，人民法院应当判令赔偿义务人继续给付相关费用5至10年。

第33条 赔偿义务人请求以定期金方式给付残疾赔偿金、被扶养人生活费、残疾辅助器具费的，应当提供相应的担保。人民法院可以根据赔偿义务人的给付能力和提供担保的情况，确定以定期金方式给付相关费用。但一审法庭辩论终结前已经发生的费用、死亡赔偿金以及精神损害抚慰金，应当一次性给付。

第34条 人民法院应当在法律文书中明确定期金的给付时间、方式以及每期给付标准。执行期间有关统计数据发生变化的，给付金额应当适时进行相应调整。

定期金按照赔偿权利人的实际生存年限给付，不受本解释有关赔偿期限的限制。

第35条 本解释所称"城镇居民人均可支配收入"、"农村居民人均纯收入"、"城镇居民人均消费性支出"、"农村居民人均年生活消费支出"、"职工平均工资"，按照政府统计部门公布的各省、自治区、直辖市以及经济特区和计划单列市上一年度相关统计数据确定。

"上一年度"，是指一审法庭辩论终结时的上一统计年度。

3.《最高人民法院关于适用〈中华人民共和国侵权责任法〉若干问题的通知》（四） 人民法院适用侵权责任法审理民事纠纷案件，如受害人有被扶养人的，应当依据《最高人民法院关于审理人身损害赔偿案件适用法律若干问题的解释》第28条的规定，将被扶养人生活费计入残疾赔偿金或死亡赔偿金。

（四）学理分析

1. 人身损害赔偿的种类及赔偿方法

人身损害赔偿是指侵害他人身体所造成的物质机体的损害。人身损害根据损害的不同程度，可以分为三种：一般伤害、残疾和死亡。

一般伤害是侵权人所造成的人身损害程度较轻,被侵权人可以通过一定的措施,恢复人身物质机体的功能。例如,将他人的手臂打破出血,即可以通过治疗而得到治愈,并不会影响被侵权人的物质机体的功能。

残疾是侵权人所造成的人身损害程度较重,被侵权人虽可通过一定的措施弥补损害,但并不能完全恢复人身物质机体全部功能。例如,侵害他人身体致使双目失明,或失去手臂、腿脚等。

死亡是侵害他人身体所造成的最为严重的损害后果,使人身物质机体不再具有生命意义。

无论是一般伤害、残疾还是死亡,均属于对他人身体的损害。因此,人身损害的赔偿首先涉及的就是对他人身体造成"物质"性损害应承担的赔偿责任。然而,人身损害虽可被视为"物质"性损害,但却不能仅以被侵权人遭到损害的物质机体本身的价值作为赔偿的确定标准,而应以受损机体得以恢复所需的全部费用为确定赔偿责任的标准。

2. 一般伤害的赔偿范围

(1)医疗费。医疗费是为使受损害的人身物质机体得以复原,或为维持物质机体的正常功能与活动需要的全部费用,包括诊断费、治疗费、化验费、手术费、检查费、医药费和住院费等。医疗费根据医疗机构出具的医药费、住院费等收款凭证,结合病例和诊断证明等相关证据确定。应经医务部门批准而未获批准擅自另找医院治疗的费用,一般不予赔偿。擅自购买与损害无关的药品或者治疗其他疾病的,其费用则不予赔偿。赔偿义务人对治疗的必要性和合理性有异议的,应当承担相应的举证责任。医疗费的赔偿数额,按照一审法庭辩论终结前实际发生的数额确定。器官功能恢复训练所必要的康复费、适当的整容费及其他后续治疗费,赔偿权利人可以待实际发生后另行起诉。但根据医疗证明或者鉴定结论确定必然发生的费用,可以与已经发生的医疗费一并予以赔偿。

(2)护理费。护理费是为了使被侵权人恢复健康或者维持生命与生活而支出的"护理"费用。这里说的"护理费",不包括被侵权人在住院治疗期间向医院支付的有关护理费用(因为这种护理费属于医疗费的范围),而是指除医护人员外,为使被侵权人的生活得到正常的保障,由被侵权人的亲属或者其他人对其进行非医务护理所应支付的费用。护理费根据护理人员的收入状况和合护理人数、护理期限确定。护理人员有收入的,参照误工费的规定计算;护理人员没有收入或者雇用护工的,参照当地护工从事同等级别护理的劳务报酬标准计算。护理人员原则上为1人,但医疗机构或者鉴定机构有明确意见的,可以参照确定护理人员的人数;护理期限应计算至被侵权人恢复生活自理能力为止。

（3）交通费。交通费是指被侵权人及其必要的陪护人员因就院或者转院治疗而产生的实际交通费用。交通费的赔偿应当以正式的票据为凭证,但相关的凭据应当与就医地点、时间、人数、次数相符合。

（4）误工费。误工费即误工减少的收入,是被侵权人潜在劳动力价值的丧失,属于一种可得利益的损失。误工费根据被侵权人的误工时间和收入状况确定,误工时间根据被侵权人接受治疗的医疗机构出具的证明确认。被侵权人有固定收入的,误工费按照实际减少的计算。被侵权人无固定收入的,按照其最近三年的平均收入计算;被侵权人不能举证证明其最近三年的平均收入状况的,可以参照受诉人民法院所在地相同或者相近行业上一年度职工的平均工资计算。

（5）其他合理费用。除了以上费用外,被侵权人因损害而支出的住宿费、住院伙食补助费及必要的营养费也属于赔偿的范围。住院的伙食补助费可以参照当地国家机关一般工作人员的出差伙食补助标准予以确定。被侵权人确有必要到外地治疗,因客观原因不能住院,被侵权人本人及其陪护人员实际发生的住宿费和伙食费,其合理部分应予以赔偿;营养费根据被侵权人伤残情况,参照医疗机构的意见确定。

3. 致人残疾的赔偿范围

侵害他人身体造成残疾的,必将使被侵权人丧失全部或者部分劳动能力,给其今后的生活造成重大影响。因此,对残疾者的赔偿范围,除应赔偿因治疗所支出的有关费用外,还应考虑残疾者今后的需要。侵权人致人残疾的,除应赔偿前述医疗费、误工费、护理费等费用外,还应赔偿其因生活上需要所支出的必要费用以及因丧失劳动能力导致的收入损失,包括残疾赔偿金、生活辅助具费等。

（1）残疾赔偿金。《侵权责任法》规定了残疾赔偿金,但对如何计算残疾赔偿金未做出明确规定。需要明确的是,《侵权责任法》中所规定的残疾赔偿金中包括了残疾者的被扶养人的生活补助费。因此,在残疾赔偿金的计算上,原则上仍可适用《人身损害赔偿解释》中的规定。此外,我国特别法对残疾赔偿金有特别规定的,应依特别规定处理。

(2)残疾生活辅助具费。残疾生活辅助具费按照普通适用器具的合理费用标准计算。伤情有特殊需要的,可以参照辅助具配置机构的意见确定相应的合理费用标准。辅助具的更换周期和赔偿期限,参照配置机构的意见确定。

4. 致人死亡的赔偿范围

致人死亡从根本上剥夺了被侵权人的生命,是最为严重的侵害人身权的行为。被侵权人死亡的,赔偿范围除一般伤害的赔偿项目外,还包括丧葬费和死亡赔偿金。

(1)丧葬费。丧葬费是自然人死亡后依一般惯例安葬尸体所需支出的全部费用。丧葬费按照受诉人民法院所在地上一年度职工月平均工资标准,以6个月总额计算。

(2)死亡赔偿金。《侵权责任法》中规定了死亡赔偿金,但并未明确规定死亡赔偿金的计算方法。在司法实践中,死亡赔偿金按照受诉人民法院所在地上一年度城镇居民人均可支配收入或者农村居民人均纯收入标准,按20年计算。但60周岁以上的,年龄每增加1岁减少1年;75周岁以上的,按5年计算。赔偿权利人举证证明其住所地或者经常居住地城镇居民人均可支配收入或者农村居民人均纯收入高于受诉人民法院所在地标准的,死亡赔偿金可以按照其住所地或者经常居住地的相关标准计算。如果特别法中对死亡赔偿金有特殊规定的,应当依照特殊规定处理。需要特别注意的是,在致人死亡的赔偿中,《侵权责任法》并未单独规定被抚养人生活费一项,因此,该项费用应被包含在死亡赔偿金之中。

(3)特殊情况下死亡赔偿金的确定。所谓特殊情况下死亡赔偿金的确定,指的是因同一侵权行为造成多人死亡的情况下,所采用的确定死亡赔偿金的方法。在此种情况下,人民法院可以根据实际情况判定侵权人对多个请求权人赔偿相同数额的死亡赔偿金。当然在特殊情况下,数额也可以有所不同。

5. 案例评析

在案件1中,从损害赔偿上看,人民法院的判决是正确的。损害赔偿范围的确定,其依据在于被侵权人所遭受的损害的大小。徐某所遭受的人身损害包括,左前臂被截肢,右手1、2、3指被截指,4、5指功能丧失,右额顶部、左肘前侧、右手背及右手腕前侧、双侧腋窝、前胸、腹部等处留有多处疤痕,总面积约为11%。徐某将因此伤害而完全丧失劳动能力。因此,侵权人应据此对徐某进行损害赔偿。依据《侵权责任法》第16条的规定,侵权人应赔偿医疗费、护理费、交通费及为治疗和康复支付的合理费用。由于徐某因损害而构成残疾,侵权人还应赔偿残疾生活辅助具费和残疾赔偿金。

在案件2中,由于煤矿的通风设施不善,造成瓦斯爆炸,致使井内作业工人全部遇难。在本案例中,由于矿工在井内全部遇难,故本案在损害赔偿上仅涉及死亡赔偿金的确定问题。根据《侵权责任法》第17条的规定,人民法院可以判决煤矿赔偿被侵权人家属相同数额的死亡赔偿金。

(五)自测案例

1. 某日上午,7周岁的小男孩陈某在余姚市一街道的草坪上玩耍时,被草坪上设置的灯箱广告牌突然倒下砸伤,造成头部和脸部损伤。经余姚市第四人民医院、浙江省人民医院等治疗后,陈某被医院建议进行整容,其整容费约需1万元。陈某家人与该街道办事处交涉,但后者只支付了1000元,没有提供其他医疗费用。于是,陈某以管理不当为由将该街道办事处告上了法庭。

问:本案的赔偿范围应如何确定?

2. 某日晚,贾女与家人一起在某餐厅聚餐。餐厅提供服务所使用的卡式炉燃烧气是某气雾剂有限公司生产的"白旋风"牌边炉石油气,炉具是某厨房配套设备用具厂生产的卡式炉。当贾女等人使用完第一罐换置第二罐继续使用约10分钟时,餐桌上正在使用的卡式炉燃气罐发生爆炸,致使贾女面部、双手被烧伤,当即被送往当地医院治疗,经诊断为"面部、双手背部深2度烧伤,烧伤面积8%"。贾女以气雾剂公司、厨房配套设备用具厂和餐厅为被告,向人民法院提起人身损害赔偿诉讼。事故原因技术鉴定结论:边炉石油气罐的爆炸不是由于气罐选材不当或制造工艺不良引起的,而是由于气罐不具备盛装边炉石油气的承压能力。事故罐的内压较高,主要是由于罐中的甲烷、乙烷、丙烷的含量较高,致使气罐内饱和蒸气压高于气罐的耐压强度,酿成事故。同时,厨房用具厂生产的卡式炉内存在一个小火是酿成事故的可缺少的诱因。另经鉴定,贾女的面部、双手的伤情已经稳定,遗留在面部及双手的片状疤痕,对其容貌有较为明显的影响,劳动能力丧失率为30%。

问:贾女的赔偿范围应如何确定?

三、财产损害的赔偿责任

(一)案情简介

案例1

王某与贺某同为朱阳镇老虎沟村民。2008年6月,该村河北组在进行土地调整工作时,村民组经王某同意,决定将原由王某耕种经营的5亩耕地重新发包给贺某耕种经营,并为贺某办理了土地承包经营权证书等手续。2009年2月,贺某在该土地上进行耕作时,王某却强行阻挡,致贺某无法耕地。同年3月,贺某栽植花椒树时,王家人又进行阻挡,将贺某已栽好的树木拔掉,并将其约500余株花椒树苗全部拿走,导致原告无法栽植,土地一直荒废不能耕种。为此,贺某多次找村委调解,但都无济于事。无奈之下,贺某诉至人民法院,请求依法维护自己的合法权益。

案例2

原告某市科技情报所与被告某市综合厂签订了一份技术转让合同,合同规定:原告将某一产品的生产新工艺转让给被告。后因原告违约,被告没有生产出合格产品,致使双方发生纠纷。某日,原告赴被告处协商解决纠纷事宜。由于双方分歧较大,未能达成和解协议。到中午12时,原告准备返回时,被告的多名职工将原告的丰田牌12座面包车扣留,并称当原告赔偿损失后,即放行被扣车辆。此事经多方出面协商处理,均没有结果。原告的车辆在被扣留的1年多时间里,一直露天停放,车厢上满是灰尘和被雨水淋打的麻麻点点痕迹,反光镜和前后车灯均被损坏,两个车轮被拆走。原告在面包车被扣期间,因无车使用,只好对外租车,支出了近5万余元的租车费用。

(二) 思考方向

财产权遭受侵害的,首先应当明确被侵权人所遭受的损失类型(如实际损失、可得利益损失),然后根据实际损失和可得利益损失的计算方法,明确侵权人的赔偿数额。在上述案例中,被侵权人的财产损害的赔偿,就应当通过上述两个步骤加以确定。

(三) 法律规定

《侵权责任法》第 19 条　侵害他人财产的,财产损失按照损失发生时的市场价格或者其他方式计算。

第 20 条　侵害他人人身权益造成财产损失的,按照被侵权人因此受到的损失赔偿;被侵权人的损失难以确定的,侵权人因此获得利益的,按照其获得的利益赔偿;侵权人因此获得的利益难以确定,被侵权人和侵权人就数额协商不一致,向人民法院起诉的,由人民法院根据实际情况确定赔偿数额。

(四) 学理分析

1. 财产损害赔偿的方法

财产损害赔偿有广义与狭义之分。广义的财产损害赔偿是指侵害财产权的侵权责任,其方法包括返还财产、恢复原状、赔偿损失等;狭义的财产损害赔偿仅指侵害财产权所产生的赔偿责任,其方法为赔偿损失。这里所指的财产损害赔偿仅指狭义的财产损害赔偿。因此,其赔偿方法就是赔偿损失。赔偿损失可以采取两种方式:一是金钱赔偿,二是实物赔偿。金钱赔偿就是将被侵权人所遭受的财产损失折算成现金,通过支付金钱的方式予以赔偿。在适用金钱赔偿时,应当考虑被侵犯财产的残存价值。因此,金钱赔偿的关键是对财产损失的计算;实物赔偿就是通过用同种类、同等质量的实物赔偿被侵权人的损害。当然,如果被毁损的财产为已经使用过的财产,则侵权人在用实物赔偿时,应当考虑被毁损财产的实际折旧情况。

2. 财产损害赔偿的范围

财产损害赔偿的范围,主要包括实际损失和可得利益损失。因此,财产损害赔偿的范围,就是计算出实际损失和可得利益损失的具体数额,然后按照全部赔偿规则予以赔偿。

实际损失就是现有财产的减少。对于实际损失的赔偿,无论是采取金钱赔偿的方法,还是采取实物赔偿的方法,都需要确定实际损失的具体数额。而财产实际损失数额的确定,需要考虑被损财产的原有价值、残存价值、财产折旧、现有价值等各种因素。简单地说,实际损失的赔偿范围就是被损财产的现有价值减去残存价值的差额。被损财产的现有价值应当是财产被侵害时的市场价格,而不是被损财产的原购置价格。就是说,无论被损财产的价格如何变化,均以财产被损时的市场价格确定现有价值。如果财产已经使用的,可以按照一定的折旧率予以折旧。至于残存价值,可以根据残存财产的实有价值进行估算。当然,如果被损财产没有市场价格的,则可以按照其他方法如评估方式等确定实际损失。

可得利益损失是被侵权人应得而未得利益的损失。可得利益损失与实际损失不同,它并不是现有财产的减少,而是应当增加的财产而没有增加。因此,对于可得利益损失的赔偿范围,不能按实际损失的赔偿范围的计算方法加以确定。一般地说,对于可得利益损失的赔偿范围,可以采取收益平均法加以确定。即根据损害发生前的一段时间内的被侵权人的平均收益确定可得利益损失。例如,侵害他人营运中的汽车,经营者因汽车被损坏而停运1个月,那么,就可以根据损害发生前的月平均收益作为确定可得利益损失的数额。如果采用平均收益法无法确定可得利益损失的,也可以采取同类比照法加以确定。即以同行业、同时期、同地区、同等条件的同类经营者的平均收益确定可得利益损失。

在某些特殊情况下,侵权人因侵害被侵权人的人身权益而造成被侵权人的财产损失时,被侵权人的损失有时难以确定。此时,应按照侵权人因此而获得的利益对被侵权人加以赔偿。此种情况往往出现在侵权人侵害被侵权人的非物质性人格权时,如侵害他人的名誉权、荣誉权和姓名权等。如果侵权人的收益也同样难以确定,则侵权人和被侵权人可进行协商;在协商不成的情况下,由人民法院根据具体情况确定损害赔偿数额。在数额的确定上,人民法院将根据侵权人的过错程度、具体侵权行为和方式及造成的影响和后果等加以判定。

3. 案例评析

在案例 1 中,被告王某两次在原告贺某承包经营的土地上阻挡原告耕种,其行为侵犯了原告的土地承包经营权。同时,被告又将贺某已栽好的树木拔掉,将约 500 余株花椒树苗全部拿走,这构成了对原告财产所有权的侵害。在本案例中,原告所遭受的财产损害包括实际损失和可得利益损失两种。实际损失就是 500 余株花椒树苗的损失,而可得利益损失就是因承包土地被荒废所造成的损失。对于实际损失,应当按照 500 余株花椒树苗的实际价值计算。500 株花苗的实际损失额度,应按照损失发生时的市场价格计算。对于可得利益损失,可以采取收益平均法或同类比照法加以确定。

在案例 2 中,原告违约应当承担违约责任,当无疑问。但被告以此为由扣留原告的面包车,却无法律上的根据,这是一种侵害原告财产权的侵权行为。这种侵权行为,一方面是侵占行为,即非法扣留面包车。同时,在被告扣车期间,因没有对面包车妥善管理,致使面包车受到损坏,这是一种损坏行为。被告对于自己侵占和损坏原告面包车的行为,都应依法承担侵权责任。被告除应承担返还财产、恢复原状的侵权责任外,还应承担赔偿损失的侵权责任。那么,具体的赔偿范围应当如何确定呢?在本案例中,原告所遭受的损失主要包括因车辆被损坏所受到的损失和因车辆被扣而租车支出费用的损失。由于原告的车辆不是用于营运的车辆,故不存在可得利益损失问题。因此,被告赔偿的范围就是因车辆被损坏所受到的损失和因车辆被扣而租车支出费用的损失。

(五)自测案例

1. 张三和李四是邻居,张三在自家的两间平房内开了一个药店,李四居住的是 4 间砖瓦结构的房子。某日,李四的儿子在家使用电炉子,引起火灾,大火烧毁了自家四间房屋,因当天风大,扑救不及,大火又烧毁了张三的两间平房,屋子里的药也没有抢救出来。火灾事故鉴定结果是,李四要对火灾负全部责任,但药品损失无法确定。张三要求李四赔偿房屋和药品损失共计 10 万元,李四则认为,张三的两间房屋价值不过 1 万元,药品也不会超过 2 万元,自己至多赔偿 3 万元损失。

问:本案财产损害的赔偿额如何确定?

2. 甲在拆除自家旧房时,不慎将停在墙边乙的货车砸坏。为此,乙花去修理费3000元,因停运导致损失5000元。乙要求甲赔偿8000元,但甲认为赔偿额过高。为此,二人发生争执。

问:甲的赔偿数额应如何确定?

四、精神损害的赔偿责任

(一) 案情简介

> **案 例**
>
> 1. 滕某与丁某系同事,二人素有矛盾,经常为一些琐事发生口角。滕某为了败坏丁某的名声,让其在大家面前出丑,乘丁某生病住院之机,将丁某的一张照片从其相册中偷出,在照片的脸部画上连鬓胡子,打了红叉,并从肖像的脖子处捅了两个洞,用一根线绳穿过,形似上吊,将其悬挂在单位的橱窗里,给丁某的名声造成了很坏的影响。丁某十分气愤,精神上受到很大打击。此事经单位协调不成,丁某遂向人民法院提起诉讼,要求赔偿精神损害。
>
> 2. 原告黄某曾是被告的女朋友,后因被告品行不佳而与其分手。原告新婚后的第8天,被告将自己起草并打印的《黄某其人》等三种材料共69页,散发、张贴于包括原告丈夫李某单位在内的市区十个单位的附近。材料中的"黄某自幼在其养父的奸淫蹂躏之下畸形成长,人格异常"等词语,给原告精神上造成极大的痛苦,并导致了黄某的流产。原告于是诉至人民法院,要求被告赔偿精神损害。经查明,被告在材料中所述的内容完全失实。

(二) 思考方向

在侵害他人人身权的情况下,侵权人除应赔偿因此而产生的财产损害外,如果造成了被侵权人的精神损害,还应根据法律的规定,赔偿被侵权人的精神损害。由于精神损害无法通过金钱加以计算,因此,如何确定精神损害的数额就成为实践中不易把握的问题。在上述案例中,被侵权人都要求精神损害赔偿,那么如何确定精神损害赔偿的适用范围及如何确定赔偿额就成为解决纠纷的关键。

(三) 法律规定

1.《民法通则》第 120 条 公民的姓名权、肖像权、名誉权、荣誉权受到侵害的,有权要求停止侵害,恢复名誉,消除影响,赔礼道歉,并可以要求赔偿损失。

2.《侵权责任法》第 22 条 侵害他人人身权益,造成他人严重精神损害的,被侵权人可以请求精神损害赔偿。

3.《精神损害赔偿解释》第 1 条 自然人因下列人格权利遭受非法侵害,向人民法院起诉请求赔偿精神损害的,人民法院应当依法予以受理:

(一)生命权、健康权、身体权;

(二)姓名权、肖像权、名誉权、荣誉权;

(三)人格尊严权、人身自由权。

违反社会公共利益、社会公德侵害他人隐私或者其他人格利益,受害人以侵权为由向人民法院起诉请求赔偿精神损害的,人民法院应当依法予以受理。

第 2 条 非法使被监护人脱离监护,导致亲子关系或者近亲属间的亲属关系遭受严重损害,监护人向人民法院起诉请求赔偿精神损害的,人民法院应当依法予以受理。

第 3 条 自然人死亡后,其近亲属因下列侵权行为遭受精神痛苦,向人民法院起诉请求赔偿精神损害的,人民法院应当依法予以受理:

(一)以侮辱、诽谤、贬损、丑化或者违反社会公共利益、社会公德的其他方式,侵害死者姓名、肖像、名誉、荣誉;

(二)非法披露、利用死者隐私,或者以违反社会公共利益、社会公德的其他方式侵害死者隐私;

(三)非法利用、损害遗体、遗骨,或者以违反社会公共利益、社会公德的其他方式侵害遗体、遗骨。

第 4 条 具有人格象征意义的特定纪念物品,因侵权行为而永久性灭失或者毁损,物品所有人以侵权为由,向人民法院起诉请求赔偿精神损害的,人民法院应当依法予以受理。

第5条 法人或者其他组织以人格权利遭受侵害为由,向人民法院起诉请求赔偿精神损害的,人民法院不予受理。

第6条 当事人在侵权诉讼中没有提出赔偿精神损害的诉讼请求,诉讼终结后又基于同一侵权事实另行起诉请求赔偿精神损害的,人民法院不予受理。

第7条 自然人因侵权行为致死,或者自然人死亡后其人格或者遗体遭受侵害,死者的配偶、父母和子女向人民法院起诉请求赔偿精神损害的,列其配偶、父母和子女为原告;没有配偶、父母和子女的,可以由其他近亲属提起诉讼,列其他近亲属为原告。

第8条 因侵权致人精神损害,但未造成严重后果,受害人请求赔偿精神损害的,一般不予支持,人民法院可以根据情形判令侵权人停止侵害、恢复名誉、消除影响、赔礼道歉。

因侵权致人精神损害,造成严重后果的,人民法院除判令侵权人承担停止侵害、恢复名誉、消除影响、赔礼道歉等民事责任外,可以根据受害人一方的请求判令其赔偿相应的精神损害抚慰金。

第9条 精神损害抚慰金包括以下方式:

(一)致人残疾的,为残疾赔偿金;

(二)致人死亡的,为死亡赔偿金;

(三)其他损害情形的精神抚慰金。

第10条 精神损害的赔偿数额根据以下因素确定:

(一)侵权人的过错程度,法律另有规定的除外;

(二)侵害的手段、场合、行为方式等具体情节;

(三)侵权行为所造成的后果;

(四)侵权人的获利情况;

(五)侵权人承担责任的经济能力;

(六)受诉人民法院所在地平均生活水平。

法律、行政法规对残疾赔偿金、死亡赔偿金等有明确规定的,适用法律、行政法规的规定。

第11条 受害人对损害事实和损害后果的发生有过错的,可以根据其过错程度减轻或者免除侵权人的精神损害赔偿责任。

(四) 学理分析

1. 精神损害赔偿的适用范围

精神损害赔偿的适用范围就是指哪些民事权利受到侵犯可以要求精神损害赔偿。根据《民法通则》第 120 条规定，公民的姓名权、肖像权、名誉权、荣誉权受到侵害的，可以要求赔偿损失。这里的"赔偿损失"就是精神损害赔偿。《精神损害赔偿解释》对精神损害赔偿的适用范围做了界定，扩大了赔偿范围。我国《侵权责任法》中明确规定，在人身权益遭受损害，被侵权人受到严重精神损害的，均可适用精神损害赔偿。故而，精神损害赔偿的适用范围为人身权益。

在精神损害赔偿的适用范围上，《精神损害赔偿解释》中规定了侵害具有人格象征意义的特定纪念物品时，被侵权人可请求精神损害赔偿的规则，但《侵权责任法》对此并未给予规定。对此，学者存在两种解释。第一种观点认为，此种情况应适用《侵权责任法》第 19 条，即"侵害他人财产的，财产损失按照损失发生时的市场价格或者其他方式计算"。在对具有人格象征意义的特定纪念物品造成了损害，需加以赔偿时可采用其他方式的计算方法，而这种其他方式的计算方式中则包含了对被侵权人的精神损害的赔偿。第二种观点认为，可将具有人格象征意义的特定纪念物品概括在人身权益之中，直接适用《侵权责任法》第 22 条的规定。我们认为，这两种观点均有道理。从两种解释目的上看，均是为了实现具有人格象征意义的特定纪念物品遭受侵害时的救济。两种解释的差异体现在具有人格象征意义的特定纪念物品的定性上，即其应为人身权抑或为财产权。第一种观点认为应将其认定为财产权，而第二种观点认为应将其认定为人身权。我们赞同第一种观点。这是因为，尽管具有人格象征意义的特定纪念品兼具两种权利的性质，但从该词的构造上看，"具有人格象征意义"为"特定纪念物品"修饰语，故而应将其界定为财产权较为合适。

2. 精神损害赔偿额的确定

精神损害是一种无形损害，它不能像财产损害那样，可以通过一定的标准加以确定，无法使之标准化。但是，如果不对精神损害赔偿额确定一定的标准,完全凭法官自由裁量,则随意性又过大,不利于执法的统一。因此,如何确定精神损害赔偿额,便是一个十分重要而又棘手的问题。对此,《侵权责任法》并未给予明确规定。实践中,适用《精神损害赔偿解释》获得了良好的效果。因此,在《侵权责任法》没有明确规定的情况下,应继续适用《精神损害赔偿解释》的做法。

根据《精神损害赔偿解释》的规定,因侵权致人精神损害,只有造成严重后果的,被侵权人才有权请求精神损害赔偿抚慰金。如未造成严重后果,被侵权人请求赔偿精神损害的,一般不予支持。精神损害的赔偿数额根据以下因素确定:(1)侵权人的过错程度,法律另有规定的除外;(2)侵害的手段、场合、行为方式等具体情节;(3)侵权行为所造成的后果;(4)侵权人的获利情况;(5)侵权人承担责任的经济能力;(6)受诉人民法院所在地平均生活水平。法律、行政法规对残疾赔偿金、死亡赔偿金等有明确规定的,适用法律、行政法规的规定。

3. 案例评析

在案例1中,滕某未经丁某同意使用其肖像,是为了败坏丁某的名声,虽然其目的并不是为了营利,但仍构成对丁某肖像权的侵犯,属于侮辱性使用公民的肖像。当然,滕某侮辱性使用丁某肖像的行为同时也损害了丁某的名誉。因此,滕某的行为同时侵害了丁某的肖像权和名誉权。但这种名誉权的损害是通过侵犯肖像权的行为表现出来的,名誉权的损害是侵犯肖像权行为的一个情节。在本案例中,滕某侮辱性使用丁某的肖像,丁某在精神上受到很大打击,产生了精神损害,可以认定后果严重。因此,滕某应当承担精神损害赔偿责任。

在案例2中,被告因原告与其不再保持恋爱关系,与他人结婚而怀恨在心,便以文字的形式,到处张贴、散发材料,造谣生事,严重损害了黄某的名誉权,给原告造成了极大的精神痛苦,后果严重。因此,被告应当承担精神损害赔偿责任。

在上述案例中,被告都应承担精神损害赔偿责任,具体的赔偿数额应当根据侵权人的过错程度、侵权行为的具体情节及造成的后果等情况加以认定。在这两个案例中,被告在主观上都具有恶意损害他人肖像权和名誉权的故意,而且侵权手段也很恶劣,造成的损害后果也很严重。因此,精神损害赔偿的数额应当相对高一些,以体现对被告的惩罚。

(五) 自测案例

1. 某年10月,被告某医院根据有关防疫部门的规定,对驻地各单位的妇女进行身体普查。医院对某宾馆的45名女职工进行了普查,结果有25名女职工被诊断为"尖锐性湿疣"。其中11名接受了激光和局部封闭治疗,另14名未接受治疗。该结果使宾馆领导十分震惊,他们立即向省旅游局做了汇报。同年12月,宾馆派人带领这25名女职工去另一家医院复查,结果无一人患此病。宾馆还派人带领10名未接受治疗的女职工去该医院复查,结果仍无一患此病。在此期间,宾馆职工对此事议论纷纷,给这些被诊断为患病的女职工造成不同程度的思想压力,宾馆工作亦受到一定的影响。为此,宾馆及45名女职工向人民法院提起诉讼,要求被告承担侵害名誉权的精神损害赔偿责任。

问:被告应否承担精神损害赔偿责任?

2. 原告王某与被告李某是在一个家属院居住多年的邻居,两家的关系一直很好。2008年,被告李某写的故事《好人一路平安》刊登在某杂志上,并在故事中将原告的名字安排给了男主人公——一个社会无业游民。故事发表以后,王某的朋友、亲戚都知道了王某的名字与一个社会无业游民连在一起。消息传到王某的耳朵里后,王某在精神上受到很大刺激。原告遂以侵犯姓名权为由,向人民法院提起诉讼,要求精神损害赔偿。

问:李某是否应当承担精神损害赔偿责任?

五、赔偿费用的支付方式

(一) 案情简介

案 例

农民王某驾驶车辆发生交通事故,造成李某死亡。李某的亲属诉至人民法院,要求王某赔偿人民币10万元。王某提出自己家庭年收入不足2万元,又无存款,无法一次性支付。人民法院最终判决,王某的10万元的赔偿费用分6年还清,但须对每次所剩的债务余额提供相应的担保。

（二）思考方向

在损害赔偿金额确定后，在被告的偿还方式上，应充分考虑到被告的经济状况。如果被告的经济状况允许，应一次性偿还；如果被告的经济状况不允许，则应分期偿还。

（三）法律规定

1. 《民法通则》第108条 债务应当清偿。暂时无力偿还的，经债权人同意或者人民法院裁决，可以由债务人分期偿还。有能力偿还拒不偿还的，由人民法院强制偿还。

2. 《侵权责任法》第25条 损害发生后，当事人可以协商赔偿费用的支付方式。协商不一致的，赔偿费用应当一次性支付；一次性支付确有困难的，可以分期支付，但应当提供相应的担保。

3. 《人身损害赔偿解释》第33条 赔偿义务人请求以定期金方式给付残疾赔偿金、被扶养人生活费、残疾辅助器具费的，应当提供相应的担保。人民法院可以根据赔偿义务人的给付能力和提供担保的情况，确定以定期金方式给付相关费用。但一审法庭辩论终结前已经发生的费用、死亡赔偿金以及精神损害抚慰金，应当一次性给付。

第34条 人民法院应当在法律文书中明确定期金的给付时间、方式以及每期给付标准。执行期间有关统计数据发生变化的，给付金额应当适时进行相应调整。

定期金按照赔偿权利人的实际生存年限给付，不受本解释有关赔偿期限的限制。

（四）学理分析

1. 侵权赔偿费用支付方式的确定

侵权赔偿费用的支付方式，是指在损害赔偿费用的金额确定之后，侵权人向被侵权人支付损害赔偿费用的方法。

在损害赔偿费用的支付方式上，如果当事人协商一致，应按协商的协议支付；如协商不一致，则由人民法院判决。

当事人协商赔偿费用支付方式的,协商内容包括赔偿费用的具体支付时间(如应一次性支付还是分期支付)、每次支付的数额、支付地点的确定、具体的支付方法(如是采用现金方式还是采用汇款方式)等。协商支付方式的优点在于,双方当事人通过协商,充分考虑了双方的实际情况,既有利于赔偿费用的按期支付,也有效地防止了支付过程中再次发生纠纷的情况出现。

在当事人不能通过协商确定支付方式时,应由人民法院判决确定赔偿费用的支付方式,可以是一次支付,也可以是分期支付。一次性支付是指侵权人就损害赔偿费用向被侵权人进行一次性给付,二者间的赔偿法律关系因一次性赔偿而归于消灭;分期支付指侵权人就损害赔偿费用向被侵权人分期进行支付。分期支付是在侵权人一次性支付有困难时所采用的一种支付方法,但分期支付须由侵权人提供相应的担保。在侵权人一次性支付存在困难的确定上,应由侵权人举证证明。侵权人所提供的担保可以是保证人的保证,也可以是以自身的财产进行抵押或质押等。

2. 案例评析

在本案例中,人民法院对王某所做的判决即是在赔偿费用的支付方式上采取了分期支付的方式。分期支付的方式,其适用条件为一次性支付有困难,但需要提供相应担保。由于本案中的被告王某并无存款且年收入不足2万元,因此,并不适于就损害赔偿费用给予一次性支付的赔偿方式。所以,人民法院判决王某分6年还清并提供相应担保的判决,是合适的。

(五)自测案例

李某与王某系大王庄村民,两家耕地相邻。2010年7月二人均在地里耕作,在歇息期间闲聊。但在此过程中,双方发生口角。在争吵中,李某拿起镐头将王某头部打伤。王某流血不止,被村民送至医院治疗。后经诊断,王某头部骨折并造成重度脑损伤,以后无法再从事重度体力劳动。王某将李某诉至人民法院,要求其赔偿相关损害费用20万元。李某家庭贫困,除每年种地所得1万元外,并无其他生活来源。

问:本案应如何处理?

第三节 受益人补偿与损失分担

一、受益人补偿

（一）案情简介

> **案例**
>
> 朱某受雇于吴某与廖某合伙经营的和兴饭店，后辞职，但辞职后仍住在饭店。某日凌晨，一伙歹徒抢劫和兴饭店，正在饭店睡觉的朱某听到声音后拿着打气筒下楼，在与歹徒搏斗中被刺中胸部，抢救无效死亡。廖某支付了医疗费和丧葬费约2000元，吴某给付朱家990元。事后，朱某的父亲向人民法院提起诉讼，认为儿子是为了保护和兴饭店的利益而死亡的，他的家庭因此失去了主要劳动力，造成生活的极大困难，要求吴某与廖某赔偿2万元。吴某与廖某辩称，事发时，朱某已经辞工不在饭店工作了，且饭店已经负担了医疗费、丧葬费及家属的食宿等，没有义务再补偿金钱给朱某的父亲，应当由杀害朱某的凶手承担赔偿责任。一审人民法院经审理认为：朱某自动辞职后暂住在和兴饭店，与饭店不再存在劳务关系。且案发后吴某及廖某已经妥善处理了后事，并给了适当的经济补助，已尽到适当补偿的责任，朱某的死亡应由歹徒承担赔偿责任。因案件尚未侦破，不能处理民事赔偿。朱某的父亲不服提起上诉。二审人民法院经审理认为：在和兴饭店遭歹徒抢劫时，朱某为制止饭店的财产被侵害挺身而出，遇刺身亡，这种见义勇为、敢于同违法犯罪行为作斗争的精神是值得提倡的。作为受益人，吴某和廖某事后虽对朱某的善后处理在经济上给予了一定的赔偿，但现在朱家因儿子的死亡而造成了生活困难，吴某和廖某仍应给予一定的生活困难补助。据此，二审人民法院判决：撤销一审民事判决，判决吴某与廖某共同支付4990元（含之前已支付的2990元）给朱某的父亲。

(二) 思考方向

从案情来看,主要涉及的是见义勇为者的损害赔偿问题。对此,应首先判断案件中的受害人是否为见义勇为者。如果认定成立,则应判定应由何人对见义勇为者的损害给予赔偿或补偿。

(三) 法律规定

1.《民法通则》第93条 没有法定的或者约定的义务,为避免他人利益受损失进行管理或者服务的,有权要求受益人偿付由此而支付的必要费用。

第109条 因防止、制止国家的、集体的财产或者他人的财产、人身遭受侵害而自己受到损害的,由侵害人承担赔偿责任,受益人也可以给予适当的补偿。

2.《侵权责任法》第23条 因防止、制止他人民事权益被侵害而使自己受到损害的,由侵权人承担责任。侵权人逃逸或者无力承担责任,被侵权人请求补偿的,受益人应当给予适当补偿。

3.《人身损害赔偿解释》第15条 为维护国家、集体或者他人的合法权益而使自己受到人身损害,因没有侵权人、不能确定侵权人或者侵权人没有赔偿能力,赔偿权利人请求受益人在受益范围内予以适当补偿的,人民法院应予支持。

(四) 学理分析

1. 受益人补偿的概念

受益人补偿是指在为防止、制止侵权人损害他人民事权益而使自身遭受损害时,如侵权人逃逸或无力承担赔偿责任,应由受益人对被侵权人给予适当补偿的制度。

受益人补偿规则,应归属于无因管理制度之一种。无因管理是指没有法定的或约定的义务,为避免他人利益受损失,自愿管理他人事务或为他人提供服务的行为。我国《侵权责任法》第23条将受益人补偿规则单独规定,是为了更好地解决现实中对见义勇为者的补偿问题。这种规定既是对《民法通则》第93条的具体细化,也是对《民法通则》第109条及《人身损害赔偿解释》第 15 条规定精神的延续。

2. 受益人补偿的适用条件

受益人补偿的适用须具备以下条件：

（1）行为人没有法定或者约定的义务。因法律规定或约定而负有特定义务的主体，防止或制止损害发生是其应尽之职责。因此，不能享有请求受益人给予适当补偿的权利，如警察、消防队员等。但需要明确的是，如果公务人员或负有特定义务的人员在其义务范围之外，为了防止或制止侵害的发生而受有损害的，可以向受益人主张补偿。例如，消防队员于节假日，在歹徒向他人行凶的过程中，为制止歹徒的不法行为与歹徒搏斗而受伤，即属此例。

（2）行为人实施了防止或制止侵害发生的行为。这种行为表现为积极的作为，而非消极的不作为。

（3）行为人为了维护他人的民事权益。从行为人的主观方面看，其之所以实施该行为，是为了维护他人的民事权益。如果行为人在维护他人民事权益的同时也维护了自己的民事权益，其仍然享有补偿请求权。因为，法律并不否认维护他人民事权益的同时也维护自己民事权益的行为。

（4）行为人自身受到损害。补偿或赔偿源于损害的发生，因此，损害是补偿的前提条件。行为人由于在实施行为的过程中受到了损害，因此，受益人需要对该损害给予适当补偿。此种损害可以是人身损害，也可以是财产损害。

（5）侵权人逃逸或无力承担赔偿责任。通常而言，行为人的损害应由侵权人承担赔偿责任。只有在侵权人逃逸或无力承担赔偿责任时，才可以请求受益人给予赔偿。因为，如果行为人在无法获得赔偿的情况下，也无法获得任何补偿时，既与民法的公平精神不符，也不利于提倡和鼓励见义勇为的良好风气。[①]

（6）存在明确的受益人。明确的受益人，首先是指存在确定的受益主体，否则行为人无法主张。其次，明确的受益人是指他人因行为人的行为受有益处。如果他人并未因行为人的行为受益，则此他人并非受益人，行为人

[①] 参见杨立新:《侵权责任法》，法律出版社 2010 年版，第 161 页。

自然不能向其主张补偿。

应当指出的是,《侵权责任法》第 23 条所规定的受益人补偿尽管延续了《民法通则》及《人身损害赔偿解释》中相关规定的精神,但其在具体适用范围上与《人身损害赔偿解释》的规定并不完全相同。《侵权责任法》第 23 条仅适用于侵权人侵害他人民事权益的情况。而《人身损害赔偿解释》第 15 条除适用于侵权人侵害他人民事权益的情况外,还适用于因自然事件而造成他人损害的情况,如山洪暴发。所以,在因自然事件造成损害,行为人为防止损害发生或扩大而受有损害的情况下,不能适用《侵权责任法》第 23 条的规定,而应适用《民法通则》第 93 条关于无因管理的规定和《人身损害赔偿解释》第 15 条的规定。此外,在受益人给予了适当的补偿之后,其享有对侵权人的追偿权。

3. 案例评析

在本案例中,二审判决值得赞同。因为,朱某的行为是为了制止他人对饭店实施抢劫,是一种见义勇为的行为。在此过程中,饭店的合伙人是受有利益的。同时,朱某在见义勇为的过程失去了宝贵的生命,并因此给朱家造成了严重的经济困难。尽管朱家丧子的损失首先应由侵权人给予赔偿,但因侵权人尚未归案,无法实现对被侵权人家属的赔偿。因此,应由受益人吴某与廖某根据双方的具体情况给予朱某的父亲以适当的补偿。

(五)自测案例

侯某在自家院内打吃水井,邻居王某见状主动来帮忙,当挖到 7 米左右深时,王某自告奋勇,不顾旁人阻拦,自己用绳牵引到井下继续作业。下井时,由于绳的接头开扣,王摔到井底,致第二节腰椎骨压缩性骨折。治疗期间,医药费均由侯某支付,但未治愈。王某已卧床 3 年,丧失劳动能力,生活困难。王某诉至人民法院,要求被告除偿付医药费外,还应承担他今后全部生活费用。被告称当初王某是在别人阻拦不成的情况下自己到井下作业,导致腰椎骨骨折,但考虑到他是为自己帮忙,就承担了全部医药费,但让自己承担原告今后的生活费没有任何理由。

问:本案应如何处理,为什么?

二、损失分担

原告陆爱丽之子朱立民(12周岁)与柳春辉(14周岁)、刘钢(11周岁)三人进入恒仁食品厂厂区玩耍。在该厂篮球场一侧篮球架旁,存放有经恒仁食品厂领导同意的被告徐文成为农科院锅炉厂代销的立式锅炉,原告之子等三人即在篮球架与锅炉之间玩吊床。朱立民拴锅炉一边,刘春辉拴篮球架另一边,刘刚坐在旁边。吊床拴好后,朱立民即上去乘坐,锅炉由于吊床压力向朱立民这边倾倒过来,砸在朱立民头部,朱立民当即大量流血昏迷。经医院治疗,被诊断为颅脑损伤,失血性休克,经抢救无效死亡。

朱立民之母陆爱丽以徐文成与恒仁食品厂作为共同被告向人民法院提起诉讼。陆爱丽诉称,该锅炉是被告徐文成经被告恒仁食品厂领导同意而放在恒仁食品厂院内的。二被告作为锅炉的管理者,存在管理上的过失,应对造成的损害承担责任。被告徐文成辩称,事故是因3名儿童同时乘坐吊床将锅炉拽倒所致,原告存在监护过失,自己不应承担责任。被告恒仁食品厂辩称,该锅炉不是本厂的物品,虽经领导同意存放,但已向徐声明出现一切后果我厂概不负责,且事故是由于原告对未成年人的管理不够造成的,所以,我厂不应承担任何责任。

人民法院经审理认为,被告徐文成将锅炉存放在恒仁食品厂院内,已尽了管理之职,主观上无过错。被告恒仁食品厂同意存放锅炉,并告知出现问题不负责任,其行为亦无不当之处。受害人在场区活动,原告作为监护人也不存在监护过失,考虑到受害人死亡的事实,二被告与原告共同分担损失。

(二)思考方向

从本案的案情来看,主要涉及的是侵权法上的损失分担问题,即在行为人和受害人双方对损害的发生均无过错的情况下,应如何分担损失。对此,要考虑双方的实际经济状况给予合理判定。

(三)法律规定

《侵权责任法》第24条 受害人和行为人对损害的发生都没有过错的,可以根据实际情况,由双方分担损失。

(四)学理分析

1. 损失分担的概念

损失分担是指在受害人与行为人对损害的发生均无过错的情况下,根据实际情况由双方分担损失。

《侵权责任法》第24条规定的损失分担规则,是在《民法通则》第132条基础之上发展而来的,但有所修正。通说认为,《民法通则》第132条是关于公平责任原则的规定。但很多学者一直持批判的态度,其主要理由在于,受害人与行为人双方均无过错而发生损害时,双方对于损害而言均不成立任何责任。如果由双方就损害进行分担,应称之为损失的分担,而非责任的分担。当然,对于《侵权责任法》第24条的规定,仍有学者将其视为公平责任原则,并与过错责任原则和无过错责任原则相并列,作为侵权法的三大基本原则。我们认为,这种观点并不合适,理由前已述及。

2. 损失分担的适用范围

损失分担仅适用于双方当事人对损害的发生均无过错的情况,且此种情况下并无无过错责任原则的适用。在损失分担的份额确定上,主要涉及受害人的损害程度和双方的经济状况两个因素。有学者认为,除此之外还应考虑行为的手段、情节、影响程度等。公平分担损失不是加害人与受害人各打五十大板,平均分担损失。①

一般认为,损失分担的情况包括如下几种:(1)完全民事行为能力人对自己的行为暂时没有意识或者失去控制没有过错,但造成他人损害。(2)具体侵权人不明,由可能侵害的人分担损失。例如,高空抛物而无法确定具体侵权人的案件。(3)因意外情况造成损害。如一暴雨夜,某甲拦截并获准搭乘一辆运棺材的卡车,上车后,某甲为躲雨而钻进棺材。不一会,某乙和某丙也搭上该车,上车后他们看到车上有一棺材,但并不知甲在棺材内。在车上,乙向丙索要打火机,丙没有。此时,甲从棺材里伸手递出打火机。乙看

---

① 参见王胜明主编:《〈中华人民共和国侵权责任法〉条文解释与立法背景》,人民法院出版社2010年版,第102页。

到棺材里手伸出,以为诈尸,吓得跌下车而受伤。就乙的受伤而言,甲并无过错,但乙的受伤确因甲的行为所致。此种情形,应由双方分担损失。(4)为对方利益或者共同利益进行活动过程中受到损害。如某甲主动帮某乙盖房,不小心从梯子上跌下受伤,可以根据实际情况由某乙分担某甲受到的损失。①

3. 案例评析

我们认为,人民法院对于本案的处理采用损失分担规则是不恰当的。损失分担规则适用的一个最基本的前提是当事人双方对于造成的损害都无过错,而案件也不属于法律规定的应当适用无过错责任原则的情形。依本案事实,作为致害物件的锅炉是被告徐文成经恒仁食品厂同意而放在该场院内一角落的,据此可以认定二被告间成立保管合同关系。在这种情况下,不论徐文成是锅炉的所有人还是代销人,因该保管关系的成立,徐文成已不再具有现实占有人和现实管理人的身份,而恒仁食品厂则成为该锅炉的保管人,即成为锅炉的现实占有人与管理人。因此,如不是由于锅炉本身的瑕疵原因发生突然倒塌致人损害,徐文成只要证明了保管关系的成立,就可以排除其作为所有人或管理人承担物件损害责任。同时,因保管关系的成立,被告恒仁食品厂成为锅炉的现实管理人。该厂若要免责,需证明自己没有过错。但从事实上看,食品厂是有过错的。3名未成年人进入厂区玩耍,并进行具有相当危险性的游戏,没有遇到该厂的警示、阻止,只能说明恒仁食品厂疏于管理职责,这种管理上的放任和疏忽的不作为即是其在物件致人损害上的过错所在。那么,恒仁食品厂能否以同意徐文成存放锅炉时已告知徐文成出现一切问题不负责任为由来免除或转移自己的责任呢?这涉及免责条款的效力问题。根据合同相对性原理,合同条款的拘束力仅发生于合同当事人之间,而对于第三人无拘束力。合同一方当事人仅能在对第三人承担责任之后,根据合同该条款向对方当事人进行追偿。因此,恒仁食品厂不能以此为由获得免责。综上,本案应适用过错责任原则,而不适用损失分担规则。

---

① 参见王胜明主编:《〈中华人民共和国侵权责任法〉条文解释与立法背景》,人民法院出版社2010年版,第101页。

（五）自测案例

1. 被告符文光与原告符亚明、符亚宁之父符小串系同乡好友。某日下午3点，二人在南开乡税务所门前相遇，因许久未见面，为表示亲热，被告上前抱住符小串，并开玩笑地用前额与符小串的前额相碰，符小串当即蹲下，称其头晕及身体麻木，经他人扶送回家。之后，符小串被送往海南石碌铁矿医院后转海南省人民医院诊治，经诊断结果为：符小串已患有右上肺中央性肺癌，并纵隔、右锁骨上淋巴结转移癌，病情已到晚期。半年后，符小串病死于家中，但其儿子符亚明、符亚宁认为其父之死系由于被告碰撞其头部所引起，要求被告赔偿全部医疗费用及其他费用。

问：损失分担规则是否适用于本案，为什么？

2. 某年5月1日，刘男与李女举行结婚仪式。自清晨时起，刘男的住所之外便集聚大量前来道贺的亲朋好友以及看婚庆热闹的人们。上午10点30分，刘男迎娶新娘进门，其友王某在楼道门口点燃鞭炮增加喜庆气氛，当时上楼的张某受惊跌下楼梯，将立于楼梯口的老人赵老太撞倒，造成老太赵右腿骨折，花去医疗费若干。

问：本案能否适用损失分担规则？

第四章　侵权责任的免责事由

第一节　法定免责事由

侵权责任的免责事由是指免除或减轻侵权责任的条件,也就是《侵权责任法》所规定的"不承担责任和减轻责任的情形"。基于侵权责任的免责事由,可以免除全部责任,也可以免除部分责任即减轻责任。侵权责任的法定免责事由是指《侵权责任法》所规定免责事由,包括被侵权人过错(含受害人故意)、第三人的过错、不可抗力、正当防卫、紧急避险。

一、被侵权人过错

(一)案情简介

> **案例1**
>
> 某日晚21时,郭某同李某饮酒后,驾驶桑塔纳轿车回家,因郭某酒后驾驶,操作不当致车辆撞上路边的大树,造成郭某及乘车人李某死亡的交通事故。经交警部门认定,郭某负事故的全部责任,乘车人李某无责任。事发后,李某之妻贾某以郭某之妻丁某为被告提起诉讼,要求赔偿因李某死亡造成的经济损失。人民法院经审理认为,原告要求被告承担赔偿责任的理由成立,被告应在继承郭某遗产范围内承担赔偿责任。但本案搭乘人李某明知汽车驾驶人郭某已饮酒,而未阻止其开车并乘坐该车,虽然交警部门认定郭某负事故的全部责任,但该事故认定书只是对该事故发生过程责任的认定,郭某对事故的结果也应当承担一定的责任。

> **案例2**
>
> 某日晚20时,年近七旬的杨某在被告某超市内偷窃了两袋酸奶和一袋黑芝麻糊,在出门时,报警器响了,杨某遂向门外跑,超市保安董某发现后进行追赶。后杨某摔倒致伤,被送往医院,诊断为右股骨粗隆间骨折。出院后,杨某将超市告到人民法院,要求赔偿医疗费等损失。人民法院审理后认为,首先,原告偷窃商品属违法行为,报警器报警,应视为被告通过安保设备对原告违法行为的提醒和制止,但原告不听制止,反而快速逃跑,故原告存在过错,应对纠纷的引起承担责任。其次,被告保安人员发现后出门追赶,并让原告"不要跑"的行为,是正常的自救行为,并无不当。再次,原告是因违法行为被发现并不听制止逃跑,并在逃跑过程中受伤的,现要求被告对此承担赔偿责任,应举证证明被告在制止违法行为过程中有过错,否则,被告不应承担赔偿责任。最后,虽然原告违法在先,但被告在制止违法行为或者采取自力救济过程中,也不能超过必要的限度,否则仍应承担相应赔偿责任。人民法院认为,从原告提交的证据及人民法院依法收集的证据分析,不能认定超市在此次纠纷中有过错,原告应承担举证不能的法律后果。

(二) 思考方向

在上述案例中,对于损害的发生,被侵权人均有过错,行为人可以被侵权人过错作为抗辩事由从而减轻或免除损害赔偿责任。但是,被侵权人过错对侵权责任的影响应具体情况具体分析。正确处理上述案件的关键,就在于对事故双方主观过错程度的认定。

(三) 法律规定

1.《侵权责任法》第26条　被侵权人对于损害的发生也有过错的,可以减轻侵权人的责任。

第27条　损害是因受害人故意造成的,行为人不承担责任。

2.《人身损害赔偿解释》第2条　受害人对同一损害的发生或者扩大有

故意、过失的,依照民法通则第131条的规定,可以减轻或者免除赔偿义务人的赔偿责任。但侵权人因故意或者重大过失致人损害,受害人只有一般过失的,不减轻赔偿义务人的赔偿责任。

适用民法通则第106条第3款规定确定赔偿义务人的赔偿责任时,受害人有重大过失的,可以减轻赔偿义务人的赔偿责任。

(四)学理分析

1. 被侵权人过错的概念和形式

被侵权人过错是指被侵权人对于损害的发生或扩大具有过错。被侵权人过错有三种形式:第一种形式是故意,即受害人明知自己的行为会发生损害自己的后果,而希望或放任此种结果的发生。第二种形式是重大过失,即被侵权人对自己的人身和财产安全毫不顾及,极不注意,以至于造成了自身的损害。第三种形式是一般过失,即在行为人致被侵权人损害中,被侵权人没有尽到一般注意义务,从而导致了损害的发生与扩大。

2. 被侵权人过错的效力

被侵权人过错作为免责事由,有的发生免除侵权责任的效力,有的发生减轻侵权责任的效力。具体来说,如果损害完全是由受害人故意造成的,即受害人故意的行为是其损害发生的唯一原因,则行为人不承担民事责任;如果受害人对于损害的发生存在故意,行为人对于损害的发生也有过错的,则应减轻行为人的侵权责任;如果损害是行为人故意或者重大过失造成的,被侵权人对损害的发生只有一般过失的,则不减轻侵权人的赔偿责任。需要说明的是,被侵权人过错是一般侵权责任的免责事由。承担无过错侵权责任时,行为人能否以被侵权人过错作为免责事由,则以法律的具体规定为准。

3. 案例评析

在案例1中,李某的同乘行为是郭某出于好意,是一种无偿行为。但由于郭某酒后驾车违反了道路安全的法律规定,且直接造成了李某死亡的后果,因此,郭某应当对李某的死亡后果承担赔偿责任。但同时,李某明知郭某已酗酒仍然与其同乘,显然也具有一定的过失。尽管交警部门认定,郭某负事故的全部责任,李某无责任,但该事故认定书只是对该事故发生过程责任的认定,不能影响民事责任的认定,因此,李某对其死亡后果也应当承担一定的责任,即应当减少郭某的赔偿责任。

在案例2中,原告到被告超市偷东西显然是违法行为。原告在偷窃行为被发现后逃跑也是违法的。被告为了拿回自己的东西追原告并无不当,是合法的。作为年近七旬的老人,原告应当知道快速奔跑有摔倒并造成人身损害的危险。但是,原告却放任了这种危险的发生。因此,本案损害结果的发生是由被告的故意行为造成的。原告的行为是损害发生的唯一原因。被告对损害的发生没有过错,不应承担损害赔偿责任。

(五) 自测案例

1. 某日上午10时许,黄某驾驶一辆三轮载货摩托车前往某地赶集市,途中遇见相识的张某、李某、王某,3人要求搭顺车,黄某没有拒绝。张某坐车时,将装有几只山老鼠的一个编织袋放在车后厢。车子在行驶途中,由于颠簸致使张某的编织袋掉下车。张某见状,未示意司机停车,焦急地起身从后厢跳下欲捡起,不料摔倒在地,后脑着地,顿时昏迷不醒。"有人跳车,快停车!"听到车上的人大声呼叫,黄某紧急停车,抱起地上的张某急声呼唤,见他受伤严重,便叫车上的其他村民帮忙,一起将张某抬上车送往医院抢救。张某因伤势过重,经医生全力抢救无效死亡。事故发生后,交警部门作出事故认定书,认定张某负事故全部责任,黄某不负事故责任。事后,张某之妻向人民法院提起诉讼,要求黄某赔偿损失。人民法院经审理认为,张某作为完全民事行为能力人,应当能够预见从行驶中的车辆上跳到道路存在高度危险,他在随身携带的物品落下车时,因自身安全防范意识薄弱,在未示意驾驶员停车的情况下擅自跳车,违反了道路安全的相关法律规定,是造成其死亡事故的直接原因,应自行承担主要责任。黄某明知其三轮载货摩托车不具备载客条件仍进行载客,属于非法载客行为,载客过程中也未尽告知乘客在乘车时应该注意的安全事项的义务。黄某作为机动车驾驶员虽不能预见张某搭乘中会突然跳车,但他违法搭客,而且对违章搭客所蕴含的潜在危险,黄某应是明知的。所以,黄某不能谨慎顾及搭乘人安全的行为与损害结果之间有明显的因果关系,但该行为只是引起结果发生的次要原因,应承担相应次要责任。

问：如果由你审理本案,本案应如何判决？

2. 年近七旬的张某家住北京市某小区。不久前的一天下午,张某在小区锻炼身体,他像往常一样在人行道上倒退行走。突然,他被人行道上放置的一块水泥板绊住,仰面朝天倒了下去。张某为此受伤,支出医疗费若干。在这件事情发生前,小区其他业主曾多次向物业公司反映这个不安全因素,但物业公司直到张某摔伤才将水泥板挪走。张某认为,物业公司没有尽到管理职责,存在过错,应对自己的摔伤承担赔偿。物业公司则称,放置水泥板是用来防止汽车从此通行,以保障小区业主能正常步行或骑车,这对业主来说是有益的,不是不安全因素。如果张某不倒着走路,就不会发生这样的事情,张某发生意外的责任在他本人。

问：物业公司是否应当赔偿张某的损失？

二、第三人过错

（一）案情简介

案例1

某日上午 10 时许,李鹏程乘坐其父李孝顺无证驾驶的机动三轮车,途经一座大桥时,由于李孝顺不慎驾驶,致使机动三轮车车轮掉在桥板裂缝处,造成车辆侧翻,李鹏程被甩到桥下摔伤。造成事故发生的大桥始建于 20 世纪 60 年代,桥南端桥板折断一处并形成缺口,缺口西边有一裂缝。在距该桥南端路西立有一木牌,内容为:此桥危险禁止车通行。附近另立一水泥板,内容为:危桥禁止通行。因赔偿问题协商不成,李鹏程将大桥的管理单位诉至人民法院。人民法院经审理认为,该案机动车驾驶员李孝顺无证驾驶机动车且违法载人,明知桥面存在危险情况,但对危险视而不见过于自信,未采取有效措施保障安全行驶,造成机动三轮车侧翻、李鹏程受伤的事故,该驾驶员存在重大过失,应对事故负主要责任。大桥的桥板折断且存在裂缝,系危桥,被告应及时维修而未进行维修,存在一定过错。同时,被告虽设立警示标志,但未采取有效措施禁止车辆通行,故被告应对李鹏程的损失负次要责任。

案例2

2010年5月1日,张亮牵着他饲养的德国良种狗在小区的活动广场散步。王建生(14周岁)和李彬(13周岁)请求张亮让他们牵狗玩一会。因为这个狗以前发生过追咬他人的情况,张亮拒绝了王建生与李彬的请求。无奈,王建生与李彬假装走开了。张亮内急,见周围没有人,便把狗拴在一棵大树上到楼内上厕所去了。李彬见张亮离开,解开拴狗的绳子,并招呼王建生过去。王建生心生畏惧,没敢过去。李彬一边喊"胆小鬼",一边指使狗去咬王建生。狗挣脱李彬,追咬王建生使其受伤。张亮听到哭喊声立即跑出厕所,制住了他的狗,并将受伤的王建生送到医院治疗。事后,因赔偿问题协商未果,王建生的父亲将张亮起诉到人民法院。张亮以王建生受伤系李彬指使狗追咬所致,自己不存在过错为由拒绝赔偿。人民法院经审理,判决由张亮赔偿王建生的全部损失。

(二) 思考方向

在上述案例中,损害的发生均有第三人过错的介入,但人民法院的判决结果却不相同。被告能否以第三人过错为由主张免责或者减轻责任,在什么情况下可以主张免除责任,在什么情况下可以主张减轻责任,就是处理此类案件的关键。

(三) 法律规定

《侵权责任法》第28条　损害是因第三人造成的,第三人应当承担侵权责任。

第83条　因第三人的过错致使动物造成他人损害的,被侵权人可以向动物饲养人或者管理人请求赔偿,也可以向第三人请求赔偿。动物饲养人或者管理人赔偿后,有权向第三人追偿。

（四）学理分析

1. 第三人过错的概念和形式

第三人过错是指第三人对于损害的发生或扩大具有过错。第三人过错有三种形式：第一种形式是故意，即第三人明知自己的行为会发生损害他人的后果，而希望或放任此种结果的发生。第二种形式是重大过失，即第三人对他人的人身和财产安全毫不顾及，极不注意，以致给他人造成了损害。第三种形式是一般过失，即第三人没有尽到一般注意义务，从而给他人造成了损害。

2. 第三人过错的效力

第三人过错作为免责事由，有的发生免除侵权责任的效力，有的发生减轻侵权责任的效力。具体来说，如果损害完全是由第三人的原因造成的，即第三人的行为是损害发生的唯一原因，则行为人不承担侵权责任；如果第三人对于损害的发生有过错，行为人对于损害的发生也有过错的，就应减轻侵权人的侵权责任；如果损害是侵权人故意或者重大过失造成的，第三人对损害的发生只有一般过失的，则不减轻侵权人的赔偿责任。需要说明的是，第三人过错是一般侵权责任的免责事由。在承担无过错侵权责任时，行为人能否以第三人过错作为免责事由，则以法律的具体规定为准。

3. 第三人过错的适用限制

在侵权人对第三人承担连带责任、替代责任、补充责任、不真正连带责任的场合，侵权人不得以第三人过错为由对抗被侵权人，主张免除责任或者减轻责任。如《侵权责任法》第8—10条规定的共同侵权人的连带责任、第32条规定的监护人的替代责任、第34条和第35条规定的用人者替代责任、第37条规定的安全保障义务人的补充责任、第40条规定的教育机构的补充责任、第43条规定的产品责任中的不真正连带责任、第83条规定的饲养动物责任中的不真正连带责任等。

4. 案例评析

在案例1中，原告李鹏程受伤是因两方面的原因造成的：一是大桥的管理单位没有及时修缮危桥,也没有采取其他妥善措施禁止车辆从危桥上通行;二是李孝顺无证驾驶机动车且违法载人,在明知桥面存在危险情况下,对危险视而不见过于自信,未采取有效措施保障安全行驶,造成机动三轮车侧翻。但是原告因与李孝顺有父子关系,故没有起诉李孝顺。在本案例中,引发事故的大桥的桥板折断且存在裂缝,系危桥,被告作为管理者应及时进行维修,消除安全隐患。但被告未进行维修,也没有采取其他妥善的措施禁止车辆从危桥上通行,是存在一定过错的,应对此次事故负责。但是,没有第三人李孝顺的行为界入,就不会发生原告受伤的损害后果。并且,从过错程度上来讲,第三人李孝顺,对自己及他人的生命安全极不负责,具有重大过失。因此,应当减轻被告的侵权责任。

在案例2中,原告王建生受伤也是因两方面的原因造成的:一是被告将狗拴在树上而自己上厕所属于明显的管理不当;二是第三人李彬私自解开拴狗的绳子并指使狗追咬王建生。显然,第三人李彬的过错行为与王健生的损害发生具有明显的因果关系,应对原告的损失承担赔偿责任。但是,人民法院却没有接受被告以第三人过错要求减轻或免除侵权责任的主张。这是因为,按照《侵权责任法》第83条规定,被告与第三人之间是不真正连带责任关系,原告有权选择要求被告还是第三人承担侵权责任。在这种情况下,被告是不能以第三人过错要求减轻或免除侵权责任的。

(五) 自测案例

1. 2010年6月初的一天,某校初二(3)班班主任经过学校同意,组织学生举行了一次登山活动。在活动前,班主任针对登山的注意事项对学生进行了安全教育。但是,在登山比赛过程中还是出了问题:学生张某(14周岁)与王某(14周岁)跑在最前面,眼看张某要第一个登上山顶时,紧随其后的王某突然拽了张某一把,身体失去平衡的张某突然摔了下去。幸亏有两名同学勇敢地迎上去接住了张某,张某才没有滚落到山底,但张某的身体还是受到了伤害。班主任和同学及时将张某送到医院救治,医生诊断为张某的两根肋骨骨折。张某及其家长认为,张某是在学校组织的登山活动过程中被同学拉扯摔伤的,学校和拉扯他的同学王某及其家长要负赔偿责任,其中学校要负主要责任。

问:在本案例中学校要承担赔偿责任吗?

2. 2009年8月20日,许某将自己的电动三轮车停放在公路上,未拔下车钥匙。谭某(6周岁)在无人监护看管的情况下将电动三轮车开走,将在电动三轮车前玩耍的无监护人看管的王某撞伤(3周岁)。该事故经交警部门事故责任认定,许某、谭某负该事故的主要责任,王某负该事故的次要责任。因许某、谭某与王某就赔偿问题不能达成协议,王某遂将许某、谭某诉至人民法院。

问:本案应如何处理?

三、不可抗力

(一) 案情简介

案例1

某日凌晨3时许,316国道闽清段发生山体滑坡,被告某市公路局组织了清障。5时30分,铲车清出了宽约4米左右的单行道路面。6时许,张某驾驶的货车行经此路段,公路旁的山体又发生大面积滑坡,货车被埋在黄泥下,张某窒息死亡。事后,双方就赔偿问题未协商一致,张某之妻余某将公路局告上法庭。原告认为,事故之前,该地已发生多次滑坡,且连降暴雨,属重点整治监防地段。大面积滑坡发生前几小时,该山体就有小滑坡发生,阻塞车辆通行,但被告的公路养护人员进行简单地清障工作,即让车辆通行,对可能发生的大面积滑坡能够预见而没有预见,对能够避免和能够预防的事故没有预防,故应对张某的死亡负赔偿责任。被告认为,当日清出一条4米半左右的单行道后暴雨已停,山体未出现异常,且车辆被堵很多,恢复通车并无不当,通车1小时后发生的大滑坡,在当时的情况及现有的技术条件下是无法预见的,被告并无过错。人民法院经审理认为,大面积山体滑坡,在当时情况下是很难预见的,是人力无法阻挡的,属不可抗力,遂判决驳回了原告的诉讼请求。

> **案例2**
>
> 　　沈某正在沈阳市某农贸大厅里购买食品时,市场里突然传来一阵吱吱嘎嘎、稀里哗啦的声音。转瞬间,农贸大厅拱形顶棚陆续坍塌。沈某不幸被倒塌的大厅支架砸伤。事故发生后,建设工程质量检测部门进行了技术鉴定,结论为:沈阳遭受百年一遇暴风雪袭击为造成该事故的主要原因;该工程拱壳的设计和构造措施不当、施工安装质量不好、结构构件产生严重锈蚀亦为导致该事故的原因。在协商无果的情况下,沈某决定与商家对簿公堂。一审人民法院经审理认为,棚顶倒塌事故中大雪为主因,而房屋设计质量存在问题也是原因之一,因此,沈某损害的发生系复合性因素造成。农贸大厅的管理人及所有人未尽到及时维修义务,存在过错,本应承担全部民事责任,但案发时沈阳地区遭受百年一遇的暴风雪袭击,这种自然灾害对本案发生确有一定作用,因此,可以适当减轻被告责任,由被告承担70%赔偿责任较为合理。据此判决被告赔偿沈某经济损失3.7万余元。宣判后,沈某不服,提起上诉。二审人民法院经审理认为,农贸大厅的所有人和管理人要想免予承担责任,则必须要证明房屋倒塌是因不可抗力造成的或自己没有过错;要想减轻赔偿责任,则要证明沈某对于造成的伤害存在过错。在本案例中,暴风雪并不必然发生房屋棚顶倒塌致人损害的后果,不是本案损害发生的唯一原因,除了雪灾以外,还存在房屋设计施工质量、房屋的所有人及管理人并未尽自己的能力避免损害结果的发生等原因,故农贸大厅的所有人及管理人不能以不可抗力为由要求减轻责任或免责,应当对沈某的损失承担全部赔偿责任。

(二) 思考方向

　　不可抗力是独立于人的行为之外,并且不受当事人的意志所支配的现象,它是各国立法通行的免责事由。作为免责事由的不可抗力,必须是损害后果发生的原因。只有在损害后果完全是由不可抗力引起的情况下,才表明行为人的行为与损害后果之间不存在因果关系,才应予以免责。正确处理上述案件的关键,就在于对不可抗力及其与损害结果之间因果关系的正确认定。

(三) 法律规定

1.《民法通则》第 153 条　本法所称的"不可抗力",是指不能预见、不能避免并不能克服的客观情况。

2.《侵权责任法》第 29 条　因不可抗力造成他人损害的,不承担责任。法律另有规定的,依照其规定。

(四) 学理分析

1. 不可抗力的概念

不可抗力是指不能预见、不能避免并不能克服的客观情况。它独立于人的行为之外,不受当事人意志的支配。因此,不可抗力的发生与否不受行为人主观意志的影响,行为人对不可抗力的发生也没有过错。所以,不可抗力是过错责任原则下的免责事由。在无过错责任原则下,如果损害是因不可抗力造成的,行为人的行为与损害的发生没有因果关系,行为人也不用承担责任。但是,如果损害是行为人的行为与不可抗力共同造成的,行为人应按照原因力的大小承担相应的责任。当然,如果法律规定不可抗力造成损害不能免责的,行为人仍要承担侵权责任。

2. 不可抗力的认定

不可抗力的认定,应当从如下三个方面考虑:

(1) 不可抗力是一种客观情况。只有独立于人的行为之外,不受人的主观意志支配的事件才有可能认定为不可抗力。例如,战争是不可抗力,但抢劫却不是不可抗力,因为它受劫匪主观意志支配。

(2) 不可抗力是人类无法抗拒的突发性事件。突发性是指不可抗力在人的应激反应能力之外。人的应激反应能力能对抗的,就不是不可抗力;人的应激反应能力来不及采取有效反应的,才有可能是不可抗力。例如,雪崩可以是不可抗力,但大雾不是不可抗力,因为后者即使发生,行为人也有足够的反应时间。不可抗力一旦发生,一般人即使尽到最大努力,采取一切可以采取的措施,也不能阻止它造成损害。虽然因不可抗力受害的只是少数人,但这只能说明这些人更不幸,而不是说其他人的躲避能对抗不可抗力。地震时躲在墙脚没有受伤只是运气使然,并不是说所有人都有时间跑到墙角,更不是躲在墙角的人都不会受伤。

(3)不可抗力是不可预见的事件。不可抗力的不可预见性,是指根据现有的技术水平,它的发生是无法预料的。不过,不管是自然原因的不可抗力,还是社会原因的不可抗力,现代人个体的预见能力并没有多少提高。但是,现代人可以依赖专业机构来提高预测能力。所以,这里的不可预见,指的是特定事件的范围、强度超出了专业机构公开预测的警示范围。如果特定事件已经有专业机构的公开预测,则行为人不能以自己不知为借口,当然也不能主张其为不可抗力。

3. 不可抗力的范围

一般地说,属于不可抗力的事件主要有如下几类:一是自然原因的不可抗力,如地震、火山爆发、台风、飓风、海啸、洪水、雪崩、山体滑坡、泥石流、地陷、雷击、磁暴、冰雹、超高温、超低温等极端的自然灾害;二是社会原因的不可抗力,如战争、武装冲突、骚乱、罢工是社会原因的不可抗力。

4. 不可抗力的效力

(1)免除责任。如果不可抗力是损害发生和扩大的唯一原因,当事人可以不可抗力抗辩从而免除侵权责任。

(2)减轻责任。如果损害的发生或扩大是由不可抗力和行为人的过错或原因共同造成的,行为人可以不可抗力抗辩从而减轻其侵权责任,即行为人只按照其行为的过错程度及原因力大小承担部分侵权责任。

5. 案例评析

在案例1中,大面积的山体滑坡是不可抗力。首先,山体滑坡是不受人的主观意志影响的客观事件,符合不可抗力的客观性要求;其次,本案中的山体滑坡具有突发性而且因为面积巨大,一般人不仅无法抗拒也来不及躲避,符合不可抗力的不可抗拒性标准;再次,本案的山体滑坡具有不可预见性。山体滑坡一般是由泥石流引起的,在已经发生过小规模山体滑坡且暴雨已经停了一个多小时的情况下,是很难预见到会发生大规模山体滑坡的。由此,人民法院认定本案中的山体滑坡属于不可抗力是正确的。因为不可抗力是造成该案损害发生的唯一原因,人民法院据此驳回原告的诉讼请求也是正确的。

在案例2中,二审人民法院与一审人民法院的根本分歧在于对暴雪性质的认定不同。一审人民法院认为,暴雪是不可抗力,棚顶倒塌事故主要是不可抗力造成的,房屋设计、质量存在问题仅是损害发生的次要原因,沈某损害的发生系复合性因素造成。不过,一审人民法院判决被告承担70%的赔偿责任却与他的理由正相反,令人费解。二审人民法院则认为暴雪不是不可抗力,从而判决被告承担全部赔偿责任。虽然这次暴雪是百年一遇的,但它却不是不可抗力。这是因为,它不具有不可抗拒性,不符合不可抗力的第二个标准。百年一遇的暴雪,听起来很吓人,但如果被告按照国家规定的相关标准对市场大厅进行设计、施工、管理,本案就绝不会发生。可见,本案中的百年一遇的暴风雪是在可抗拒的安全范围内的,没有达到不可抗力的程度要求。本案之所以发生,完全是由被告的过错造成的,当然应由被告承担全部责任。因此,二审人民法院的判决是正确的。

(五)自测案例

1. 陈某与其妻魏某及其他3位同事在周末去攀爬箭扣长城。在箭扣长城"鹰飞倒仰"处遭遇雷电,陈某与魏某遭雷击后坠崖不幸身亡。陈某、魏某之父母认为,对长城负有管护责任的箭扣长城所在地村委会和卖票经营的生态观光园在事实上已经将箭扣长城作为旅游景点实际经营,故村委会和生态观光园应负有安全保障义务,应该为园内设施安装避雷设备等,但没有履行此义务,对二名被侵权人的死亡具有重大过错,要求赔偿死亡赔偿金等共计60万元。生态观光园则称有合法登记手续,在其门票和观光园各路口均设有禁止攀爬长城的提示,长城是国家文物,他人无权安装避雷设备及防护设施,两死者的死因与被告无关。

问:村委会、观光园对陈某、魏某的死亡后果应否承担侵权责任?

2. 某市郊区贺某等56户居民,在收看有线电视播出的电视节目时,突然一声闷雷,电视机的图像、声音全部消失,以后再收看也声像全无。于是,他们找到了市广播电视局。广播电视局经过调查,认定当天雷击时,由于某区转播台的避雷装置质量不合格,致使雷击时强烈的放电通过天线,传递到用户家中,使电视机被击坏。因此,受害用户找到某区转播台要求赔偿雷击损失;而某区转播台则认为雷击是不可抗的自然力,拒绝对这些受害用户承担损害赔偿责任。贺某等无奈之下起诉到人民法院,要求某区转播台承担损害赔偿责任。在庭审中,贺某等认为某区转播台的电视天线按照有关规定,应该安装符合质量要求(包括避雷针的质量和避雷工程质量)的避雷设施。由于避雷装置质量不合格,导致强大的放电电流通过有线电视线将用户使用的电视机击坏,某区转播台有直接责任,以不可抗力来推脱、免除自己的责任是错误的。要求某区转播台赔偿损失,即修复电视机支出的正常修理费用。人民法院经审理认为,这是一起因不可抗力引起的民事纠纷,双方都没有过错,应各自分担50%的电视机修理费。

问:贺某等人的损失是否是不可抗力所造成的?

四、正当防卫

(一) 案情简介

案例1

原告吴某系某公司保安,在一次购物后拒绝付款,被正直的市民严某制止,吴某对此怀恨在心。一天深夜,吴某伙同罗某等3人一起到严某家中"教训"严某,3人先后殴打严某,并用刀子砍严某,严某奋起反抗,将刀子夺下。在吴某等3人继续实施殴打的情况下,严某持刀自卫,将吴某砍伤。事后,吴某诉至人民法院,要求严某赔偿损失。人民法院审理后认为,吴某等人的不法侵害行为对被告严某而言是强烈、危险而且紧迫的,严某是在本人的人身权利遭受原告等人正在进行不法侵害的情形下实施制止侵害行为的,该行为属于正当防卫,依法对造成的人身损害无需承担民事责任。

> **案例2**
>
> 被告人陈某途经公交车站时,遇沈某等人向其催讨欠款,双方发生争执。后沈某对陈某追打,陈某即摸出随身携带的扣于钥匙圈上的水果刀边挥边逃,逃跑中遭沈某电话联系而来的王某、杨某等人拦截。王某对陈某拳打脚踢,陈某遂再次拿出水果刀边乱捅边逃,致使杨某左手臂被划伤,王某被刺两刀倒地。陈某逃脱后向公安机关投案。王某因心脏被刺抢救无效死亡。此后,公诉机关对陈某提起公诉,王某的父母作为附带民事诉讼的原告要求陈某赔偿各项损失及他们晚年生活费、精神抚慰金。人民法院认为,陈某在遭受正在进行的不法侵害时,实施正当防卫,因明显超过必要限度,造成被害人王某死亡,属防卫过当,依法应当承担故意伤害致人死亡的刑事责任,但应予以减轻或免除处罚。陈某案发后自首,依法可从轻或减轻处罚。陈某正当防卫超过必要限度,造成不应有的损害,依法应当承担适当的赔偿责任。受害人王某对于损害的发生也有过错,依法可以减轻侵权人的赔偿责任。

(二) 思考方向

正当防卫是自力救济措施之一,是法律赋予公民的自卫权利,具有阻却违法性。因正当防卫造成损害的,行为人不承担民事责任。但防卫行为是有限度的,以能够制止侵害行为为必要。如果防卫人的防卫行为超过必要的限度给对方造成了不应有的损害,就违反了法律赋予当事人正当防卫权的初衷,防卫人的防卫行为的正当性也因此丧失,该行为就成了侵权行为,防卫人要对自己行为给对方造成的损害承当相应的损害赔偿责任。在上述案件中,行为人应否承担赔偿责任,关键是看行为人的反击行为是不是正当防卫,是否超过了必要的限度构成防卫过当。

(三) 法律规定

《侵权责任法》第30条 因正当防卫造成损害的,不承担责任。正当防卫超过必要的限度,造成不应有的损害的,正当防卫人应当承担适当的责任。

（四）学理分析

1. 正当防卫的概念和要件

正当防卫是指行为人在本人、他人的人身权利、财产权利遭受不法侵害时，为制止损害的发生或防止损害的扩大而对不法侵害人所采取的防卫措施。正当防卫是法律赋予自然人的自卫权利，目的在于保护行为人本人、他人的人身财产权益不受侵犯。因正当防卫造成的损害，行为人不承担责任。一般地说，正当防卫应当同时具备以下五个要件：

（1）防卫起因，即防卫行为须针对不法侵害行为而实施。没有不法侵害，就没有正当防卫。正当防卫是制止不法行为的行为，是为了维护合法权益，因而具有阻却违法性，行为人对造成的损害不承担侵权责任。显然，对合法的行为不能实施正当防卫，如犯罪嫌疑人不得为逃避拘捕而对依法执行职务的司法人员进行正当防卫。

（2）防卫时间，即防卫行为须针对正在进行的不法侵害行为实施。先有侵害行为，后才能有防卫行为。侵害是防卫的前提，防卫是制止侵害的手段。没有侵害行为，不得进行防卫行为。该侵害行为须是现实的侵害行为，其特点是：已经着手、正在进行、尚未结束。对想象中的侵害行为、尚未发生的侵害行为、已经实施终了的侵害行为，都不能实施防卫行为。

（3）防卫意图，即防卫行为须出于保护合法权益的目的而实施。防卫人在防卫的时候，不仅应当意识到不法侵害的现实存在，而且须意识到其防卫行为的目的。就是说，行为人的防卫目的必须是为了使本人或他人的权益免受侵害。以防卫为借口而施以报复的行为和防卫挑拨行为都是违法行为，行为人应承担侵权责任。

（4）防卫对象，即防卫行为须对侵害人本人实施。正当防卫的目的在于排除和制止不法侵害，因此只能对侵害人本人实施，而不能对其他第三人实施。根据制止不法侵害的需要，对侵害人实施的防卫行为，可以是针对人身的，也可以是针对财产的。

（5）防卫限度，即防卫行为不能超过必要的限度。防卫行为造成的损害没有超过必要限度的，防卫人不负侵权责任。所谓必要限度，是指为了制止不法侵害所必须具有的、足以有效制止侵害行为的防卫强度。只要是为了制止侵害所必须,就不能认为是超越了正当防卫的必要限度。但防卫行为是有限度的,以能够制止侵害行为为必要。如果防卫人的防卫行为超过必要的限度给对方造成了不应有的损害,就违反了法律赋予当事人正当防卫权的初衷,防卫人的防卫行为的正当性也因此丧失,该行为遂成为侵权行为。

2. 防卫过当的概念和认定

防卫过当是指正当防卫超过必要限度,给侵害人造成损害的行为。防卫人进行正当防卫,对侵害人造成的损害不承担侵权责任。但是,如果防卫过当,明显超过必要限度,防卫人就要承担相应的侵权责任。在审判实践中,对防卫过当的把握关键在于对正当防卫必要限度的判断。因为民法上的正当防卫要求防卫行为只能与不法侵害相适应,只要能够制止不法侵害行为就足够了,因而防卫行为一般不应超过不法侵害的强度。对必要限度的判断,通常应考虑三个方面:一是不法侵害的强度。凡是侵害行为本身强度不大,只需要用较缓和的手段就足以制止或排除损害的,不应采用较强烈的手段。例如,看见小偷偷别人包,高声制止即可,上去殴打小偷就超过了必要限度。二是不法侵害的缓急。在合法权益处于被侵害的急迫状态时,如正在进行的行凶、杀人、抢劫、强奸、绑架以及其他严重危及人身安全的暴力犯罪,防卫人采取防卫行为,造成不法侵害人伤亡的,不属防卫过当。如果不法侵害强度不大,如以投毒的方式故意杀人,防卫人将有毒物品毁损即可,一旦侵犯投毒人的人身,即构成防卫过当。三是所防卫的权益的性质。正当防卫所防卫的权益应当与防卫行为的强度相适应。如果所防卫的权益与防卫行为的强度不相适应,如使用严重损害侵害人的反击方法来保卫数额并不是特别大的财产利益,或者用损害后果较重的反击行为来保护相对较小的权益,应当认为防卫行为超过必要限度。如驾驶机动车辆追赶小偷是正当防卫,但造成小偷重伤或死亡即为防卫过当。

3. 防卫过当的后果

正当防卫超过必要的限度,造成不应有的损害的,正当防卫人应当承担适当的责任。这里所说的"适当的责任",是指防卫人仅对超过必要限度而造成的不应有的损害部分承担责任。具体来说,防卫过当后果包括以下三个层次:第一,防卫人仅对防卫行为造成的不应有的损害承担责任。也就是说,防卫人不对损害承担全部赔偿责任。这是防卫过当民事责任与一般侵权责任的区别。第二,防卫人对不应有的损害仅承担适当的责任。这里的"适当"是指防卫人侵权责任的承担要与防卫人的过错程度相适应。第三,假想防卫、事后防卫、防卫引诱等不符合正当防卫前四个要件的行为是侵权行为,不是防卫过当,侵权人要承当一般侵权责任。

4. 案例评析

在案例1中,被告严某的行为符合正当防卫的要件。原告吴某伙同他人侵入被告严某的家中,殴打并用刀砍被告,显然是不法侵害行为,符合防卫起因要件;在被告进行防卫时,原告的不法行为正在进行,符合防卫时间要件;被告进行防卫是为了维护自身的人身、财产利益,显然具备防卫意图要件;原告是侵害人,被告进行防卫将其砍伤,符合防卫对象要件;吴某等人的不法侵害行为对被告严某而言是强烈、危险而且紧迫的,被告将原告砍伤没有超出正当防卫的必要限度,符合防卫限度要件。正当防卫具有阻却违法性,是合法行为,防卫人对因此造成的损害不承担责任。综上,严某的致害行为属于正当防卫,对原告的损害不应承担侵权责任。

在案例2中,陈某应否承担侵权责任取决于对陈某行为性质的认定。陈某面对沈某等人的围攻殴打进行自卫是符合正当防卫的前四个要件的。但是,沈某等人是为了催讨欠款才殴打陈某的,显然没有杀害陈某的故意。陈某进行防卫时拿刀乱捅,造成王某死亡,明显超过了正当防卫的必要限度,不符合正当防卫的第五个要件,属于防卫过当。陈某显然是用损害后果严重的反击行为保护程度相对较小的权益。王某的死亡是陈某防卫过当行为造成的不应有的损害,应由沈某在过错范围内承担赔偿责任。

(五)自测案例

1. 某日晚23时许,杨某与田某在某烧烤店门前发生纠纷。离开后的田某感觉自己吃了亏,便叫来隋某、任某等人帮忙。田某、隋某、任某三人手持削尖的铁管,朝已躲进烧烤店操作间内的杨某冲去。杨某对冲进操作间的田某等人说:"你们谁进来,我就捅死谁。"三人毫不理会,还是往里冲,杨某便从操作间内拿起尖刀和菜刀对用铁管猛击自己的三人进行反击。其间,杨某还从田某的手中夺下了铁管。在双方打斗的过程中,田某的胸部、腹部各被刺一刀,左肩背部被刺一刀,后经抢救无效死亡。隋某头部被砍伤,后经法医鉴定为轻伤。

问:本案杨某造成的损失应由谁承担?

2. 宋某、孙某因争抢市场摊位而发生争吵。孙某即打电话叫来其朋友何某、秦某,二人赶到后对宋某拳打脚踢。宋某遭殴打蹲在了地上,顺手从摊位上拿起一把菜刀乱砍,将何某、秦某砍伤,致使何某手指被砍掉,秦某胳膊留下后遗症。何某、秦某要求宋某赔偿损失,遭到拒绝后,向人民法院提起诉讼。人民法院经审理认为,宋某在遭受他人不法侵害时,持刀将二人砍伤,虽属正当防卫,但明显超过必要限度造成重大损害,应当承担适用的赔偿责任。

问:宋某的行为是正当防卫还是防卫过当?

五、紧急避险

(一)案情简介

案例1

张某驾驶自己的二轮摩托车(未使用灯光)从县城下班回家。当晚20时许,张某沿某村村道(5米宽)中间自南向北刚行驶出某村路口时,与相对方向由叶某靠右骑行的自行车相交会,双方为避免危险的发生,各自向右侧倾斜,两车车身倒地,造成叶某左肱骨骨折的交通事故。因双方对医疗费等损失的赔偿问题未能协商一致,叶某向人民法院起诉,要求张某赔偿各种经济损失。人民法院经审理后认为:原告叶某骑着自行车与被告张某驾驶二轮摩托车夜间相向而行,双方在交会时采取避让行为发生交通事故,符合紧急避险的成立条件,属于紧急避险;紧急避险造成的损害,由引起险情发生的人承担责任。本案两车交会的险情主要是被告驾驶二轮摩托车行驶在村道中间,未使用灯光造成的,且被告作为引起险情发生人、避险行为人集于一身者,理应承担较重的责任。原告夜间在村道靠右侧骑自行车,在听到前方摩托车声音后,未及时采取措施,也是险情发生的诱因之一,对损失应承担相应的责任。

案例 2

黄某承包了某市由已废弃的公路的建设路基加高加固而形成的四口鱼塘养鱼，侯某的房屋和其所承包的果园就在鱼塘的旁边。某日，因天降大雨，积水无法及时疏通，黄某的四口鱼塘贯通成一片。当天上午，侯某认为积水已经淹到了自己的房屋和果园，遂将黄某四口鱼塘中最低水位的一口鱼塘的暗渠排水口处的围栏及栏网挖开（侯某挖开的水口是当地公路的去水口，黄某将该去水口堵塞蓄水养鱼）。当日下午6时，黄某得知后，将围栏及栏网重新装好，并于不久后将侯某起诉至人民法院，要求其赔偿因鱼流失而造成的损失。人民法院经审理认为，黄某堵塞排水口，导致侯某的房屋和果园被淹，侯某为了使自己的财产损失不至于扩大，疏通去水口，属于紧急避险。但是因侯某没有及时通知黄某，防止黄某渔产的损失，故属于采取措施不当，对此，侯某需承担适当的责任。同时，虽然侯某确实造成了黄某渔产的损失，但黄某将排水口堵塞，把排水渠变成鱼塘不当，双方过错相当。

（二）思考方向

紧急避险具有阻却违法性，是我国法律明确规定的免责事由。在上述案例中，赔偿责任的承担都涉及紧急避险问题。如果认定紧急避险成立，避险人就免于承担赔偿责任，而由引起险情发生的人承担赔偿责任。当然，如果避险人采取的措施不当或者超过必要的限度，造成不应有的损害的，紧急避险人应当承担适当的责任。

（三）法律规定

《侵权责任法》第 31 条　因紧急避险造成损害的，由引起险情发生的人承担责任。如果危险是由自然原因引起的，紧急避险人不承担责任或者给予适当补偿。紧急避险采取措施不当或者超过必要的限度，造成不应有的损害的，紧急避险人应当承担适当的责任。

（四）学理分析

1. 紧急避险的概念和要件

紧急避险是指为了使本人或他人的人身、财产和其他合法权益免受正在发生的危险,不得已采取的避险行为。紧急避险是为保全较大的利益而损害较小利益的一种救助措施,从整体上说是对社会有益的。因此,只要紧急避险的行为符合法律的规定,避险人就不承担责任。一般地说,紧急避险的成立须具有以下条件:

（1）紧急避险的目的须是为了使本人、他人的人身、财产权利免受危险的损害。紧急避险的阻却违法性来源于为了保护较大的利益而损害较小的利益,因此其保护的利益必须是合法的。行为人不得为保护毒品、淫秽物品、走私物品等非法利益而实施紧急避险。另外,对合法的职务行为,行为人也不得进行紧急避险。例如,小商贩甲看见税务人员过来,为避免罚款,急忙跑开,踩坏了某乙的蔬菜,甲不得主张紧急避险。

（2）紧急避险的对象是正在发生的危险。也就是说,该危险必须是现实的、正在发生的。对于已经消除或尚未发生的危险,不得采取避险措施。行为人基于对危险状况的误解、臆想而采取避险措施,造成他人利益损害的,应当承担侵权责任。

（3）避险措施是迫不得已而采取的。所谓"迫不得已",是指危险不仅已经发生而且会立即造成损害,此时行为人除采取该损害某种利益的行为外,无其他方式可以避免危险。损害发生的急迫性,是避险行为正当性的逻辑前提。如果没有损害发生的急迫性,行为人自当寻求公力救济,而不应采取避险措施。

（4）避险行为不能超过必要的限度。紧急避险所造成的损害必须少于危险会造成的损害,也就是说,保全的利益必须大于损害的利益。如果避险行为所造成的损害大于危险可能造成的损害,则为超过必要的限度。一般地说,人身价值大于财产价值,因此,为保全财产而损害人身的,为超过必要的限度;财产之间应视其价值大小而定是否超过必要限度,即为保全价值较低的财产而损害价值较大财产的,则为超过必要的限度。另外需要说明的是,职务上、业务上负有特别责任的人员,如军人必须参加战斗、消防队员必须扑救大火等,这些人员不适用关于避免本人危险的规定。

2. 紧急避险的效力

(1) 如果险情是由人为的原因而引起的,则应当由引起险情发生的人承担责任。其中,险情发生系由紧急避险人所引起的,由紧急避险人对自己的过错负责;险情发生系避险行为的受害人所引起的,避险受害人对自己的过错负责;险情发生系由第三人引起的,第三人对自己的过错负责。他们对自己过错负责的范围,应以紧急避险必要限度或避险措施得当所造成的损失为标准,超过部分应由避险行为人承担避险过当责任。

(2) 如果危险是由自然原因引起的,紧急避险人为了他人的利益采取了避险行为,造成第三人利益损害的,紧急避险人免于对第三人承担责任。此时,应由受益人对第三人给予适当补偿。

(3) 如果危险是由自然原因引起的,紧急避险人为了本人的利益采取了避险行为,造成第三人利益损害的,紧急避险人本人作为受益人,应对第三人的损害给予适当补偿。

(4) 如果避险人采取的措施不当或超过必要的限度,造成不应有的损害的,避险人应当承担适当的责任。避险人"采取措施不当",是指在当时的情况下能够采取可能减少或避免损害的措施而未采取,或者采取的措施并非排除险情所必须。紧急避险"超过必要限度",是指采取紧急避险措施没有减少损害,或者紧急避险所造成的损害大于所保全的利益。避险人承担"适当的责任",是指避险人仅就采取措施不当而扩大的损害部分或者超过必要限度的损害部分承担责任,而不是就避险行为所造成的全部损害承担责任。

4. 案例评析

在案例1中,叶某、张某的行为都符合紧急避险的要件。第一,在本案例中,遭受紧急危险的是叶某、张某的人身权益,如果张某的摩托车与叶某的自行车相撞,二人的身体健康都要受到更大的伤害。第二,事发地是村路,没有路灯,张某的摩托车又没有使用灯光。在漆黑的夜里,双方发现对方时几乎都要撞上了。因此,危险是现实的、正在发生的。第三,叶某、张某面对的是急迫的危险,近在眼前,刻不容缓。如果双方不立即采取避险措施,损害就会不可避免地发生。第四,叶某、张某的避险行为没有超过必要的限度。双方马上就要撞上了,都没有时间加以考虑,基本是凭借本能各自向右侧倾斜。车辆倒地基本也是必然要发生的结果,虽然叶某受伤了,但却避免了双方都受更严重伤害的后果。可见,双方是为了保全一个较大的利益而损坏一个较小的利益,没有超过避险行为必要的限度。在本案例中,险情是由双方共同引起的,但主要原因在于张某。因此,被告张某应当承担主要责任。同时,叶某的行为也是引起险情发生的原因之一,对其损害也应承担相应的责任。

在案例 2 中,侯某是为了避免房屋和果园被淹而采取避险措施的,其行为显然符合紧急避险的第一个要件。侯某在采取避险措施时,积水已经淹到了他的房屋和果园,危险正在发生,其行为符合紧急避险的第二个要件。天降大雨,积水不仅无法及时疏通还淹到了侯某的房屋和果园,在这种情况下侯某将黄某四口鱼塘中最低水位的一口鱼塘的暗渠排水口处的围栏及栏网挖开,符合紧急避险的第三个要件。引起本案险情发生的人是黄某,黄某将当地公路的去水口堵塞蓄水养鱼,直接造成了积水无法疏通,进而危及侯某房屋和果园的安全。如果侯某的行为构成紧急避险,则黄某的损失由其自己承担,因为他是引起险情发生的人。本案的关键在于,侯某在采取避险措施时,没有及时通知黄某,没有能避免黄某渔产的损失,放任塘中的鱼流失。在采取避险措施时,侯某是完全有时间和条件通知黄某进而避免黄某渔产遭受损失的。侯某在当时情况下能采取可能减少或避免损害的措施而未采取,属采取措施不当。因紧急避险采取措施不当或者超过必要的限度,造成不应有的损害的,紧急避险人应当承担适当的责任。

(五) 自测案例

1. 李某经常到刘某的商店购买日用品,双方是老相识。去年 5 月,李某到刘某的店里购买 5 箱方便面,因柜台存货不多,刘某叫李某到他家后院仓库取货,他随后就到。李某拉开刘某家后院门时看到室内绑着的一条狗正朝他狂吠,并欲挣脱绳子,李某吓得转身就跑,撞到身后的刘某,两人同时摔倒在地,刘某脊椎骨折,花去医疗费若干。刘某向李某索赔,李某认为事件的起因是刘某养的狗追他造成的,因此拒绝赔偿。

问:李某的行为是否构成紧急避险?

2. 韦某修建房屋,请了建筑工曹某和孙某。在休息时,韦某为他们点烟,顺手将火柴梗扔掉时,引起了易燃建筑材料的燃烧。3人立即扑火,在扑火过程中,曹某不慎将身边油桶碰倒,燃烧的汽油喷射到孙某身上,将孙某烧伤。此后,消防队员赶来很快把火扑灭。经查,韦某家被焚烧财产损失达2万元。因孙某是为韦某灭火而受伤,所以韦某一直在支付孙某的医疗费。因孙某还要继续治疗,韦某便停止支付孙某的医疗费。孙某于是找曹某要求支付医疗费。曹某认为,自己是在做好事,况且火灾是韦某引起的,又是替韦某抢救其财产,应由韦某负完全责任。孙某于是以曹某、韦某为被告,向人民法院提起诉讼,要求两人支付其医疗费用。鉴于韦某在火灾中已遭受2万元损失,又已为孙某治疗支付了部分医疗费,故判决孙某以后所支付的医疗费由韦某和曹某各负担50%。

问:人民法院判决曹某承担责任是否合法?

第二节 非法定免责事由

侵权责任的非法定免责事由是指非由《侵权责任法》所规定的免责事由。《侵权责任法》第三章仅规定了部分侵权责任的免责事由,并没有规定全部的免责事由。除侵权责任的法定免除事由外,理论上一般认为,依法执行职务、受害人同意、自助行为、意外事故也属于侵权责任的免责事由。

一、依法执行职务

(一)案情简介

案 例

某市食品安全监督部门接到群众举报,称个体商贩李某出卖用病死鸡做成的烧鸡。市食品安全监督部门即派负责食品安全监督检查工作的张某前去调查核实。经检验,该批烧鸡确系用病死的鸡做成的。张某按市食品安全监督部门的决定没收了该批烧鸡,并全部销毁。李某对此决定不服,以烧鸡并非自己加工的,而是从村民王某处购买的为由,要求张某赔偿因烧鸡被销毁所造成的经济损失。

(二) 思考方向

我国现行法律并将没有将依法执行职务规定为一般免责事由,但相关特别法对依法执行职务有相关规定。同时,在司法实践中,人民法院也对此予以确认。在上述案例中,李某的请求能否得到法律认可,关键要看张某的行为是不是依法执行职务。

(三) 法律规定

《中华人民共和国食品安全法》第28条 禁止生产经营下列食品:

(一)用非食品原料生产的食品或者添加食品添加剂以外的化学物质和其他可能危害人体健康物质的食品,或者用回收食品作为原料生产的食品;

(二)致病性微生物、农药残留、兽药残留、重金属、污染物质以及其他危害人体健康的物质含量超过食品安全标准限量的食品;

(三)营养成分不符合食品安全标准的专供婴幼儿和其他特定人群的主辅食品;

(四)腐败变质、油脂酸败、霉变生虫、污秽不洁、混有异物、掺假掺杂或者感官性状异常的食品;

(五)病死、毒死或者死因不明的禽、畜、兽、水产动物肉类及其制品;

......

第85条 违反本法规定,有下列情形之一的,由有关主管部门按照各自职责分工,没收违法所得、违法生产经营的食品和用于违法生产经营的工具、设备、原料等物品;违法生产经营的食品货值金额不足一万元的,并处二千元以上五万元以下罚款;货值金额一万元以上的,并处货值金额五倍以上十倍以下罚款;情节严重的,吊销许可证:

(一)用非食品原料生产食品或者在食品中添加食品添加剂以外的化学物质和其他可能危害人体健康的物质,或者用回收食品作为原料生产食品;

(二)生产经营致病性微生物、农药残留、兽药残留、重金属、污染物质以及其他危害人体健康的物质含量超过食品安全标准限量的食品;

(三)生产经营营养成分不符合食品安全标准的专供婴幼儿和其他特

定人群的主辅食品；

（四）经营腐败变质、油脂酸败、霉变生虫、污秽不洁、混有异物、掺假掺杂或者感官性状异常的食品；

（五）经营病死、毒死或者死因不明的禽、畜、兽、水产动物肉类，或者生产经营病死、毒死或者死因不明的禽、畜、兽、水产动物肉类的制品；

……

（四）学理分析

1. 依法执行职务的概念和要件

依法执行职务是指依据法律的授权及有关规定，行使职权或履行职责而损害他人的人身或财产的行为。依法执行职务是维护社会公共秩序和公共利益所必需的，因而尽管造成了他人的人身或财产损害，也可以免除行为人的侵权责任。依法执行职务主要包括两种情况：第一，国家机关工作人员在职务范围内代表国家，从事执行国家权力的活动，并在活动过程中造成了对他人的损害。如工商管理机关撤销某个违法经营的个体工商户的商标注册证，公安机关依法开枪打伤逃犯等。第二，某些非国家机关工作人员因合法执行职务而损害他人的财产和人身的行为，如卫生防疫站为消灭恶性传染病而将病人所用的带菌的衣物烧掉。

依法执行职务的成立应当具备如下条件：

（1）必须是依法律的授权而实施的，即行为人实施行为时须有法律依据。依法执行职务之所以能成为免责事由，是因为此种行为基于合法的授权，目的是为了保护国家利益、社会公共利益和不特定多数人的合法权益，因此，依法执行职务才不构成侵权。例如，质量监督部门销毁大肠杆菌严重超标的食品，其根据就是食品安全法。

（2）执行职务的行为须合法。行为人只有在法律规定的范围内履行职责，才对损害后果不负责任。若超越法定的授权而行为，或行为所依据的法律或法规已经失效、被撤销或行为本身不符合法律的要求，则不得视为依法执行职务。行为合法还包括执行职务行为的程序和方式必须合法。如果行为在程序上不合法，给他人造成了损害（如司法机关适用程序不当而给公民造成损害），则构成职务侵权行为。

（3）执行职务的行为应当是必要的。执行职务的行为并不是在任何情况下都会造成对公民和法人的损害，损害后果的发生可能并不是保证正常执行职务所必需的。所以，依法执行职务作为免责事由，还应要求执行职务的行为是必要的，即只有在不造成损害就不能执行职务时，执行职务的行为才不是侵权行为。只有明确执行职务的必要性，才能使公民和法人的合法权益得到充分保障，才能实现社会利益和公民个人利益的平衡。

2. 案例评析

在上述案例中，李某要求张某赔偿损失的请求是不能得到支持的，因为张某的行为构成了依法执行职务的行为。首先，张某是食品安全监督部门的工作人员，依法具有监督检查食品卫生的职权。其次，张某的行为是合法的。张某在证实李某出售的烧鸡确系用病死鸡做成的情况下，销毁了该批烧鸡，属于职务上的合法行为，并不违反法律、法规的规定。最后，张某的行为是必要的。如果不销毁李某用病死鸡做成的烧鸡，这些烧鸡就有可能流入市场，从而对食用者的健康造成危害。

（五）自测案例

某日，一辆挂有"危险品"标志的油槽车在途中不慎翻车，司机当场死亡，车上所运输的油品流入道边的河内及林蛙塘中，造成部分鱼及林蛙死亡。事故发生后，当地政府有关单位对此进行了调查处理，交警部门在车主没有赶到现场之前，及时雇用吊车对油槽车进行了处置，发生事故处理费用3000多元。当车主寇某赶到出事地点时，在了解寇某一切运输手续齐全、合法后，交警部门要求其支付这3000多元费用。在遭到寇某拒绝后，当地公安部门先是在办公场所对其拘禁2天，然后又在2名警察的看守下在当地某宾馆对其实施了9天"监视居住"，期间不断催促寇某与家人联系取钱，否则将一直不解除监视居住。直到寇某的家人将钱送来后，才恢复了寇某的人身自由。寇某认为，当地公安部门的做法侵犯了其合法权益，以其非法拘禁为由，向人民法院提起诉讼，要求赔偿损失。

问：寇某的请求能否得到人民法院的支持？

二、受害人同意

（一）案情简介

> **案 例**
>
> 患者朱某曾在甲医院小儿科住院，骨髓穿刺检查诊断为"急性淋巴细胞白血病"。后住入另一家医院，证实为急性淋巴细胞白血病，该医院即用长春新碱和强的松组成的VP方案进行治疗，并加用环磷酰胺，共6个疗程，病情未见缓解。因此，患者父亲数次要求回甲医院治疗。甲医院再三解释："白血病治疗目前尚无理想的解决办法，在外院治疗2个多月，没有缓解，说明对化疗不肯定，并有一定危险性"。但患者父亲表示："知道这种病无法治愈，但作为父母总不能眼巴巴看孩子干熬，能拖一段时间就拖一段，希望能治好，到这种地步，请给试一试，把死马当活马医吧！"基于此，在无床的情况下，甲医院借皮肤科病房加床，收朱某入院治疗。朱某入院当天，即做骨髓等检查，与某医院前10天骨髓检查相比，病情恶化，说明VP方案治疗无效。为延长患者生存期，甲医院经内科讨论，决定试用异搏停加VP方案治疗。院方取得家长同意和理解，但没有签字和书面手续。然后，甲医院开始实行异搏停5毫克静脉注射，40毫克口服，以后口服剂量递增，每4小时1次，每次剂量范围在80—240毫克之间。入院10天后，患者病情加重，经抢救无效死亡。患者死亡后，死者家长与甲医院发生争执。家长认为，这种大剂量使用异搏停的方案国内未见报道过，是"拿病人做试验"，要求追究甲医院的责任。甲医院认为，医院采用异搏停加VP方案治疗虽属于实验性治疗，但已征患者的同意，且患者的死亡是白血病并发心脏传导阻滞，室颤而致死。但患者家属对试用异搏停加VP方案否认同意过，病历上没有家长签字。

（二）思考方向

英美法上有"自愿者无损害可言"的原则，这是受害人同意作为免责事由的理论基础。我国民法尚无有关受害人同意的一般性规定，但我国司法实践肯定受害人同意是一般免责事由。在上述案例中，医院是否承担医疗损害责任，须从"受害人同意"的角度加以考虑。

（三）法律规定

1.《侵权责任法》第 55 条　医务人员在诊疗活动中应当向患者说明病情和医疗措施。需要实施手术、特殊检查、特殊治疗的，医务人员应当及时向患者说明医疗风险、替代医疗方案等情况，并取得其书面同意；不宜向患者说明的，应当向患者的近亲属说明，并取得其书面同意。

医务人员未尽到前款义务，造成患者损害的，医疗机构应当承担赔偿责任。

<u>第 56 条</u>　因抢救生命垂危的患者等紧急情况，不能取得患者或者其近亲属意见的，经医疗机构负责人或者授权的负责人批准，可以立即实施相应的医疗措施。

2.《合同法》第 53 条　合同中的下列免责条款无效：

（一）造成对方人身伤害的；

（二）因故意或者重大过失造成对方财产损失的。

3.《中华人民共和国执业医师法》第 26 条　医师应当如实向患者或者其家属介绍病情，但应注意避免对患者产生不利后果。

医师进行实验性临床医疗，应当经医院批准并征得患者本人或者其家属同意。

4.《医疗机构管理条例》第 33 条　医疗机构施行手术、特殊检查或者特殊治疗时，必须征得患者同意，并应当取得其家属或者关系人同意并签字；无法取得患者意见时，应当取得家属或者关系人同意并签字；无法取得患者意见又无家属或者关系人在场，或者遇到其他特殊情况时，经治医师应当提出医疗处置方案，在取得医疗机构负责人或者被授权负责人员的批准后实施。

（四）学理分析

1. 受害人同意的概念和要件

受害人的同意是指受害人在损害发生前表示自愿承担某种损害后果，从而免除侵害人的责任。受害人的同意之所以成为免除责任的条件，是受害人主动放弃权利的结果。

受害人的同意只有具备下列条件时，才能成为免责事由：

（1）同意他人侵害自己权利的人须对该权利有处分的能力和权限。否则，该项同意不构成侵害人的免责事由。例如，儿子为先天性痴呆，其父母请求医生将其处死。这种行为不构成受害人同意，因为该父母没有处分其子女生命权的权利。

（2）受害人自愿承受某种损害后果。受害人同意是针对损害后果而言的，因此，如果受害人只是意识到危险的存在，但不希望自己蒙受损害的，则不能视为受害人同意。

（3）受害人同意的意思表示应当遵守一般意思表示的限制，且需要具备一般意思表示的生效要件。受害人同意是行为人自愿做出的，是其真实意思的表现。在胁迫、欺诈等情况下受害人所做出的同意，不发生免责效力。

（4）承诺侵害自己的权利，应当采用明示方式，或者是发表单方面的声明，或者是制定免责条款。权利人没有明示准许侵害自己的权利的承诺，不得推定其承诺。如果受害人明知或预见到其权利可能受到损害，但其并未向侵害人承诺，不构成免责事由。例如，某人知道某水泥厂严重污染该居民区，却又搬进该区居住而致健康受到损坏的情况下，由于该人并未承诺准许水泥厂损害其健康，故水泥厂应当负赔偿责任。但在符合法律的要求或行业惯例的情况下，受害人默视同意的意思表示也可以发生效力。例如，参加拳击比赛就是默视同意接受损害的后果。

（5）受害人同意不得违背法律和社会公德。虽然受害人同意是其放弃自己的权利，但这种放弃权利也必须符合法律和社会公德的要求，不能有违公序良俗。在一般情况下，承诺侵害自己的财产权利，应当为有效；承诺侵害自己的人身权利，则应区分具体情况。如果承诺他人将自己的身体致轻微伤害,当属正当的意思表示;如果嘱托他人帮助自杀,或者同意他人将自己杀死或重伤,则不属正当的免责事由。

(6) 受害人同意是在损害发生前做出的。受害人同意只能在损害发生前做出,受害人在损害发生后表示承担某种损害后果的,属于受害人对侵害人的责任的事后免除,而不属于受害人同意。

2. 案例评析

在上述案例中,导致医患纠纷发生的原因实验性治疗,因此,该治疗方案是否经受害人同意就成为解决问题的关键。实验性治疗是在常规治疗手段都已使用且无效的情况下所采用的试验性治疗手段,其目的是为了改进病症的诊断、治疗和预防方法,深入了解疾病病因和发病机理,以便更好地保护人体健康。因此,医院进行实验性治疗并不违反法律和公共道德。同时,由于实验性治疗的危险性往往无法防止和控制,伤残甚至死亡的后果都可能发生。因此,实验性治疗必须要经患者或家属的同意。那么,在本案例中,是否存在受害人同意的这一免责事由呢?在本案例中,患者家长虽然知道患者的这种病无法治愈,并且在 VP 方案治疗无效后,同意和理解医院试用异搏停加 VP 方案治疗。但是,患者父亲并没有在同意书上签字,也没有履行其他书面手续。在本案例中,患者家长否认同意进行实验性治疗。即使患者的家长口头同意进行实验性治疗,但这种同意也不符合法律的要求。因为法律上要求的同意并必须是书面同意,即要求患者或家属签字。可见,在本案例中,受害人同意的形式不合法律规定,不能成为免责事由,不能以此免除医院应当承担的责任。

(五) 自测案例

1. 为参加某镇政府举办的篮球赛,甲厂和乙厂各自从本单位抽调部分职工组成篮球队进行训练,刘某(甲厂职工)、吕某(乙厂职工)分别是各自单位抽调的队员。某日下午,这两个单位的球队进行练习比赛,当刘某正准备接本队队员传球时,吕某上前抢球,其肘部撞击了刘某的左胸,裁判员当即鸣笛,判吕某犯规,刘某因伤痛下场。事后,刘某经当地医院诊断为"左胸外伤、肋骨骨折、继发血气胸",支出医药费若干。刘某要求乙厂和吕某赔偿其经济损失,遭到拒绝。于是,刘某将乙厂和吕某起诉至人民法院。

问：乙厂和吕某是否应当赔偿刘某的经济损失？

2. 妊娠妇女赵某感觉身体不舒服,有剧烈痛感,遂在其夫孙某的陪同下到医院检查。入院后,医师经检查认定赵某有产子先兆,要为其实行剖宫产手术,但孙某极力反对。他认为剖宫产手术不仅会严重损害赵某的健康,而且赵某会因此而丧失生育能力。医师反复交待了不手术可能出现的严重后果,并明确告知孙某,如果不手术赵某将会有生命危险,但孙某仍不同意进行剖宫产手术。医师无奈只能请孙某签字,承认是患方坚决不同意手术。产妇赵某在住院第二天开始咯血,医师虽竭力抢救,但赵某仍然死亡了。事后孙某起诉医院,主张医院未适当履行职责,造成医疗事故,诉请医院赔偿其所受到的损害。医院出具产妇家属签字,以受害人同意做抗辩,不同意赔偿。

问：本案中孙某的签字是否属于受害人同意？

三、自助行为

（一）案情简介

案例

一天上午,某公司的苏某等5位青工到附近公园旅游。在将近中午时,苏某提议去饭店吃饭,因大家都自带了食品,所以其他人表示不想去。但苏某坚持去饭店吃饭,并表示中午他请客吃饭。因有人出钱请客吃饭,其他人也都很高兴地表示赞同。于是,苏某等人就来到了一家酒店,要了酒和菜,开始就餐。在酒足饭饱之后,苏某借口去付款,便溜之大吉。其他人等了好长一段时间,见苏某还没有回来,便要离去。但酒店的服务员说,你们的饭钱还没有付清,要求他们付清饭钱。这几个青工一听,知道上了苏某的当,便以被邀请吃饭为由拒付饭钱,并要强行离去。酒店的服务员见桌上放着1台照相机,并将其扣留,声称不付饭钱就不返还照相机。为此,双方发生纠纷。

（二）思考方向

在本案例中，酒店的服务员扣留顾客的照相机是否为侵权行为，这涉及自助行为的问题。如果认定扣留行为构成自助行为，则扣留行为具有阻却违法性。

（三）法律规定

我国现行民事立法中没有关于自助行为的法律规定。

（四）学理分析

1. 自助行为的概念和要件

自助行为是指行为人为了保护自己的权利，在情势紧迫而又不能及时请求国家机关予以保护的情况下，对他人的人身自由加以拘束或对他人的财产加以扣留、毁损的行为。目前，我国法上还没有规定自助行为。

从各国法律的规定来看，自助行为应当具备下列条件才能成立：

（1）须为保护自己的合法权利。自助行为是为弥补公力救济的不足而设立的制度，只能为保护行为人自己的合法权利而实施。

（2）须情事紧迫来不及请求公力救济。情事紧迫是指如不采取自助措施，则行为人的权利就难以实现。如果情事并不十分紧迫，权利人来得及请求公力救济，则不能实施自助行为。

（3）须为法律和社会公德所许可。行为人应当采取法律和社会公德所许可的方式实施自助行为，如不得以损害义务人生命健康的方式实施自助行为。

（4）须不超过必要限度。自助行为是权利人在情事紧迫来不及请求公力救助的情况下，所采取的一种保护自己的合法权利的措施，因此，自助行为只能在必要限度内实施。

自助行为是在情事紧迫的情况下而采取的临时保护措施，这种行为虽可防止权利免遭损害，但毕竟不能最终解决问题。因此，行为人实施自助行为后，应当及时请求公力救济。当然，如果相对人在自助行为实施后，主动履行了义务，则无须请求公力救济。

2. 案例评析

在本案例中,酒店扣留顾客照相机的行为是否构成侵权行为,应否承担返还财产的侵权责任呢?这里就涉及了酒店能否对拒付饭钱的顾客的照相机予以扣留,即酒店可否实行自助行为的问题。尽管我国法律对自助行为没有明文规定,但已为社会习惯所认可。苏某等五人去酒店吃饭,他们与酒店之间就建立了一种服务合同关系,酒店为债权人,苏某等为共同债务人,负有支付饭钱的义务。共同债务人拒付饭钱,就是一种违约行为,损害了酒店的合法权益。如果酒店不采取一定的救济行为,其自身的合法权益就难以得到保护。所以,酒店扣留债务人的照相机,完全是在自己的合法权益受到损害的紧急情况下,为了保护自己的合法权益而采取的自助行为。既然如此,酒店扣留照相机的行为就不构成侵权行为,酒店不应承担侵权责任。但是,应当指出,酒店在采取自助行为后,应当及时向有关机关申请援助,请求处理。

(五)自测案例

个人独资企业主胡某分别向李某、成某、朱某各自借款5万元,扩大再生产,约定一年后归还,月利率2.25%。事后,胡某为扩大再生产,上了一个大的项目。项目还未完工时,市场行情发生变化,许多客户纷纷解约,胡某的企业遭受了致命的打击,无力按期偿还借款。李某对胡某的遭遇深表同情,通过与胡某协商,同意胡某5年后再偿还借款,并且在此期间不计利息。成某和朱某则认为,瘦死的骆驼比马大,胡某一定还有钱,只是找借口想赖账,不同意延期还款。于是,成某带领一些人到胡某的厂子,强行搬走了2台电脑,开走了一辆旧卡车。第二天,成某向人民法院起诉要求胡某偿还债务。朱某得到消息后,笑成某太蠢,弄一些破烂有什么用,便将胡某上小学一年级的儿子骗到他家,并给胡某打电话要求胡某立即拿现金来换儿子,否则后果自负。

问:成某与朱某的行为是否为自助行为?

四、意外事故

（一）案情简介

> **案例**
>
> 某日中午,被告申某驾驶汽车拉货,当行至某小学教室窗外时,汽车右前轮突然爆裂,高气压将路面上的一石块崩起。飞起的石块穿过教室窗户,打在原告诗某的头部,造成原告脑外伤,花去医疗费等若干。原告病愈后,要求被告承担全部经济损失,但被告只同意给一部分赔偿费。经有关部门调解不成,原告诉至人民法院。人民法院查证:被告的车胎是新的,并没有破旧,而且被告驾车属正常速度行使且未超载,路面也比较平坦。人民法院认为,新车胎在正常情况下突然爆裂是被告无法预见的,属于意外事件,被告对于损害的发生没有任何过错。原告在教室中也没有过错。双方均无过错,则应根据双方的实际情况,合理分担经济损失。故判决如下:被告赔偿原告60%的损失,原告自己负担40%。

（二）思考方向

在本案例中,原被告对于损害发生的结果皆不可能事先预见到,且双方对于损害的发生皆无过错,因此,要正确处理本案,必须首先对"车胎爆裂"这一事件的性质作出准确定性。

（三）法律规定

《学生伤害事故处理办法》第12条 因下列情形之一造成的学生伤害事故,学校已履行了相应职责,行为并无不当的,无法律责任:

……

（二）来自学校外部的突发性、偶发性侵害造成的;

（三）学生有特异体质、特定疾病或者异常心理状态,学校不知道或者难于知道的；

……

（六）其他意外因素造成的。

（四）学理分析

1. 意外事故的概念

意外事故又称为意外事件，是指行为人意料之外的事故。意外事故是否为独立的负责条件，各国立法和学说存在着分歧。例如，《法国民法典》第1148条规定："如债务人系因不可抗力或事变而未履行给付或作为的债务，或违反约定从事禁止的行为时，不发生损害赔偿的责任。"法国学者认为，意外事件是与不可抗力并列的免责事由。我国学者对意外事故能否作为独立的免责事由也存在不同的看法。通说认为，意外事故是免责事由，司法实践也将意外事故作为免责事由对待。

我们认为，意外事故应当成为免责事由，而不能与不可抗力混为一谈。在因意外事故而造成损害时，损害结果是行为人所意料不到的，这说明行为人对损害结果是不能预见的。因此，也就说明行为人在主观上是没有过错的。既然行为人主观上没有过错，因此，对于过错责任来说，行为人就不应承担责任。当然，对于无过错责任来说，因其不以行为人的过错为构成要件，因而，意外事故也就不能成为无过错责任的免责事由。可见，意外事故是对过错责任的限制，是承担过错责任的界限。

虽然意外事故与不可抗力都具有不可预见性，但二者是不同的，其根本的区别在于：意外事故并非人力所不可抗拒的，只要行为人预见到了，是可以避免和克服的；而不可抗力是人力所不可抗拒，即使行为人预见到了，在当时条件下也是无法避免和克服的。因此，意外事故和不可抗力的作用不同：意外事故只是过错责任的免责事由，不能成为无过错责任的免责事由；而不可抗力既是过错责任的免责事由，也是无过错责任的免责事由，除非法律另有规定。

2. 意外事故的成立条件

意外事故作为免责事由，应具备如下条件：(1) 意外事故是不可预见的。

确定意外事件的不可预见性,适用主观标准,应以当事人为标准,即当事人是否在当时的环境下,通过合理的注意能够预见。(2)意外事故是归因于行为人自身以外的原因,行为人已经尽到了他在当时应当尽到和能够尽到的注意,或者行为人采取合理措施仍不能避免事故的发生。(3)意外事故是偶然发生的事件,不包括第三人的行为。因此,意外事件的发生几率是很低的,当事人尽到通常的注意是可以预防的。

3. 案例评析

在本案例中,车胎爆裂,崩起石子伤人应属于意外事件。第一,原告、被告对这一事件的发生均无法预见。一方面,车胎爆裂虽多有发生,但车胎爆裂能崩起石子,则非常少见。另一方面,即使轮胎爆裂可以崩起石子,但崩起的石子穿过教室窗户而打在原告头上,更是为人所不能预见。因此,对于此事件的发生,原告、被告均无法预见。第二,此事件的发生非出于原、被告自身的原因。原告是在学校上课时间受到的伤害,显然没有过失。而被告的汽车轮胎是新换的,车速正常,没有超载,路况也正常,显然被告也没有过失。第三,此事件是偶然发生的,并且其中不涉及第三者的行为。可见,本案的发生是一系列的巧合连接在一起造成的意外事件,因此,被告可以以意外事件为免责事由。但由于双方当事人对事件的发生均无过错,因此,可以根据实际情况由双方当事人分担损失。

(五) 自测案例

1. 被告张晶系被告某中学三年级学生。一日在课间休息时,张晶与同学一道下楼,在低头看掉线裤脚管的同时,左脚踩在台阶边,向前一滑摔了下来。滚下来时,其肩部碰到了正在前面行走的学生张杰,将其撞倒,两人同时滚下楼梯。张杰当时就站不起来了,遂被送往当地医院住院治疗。经医院被诊断为:右胫腓骨上段骨折,右胫骨平台骨折,并建议休学1年继续治疗。事发以后,张杰父母多次有关部门协商处理,均无结果。于是,张杰以张晶、某中学为被告向人民法院提起诉讼。人民法院认为,对张杰的人身损害,原被告都无过错行为,纯属意外事件,遂作出如下判决:原告张杰承担损失的20%,被告张晶承担损失的50%,被告某中学承担损失的30%。

问:本案事故是否属于意外事件?

第五章 数人侵权责任

第一节 数人共同侵权责任

在数人侵权责任中,如果数个行为人在主观上具有共同过错,则产生数人共同侵权责任,包括共同加害人行为产生的共同侵权责任、教唆及帮助行为产生的共同侵权责任、共同危险行为产生的共同侵权责任。

一、共同加害人行为产生的共同侵权责任

(一)案情简介

案例1

> 被告华春香到城关镇开设摊点,其摊位与原告贾淑华所设摊位相邻,二人曾因摊位占地和招揽生意发生过矛盾。某日上午,华春香因抢占贾淑华的摊位而与贾淑华发生争吵,继而厮打起来。正在此时,华春香的妹妹华秋香路过,见此情形便上前"帮忙",也与贾淑华厮打起来。在厮打过程中,二被告用手、拳抓打原告贾淑华的面部和鼻部,造成原告鼻骨骨折、面颊部软组织挫伤,花去医疗费若干。原告贾淑华起诉至人民法院,要求被告华春香和华秋香赔偿其全部医疗费。

案例2

某日上午10时许,原告吴某与被告李某在汽车站候车返乡。被告张某遇见李某,两人寒暄几句后,同去停车场,爬上一辆停放在那里修理的汽车的驾驶室。该驾驶室右门被铁丝缠绕封闭,二被告从驾驶室左门进入。张某坐在驾驶室右座(副驾驶位),座下右前方踏脚处放有一只无盖汽油桶,桶内盛有清洗用的工业汽油。李某坐在驾驶室左座位(驾驶位),二人在驾驶室的发动机引擎盖上玩扑克。原告吴某站在该车驾驶室左侧旁等候。二被告在车内玩牌时,李某掏出香烟递给张某,张某便掏出火柴为李某和自己点燃香烟,并将未熄灭的火柴梗顺手向自己座位旁的脚下扔去,正巧落在汽油桶内,将桶内汽油引燃。张某发现油桶起火燃烧,便急忙将油桶递给李某,李某慌忙接过即向驾驶室外扔出,恰巧砸在原告右肩背部,致燃烧着的汽油溅满原告的身体而燃烧。在旁人的奋力救助下,原告还是被严重烧伤。

(二)思考方向

在共同加害人行为中,数个行为人都实施了一定的侵害行为。在上述案例中,各行为人之间是否构成共同侵权行为,数个行为人是否承担连带责任应当从共同加害人行为的理论入手。

(三)法律规定

1.《民法通则》第130条　二人以上共同侵权造成他人损害的,应当承担连带责任。

2.《侵权责任法》第8条　二人以上共同实施侵权行为,造成他人损害的,应当承担连带责任。

3.《人身损害赔偿解释》第3条第1款　二人以上共同故意或者共同过失致人损害,或者虽无共同故意、共同过失,但其侵害行为直接结合发生同一损害后果的,构成共同侵权,应当依照民法通则第130条规定承担连带责任。

（四）学理分析

1. 共同侵权行为的本质

共同加害行为是共同侵权行为的典型形态。关于共同侵权行为的本质,亦即共同侵权行为中的"共同"的意义,理论上存在主观说、客观说及折衷说等观点。

主观说认为,共同侵权行为的本质在于行为人的主观过错的共同性。因对行为人的主观过错的理解不同,主观说又有意思联络说和共同过错说。意思联络说认为,共同行为人之间必须有共同的故意,才能构成共同侵权行为;共同过错说认为,共同侵权行为的本质在于行为人对损害结果具有共同的过错,既包括共同的故意,也包括共同的过失。

客观说认为,共同侵权行为的本质在于行为人的客观行为的共同性,而不在于行为人之间有无共同意思联络或共同过错。因对行为的共同性的理解不同,客观说又有共同行为说和关联行为说。共同行为说认为,行为人的行为须均为损害发生的原因,各个人的行为之间存在相互依存或者相互结合的关系,才能构成共同侵权行为;关联共同说认为,各个行为所引起的结果,有客观的关联共同为已足,各行为人间不必有意思的联络。数人为侵权行为的时间或地点,虽无须统一,但损害则必须不可分离,始成立关联共同。

折衷说认为,判断数个行为人的行为是否具有共同性或是否构成共同侵权行为,应从主观和客观两个方面来分析。从主观方面而言,各行为人有过错,或为故意或为过失,但不要求行为人有意思联络,而且过错的内容应当是相同或相似的;从客观方面而言,各行为人的行为具有关联性,均构成一个统一的、不可分割的行为,而且各行为人的行为均构成损害后果发生原因不可或缺的一部分。

我们认为,根据《侵权责任法》的规定,共同侵权行为的本质应当采取主观说中的共同过错说。一方面,《侵权责任法》第8条中并无任何关于客观共同性即"造成同一损害"的要求。相反,第11条与第12条中则不仅要求行为人必须是"分别实施侵权行为",而且还明确要求"造成同一损害"。因此,第8条中的"共同"显然是限于主观上的共同,而不包括客观上的共同;另一方面,由于《侵权责任法》第11条与第12条已经对无意思联络的数人侵权作出了规范,所以《侵权责任法》第 8 条只能理解为对有共同过错的数人侵权的规范。

2. 共同加害行为的构成条件

共同加害行为是指二个以上行为人共同地实施不法加害于他人的共同侵权行为。共同加害行为须具有以下构成条件:

(1) 共同加害行为的行为主体须为两人以上。共同加害人可以是自然人,也可以是法人。

(2) 共同加害人在主观方面须存在共同的过错。共同过错可以是共同故意,也可以是共同过失,或者是有的行为人出于故意,有的行为人出于过失。

(3) 共同加害行为造成的损害后果是同一的。共同加害人的行为应当彼此联系,造成统一的损害后果。如果各个行为人的行为分别造成不同的损害后果,则不构成共同加害行为。

(4) 共同加害行为是造成损害后果的共同原因。共同加害人在对被侵权人承担连带责任后,根据侵权原因力不同及行为对损害后果发生的作用大小,在其内部进行责任分配。

3. 案例评析

在案例 1 中,原告贾淑华与被告华春香因抢占摊位而产生争吵,继而厮打起来。后来,华秋香也参与到与原告的厮打中。在相互厮打中,二被告用手、拳抓打原告贾淑华的面部和鼻部,造成原告鼻骨骨折、面颊部软组织挫伤。可见,二被告不仅具有侵害他人的共同故意,而且共同造成了原告的人身损害。因此,二被告的行为构成了共同加害行为,应当对原告的损害承担连带责任。

在案例 2 中,二被告在汽车内吸烟及乱扔火柴的行为导致了汽油桶的燃烧,被告李某将燃烧的汽油桶扔出车窗外而砸在原告身上导致原告被烧伤,二被告的这种行为构成了共同加害行为。一方面,二被告具有共同过错。二被告在进入驾驶室时应当看到座位旁盛有汽油的无盖油桶,应当预见到在这种情况下吸烟会发生引起汽油燃烧的危险,但却忽略了这一潜在的危险仍在驾驶室内吸烟。而被告张某又未加任何注意地将未熄灭的火柴梗乱扔,从而引燃了桶内的汽油。同时,张某发现油桶起火,便将燃烧着的油桶递给李某,而李某忽视原告在该车驾驶室左侧旁等候的情况,随意将油桶扔出驾驶室从而导致原告被烧伤。可见,二被告具有共同过失。另一方面,二被告的共同行为所造成的损害是统一的、不可分割的,且二被告的行为与原告所受的人身伤害具有因果关系。因此,二被告的行为构成了共同加害行为,应当承担连带责任。

(五)自测案例

陈某从某煤气公司换回一瓶液化气。陈某连接好减压阀,旋开钢瓶角阀,当打开点火开关时,液化气钢瓶角阀处突然冒出火焰,陈某急忙把橡皮气管拔掉,接着用水扑救,但无济于事。为了避免钢瓶爆炸,陈某将钢瓶拖至弄口,口朝水沟,横卧于地。因钢瓶受热,不久便发生爆炸,将孙某的土墙震裂,需拆除重建,造成损失若干。经鉴定,事故原因为:钢瓶角阀处泄漏,同时扑救不及时导致瓶体受热爆炸。

问:陈某的行为与煤气公司的行为是否构成共同加害行为?

二、教唆及帮助行为产生的共同侵权责任

(一)案情简介

案例1

某日下午,白某在农贸市场买菜时,与个体摊贩鲁某发生争执,被周围人劝解。白某心怀不满,立即到附近公共电话亭给邻居赵某、杨某打电话述说此事,让他们立即赶到市场,并要二人打鲁某一顿给他出气。赵某、杨某立即赶到市场与等候在那里的白某碰面,白某给赵某、杨某二人指认了鲁某,然后躲在暗处。赵某、杨某二人来到鲁某的摊位前寻衅,与鲁某发生争吵,二人即上前抓住鲁某的衣服对其殴打,造成鲁某面部外伤与轻微脑震荡。

> **案例 2**
>
> 　　刘斌与张华均已满 18 周岁,二人时常发生冲突,但每次冲突均以刘斌失败吃亏而告终。因此,刘斌恨透了张华,总想寻机报复。一天,刘斌将自己与张华冲突吃亏的事告诉了其叔叔刘聪,央求刘聪给他出个主意治一下张华。刘聪想了一会儿,将主意告诉了刘斌,并提供了相应的工具。一日晚,刘斌见张华外出,便根据叔叔的主意,找来一根绳子悄悄地横在张华回家的路上。张华回家时被绳子绊倒,其头、手、脚多处受伤,并伴有轻微脑震荡,经住院治疗支出医疗费若干。事后,张华要求刘斌赔偿其医疗费等损失。刘斌辩解说,其所作所为是刘聪教的,应当找刘聪赔偿损失。张华找到刘聪,刘聪以真正伤害张华的是刘斌为由拒绝赔偿。

(二) 思考方向

在上述案例中,白某、刘聪均没有实施具体的侵害行为,他们应否对被侵权人鲁某和张华的损害承担侵权责任,这涉及教唆及帮助行为问题。

(三) 法律规定

1.《侵权责任法》第 9 条　教唆、帮助他人实施侵权行为的,应当与行为人承担连带责任。

教唆、帮助无民事行为能力人、限制民事行为能力人实施侵权行为的,应当承担侵权责任;该无民事行为能力人、限制民事行为能力人的监护人未尽到监护责任的,应当承担相应的责任。

2.《民法通则意见》第 148 条　教唆、帮助他人实施侵权行为的人,为共同侵权人,应当承担连带民事责任。

教唆、帮助无民事行为能力人实施侵权行为的人,为侵权人,应当承担民事责任。

教唆、帮助限制民事行为能力人实施侵权行为的人,为共同侵权人,应当承担主要民事责任。

(四) 学理分析

1. 教唆及帮助行为的构成条件

在教唆行为中,教唆行为人虽然没有直接实施加害行为,但其对被教唆人实施加害行为起到了唆使、怂恿的作用。没有教唆行为人的教唆,被教唆人就不会实施加害行为,教唆行为与被教唆人的加害行为之间具有因果关系,构成了损害的共同原因。因此,教唆行为人与被教唆人为共同侵权人。

在帮助行为中,帮助行为人没有实施加害行为,也没有教唆侵害人实施加害行为,但对侵害人行为的实施起到了帮助作用。没有帮助行为,侵害人行为就不可能实施或不可能造成更大的损害。因此,帮助行为人与被帮助人也为共同侵权人。

应当指出的是,《侵权责任法》第9条与《民法通则意见》第148条所规定的教唆及帮助行为的构成是不同的。《侵权责任法》第9条区分完全民事行为能力人和非完全民事行为能力人两种情况进行规定。其中,第1款中的被教唆人、被帮助人是指完全民事行为能力人,此时教唆行为人、帮助行为人与实行行为人的行为构成共同侵权。第2款中的被教唆人、被帮助人是无民事行为能力人或限制民事行为能力人,此时教唆行为人、帮助行为人与实行行为人并不构成共同侵权,而只是教唆行为人、帮助行为人的单独侵权。当然,被教唆或被帮助的无民事行为能力人、限制民事行为能力人的监护人未尽到监护责任的,该监护人应当承担相应的责任。

2. 案例评析

在案例1中,白某、赵某、杨某均为完全民事行为能力人,白某的行为构成了教唆行为,而赵某、杨某的行为构成了实行行为。因为,白某因与鲁某发生矛盾,便要求赵某、杨某打鲁某为他出气,可见,白某不仅具有教唆赵某、杨某侵害原告鲁某的故意,而且实际实施了教唆行为。赵某、杨某在白某的教唆下,对鲁某进行殴打,造成鲁某面部外伤与轻微脑震荡。可见,鲁某的身体伤害与白某的教唆行为以及赵某、杨某的实行行为之间存在因果关系。因此,应当认定白某与赵某、杨某的行为构成了共同侵权行为,应当对鲁某承担共同侵权责任。

在案例2中,刘聪是完全民事行为能力人,其行为构成了帮助行为。首先,刘斌具有侵害的故意而请刘聪出主意,并不是刘聪的行为才产生故意,因此,刘聪的行为不是教唆行为而是帮助行为;其次,刘聪具有帮助的故意并且具体实施了帮助行为;最后,刘斌在刘聪的建议下实施了具体的侵害行为并导致被侵权人张华的损害。在本案例中,实行行为人刘斌是完全民事行为能力人,因此,应当认定,刘斌、刘聪的行为构成了共同侵权行为,应当对张华承担共同侵权责任。

(五)自测案例

刘某与王某(均为完全民事行为能力人)系邻居,两家因房屋宅基地素有纠纷。一日,刘某见王某出去干活,王家喜爱的大狗拴在家门口,遂产生了一个报复的计划。刘某找来其妻侄张某(11周岁),让其将一块馒头蘸上敌敌畏,再将馒头投给王家的狗吃。张某觉得挺好玩,按照刘某所教的方法将馒头扔给狗吃。不久,狗口吐白沫、浑身抽搐而死。王某干完活回家,发现狗已死去,旁边有一块吃剩的带有敌敌畏气味的馒头,遂四处打听,得知是张某所为。王某遂来到张某家,要求其父母承担其失去狗的赔偿责任。但张某的父母认为其儿子是在刘某的授意下进行的行为,应当由刘某承担赔偿责任。

问:本案王某的损害应当由谁承担?

三、共同危险行为产生的共同侵权责任

(一)案情简介

案例

某日中午,原告尚某(8周岁)与李某(7周岁)二人在玩耍,刘甲、张某、刘乙3名被告(均7周岁)各抽了一根向日葵秆互相乱打,两伙玩耍儿童相距约3米左右。当尚某扭身看刘甲等人拼打时,被迎面飞来的向日葵秆碎刺刺入右眼。但究竟是谁手中的向日葵秆致原告伤害不得而知。因被告的监护人均否认原告眼睛损伤是自己的孩子所为,原告遂

> 向人民法院提起诉讼,要求三被告承担致伤原告的民事责任。被告刘甲代理人辩称:原告眼受伤是三个孩子互打造成的,非其子一人所为。被告张某代理人辩称:原告受伤后骂的是刘甲,故其子与此无关。被告刘乙代理人辩称:其子只在旁边看他们玩耍,没有责任。

(二)思考方向

在现实生活中,数个行为人均实施一定的行为而只有一个行为造成损害的情况是经常发生的。如何认定这些行为之间的关系,就涉及共同危险行为问题。在上述案例中,3名被告对原告都实施了具有危险性的行为,并且不能确定谁是具体的侵权人。在这种情况下,如何确定被告行为的性质是正确处理本案的关键。

(三)法律规定

1.《侵权责任法》第10条 二人以上实施危及他人人身、财产安全的行为,其中一人或者数人的行为造成他人损害,能够确定具体侵权人的,由侵权人承担责任;不能确定具体侵权人的,行为人承担连带责任。

2.《人身损害赔偿解释》第4条 二人以上共同实施危及他人人身安全的行为并造成损害后果,不能确定实际侵害行为人的,应当依照民法通则第130条规定承担连带责任。共同危险行为人能够证明损害后果不是由其行为造成的,不承担赔偿责任。

3.《民事诉讼证据的规定》第4条第1款 下列侵权诉讼,按照以下规定承担举证责任:

……

(七)因共同危险行为致人损害的侵权诉讼,由实施危险行为的人就其行为与损害结果之间不存在因果关系承担举证责任;

……

(四)学理分析

1. 共同危险行为的概念

共同危险行为又称为准共同侵权行为,是指数个行为人共同实施了侵害他人权利的危险行为,但无法确定何人的行为造成损害的侵权行为。也就是说,数人同时实施了具有损害他人权利的危险行为,其中某一行为造成了损害后果,但究竟是谁的行为造成了损害,客观上无法判明。例如,数人同时从楼上往下扔砖头,其中一块击中某一行人的头部,但究竟是谁扔的砖头击伤行人,则无法确定。如果能够确定数个行为中是某人或某几个人的行为造成了损害,则不构成共同危险行为,而是属于单独侵权行为或共同加害行为。例如,二人同时从楼上往下扔东西,其中一人扔的是砖头,另一人扔的是酒瓶子,而造成行伤害的是砖头,则侵权人就是扔砖头的人。

2. 共同危险行为的特点

共同危险行为具有以下特点:

(1)共同危险行为的实施主体为两人以上,单一主体不能成立共同危险行为。

(2)共同危险行为的行为人有共同的过失。在主观上,共同危险行为人既没有共同的故意,也不存在单独的故意,行为人只是由于未尽注意义务而使他人权利处于危险之中,并且最终导致对他人的损害。因此,行为人之间存在共同过失。对于行为人的这种"共同过失",法律通常采用过错推定的方法,即行为人参与这种具有危险行为的本身,就证明他们具有这种疏于注意的过失。

(3)数人共同实施了危险行为。所谓危险行为,是指数人的行为均有危害他人人身、财产的可能性。这种危险可以从行为本身、周围环境以及行为人对致人损害可能性的控制条件上加以判断。

(4)共同危险行为造成了致人损害的后果。共同危险行为不仅有使权利人遭到损害的危险,而且这种危险已经转化为了现实的损害后果。

(5)共同危险行为无法判明实际的侵权人。共同危险行为都有可能造成他人的损害,但由于数个行为发生的时间、地点是相同的,因而被侵权人无法判断谁是实际的侵权人。

（6）共同危险行为人实施的行为是造成损害后果的原因。虽然不能确定准确的侵权人，但共同危险行为人的行为具有不可分性，他们的共同过失将其行为连接成一个整体，共同成为损害后果发生的原因。

共同危险行为实质上只是行为人其中之一或一部分是真正的侵权人，而不是每个人的行为都对损害结果之产生具有因果关系。为了保护被侵权人的合法利益，考虑到侵权人的过失，法律便将全部共同危险行为人的行为视为一个整体，不要求被侵权人对确切侵权人进行判别，人民法院也不主动确认谁是确切的侵权人，而判决所有共同危险行为人对损害后果承担连带责任。

3. 共同危险行为人的免责事由

共同危险行为是在具体侵权人不明的情况下进行的一种因果关系的推定，即共同危险行为人与损害结果之间存在的是一种"可能的因果关系"，这种可能性是可以被排除的。既然确切侵权人具有不确定性，就存在是否允许被告提出证据证明自己不是共同危险行为人的问题。对此，有肯定说与否定说两种不同观点。肯定说认为，被告之一或一部分得证明自己根本没有侵害他人的可能而免责，无须证明何人为真正的侵权人行为人。否定说认为，被告不仅应证明自己没有实施侵害行为而且还应证明何人为真正的侵权人，方可免责。在《侵权责任法》实施之前，《人身损害赔偿解释》第4条采取的是肯定说。但《侵权责任法》第10条中规定，"能确定具体侵权人的，由其承担责任；不能确定具体侵权人的，承担连带责任"，可见，《侵权责任法》采取的是否定说。这也就意味着，共同危险行为人只能通过举证证明谁是真正的侵权人而免责。

4. 案例评析

在上述案例中，三被告都实施了危险行为，而又无法判明谁的行为造成原告受伤，属于典型的共同危险行为，三被告应当承担连带责任。由于3名被告均为无民事行为能力人，根据《侵权责任法》第33条的规定，应当由他们的监护人承担连带责任。而本案3名被告的法定代理人均声称侵权行为不是自己的孩子所为，但又不能提供相应的证据证明谁是确切的侵权人，根据《侵权责任法》第 10 条的规定,三被告的监护人都要对原告的损害承担连带责任。

(五) 自测案例

姚君、刘刚、李峰、王武均系无民事行为能力人。某日上午,姚君和刘刚商量好一起到某中医院住院部楼顶平台用砖头搭屋玩儿,并邀请李峰一起去,当时与李峰一起的王武也跟着上楼去玩。当四人到住院部楼顶平台后,便用楼顶平台上堆放的砖头动手搭屋玩,同时还将碎砖头往楼下丢。正巧,有一块丢下去的砖头,砸在从楼下厕所出来的沈桂枝头部,致沈桂枝当场死亡。经法医鉴定:死者系砖头击伤头部致严重颅脑损伤而死亡。经查,无法确定沈桂枝是被谁扔的砖头所砸。

问:沈桂枝的死亡后果应由谁承担侵权责任?

第二节 无意思联络的数人侵权责任

在数人侵权中,如果数个行为人之间不存在共同过错,则产生无意思联络的数人侵权。因此,无意思联络的数人侵权行为是指数个行为人并无共同的故意,也无共同过失,只是由于行为客观上的联系而共同造成同一个损害后果。无意思联络的数人侵权行为可以分为承担连带责任的无意思联络的数人侵权行为和承担按份责任的无意思联络的数人侵权行为。

(一) 案情简介

案例1

甲、乙两家企业将生产中产生的污水排入同一河流。丙在该河流下游的河边承包了一个鱼塘。某年夏天,因雨水较大,该河流的河水流入鱼塘。之后,丙发现鱼塘内有少量死鱼,却未找出原因。后来,丙又陆续发现死鱼,于是请有关专家进行鉴定,查明死鱼是被某种有毒物质毒死,而该有毒物质正是甲、乙两家企业的污水所产生的有毒物质。经检测,从这两家企业排出的污水均足以造成鱼的死亡。

> **案例2**
>
> 某日上午,张广春因车祸致伤,于上午9时被送至当地中心医院急诊科救治。经诊断为:(1)颅脑损伤;(2)头皮裂伤;(3)腹部闭合伤通知病危,给予特护、止血、抗感染、能量合剂、脱水、吸氧处理,于当日12时45分抢救无效死亡。某医疗技术委员会的鉴定书分析意见认为:(1)死者从撞伤至死亡3个多小时,尸解腹腔内3000毫升不凝血液、脾上极及背侧破裂,应诊断粉碎性脾破裂。(2)死者入院后,医生已考虑到死者腹部有损伤,但检查不细致,腹空不及时,对于外伤的患者,应当全面及时进行检查,延误了脾破裂救治时间。(3)医护人员在观察病情变化中,死者出现休克症状时对病情判断不够准确,认为病情有所好转,因此,由于医护人员技术水平偏低及临床经验不足等因素致使死者病情恶化而不可逆转。(4)医护文书有记录不详细、书写不完整等不足。综上所述,死者的死亡是由于医护人员技术水平不高,临床经验不足,没有准确的诊断出脾破裂及大出血而延误了抢救时间造成的。

(二)思考方向

当数个行为人之间没有共同过错,而其侵害行为造成了同一个损害后果,这就涉及无意思联络的数人侵权。无意思联络的数人侵权行为到底如何界定,各个行为人如何承担责任即承担连带责任还是按份责任,这是值得探讨的问题。

(三)法律规定

1.《侵权责任法》第11条 二人以上分别实施侵权行为造成同一损害,每个人的侵权行为都足以造成全部损害的,行为人承担连带责任。

第12条 二人以上分别实施侵权行为造成同一损害,能够确定责任大小的,各自承担相应的责任;难以确定责任大小的,平均承担赔偿责任。

2.《人身损害赔偿解释》第3条 二人以上共同故意或者共同过失致人损害,或者虽无共同故意、共同过失,但其侵害行为直接结合发生同一损害后果的,构成共同侵权,应当依照民法通则第一百三十条规定承担连带责任。

二人以上没有共同故意或者共同过失,但其分别实施的数个行为间接结合发生同一损害后果的,应当根据过失大小或者原因力比例各自承担相应的赔偿责任。

(四)学理分析

1. 无意思联络的数人侵权的界定

无意思联络的数人侵权是指数个行为人事先并无共同的意思联络,也无共同过失,只是由于行为客观上的联系,而共同造成同一损害后果的现象。

无意思联络的数人侵权行为与共同加害行为不同:(1)无意思联络的数人侵权行为的各行为人在主观上无共同过错,既无共同故意,也无共同过失;(2)无意思联络的数人侵权行为中数个行为是独立存在的,其客观上的关联纯属偶然。无意思联络的数人侵权行为与共同危险行为也不同:(1)无意思联络的数人侵权行为中侵权人是确定的,而共同危险行为中具体的侵权人是不确定的;(2)无意思联络的数人侵权行为中,数人的行为是否构成侵权,应以侵权责任法的一般规定分别衡量,而共同危险行为则以是否存在共同危险来衡量。

2. 无意思联络的数人侵权责任的类型

根据《侵权责任法》第12条的规定,二人以上分别实施侵权行为,行为人对所造成的损害承担按份责任。如果每个行为人的行为足以造成全部损害,则应当适用《侵权责任法》第11条的规定,数个行为人承担连带责任。我们认为,这种连带责任并不是共同侵权责任,而是出于立法技术的考量。

承担连带责任的无意思联络的数人侵权责任须符合以下要件:(1)行为人须二人以上;(2)数个行为人分别实施侵权行为。"分别"是指实施侵权行为的数个行为人之间不具有主观上的关联性,各个侵权行为都是相互独立的。每个行为人在实施侵权行为之前以及实施侵权行为过程中,与其他行为人没有意思联络,也没有认识到还有其他人也在实施类似的侵权行为。

(3) 数个行为人的行为造成同一损害后果。"同一损害"是指数个侵权行为所造成的损害的性质是相同的,并且损害的内容具有关联性。(4) 数个行为人中的每个人的侵权行为都足以造成全部损害。"足以"是指即使没有其他侵权行为的共同作用,独立的单个侵权行为也有可能造成全部损害,而不是指每个侵权行为都实际上造成了全部损害。

承担按份责任的无意思联络的数人侵权行为须符合以下要件:(1) 行为人须二人以上;(2) 数个行为人分别实施侵权行为;(3) 数个行为人的行为造成同一损害后果;(4) 数个行为人中的每个人的侵权行为都不足以造成全部损害。

4. 案例评析

在案例1中,甲、乙两家企业应当承担连带责任。首先,行为人是甲、乙两家企业,符合主体复数性的基本要求;其次,甲、乙两家企业分别实施了侵权行为,即两者之间不存在致被侵权人损害的意思联络,也没有认识到对方也在实施类似的侵权行为;再次,甲、乙两家企业的行为造成了被侵权人的鱼死亡的同一个损害结果;最后,甲、乙两家企业任何一家排放的污水均足以造成鱼死的结果。因此,本案应适用《侵权责任法》第11条,甲、乙两家企业对被侵权人的损害承担连带责任。

在案例2中,被侵权人因车祸受伤,在医院因医疗侵权行为死亡,那么,车祸肇事者与医院承担连带责任还是按份责任呢?我们认为,车祸肇事者与医院应当承担按份责任。第一,该案件中存在车祸肇事者与医院两个行为主体。第二,车祸肇事者与医院并不存在共同过错。两者没有共同故意是没有疑问的,但两者是否存在共同的过失需要分析。车祸肇事者违反了驾车的安全注意义务,导致张广春受伤,因而对张广春的受伤有过失,而对其死亡无过失。医院在抢救过程中违反了高度注意义务导致张广春死亡,对张广春的死亡有过失。因为车祸肇事者与医院违反了不同的注意义务,即过失的内容是不同的,故不能认定两者具有共同过失。第三,车祸肇事者的行为与医院的行为造成了同一的最终后果,即张广春死亡。第四,车祸肇事者与医院的行为并不足以造成被侵权人死亡的结果,车祸肇事者的行为直接侵害的是被侵权人的健康权,是被侵权人死亡的间接原因,而医院的过失行为直接侵害的是被侵权人的生命权,被侵权人死亡的直接原因。因此,按《侵权责任法》第 12 条规定,车祸肇事者与医院应承担按份责任。

(五) 自测案例

1. 某村村民王某承包了一片鱼塘。为了不让鱼从养鱼塘的排水口处流走,王某编织了一张铁丝网将排水口圈了起来。翌日,同村的儿童张某和黄某到鱼塘玩耍将铁丝网拔起扔到鱼塘外。第二日,同村的儿童朱某与谢某到鱼塘上游的池塘里游泳,二人将池塘的排水口捅开。池塘的水流到鱼塘,又从鱼塘的排水口流出流到下游的河里。因此,王某的鱼流失了很多。对此,王某分别要求四儿童的父母承担赔偿责任,但他们均互相推诿,王某遂将四儿童起诉到了人民法院。

问:四儿童的行为是否构成无意思联络的数人侵权?如何承担责任?

2. 某日晚,被告陈某与刘某一同至被告某超市购物。陈某在二楼的开架式刀架上选购了一把菜刀。结账时,收银员用该超市的塑料袋将裸刀包裹一下后,与其他商品一同混放入另一塑料袋交给陈某。在陈某去服务台开发票时,他将装有菜刀的塑料袋交给刘某拎着。当刘某行到大厅时,原告王某从刘某身后经过,碰到刘某所拎的塑料袋,袋内的菜刀将王某右大腿划伤,为此,王某花去医疗费若干。因原告与被告就赔偿费用未达成一致意见,原告将三被告起诉至人民法院。

问:三被告的行为是否构成无意思联络的数人侵权?

第三节 数人侵权责任的责任承担

数人侵权行为发生后,根据承担责任的形式可以分为按份责任和连带责任。其中,按份责任仅指《侵权责任法》第 12 条规定的情形,连带责任的情形包括共同加害行为、教唆及帮助行为、共同危险行为和《侵权责任法》第 11 条规定的情形。鉴于后者的复杂性,这里仅探讨数人侵权中承担连带责任的情形。在连带责任中,根据当事人之间的关系,主要发生两个方面的法律后果:一是对外的连带责任,二是对内的责任分担。

（一）案情简介

案例1

某日上午，原告戴某之子所在的"鲁日渔XXX"船在某村近海滩涂附近航行时，与由王某、曹某二被告合伙经营的"苏赣渔XXX"船发生碰撞，导致其子头部被两船挤压，经抢救无效死亡。原告认为，其子死亡系二被告过错所致，请求人民法院判令二被告赔偿原告各项损失包括医药费、死亡赔偿金、丧葬费、扶养费、精神损失费等总计22万元。二被告认为，事发前，"苏赣渔XXX"船在正常入港通道上行驶，"鲁日渔XXX"船从右后方追越，并在无任何信号情况下突然进行阻拦，两船碰撞，导致事故发生。因此，"鲁日渔XXX"船对事故发生负有全部责任，而二被告不应承担赔偿责任。人民法院经审理认为，两船相撞造成被害人死亡，两船均具有过错，认定二被告及"鲁日渔XXX"船系共同侵权人，共同对被害人的死亡负连带赔偿责任。至于各侵权人在实施共同侵权行为过程中，对损害结果所起作用及过错程度不同，不影响侵权人对被侵权人应负的连带责任。但鉴于本案中原告仅起诉二被告，人民法院遂依法判决二被告连带赔偿原告死亡赔偿金、丧葬费、原告扶养费、医药费、鉴定费、交通费和精神抚慰金合计16万余元。

案例2

某日上午10时许，被告刘伟、薛斌、卞正军三人（均不满10周岁）去同学家借游戏卡回归途中，行至村里的河边时，看见对面河边洗鞋子的原告马敏，刘伟即提议三人用石子砸原告的鞋子。于是，三人纷纷用石子砸向原告。原告见有石子砸来，欲取鞋子避让，不料，一颗石子击中其左眼。原告当日被送往医院治疗，诊断为左眼球破裂伤，用去医疗费等若干。原告父母为原告受伤一事，与三被告的父母交涉不成，向人民法院提起诉讼，要求三被告赔偿经济损失。被告刘伟、薛斌的法定代

> 理人均认为自己的孩子未砸中原告,系下正军所为,且原告也不能证实是他们的孩子所为,故请求人民法院驳回原告的诉讼请求。被告下正军的法定代理人也认为原告的损伤非自己的儿子所为,亦不同意赔偿。

(二) 思考方向

在共同侵权行为发生后,数个侵权人应当对被侵权人承担连带赔偿责任,被侵权人有权请求部分或者全部连带责任人承担责任。同时,数个侵权人之间也应当根据责任的大小分担相应的责任。上述案例就涉及这两个方面的问题。

(三) 法律规定

1. 《民法通则》第87条　债权人或者债务人一方人数为二人以上的,依照法律的规定或者当事人的约定,享有连带权利的每个债权人,都有权要求债务人履行义务;负有连带义务的每个债务人,都负有清偿全部债务的义务,履行了义务的人,有权要求其他负有连带义务的人偿付他应当承担的份额。

2. 《侵权责任法》第13条　法律规定承担连带责任的,被侵权人有权请求部分或者全部连带责任人承担责任。

第14条　连带责任人根据各自责任大小确定相应的赔偿数额;难以确定责任大小的,平均承担赔偿责任。

支付超出自己赔偿数额的连带责任人,有权向其他连带责任人追偿。

3. 《人身损害赔偿解释》第5条1款　赔偿权利人起诉部分共同侵权人的,人民法院应当追加其他共同侵权人作为共同被告。赔偿权利人在诉讼中放弃对部分共同侵权人的诉讼请求的,其他共同侵权人对被放弃诉讼请求的被告应当承担的赔偿份额不承担连带责任。责任范围难以确定的,推定各共同侵权人承担同等责任。

4. 《中华人民共和国海商法》第169条第1款　船舶发生碰撞,碰撞的船舶互有过失的,各船按照过失程度的比例负赔偿责任;过失程度相当或者过失程度的比例无法判定的,平均负赔偿责任。

第 169 条第 3 款　互有过失的船舶,对造成的第三人的人身伤亡,负连带赔偿责任。一船连带支付的赔偿超过本条第一款规定的比例的,有权向其他有过失的船舶追偿。

(四) 学理分析

1. 数个侵权人对外承担连带责任

如前所述,共同加害行为、教唆及帮助行为、共同危险行为和数个行为人中的每个人的侵权行为都足以造成全部损害的无意思联络的数人侵权行为,数个行为人之间承担连带责任。该连带责任是对被侵权人的整体责任,无论各行为人在实施侵权行为中所起的作用和过错如何不同,都不影响连带责任的整体性。对外,每个行为人都对被侵权人的赔偿请求承担全部责任。这种连带责任体现为:被侵权人有权向数个侵权人的全部或部分请求赔偿全部损失,数个侵权人中的任何一人或数人都有义务向被侵权人赔偿全部损失。若数个侵权人中的一人或数人向被侵权人赔偿了全部损失,则其他人的赔偿责任消灭。具体来说,从数个侵权人的角度,连带责任体现在:(1) 数个侵权人作为一个整体对被侵权人的损害承担全部侵权责任;(2) 数个侵权人之任何一人或者数人对被侵权人的损害承担全部侵权责任;(3) 部分侵权人承担对全部损害的侵权责任,也就解除了全体侵权人的义务。从被侵权人的角度,连带责任体现在:(1) 被侵权人有权对所有侵权人请求承担损害后果的全部侵权责任;(2) 被侵权人有权对部分侵权人请求承担损害后果的全部侵权责任;(3) 无论是全体侵权人承担了对全部损害后果的侵权责任,还是部分侵权人承担了对全部损害后果的侵权责任,被侵权人的请求权即已全部实现,不得再向侵权人之全体或部分(包括未直接承担侵权责任者)提出类似的请求。

2. 在承担连带责任的数人侵权案件中,被侵权人有无权利免除部分侵权人的侵权责任

根据《人身损害赔偿解释》第 5 条第 1 款的规定,在诉讼中,如果被侵权人仅起诉部分共同侵权人的,人民法院应当追加其他共同侵权人作为共同被告。如果被侵权人在诉讼中放弃对部分共同侵权人的诉讼请求的,其他共同侵权人对被放弃诉讼请求的被告应当承担的赔偿份额不承担连带责任。这一规定其实已改变了连带责任的性质。被侵权人不愿意对全体侵权人起诉，并不意味着放弃追诉，更不意味着放弃实体法上的人身损害赔偿权利，根据《民法通则》87条的规定，连带责任对外是一个整体的责任，无论被侵权人向一个或者数个连带责任人请求承担责任，都不影响被请求的连带责任人对外承担全部责任。被侵权人仅起诉部分侵权人的，不论人民法院是否追加被告均不影响被请求的侵权人对全部责任的承担。因此，根据《侵权责任法》第13条的规定，被侵权人有权请求部分或者全部的连带责任人承担责任。向一个或者数个连带责任人请求的，被请求的侵权人就应当承担全部的赔偿责任。在我国程序法未对数人侵权连带之债当事人的诉讼地位作出明确规定之前，审判实践中应重视实体法的有关规定，不宜将承担连带责任的全体侵权人列为必要共同诉讼人。人民法院应尊重被侵权人的选择，列其起诉的侵权人为被告。在这种情况下，人民法院不应追加被侵权人未起诉的义务人为共同被告或第三人，也不应支持被起诉的被告提出的追加当事人的请求。

3. 数个侵权人对内承担按份责任

尽管数个侵权人对被侵权人承担连带责任，但数个侵权人内部应当根据责任的大小承担各自应当承担的责任（前提是能够确定责任的大小），难以确定责任大小的，平均承担赔偿责任。具体来说，责任的份额一般依据以下原则来确定：一是根据数个侵权人的过错程度确定；二是对原因力进行比较；三是如果根据过错及原因力等无法确定数个侵权人的责任份额的，推定数个侵权人承担同等责任。

4. 数人侵权人之间责任的追偿

因为数个侵权人是按照一定份额分担债务的，所以，清偿债务超过自己应分担的份额的侵权人有权向其他侵权人追偿，此种权利为侵权人的求偿权。数个行为人之间的追偿关系，是在原数人侵权产生的连带赔偿关系消灭之后，又产生的新的债权债务关系。追偿主要发生在数个侵权人之间，其产生的原因主要是：某个或数个侵权人因缺乏支付能力而被侵权人未要求其赔偿，从而完全没有承担赔偿责任；某个或数个侵权人仅承担了部分赔偿责任,其已承担的部分与其应承担的部分不符合;某个或数个侵权人在诉讼时因各种原因未被起诉,但确定为承担连带责任的侵权人。

当数个侵权人中的一人或数人承担了超出自己应承担部分的赔偿责任之后,已经承担了赔偿责任的侵权人有权向其他应承担而未完全承担责任的侵权人要求追偿。应承担责任而未完全承担赔偿责任的侵权人,应当按照自己的责任份额承担责任,补偿已承担赔偿责任的侵权人因赔偿而造成的损失。按照连带责任的一般原理,如果某一侵权人丧失偿付能力,对该侵权人不能偿还的部分,应由求偿权人和其他侵权人按照各自应承担的份额比例分担。

5. 案例评析

在案例1中,因船舶碰撞造成人身伤亡,属于典型的共同侵权行为,被侵权人有权向任何一方侵权人提出赔偿请求。如果被侵权人仅向造成碰撞事故的一方侵权人提出赔偿请求的,那么对于另一方侵权人,人民法院是否应当追加为共同被告呢?首先,碰撞双方船舶均为渔船,根据《海商法》第165条规定,船舶碰撞是指船舶在海或者与海相通的可航水域发生接触造成损害事故。本案两船碰撞发生的地点是在近海滩涂附近,属于《海商法》所调整的范围之内。其次,根据《海商法》第169条和《侵权责任法》第13条的规定,发生船舶碰撞事故造成第三人人身伤亡的,被侵权人一方有权向造成碰撞事故的任何一方提出赔偿请求,该方有义务完全赔偿被侵权人所遭受的损失,即侵权人承担的是连带赔偿责任。上述规定实际上赋予了被侵权人选择向任何一方侵权人提出赔偿请求的权利,人民法院不必追加其他侵权人作为共同被告。对于已承担全部赔偿责任的侵权人,可在另案中请求其他侵权人根据责任比例承担其应承担的赔偿责任。因此,原告可以选择只起诉"苏赣渔XXX"的船主王某和曹某,人民法院不必追加"鲁日渔XXX"的船主为共同被告,判决由王某和曹某承担全部赔偿责任。当然,王某和曹某承担全部赔偿责任以后,可以在另案中要求"鲁日渔XXX"的船主根据责任比例承担其应承担的赔偿责任。

在案例2中,被告刘伟、薛斌、卞正军的监护人均不能证明是何人造成损害,应对原告马敏的损害负连带责任。但在承担连带责任之后,应当在各行为人之间分担损失。由于三个孩子在实施共同危险行为时,致马敏损害的概率相等、过失相当,而且由于共同危险行为责任的不可分割性,所以在共同危险行为损害结果的承担上应平均负担,各人以相等的份额对损害结果负责,在等额的基础上实行连带责任。

(五) 自测案例

某市淞虹路685弄37号房是被告某物业公司管理的公房。该房602室由被告华伟强承租,502室由原告王吉义承租。因物业公司未在该号楼顶平台落水管道进口处按照规范要求安置防护网,被鸟钻进管道内做窝,致管道堵塞。华伟强在装潢602室房屋时,未经物业公司同意将602室阳台处排水口封住。某日下午下雨时,因落水管道堵塞,雨水从楼顶落水管道接口处流进602室阳台,再沿602室周围墙角渗进502室,致原告装潢的地板、门框变形隆起,墙面起泡、变色。原告要求赔偿,因二被告互相推诿,原告诉至人民法院。

问:本案的责任应如何承担?

第六章 侵权责任主体的特殊规定

第一节 监护人责任

监护人责任是指无民事行为能力人或限制民事行为能力人造成他人损害时,监护人所应承担的侵权责任。监护人责任适用无过错责任原则,其构成要件包括:被监护人的行为具有客观违法性、被侵权人受到了损害、被监护人行为与损害后果之间具有因果关系。监护人责任的承担主体是监护人;被监护人本人有财产的,从本人财产中支付赔偿费用。

一、监护人责任的归责原则与构成要件

(一)案情简介

案例 1

> 被告章云生(11周岁)、徐宾(9周岁)与原告吴朋之子吴海波系同学。某日下午4时许,二被告与另外两名同学一起到原告家玩捉迷藏游戏。在玩耍中,被告章云生擅自拉开原告家的衣橱抽屉,看见抽屉内有金项链、金鸡心、金戒指,便随手拿金戒指一枚塞给徐宾,自拿金项链一条和金鸡心一枚。随后,二被告走出原告家门,同去附近工房花坛将3件金饰埋入土中。当天,原告因有事外出,深夜才回家。次日上午,原告得知金饰被窃,即向公安派出所报案,公安部门当即对二被告进行询问,证实了上述事实,随即同去花坛实地寻找金饰品,发现物品已经丢失。公安部门在调处纠纷过程中,因徐宾的法定代理人不愿承担赔偿责任,故原告提起诉讼。

> **案例2**
>
> 某日晚上8时许,李某(9周岁)手持一枚40发魔术弹在住宅楼下的草坪上燃放,梁某(13周岁)见状即前去帮忙。因魔术弹没有引线,梁某便将一个小烟花插进魔术弹筒里,引火后即警告马某(9周岁)走开,但马某没有走开,反而侧头用眼朝魔术弹筒内窥看,魔术弹喷出击中马某右眼。马某受伤后,虽经多方治疗,均无效果。后经法医检验鉴定:马某的右眼外伤性白内障,视力仅能看见眼前手动,已构成重伤。

(二) 思考方向

被监护人不具有完全民事行为能力,往往不能判断自己行为的后果,而监护人负有对被监护人保护、监督、管理的职责。上述案例为无民事行为能力人或限制民事行为能力人致害的案件,监护人是否承担侵权责任,关键应明确监护人责任的构成要件。

(三) 法律规定

《侵权责任法》第32条 无民事行为能力人、限制民事行为能力人造成他人损害的,由监护人承担侵权责任。监护人尽到监护责任的,可以减轻其侵权责任。

有财产的无民事行为能力人、限制民事行为能力人造成他人损害的,从本人财产中支付赔偿费用。不足部分,由监护人赔偿。

(四) 学理分析

1. 监护人责任的归责原则

监护人责任的归责原则,学说上有不同主张,主要有以下几种:一是过错责任说。该说认为,监护人对被监护人致人损害的后果承担赔偿责任,是基于监护人违反监护义务而产生的,是监护人对自己的侵权行为承担赔偿责任,如果监护人证明其尽了监护义务则可以免责。二是无过错责任说。该说认为,监护人不是就自己的侵权行为,而是对他人的侵权行为承担赔偿责任,因而,被监护人致人损害的,无论监护人是否有过错,都应当承担赔偿责任。三是中间责任说。该说认为,监护人的赔偿责任,从主观条件上说是对自己的过错负责,为过错责任;而从客观条件上说是对他人的侵权行为负责,为无过错责任。该说主张,受害人一方无须证明监护人的过错,但监护人可证明自己尽了监护责任而免责。四是结合责任说。该说又有不同主张,如不纯粹过错责任与不纯粹无过错责任的结合、无过错责任和公平责任的结合责任、过错责任和无过错责任的结合责任等。

我们认为,监护人责任适用无过错责任原则。根据《侵权责任法》第32条第1款规定,监护人责任适用无过错责任原则,无论监护人有无过错,即是否尽了监护责任,监护人都应承担侵权责任,而不能以尽到监护职责为由不承担责任。只不过监护人尽到监护责任的,可以减轻监护人的侵权责任。

2. 监护人责任的构成要件

被监护人致人损害时,监护人责任适用无过错责任原则,因此,监护人责任的构成要件包括以下几项:

(1)被监护人的行为具有客观违法性。在监护人责任中,实施侵权行为的主体是无民事行为能力或者限制民事行为能力的被监护人。由于被监护人不具有完全的意思能力,就其主观而言,其不一定意识到自己行为的法律后果,因而,一般也就不存在被监护人的主观过错问题。但是,就被监护人的行为而言,则必须在客观上为法律所不容,即具有客观违法性。否则,不能产生监护人责任。

(2)被侵权人受到了损害。被监护人的行为须造成了他人损害,才能产生监护人责任。这里的损害包括人身损害和财产损害,也包括精神损害。

(3)被监护人的行为与损害后果之间具有因果关系。只有被监护人的行为造成了他人的损害后果,才能产生监护人责任。如果被侵权人的损害后果与被监护人的行为无关,则不发生监护人责任的问题。

3. 案例评析

在案例1中,二被告的法定代理人应当对原告承担赔偿责任。首先,原告的财产损失是由限制民事行为能力人章云生和徐宾所造成的,并且二被告的行为具有违法性;其次,二被告擅自拿走被告的金饰品,是对原告财产权的侵害;再次,原告所遭受的损失系二被告的违法行为所造成。根据《侵权责任法》关于监护人责任的规定,监护人应当对被监护人的侵权行为承担无过错责任。故本案二被告的法定代理人应当对原告承担赔偿责任。

在案例2中,二被告的法定代理人应当对原告承担赔偿责任。首先,原告马某的人身伤害是由限制民事行为能力人梁某与无民事行为能力人李某的行为所造成,二被告的行为具有客观违法性;其次,原告马某受到了人身伤害,经治疗仍未痊愈,经鉴定为重伤;再次,马某所遭受的人身伤害结果系二被告的行为所致。根据《侵权责任法》关于监护人责任的规定,监护人应当对被监护人的行为承担无过错责任。故本案二被告的法定代理人应当对原告承担赔偿责任。但本案原告马某在被告梁某发出警告后,仍旧朝烟花筒内窥看,其行为也是造成损害发生的原因之一,故可以适当减轻被告的侵权责任。

(五)自测案例

1. 被告冯某一日在自家地里干农活,附近还有李某、郑某、何某等人也在干农活。中午,众人坐在一起休息,各家先后送来了午饭,只有冯某一人没有送饭。突然,冯某将坐在他附近的李某按在地上,掏出刀子将李某杀了。冯某被众人制服并扭送到公安机关。后公安机关对冯某做了精神病学鉴定,结论是:冯某患有"偏执型精神病",杀死李某时正值发病期,受病理性幻听和妄想所支配,丧失了辨认与控制能力,故评定冯某为无民事行为能力责任者。据此,公安机关决定撤销此案,将冯某予以释放,责令其法定监护人加强监护,以免冯某再次危害社会。冯某没有结婚,与其父母住在一起。李某的妻子和子女向人民法院提起民事诉讼。

问:冯某的父母对李某的死亡应否承担赔偿责任?

2. 杨磊、王磊、徐方略三人均系十二三岁左右的未成年人,家系邻居,均住在大华无线电厂家属宿舍楼内。某日下午,杨磊、王磊、徐方略三人相约,各自从家中携带火柴、爆竹、手电等物品一起去玩耍。后三人来到大华无线电厂围墙外,从有一残破缺口处翻墙跳入厂区内,三人找到一装有液体的白色塑料桶后,在一"禁止烟火"标志处将该塑料桶盖子拧开后倒出一些液体,王磊划火柴将液体点燃后,又提桶将液体全部倒在火上,使火势突然增大,并发生巨响,大火随即烧到旁边的杨磊身上。情急之中,徐方略试图用灭火器灭火,未果。听到燃火发出的响声后,大华无线电厂内的职工赶到,将杨磊从火中救出。在杨磊被送至医院后,大华无线电厂保卫处干部告知杨磊家长,烧伤杨磊的液体为"三氯乙烷"。医生诊治:患者杨磊因全身大面积火焰烧伤2小时,经急诊静脉切开输液抗休克,肌注TAT后,在综合手术室行全身扩创治疗手术后收入病房。

问:杨磊所受人身伤害应由谁承担赔偿责任?

二、监护人责任的承担

(一)案情简介

案例1

被告刘某是某国家机关的公务员,因患精神病,在所在单位办理了病假手续。某年1月刘某妻子起诉刘某离婚,经人民法院判决,二人共同育有8周岁男孩由刘某妻子抚养,夫妻财产亦进行了分割。随后,被告由刘某之父刘福有接到身边,被告的母亲已经过世,故被告日常生活由其父照料。该年6月,刘福有将被告刘某送到某地精神病医院治疗。经过1个半月的治疗,刘某的病情有所好准,恢复了基本的生活能力,遂由其父刘福有接回家照料,暂未回原单位工作。该年底,刘某在小区休息时,突然发病不能认人并出现严重暴力倾向,将本小区围观刘某犯病的张某打伤。原告张某因与刘某之父刘福有就赔偿数额问题未能协商解决,遂提起诉讼。

案例2

被告李某是某运输公司的职工,因患精神病,与妻子离婚。随后,被告由其法定代理人即其母亲王某接到身边照料。被告除单位每月所开工资外,尚有少量个人财产由其母亲王某代为管理。半年后,被告自己跑回运输公司。从此,王某对被告未再尽到监护责任。运输公司用被告每月的病休工资为他开支吃饭、穿衣费用。被告由于无人监护,成天癫狂、乱跑。一日中午,原告杨某与几位朋友喝完酒走出饭馆时与被告相遇,原告对被告出言不逊,并朝被告身上捅了一拳。被告被激怒,随后操起一把铁铲朝原告面部铲去,致使原告的左面颊软组织挫伤和右鼻翼穿透伤,花去医疗费若干。原告在向运输公司请求赔偿无果后,便向人民法院起诉,要求被告承担赔偿责任。经审理,人民法院判决由第三人运输公司赔偿原告经济损失。第三人不服,提起上诉。二审人民法院经审理,撤销原审判决,判决监护人王某赔偿杨某的经济损失。

(二)思考方向

无民事行为能力人、限制民事行为能力人侵犯他人人身、财产时,由监护人承担侵权责任。但具体赔偿费用的支付责任,则与被监护人财产状况相关。上述案例中的被监护人都有个人财产,在此情况下赔偿责任的承担主体,应结合法律规定并根据被监护人的财产状况加以确定。

(三)法律规定

1.《侵权责任法》第32条 无民事行为能力人、限制民事行为能力人造成他人损害的,由监护人承担侵权责任。监护人尽到侵权责任的,可以减轻其侵权责任。

有财产的无民事行为能力人、限制民事行为能力人造成他人损害的,从本人财产中支付赔偿费用。不足部分,由监护人赔偿。

2.《民法通则意见》第158条 夫妻离婚后,未成年子女侵害他人权益的,同该子女共同生活的一方应当承担民事责任;如果独立承担民事责任确有困难的,可以责令未与该子女共同生活的一方承担民事责任。

第159条 被监护人造成他人损害的,有明确的监护人时,由监护人承担民事责任;监护人不明确的,由顺序在前的有监护能力的人承担民事责任。

第160条 在幼儿园、学校生活、学习的无民事行为能力人或者在精神病院治疗的精神病人,受到伤害或者给他人造成伤害,单位有过错的,可以责令这些单位适当给予赔偿。

第161条 侵权行为发生时行为人不满18周岁,在诉讼时已满18周岁,并有经济能力的,应当承担民事责任;行为人没有经济能力的,应当由原监护人承担民事责任。

行为人致人损害时年满18周岁的,应当由本人承担民事责任;没有经济收入的,由扶养人垫付;垫付有困难的,也可以判决或者调解延期给付。

(四)学理分析

1. 监护人责任的承担主体

根据《侵权责任法》第32条第2款规定,监护人责任的承担主体是根据被监护人的财产状况来确定的:在无财产的被监护人造成他人损害的情况下,完全由监护人承担责任;在有财产的被监护人造成他人损害的情况下,先应由本人承担赔偿费用(从本人财产中支付赔偿费用),监护人只就被监护人财产不足以赔偿部分承担责任。

在监护人责任中,如果监护人有数个,则应当由与被监护人共同生活的监护人承担责任;如果与被监护人共同生活的监护人独立承担责任有困难,未与被监护人共同生活的监护人应与其他监护人共同承担责任。

被监护人造成他人损害时,有明确监护人的,由监护人承担赔偿责任;监护人不明确的,由顺序在前的有监护能力的人承担赔偿责任。如果顺序在前的有监护能力的人为数人,应由他们共同承担赔偿责任。

2. 案例评析

在案例1中,刘某系精神病人,虽经治疗有所好转,但仍未痊愈。刘某突然发病丧失辨别能力,造成张某人身伤害。因刘某不具备完全民事行为能力,其所造成的损害应由其监护人刘福有承担侵权责任。又因刘某有工作单位,具有个人独立的财产,根据法律规定,应首先从刘某财产中支付张某的赔偿费用;刘某财产不足以支付的部分,由监护人刘福有承担赔偿责任。

在案例2中,一审人民法院判决运输公司对被告所造成的损害承担赔偿责任是错误的,而二审人民法院对此予以纠正,判决由被告的监护人王某承担赔偿责任是正确的。在本案例中,被告李某是精神病人,系无民事行为能力人。因妻子已与其离婚,故被告王某为其法定监护人,应当履行监护职责。但王某自李某回运输公司后,再没有履行监护职责。运输公司是被告李某所在的工作单位。根据法律规定,只有在没有配偶、父母、成年子女、其他近亲属等监护人的情况下,才能由精神病人所在单位担任监护人。由于李某之母尚在,应由李某的母亲王某作为监护人,而不应由李某所在单位担任监护人。运输公司作为被告所在的工作单位,在其监护人王某不履行监护职责期间,按照有关劳动法规和政策对其生活予以照顾的行为,并不能因此使运输公司成为李某法律上的监护人,也不能据此认定运输公司是李某所谓的"事实上的监护人"。由于李某的监护人是王某,而不是第三人运输公司,又因李某有个人财产,所以应由其个人财产支付赔偿费用,不足部分应当由其监护人王某承担赔偿责任。应当指出的是,在本案例中,原告对被告出言不逊,出手伤人,引起被告将其打伤,原告对自身的损害亦有责任,因此,应当相应减轻王某的赔偿责任。

(五)自测案例

1. 赵正(8周岁)家与英珍(6周岁)家系同楼同单元上下楼邻居,赵正与英珍时常在楼下共同玩耍。某日下午,赵正与英珍在楼下玩耍,赵正的祖母在附近照看两个孩子。赵正与英珍爬到供人休息的凉亭中的石桌、石凳上玩耍,赵正的祖母招呼二人从石桌上下来以免摔倒。此时,赵正突然将英珍从石桌上推下,致英珍跌倒在水泥地面上受伤。英珍受伤后被送到当地医院住院治疗,花去医疗费用若干。经查,赵正的父母在一次车祸中死亡,赵正现由其祖父母抚养,赵正父母留给赵正遗产若干,另赵正的叔叔曾赠与赵正5万元人民币,作为赵正的教育储蓄,供赵正以后上学使用,该笔财产的存折暂由赵正的祖母保管。

问:本案的侵权责任及赔偿费用应由谁承担?

2. 王某系精神病人,父母双亡,妻子早年与其离异,无子女,也无同胞兄弟姐妹。王某系某地电信公司的员工,王某虽十年前就已不去单位从事具体工作了,但用人单位一直与其保持劳动关系。王某的精神疾病有暴力倾向,经过治疗有所好转,但每年都犯,每次犯病都由其单位送其去精神病院治疗,待病情稳定后再出院。王某不住院时靠单位发放的工资维持生活。2009 年,王某曾因犯病暴力伤害他人,经人民法院审判,确定其单位为其监护人,负担监护人的法律职责。

问:本案的侵权责任及赔偿费用应由谁承担?

第二节　暂时丧失意识者责任

暂时丧失意识者责任是指完全民事行为能力人暂时没有意识或者失去控制造成他人损害的,完全民事行为能力人应当承担的侵权责任。暂时丧失意识者责任适用过错责任原则,其构成要件包括:行为人是暂时丧失意识的完全民事行为能力人、行为人实施了加害行为、被侵权人受到了损害、暂时丧失意识者的侵害行为与损害后果之间具有因果关系、行为人对自己暂时丧失意识具有过错。完全民事行为能力人对自己的行为暂时没有意识或者失去控制造成他人损害没有过错的,不承担侵权责任,但应当根据行为人的经济状况给予受害人以适当补偿。

一、暂时丧失意识者责任的归责原则与构成要件

(一)案情简介

案例1

某年 5 月 10 日凌晨,家住从化市街口镇的完全民事行为能力人钟某驾驶一辆两轮摩托车,沿从化旺城大道由东往西行驶至永昌酒楼门前时,追尾撞击同一方向行驶的陈某所骑的自行车,造成陈某死亡的后

果。钟某肇事后,跌跌撞撞的跨上摩托车逃逸。从化交警大队事故处理中队民警接110通报赶赴现场后,迅速对肇事者展开追缉,民警追了10分钟左后,在路旁发现一辆倒放的摩托车,以及在地上躺着意识不清的驾驶员钟某。事发十个小时左右,钟某才逐渐清醒,恢复意识。经查,事发当天,钟某从晚8时开始4个小时内,先后在从化市城内路某大排档、新城东路某酒店、西宁西路某大排档饮下了大量的白兰地酒和啤酒,之后骑摩托车途径事发地点,事发时钟某因酒力作用,已意识不清,无法有效控制身体动作。经检验,事发时钟某血液中的乙醇成分含量为213毫克/100毫升血,属于酒精严重超标。

钟某酒后驾驶、肇事逃逸的行为,已经触犯《刑法》和《中华人民共和国道路交通安全法》(以下简称《道路交通安全法》)。除了依法追究其刑事责任外,根据《道路交通安全法》,公安机关交通管理部门认定钟某对事故的发生负全部责任,根据其违法情节依法吊销了钟某机动车驾驶证,并禁止重新取得机动车驾驶证。陈某的近亲属亦向钟某提出民事赔偿请求。

案例2

某日中午时分,宋某在沈阳市某小区5楼上坠下,砸在楼下停放的一辆银色捷达车上,造成车顶、前挡风玻璃等处损坏。坠楼的宋某随后被120急救车送到医院抢救,终因伤势过重而死亡。经查,宋某家在外地,但到沈阳打工有几年了,并无精神类疾病,但由于她睡眠不好,因此经常服用安眠药,并对安眠镇静类药物产生了药物依赖。后宋某长期服用三唑仑等精神性药物,因此常产生精神恍惚。当天,宋某服药后精神恍惚,其丈夫与宋某同在家中,事发时,宋某丈夫正在厨房,听到喊叫的声音:"有人跳楼了!"他回到房间见窗户已被打开,宋某已经坠落在捷达车上。受损捷达车主就财产损失向宋某近亲属提出了赔偿请求。

(二) 思考方向

在过错责任中,过错是行为人承担侵权责任的要件,如果行为人丧失了意识,则行为时就无过错可言。上述案例中的行为人在实施加害行为时都已丧失了意识或者失去了对身体的控制,那么已经丧失意识或者失去控制的完全民事行为能力人造成他人损害的,是否应当承担侵权责任?又应在何种条件下承担侵权责任?上述问题应当根据暂时丧失意识者责任的归责原则与构成要件加以解决。

(三) 法律规定

《侵权责任法》第33条 完全民事行为能力人对自己的行为暂时没有意识或者失去控制造成他人损害的有过错的,应当承担侵权责任;没有过错的,根据行为人的经济状况对受害人适当补偿。

完全民事行为能力人因醉酒、滥用麻醉药品或者精神药品对自己的行为暂时没有意识或者失去控制造成他人损害的,应当承担侵权责任。

(四) 学理分析

1. 暂时丧失意识者责任的归责原则

根据《侵权责任法》第33条的规定,暂时丧失意识者责任应适用过错责任原则。即完全民事行为能力人对自己的行为暂时没有意识或者失去控制造成他人损害有过错的,应当承担侵权责任;完全民事行为能力人因醉酒、滥用麻醉药品或者精神药品对自己的行为暂时没有意识或者失去控制造成他人损害的,应当承担侵权责任。

2. 暂时丧失意识者责任的构成要件

完全民事行为能力人暂时丧失意识造成他人损害的,适用过错责任原则,因此,暂时丧失意识者责任的成立应当符合下列构成要件:

(1) 行为人是暂时丧失意识的完全民事行为能力人。暂时丧失意识者致人损害的行为人须是完全民事行为能力人,而不能是无民事行为能力人和限制民事行为能力人。如果是无民事行为能力人、限制民事行为能力人失去意识或者不具备完全意识造成他人损害的,应当成立监护人责任,而不是暂时丧失意识者责任。同时,完全民事行为能力人在实施行为时须暂时没有意识或失去控制。如完全民事行为能力人在实施行为时并不存在没有意识或失去控制的情形,则不能产生暂时丧失意识者致人损害的责任。

（2）行为人实施了加害行为。完全民事行为能力人须在暂时没有意识或失去控制的情况下,实施了加害行为。完全民事行为能力人虽然没有意识或失去控制,但没有加害行为的,则不会产生暂时丧失意识者责任。

（3）被侵权人受到了损害。暂时丧失意识者的行为须造成了他人损害,才能产生暂时丧失意识者致人损害的责任。被侵权人的损害包括人身损害和财产损害,也可以是基于人身损害而发生的精神损害。

（4）暂时丧失意识者的加害行为与损害后果之间具有因果关系。暂时丧失意识者的加害行为须是被侵权人所受损害的原因,即二者之间须存在因果关系。

（5）行为人对自己暂时丧失意识具有过错。暂时丧失意识者责任适用过错责任原则,因此,只有在行为人存在过错的情况下,这种责任才能成立。但应当指出的是,这里的过错是指行为人对暂时没有意识或失去控制存在过错,而不是指对损害后果具有过错。完全民事行为能力人因醉酒、滥用麻醉药品或者精神药品对自己的行为暂时没有意识或者失去控制的,应当认定行为人具有过错。

3. 案例评析

在案例1中,钟某应向陈某的近亲属承担赔偿责任。首先,钟某系完全民事行为能力人,应当预见到大量饮酒对其意识和控制能力可能产生的不利影响,并应认识到酒后驾车的巨大社会危害性;其次,钟某应当承担的刑事责任及行政责任,不影响其民事责任的承担。就民事责任而言,完全民事行为能力人因醉酒对自己的行为暂时没有意识或者失去控制造成他人损害的,视为有过错,应当承担侵权责任。所以,钟某对自己酒后无法有效控制身体存在过错,对自己侵害陈某的健康权、生命权的行为应当承担责任。因陈某死亡,钟某应向陈某的近亲属承担赔偿责任。

在案例2中,宋某的遗产继承人应当清偿宋某坠楼给他人财产造成的损害。宋某作为完全民事行为能力人,应当知晓精神类药品应在医生指导下服用,且长期服用对身体有伤害,但仍滥用精神类药品,其对自己丧失意识存在过错。完全民事行为能力人对自己暂时失去意识造成他人损害有过错的,应当承担侵权责任。因滥用精神类药品失去意识造成他人损害,视为有过错,应当承担侵权责任。宋某因坠楼砸坏他人财产,侵害他人财产权,应承担赔偿责任。因宋某坠楼身亡,该损害赔偿之债应作为遗产债务,由宋某的遗产继承人清偿。

(五)自测案例

1. 林某患有病理性醉酒疾病,在发病时,常有举止失控、失忆等症状。在得知患有此病后,林某极少饮酒。一次,林某参加同学聚会,在朋友的劝说下,喝了400毫升高度白酒。为防止酒后发生意外,林某在饮酒前嘱咐同学张某吃完饭后将其送回家中。聚会结束后,张某送林某回家,途中林某曾无故辱骂张某,张某为将其安全送回家未回应。后林某又在路上辱骂并试图攻击路上行人原告王某。张某紧抓住林某,防止其攻击他人,并向王某道歉劝其赶快离开。但林某挣脱张某的束缚,双手勒住王某颈部,并攻击王某头部,造成王某身体损害,经医院治疗支出医疗费若干。事发后,公安机关将林某带到医院,林某酒醒后,在公安机关向林某了解事发经过时,其称对事发过程无任何记忆。经鉴定,林某在攻击王某时处于病理性醉酒发病阶段。王某与林某就赔偿事宜未能协商一致,遂将林某与张某诉至人民法院,要求二人对其所受人身损害承担连带赔偿责任。

问:王某所受人身伤害应当如何处理?

2. 某日上午10时许,王某驾驶一辆电动自行车通过某公交站点时,突然身体出现异常,开始呕吐,并失去控制。失控电动自行车冲上便道,撞伤了便道上行走的张某。经查,电动自行车驾驶人王某系某公交集团公司职工,事发当天休班。王某患有心脏病,事发时突发心脏病对身体失去控制。

问:张某所受损害应由如何处理?

二、暂时丧失意识者责任的承担

（一）案情简介

案例1

某日上午10时左右，某市封闭居住小区内，居民王某在该小区内的道路上骑自行车通行，忽然呼吸困难，头晕目眩，身体失去控制，自行车冲向路边人行道，将人行道上玩耍的儿童原告苗某撞倒，并将原告苗某脖颈部、后耳部划伤。王某、苗某都被送到医院治疗。经查，王某患有心脏病，长期服药、治疗虽有所好转，但病情仍不稳定。苗某未能就赔偿事宜与王某达成一致，原告起诉至人民法院。

案例2

原告李丹系被告某市西黄村小学六年级学生。某日上午10时许，该校课间休息，原告李丹从1楼上2楼回班级，被告该校教师王彤从2楼向下下楼。王彤突然昏厥，从楼梯向下跌倒砸在了原告李丹身上，致使李丹头部撞到楼梯栏杆上受伤。后经医院诊断，李丹为左耳传导性耳聋。经查，王彤突发疾病病因不明。李丹及父母精神上受到了严重伤害，诉至人民法院，要求西黄村小学和王彤连带赔偿原告医药费、交通费、精神损失费以及后续治疗辅助性器具费。西黄村小学认为，这是一次意外事件，不是老师的职务行为，与校方无关，不同意连带承担赔偿责任。王彤对事实表示没有异议，但认为是意外事件，自己没有过错，只同意补偿原告各项费用2万元。

（二）思考方向

在上述案例中，被侵权人受到的损害是由暂时丧失意识者在无意识或者失去身体控制时造成的。如暂时丧失意识者无过错的，其行为造成的损害后果是否由无辜的被侵权人独自承受,损害又该如何分担?上述问题,应根据暂时丧失意识者责任承担规则加以解决。

(三)法律规定

《侵权责任法》第24条 受害人和行为人对损害的发生都没有过错的,可以根据实际情况,由双方分担损失。

第33条 完全民事行为能力人对自己的行为暂时没有意识或者失去控制造成他人损害有过错的,应当承担侵权责任;没有过错的,根据行为人的经济状况对受害人适当补偿。

完全民事行为能力人因醉酒、滥用麻醉药品或者精神药品对自己的行为暂时没有意识或者失去控制造成他人损害的,应当承担侵权责任。

(四)学理分析

1. 暂时丧失意识者责任的承担主体

暂时丧失意识者责任的承担,应区分以下情形分别确定:

(1)完全民事行为能力人对自己的行为暂时没有意识或者失去控制造成他人损害有过错的,应当承担侵权责任。也就是说,尽管行为人在致害时因丧失意识而无过错,但其对行为时的意识丧失是有过错的,即因其过错导致暂无意识或失去控制,因此,行为人仍应承担侵权责任。

(2)完全民事能力人对自己的行为暂时没有意识或失去控制没有过错,则依过错责任原则,行为人不应当承担侵权责任,但应根据行为人的经济状况对受害人适当补偿。

(3)完全民事行为能力人因醉酒、滥用麻醉药品或者精神药品对自己的行为暂时没有意识或失去控制造成他人损害的,应当承担侵权责任。因为醉酒、滥用麻醉药品或者精神药品本身就应认定其有过错。

2. 案例评析

在案例1中,王某突发疾病,失去对身体的控制,对苗某造成的人身损害,王某应当给予适当的经济补偿。王某突发疾病导致对身体失去控制,对此,王某并无过错,故对其行为造成的损害后果不承担侵权责任。但苗某所受到的人身伤害与王某的加害行为有着直接因果关系。根据公平观念及法律规定,王某虽无须承担侵权责任,但仍应当对苗某受到的人身损害给予适当的经济补偿。

在案例2中,李丹被王彤砸倒所受到的人身伤害,应当由王彤给予适当的经济补偿。王彤因突发疾病失去意识摔倒在地,其对损害后果的发生并无过错,无须承担侵权责任。但李丹受到的人身损害系王彤的行为所致,根据公平观念及法律规定,王彤应当给予原告李丹以适当的经济补偿。在本案例中,西黄村小学也无过错,无须承担侵权责任。

(五) 自测案例

1. 某日上午8时许,某市闹市区的东风中路与卫星大街交叉口处,一辆银灰电动车突然冲入人行道,致现场2名行人被不同程度撞伤,电动车驾驶人王某亦摔倒昏迷在地。经调查,事故原因为驾车者王某心脏病突然发作、车辆失去控制导致。王某经治疗后出院,另外2名伤者亦经治疗后出院,支出医疗等费用若干。

问:本案受害人所受损害应如何处理?

2. 某日上午,关某驾驶电动车在某市繁荣路自西向东行使,车行至工农大街与繁荣路交叉口处,忽然冲上人行便道将路边卖水摊贩李某的自行车撞倒,并将摊贩主人李某刮伤。经查,关某系某啤酒有限责任公司职工,为完全民事行为能力人,事故发生时突然身体抽搐失去控制、丧失意识,致电动车撞向路边。驾驶人关某与受害人李某被送至当地县医院,李某短暂治疗后出院。经检查,关某丧失意识系吸毒所致,后被公安部门送去强制戒毒。

问:本案受害人所受损害应如何处理?

第三节 使用人责任

使用人责任是指有偿使用、指示他人劳动,造成劳动者或者他人人身、财产损害而产生的侵权责任。有偿使用、指示他人劳动的人为使用人,受他人使用、指示提供有偿劳动的人为被使用人。使用人与被使用人之间形成的法律关系为使用人关系。因使用、指示他人劳动,造成劳动者或者劳动者以外的他人人身、财产损害的,应首先确定使用人关系的具体类型,并结合相关法律规定,以确定损害的赔偿或分担主体。

一、用人单位责任

(一)案情简介

案例1

某日晚8时许,原告李友杰同黎斌、蔡少军一起到渔民小学找人论理,论理过程中蔡少军与渔民小学的学生王和清有过推操行为,后来双方均已停手。原告李友杰同黎斌、蔡少军从渔民小学出来,在新港宾馆被渔民小学的教导主任冯玉桂和渔民小学校长、本案被告陈亚贤赶来将原告等人拦住,尔后带回学校办公室问话。在问话过程中,被告陈亚贤用手掌打了原告李友杰后颈部一下,当时原告并未出现任何反常现象。后来被告向公安机关报案,公安干警赶来后将黎斌、蔡少军带回派出所,原告被放回家。原告回家后,出现头晕、恶心、呕吐、四肢麻木等症状,经医院诊断为外伤引起脊髓震荡,支出医疗费若干。后经当地公安局法医中心鉴定为钝器致伤,属轻微伤。被告陈亚贤因殴打原告致伤,被公安局处罚罚款200元。原告就赔偿事宜与被告未能达成一致,遂将被告渔民小学及陈亚贤诉至人民法院。

案例2

某日下午5时左右,原告郑国伟与朋友到被告望门酒店吃饭,该酒店服务人员张伟在上菜过程中,不慎将菜汤洒在郑国伟的裤子上。郑国伟遂叫来饭店经理要求赔偿。饭店经理表示愿意将郑国伟的裤子送去干洗,并可报销往返打车费用。郑国伟要求赔偿人民币500元,并要求当次消费免单。饭店经理后又表示,造成原告郑国伟财产损害的服务人员张伟系某劳务派遣公司的员工,应由该劳务派遣公司承担赔偿责任。原告与被告就赔偿事宜未能达成一致,遂诉至人民法院。经查,郑国伟系该市某劳务派遣公司员工,在与该劳务派遣公司签订为期2年的劳动合同后,被派遣到被告酒店工作。

(二)思考方向

用人单位指示、使用他人劳动时,劳动者系为用人单位的利益而工作。因此,用人单位对工作人员执行本单位工作任务过程中,侵犯他人的合法权益造成的损害,应承担侵权责任。在上述案例中,用人单位是否应当承担赔偿责任以及如何承担赔偿责任,应结合用人单位责任的归责原则、构成要件和责任承担规则加以解决。

(三)法律规定

《侵权责任法》第34条 用人单位工作人员因执行工作任务造成他人损害的,由用人单位承担侵权责任。

劳务派遣期间,被派遣的工作人员因执行工作任务造成他人损害的,由接受劳务派遣的用工单位承担侵权责任;劳务派遣单位有过错的,承担相应的补充责任。

(四)学理分析

1. 用人单位责任的归责原则

用人单位责任是指用人单位的工作人员因执行工作任务造成他人损害时,用人单位所应承担的侵权责任。根据《侵权责任法》第34条的规定,用人单位责任适用无过错责任原则,即只要用人单位的工作人员在执行工作任务中造成他人损害的行为构成侵权行为,用人单位就应承担侵权责任,而不能通过证明自己在选任或监督方面尽到了相应的义务而不承担责任。

2. 用人单位责任的构成要件

用人单位责任适用无过错责任原则,因此,其构成要件包括:

（1）用人单位的工作人员有执行工作任务的行为。用人单位工作人员的行为须是执行工作任务的行为，才会产生用人单位责任。工作人员按照用人单位的授权或指示进行工作的，即构成执行工作任务的行为。工作人员实施的与工作任务无关的行为，即使发生在工作时间内，也不属于执行工作任务的行为。

（2）用人单位工作人员的行为须构成侵权行为。用人单位工作人员执行工作任务的行为只有构成侵权行为，才能产生用人单位责任。若其工作人员的行为不构成侵权行为，则不产生用人单位责任。至于工作人员的行为是否构成侵权行为，应根据侵权责任所适用的归责原则加以确定。例如，在适用过错责任原则时，如果工作人员没有过错，则工作人员的行为不产生侵权责任；在适用无过错责任原则时，如果工作人员的行为属于法律规定应当承担无过错责任的情形时，工作人员的行为会产生特殊侵权的无过错责任。

（3）被侵权人受到了损害。用人单位责任是工作人员在执行工作任务中造成他人损害的一种侵权责任，因此，只有工作人员的行为造成了他人损害，才能产生用人单位责任。这里的损害包括人身损害和财产损害，也包括精神损害。

（4）工作人员执行工作任务的行为与损害后果之间具有因果关系。在用人单位责任中，被侵权人的损害后果应当是工作人员执行工作任务的行为所造成的，即工作人员执行工作任务的行为与损害后果之间须具有因果关系。

3. 用人单位责任的承担

根据《侵权责任法》第 34 条规定，用人单位责任的承担主体为用人单位。这里的用人单位，既包括企业、事业单位、国家机关、社会团体等，也包括个体经济组织。如果在劳务派遣期间，被派遣的工作人员因执行工作任务造成他人损害，责任主体为接受劳务派遣的用工单位。劳务派遣单位有过错的，则应当承担相应的补充责任。

应当指出，在我国侵权责任法上，除上述"相应的补充责任"外，在安全保障义务责任、学生伤害事故责任等责任中也存在"相应的补充责任"的规定。"相应的补充责任"，表明补充责任人所承担的责任并不是第一顺序责任人不能赔偿的部分,而是要根据补充责任人的过错程度和行为的原因力来确定其应当承担责任的范围。因此,"相应的补充责任"必须将相应责任与补充责任结合在一起考虑。首先,须考虑补充责任的范围有多大,即第一顺序责任人不能承担的范围。其次,须确定相应责任的比例,即补充责任人的过错程度和原因力在整个损害中所占的比例。最后,补充责任乘以相应的比例以确定赔偿的数额。例如,被侵权人的损害是10万元,第一顺序责任人只能赔偿6万元,还有4万元无力赔偿。那么,补充责任的范围就是4万元。根据过错程度和原因力,如果补充责任人的责任比例为30%,那么,补充责任人承担责任的范围为4万元乘以30%,即1.2万元。

那么,用人单位在承担侵权责任后,能否向工作人员追偿呢?对此,《侵权责任法》并没有规定。我们认为,如果其他法律有追偿规定的,应当按照其他法律的规定执行,用人单位有权行使追偿权。例如,《物权法》第21条第2款规定:"因登记错误,给他人造成损害的,登记机构应当承担赔偿责任。登记机构赔偿后,可以向造成登记错误的人追偿。"《中华人民共和国律师法》第54条规定:"律师违法执业或者因过错给当事人造成损失的,由其所在的律师事务所承担赔偿责任。律师事务所赔偿后,可以向有故意或者重大过失行为的律师追偿。"同时,用人单位也可以按照双方的约定行使追偿权。[①]

4. 案例评析

在案例1中,原告李友杰所受到的人身伤害应由被告渔民小学承担侵权责任。首先,原告李友杰所受到的人身伤害系由被告陈亚贤的击打行为所致;其次,被告陈亚贤应当知晓其击打行为可能对他人的人身健康造成损害,存在过错,其行为构成侵权行为;再次,被告陈亚贤系渔民小学工作人员,其对可能扰乱学校正常学习、生活秩序的校外人员进行必要的询问是正当的,虽然陈亚杰在询问过程中存在击打他人的违法行为,但其询问与击打行为都是其执行工作任务的表现。根据《侵权责任法》的规定,用人单位工作人员执行工作任务造成他人损害的,应当由用人单位承担侵权责任。所以,本案原告李友杰所受人身损害,应当由被告渔民小学承担侵权责任。

---

① 参见王胜明主编:《中华人民共和国侵权责任法释义》,法律出版社2010年版,第172页。

在案例2中,原告郑国伟所受到的财产损害应当由被告望门酒店承担侵权责任。首先,原告所受到的财产损害系望门酒店的工作人员张伟的加害行为所致。张伟作为酒店工作人员,在工作过程中应谨慎合理地完成工作任务,其在上菜过程中,由于疏忽将菜汤洒在原告腿上,存在过失,行为构成侵权行为;其次,张某虽然与某劳务派遣公司签订了劳动合同,成为该劳务派遣公司员工,但张伟的用工单位系望门酒店,其日常工作内容由望门酒店指示、安排、管理,并应遵守望门酒店的规章制度,张伟提供劳动的利益享有者为望门酒店,则其提供劳动的风险负担者也应为望门酒店。最后,张某的用人单位某劳务派遣公司在委派、选任张伟的过程中并无过错。根据《侵权责任法》的规定,劳务派遣期间,被派遣的工作人员因执行工作任务造成他人损害的,由接受劳务派遣的用工单位承担侵权责任,劳务派遣单位有过错的,承担相应的补充责任。所以,原告郑国伟所受到的财产损害,应当由望门酒店承担赔偿责任。

(五)自测案例

1. 原告杨文伟系上海宝钢冶金建设公司(简称宝冶公司)职工。某日上午9时许,被告上海宝钢二十冶企业开发公司(简称宝二十冶公司)的职工在工作过程中违规作业,从高处抛掷钢管,将正在现场从事工作的原告杨文伟头部砸伤,致其重度颅脑外伤、外伤性尿崩症等。根据职工劳动能力鉴定委员会出具的伤情鉴定,杨文伟因工致残程度四级。杨文伟与宝冶公司发生工伤保险赔偿纠纷,经仲裁和人民法院判决,宝冶公司已就杨文伟的工伤事故承担了一定的费用。原告杨文伟认为,其所受伤害系被告宝二十冶公司员工违规操作所致,其所受人身伤害应由被告宝二十冶承担侵权责任,遂诉至人民法院。

问:被告宝二十冶是否应对其职工对原告造成的人身损害承担侵权责任?

2. 某日下午4时许,住铁路饭店的顾客何某准备外出,下到三楼楼梯时,不慎摔倒在地,撞洒了走在前面的铁路饭店的清洁工张某手提的桶里的硫酸,何某头、面、臂多处被烧伤,花去医疗费及造成其他经济损失若干。张某系为了清洗铁路饭店的厕所,而从楼梯上的库房里用桶提取硫酸的,桶里装有400克硫酸,桶口未加盖。另,张某系某劳务派遣公司员工,基于某劳务派遣公司与铁路饭店的劳务派遣协议,被派遣到铁路饭店负责清洁工作,张某平时的工作任务、内容由铁路饭店安排、指示、管理,并应遵守铁路饭店的规章制度。

问:何某所受到的人身伤害应当由谁承担侵权责任?

二、个人劳务损害责任

(一)案情简介

案例1

被告王某雇佣二名外地人为她家收割晚稻。一天下午3时许,被告王某与二名雇工一起拉一辆装有稻谷和打稻机的板车回家,拉到村头桥下坡时,因前面拉车的雇工没有控制好车头,被告和另一名雇工在后面也没能拖住车尾,致使板车滑坡失控,快速撞向桥头老人亭里,板车前脚撞中了在亭内摆摊的原告徐某腹部,致原告当场休克,被送往医院抢救,花去医疗费若干。事故发生后,二名雇工即逃离,且身份和下落均不明。为此,原告向人民法院提起诉讼,要求被告赔偿医疗费。被告辩称:板车失控撞伤原告,是二名雇工操作错误造成的,雇工是承包割稻的,故应由雇工负赔偿责任。

案例2

原告周某是安徽省庐江县农民,家境贫困。经保姆中介所介绍,周某来到上海市被告王某家当保姆。一天下午,应王某要求,周某在雇主王某家擦玻璃,王某负责扶住周某,以保护周某的安全。在擦玻璃时,正巧王某家里电话响起,王某遂进屋里去接电话,周某手里抓住的窗户框突然松动,周某与窗户框一并从4楼坠了下去。雇主王某及时将受伤的周某送到医院急救。原告周某因与被告王某就赔偿事宜未能达成一致,遂诉至人民法院。

(二) 思考方向

个人之间提供劳务,提供劳务一方因劳务造成他人损害的,由接受劳务一方承担侵权责任。提供劳务一方因劳务自己受到损害的,根据双方的过错承担相应的责任。上述案例中的被侵权人受到的损害是否应由劳务接受一方承担赔偿责任,应当看是否符合个人劳务损害责任的构成要件。

(三) 法律规定

《侵权责任法》第 35 条 个人之间形成劳务关系,提供劳务一方因劳务造成他人损害的,由接受劳务一方承担侵权责任。提供劳务一方因劳务自己受到损害的,根据双方各自过错承担相应的责任。

(四) 学理分析

1. 个人劳务损害责任的归责原则

个人劳务损害责任是指在个人劳务关系中,提供劳务一方因劳务造成他人损害或者自己受到损害时,接受劳务一方所应承担的侵权责任。

个人劳务损害责任包括两种:一是个人劳务提供者致害责任,即提供劳务一方因劳务造成他人损害的责任;二是个人劳务提供者受害责任,即提供劳务一方因劳务自己受到损害的责任。根据《侵权责任法》第 35 条规定,这两种责任适用不同的归责原则:个人劳务提供者致害责任适用无过错责任原则。在本质上,这种责任与用人单位责任属于同一种责任,只要提供劳务一方因提供劳务造成他人损害,接受劳务一方就应当承担责任,不能以自己没有过错而不承担责任。个人劳务提供者受害责任适用过错责任原则,以接受劳务一方存在过错为条件。接受劳务一方没有过错的,则不承担责任。

2. 个人劳务损害责任的构成要件

在个人劳务损害责任中,个人劳务提供者致害责任和个人劳务提供者受害责任分别适用无过错责任原则和过错责任原则,因此,这两种个人劳务损害责任的构成要件存在差别。这种差别主要体现在主观要件方面,客观要件方面并无本质的差别。也就是说,适用过错责任原则的个人劳务提供者受害责任须接受劳务一方存在过错,而适用无过错责任原则的个人劳务提供者致害责任则无须接受劳务一方存在过错。

(1) 提供劳务一方因个人劳务关系提供劳务而实施一定的行为。个人劳务损害责任是发生在个人劳务关系中的一种责任,因此,提供劳务一方与接受劳务一方之间须存在个人劳务关系,这是个人劳务损害责任存在的基础。所谓个人劳务关系,是指自然人之间建立的一方为另一方提供劳务,另一方接受劳务并按约定支付报酬的民事法律关系。在个人劳务关系中,提供劳务一方须因提供劳务而实施一定的行为,即提供劳务一方的行为应属于完成工作任务的行为,个人劳务损害责任才能产生。至于提供劳务一方的行为是否构成侵权行为,则因个人劳务损害责任的类型不同而存在差别。在个人劳务提供者致害责任中,提供劳务一方的行为须构成侵权行为;而在个人劳务提供者受害责任中,提供劳务一方的行为无须构成侵权行为。

(2) 被侵权人或劳务提供者受到了损害。在个人劳务损害责任中,损害后果包括两种情形:一是提供劳务一方因劳务造成他人损害。基于这种损害后果而产生的个人劳务损害责任属于个人劳务提供者致害责任。二是提供劳务一方因劳务使自己受到损害。基于这种损害后果而产生的个人劳务损害责任属于个人劳务提供者受害责任。这两种损害后果主要是人身损害,当然也包括财产损害。

(3) 提供劳务一方的行为与损害后果之间具有因果关系。无论是被侵权人的损害后果还是提供劳务一方的损害后果,都应当与提供劳务一方因劳务而实施的行为之间存在因果关系。否则,个人劳务损害责任不能成立。

(4) 接受劳务一方存在过错。个人劳务提供者致害责任适用无过错责任原则,因此,责任的构成只要具备前述三个条件即可。而个人劳务提供者受害责任适用过错责任原则,因此,责任的构成还须接受劳务一方存在过错。

3. 个人劳务损害责任的承担

根据《侵权责任法》第35条的规定,个人劳务损害责任的承担主体为接受劳务一方,具体而言:

(1) 在个人劳务提供者致害责任中,接受劳务一方应当承担责任,在具备法定免责事由时,可以不承担承担或减轻责任。接受劳务一方在承担责任后,能否向提供劳务一方行使追偿权,《侵权责任法》并没有规定。我们认为,接受劳务一方在对外承担责任外,原则上可以向有过错的提供劳务一方行使追偿权。

(2)在个人劳务提供者受害责任中,接受劳务一方有过错的,应当承担责任;接受劳务一方与提供劳务一方都有过错的,应当按照各自的过错承担相应的责任。

4. 案例评析

在案例1中,被告王某及其雇佣的两名雇工对原告徐某造成的人身损害,应当由被告王某承担侵权责任。被告王某与两名雇工之间形成的是个人劳务关系,被告王某是个人劳务的接受一方,两名雇工是个人劳务的提供方,两名雇工从事劳务过程中造成他人损害的,应由接受劳务的一方承担侵权责任。所以,原告徐某因为被告王某及两名雇工的行为造成的人身损害,应当由被告王某承担赔偿责任。

在案例2中,原告周某受到的人身伤害应由接受劳务的一方即被告王某承担侵权责任。原告周某与被告王某之间形成了个人劳务关系,周某是提供劳务的一方,王某是接受劳务的一方。王某在协助周某擦玻璃的过程中,未能尽到必要的注意义务以保护周某的人身安全,并且王某家玻璃框松动,王某也未能及时发现、告知以避免损害的发生,故王某对损害后果的发生存在过错,周某对损害结果的发生并无过错。所以,原告周某所受到的人身伤害,应由被告王某承担赔偿责任。

(五)自测案例

1. 原告何洁原是江西某造纸厂的职工,该企业由于效益不佳解除了与何洁的劳动关系。为了生活,何洁做起了小时工,专门做些打扫、做饭的家务零活。一天下午,被告程某因在家里请亲属吃饭,遂给何洁打电话,要何洁到程某家做一顿晚饭,3个小时共200元钱。何洁在做饭时因不熟悉程某家厨房的环境,转身时碰倒了烧着菜的锅,致左脚、左腿被烫伤。原告何洁与被告程某就赔偿事宜未能达成一致,遂起诉至人民法院。

问:程某是否应对何洁受到的人身伤害承担赔偿责任?

2. 村民王某欲翻建自己的房屋,遂雇佣了同村的李某、张某,约定王某除负责二人每天的三餐外,每天每人还支付10元报酬。一日,李某在往屋顶运砖时,不料运砖的绳索折断,一块砖头正好砸在了坐在旁边地上吸烟的邻居战某脚上,造成大脚趾骨折,花去医疗费近千元。

问:王某是否应当对战某的损失承担赔偿责任?

第四节 网络侵权责任

网络侵权责任是指网络用户或网络服务提供者利用网络侵害他人民事权益时,网络用户或网络服务提供者所应承担的侵权责任。网络侵权责任适用过错责任原则,其构成要件包括:网络用户或网络服务提供者实施了加害行为、被侵权人受到损害、网络用户或网络服务提供者的加害行为与损害后果之间具有因果关系、网络用户或网络服务提供者存在过错。网络侵权责任的承担主体为网络用户、网络服务提供者。

一、网络侵权责任的归责原则与构成要件

(一)案情简介

案例1

原告张某以"红颜静"为网名,在e龙西祠胡同网站登记上网,并主持和管理一讨论版块。被告俞某以"华容道"为网名,在同一网站登记上网。"红颜静""华容道"在西祠胡同网站登记的都是真实网友级别。在一次网友聚会上,网友间相互认识,并且互相知道了他人上网使用的网名。俞某除以"华容道"的网名参加真实网友的活动外,还在e龙西祠胡同网站以"大跃进"为网名登记,其级别为该网站的注册网友。聚会次日,在e龙西祠胡同网站的相关讨论版上,有网名"大跃进"发表的《记昨日输红了眼的红颜静》一文,文中在描述"红颜静"赢牌和输牌时,使用了"捶胸顿足如丧考妣耍赖骂娘狗急跳墙"等侮辱性言词。此后一段时间,"大跃进"先后发了多个带有侮辱性言词的帖子。例如,《我就是华容道,我和红颜静有一腿》;《刺刀插向[小猪寂寞]的软肋》中有"本

文所指的软肋就是一个千夫所指,水性杨花的网络三陪女;网络亚色情场所的代言人;中国网友男女比例严重失调的畸形产物——红颜静"等言词;《我反对恶意炒作"交叉线性骚扰"事件》中有"这让我想起红颜静这个假处女……"等言词;《红颜静!你丫敢动老子一个指头,一切后果自负》中有"你一不能出台挣钱,二不能为兄弟上阵出头,你要是投胎一男的,顶多是当一小白脸"等言语。上述帖子的点击人气数均达数十至上百次。为此,原告张某起诉被告俞某,请求判令被告停止侵权、消除影响、赔礼道歉,并赔偿精神损害。

案例2

原告北京某影视艺术有限公司取得《恋爱中的宝贝》摄制电影许可证。《恋爱中的宝贝》公映后,在互联网上,输入 http://www.vnet.cn/sn/,进入"互联星空·陕西",在该网站上按提示操作即可看到《恋爱中的宝贝》。网站页面上可以看到《恋爱中的宝贝》的简要说明,内容提供商处写的是"九维"。经查,该网站系被告某电信有限公司开办。同时,影视艺术有限公司持有著作权登记证书,证书上记载其以制片者身份对《恋爱中的宝贝》享有著作权。影视艺术有限公司发现网站上有播放行为后,未向某电信有限公司发函,直接向人民法院提起诉讼,要求停止侵权、赔偿损失。人民法院经审理认为:原告是涉案影片的著作权人,有权要求侵权人承担相应的法律责任。被告的播放行为并未征得原告同意,其播放行为已侵犯了原告的著作权。被告侵犯原告的信息网络传播权,致使原告的经济利益受到损害,应当承担赔偿责任。

(二)思考方向

上述案例系网络用户、网络服务提供者侵害他人权益的案件。在网络环境下,网络用户、网络服务提供者的行为造成他人权益受损,网络用户、网络服务提供者是否承担侵权责任?在何种情况下承担侵权责任?这些问题应结合网络侵权责任的归责原则和构成要件加以确定。

(三) 法律规定

1.《民法通则》101 条 公民、法人享有名誉权,公民的人格尊严受法律保护,禁止用侮辱、诽谤等方式损害公民、法人的名誉。

第 120 条第 1 款 公民的姓名权、肖像权、名誉权、荣誉权受到侵害的,有权要求停止侵害,恢复名誉,消除影响,赔礼道歉,并可以要求赔偿损失。

2.《侵权责任法》第 36 条 网络用户、网络服务提供者利用网络侵害他人民事权益的,应当承担侵权责任。

网络用户利用网络服务实施侵权行为的,被侵权人有权通知网络服务提供者采取删除、屏蔽、断开链接等必要措施。网络服务提供者接到通知后未及时采取必要措施的,对损害的扩大部分与该用户承担连带责任。

网络服务提供者知道网络用户利用网络服务侵害他人民事权益,未采取必要措施的,与该网络用户承担连带责任。

3.《中华人民共和国著作权法》第 10 条 著作权包括下列人身权和财产权:

……

(十二) 信息网络传播权,即以有线或者无线方式向公众提供作品,使公众可以在其个人选定的时间和地点获得作品的权利;

……

(四) 学理分析

1. 网络侵权责任的归责原则

网络侵权责任不是指侵害某种特定权益的责任,而是指一切利用网络侵权而产生的责任。这些侵权责任属于一般侵权责任的范围,只不过是发生在网络空间而已。因此,网络侵权责任适用过错责任原则。

2. 网络侵权责任的构成要件

网络侵权责任适用过错责任原则,因此,其构成要件应当包括如下几项:

（1）网络用户或网络服务提供者实施了加害行为。网络侵权责任是发生在网络空间的一种侵权责任，因此，网络用户或网络服务提供者须利用网络实施加害行为，网络侵权责任才能成立。在网络空间中，网络用户或网络服务提供者利用网络所侵害的民事权益主要包括：其一，精神性人格权，如侵害他人姓名权、肖像权、名誉权、隐私权等；其二，知识产权，如侵害著作权、商标权等；其三，财产权益，如窃取他人网络银行账户中的资金、窃取他人网络游戏装备及虚拟货币等。

（2）被侵权人受到损害。网络用户或网络服务提供者利用网络实施的加害行为须造成了他人损害，才能成立网络侵权责任。这里的损害包括财产损害、精神损害，但不包括人身损害，因为网络侵权的对象不包括生命权和健康权。

（3）网络用户或网络服务提供者的加害行为与损害后果之间具有因果关系。网络用户或网络服务提供者利用网络所实施的加害行为与被侵权人所受到的损害后果之间须具有因果关系，网络侵权责任才能成立。

（4）网络用户或网络服务提供者存在过错。网络侵权责任适用过错责任原则，因此，只有在网络用户或网络服务提供者存在过错的情况下，网络侵权责任才能成立。

3. 案例评析

在案例1中，原告张某、被告俞某虽然各自以虚拟的网名登录网站并参与网站的活动，但通过网友的聚会，他们已经相互认识并且互相知道网名所对应的人，且张某的"红颜静"网名及其真实身份还被其他网友所熟知，因此，"红颜静"不再仅仅是网络上不对应特定人的虚拟身份，而是代表特定人的网络名称。被告俞某通过e龙西祠胡同网站的公开讨论版，先后以"大跃进"为网名发表了多篇针对"红颜静"即张某的言论，使用侮辱性、诽谤性语言对原告进行人身攻击，具有主观故意。被告发表的多篇言论，每篇都有数十到上百次点击率，说被告的诽谤性言论已经被许多网友所知悉，且原告张某使用"红颜静"网名所代表的真实身份被许多网友所了解，这些诽谤言论造成了他人对张某社会评价的降低。因此，被告的行为符合网络侵权责任的构成要件，应当承担相应的侵权责任。

在案例2中，原告影视艺术有限公司是涉案影片《恋爱中的宝贝》的著作权人,享有涉案电影作品的著作人身权及著作财产权。原告享有涉案作品的信息网络传播权,未经原告许可他人不得以有线或者无线方式向公众提供该作品,以使公众可以在其个人选定的时间和地点获得该作品。被告某电信有限公司是侵权网站的内容服务经营者。被告未经原告许可,在其开办的网站上传播原告享有著作权的作品《恋爱中的宝贝》,使公众可以在其个人选定的时间和地点获得该作品,其行为侵犯了原告对该作品的信息网络传播权,应当依法承担侵权责任。

(五) 自测案例

1. 张某所著文章《究竟有多少民营企业没有真正的人力资源》原发表于某杂志。原告某版权代理有限公司与张某签订了《版权转让合同》及《版权转让补充合同》,合同有效期为10年,张某将上述作品自发表之日起到合同期内的著作权(除署名权)转让给原告。合同签订后不久,原告发现中国保健美容网(www.bj008.com)的网站上转载了《究竟有多少民营企业没有真正的人力资源》一文。经查,中国保健美容网系被告金华中健网络科技有限公司经营,该公司在其所经营的网站上转载并传播涉案作品未经原告许可,也未向原告支付相关的报酬。

问:被告是否应向原告承担侵权责任?

2. 原告张某创作的文学作品《黑骏马》、《北方的河》先后在某出版社出版。被告世纪公司系一家传媒公司,成立了"灵波小组",并在其网点上建立了"小说一族"栏目。他人通过电子邮件方式将张某的作品内容提供到世纪公司的网点上后,"灵波小组"将其存储在计算机系统内,并通过WWW服务器在国际互联网上传播。联网主机用户只要通过拨号上网方式进入被告的网址http//:www.bol.com.cn主页后,通过"小说一族"栏目进入"当代中国"页面,便可以浏览或者下载张某的作品《黑骏马》、《北方的河》。世纪公司网站上刊登的《黑骏马》、《北方的河》,有张某的署名,作品内容完整。原告张某认为,被告世纪公司侵害了其著作权,因而向人民法院提起诉讼,诉称:我是《北方的河》、《黑骏马》的作者,对上述作品享有著作权。被告未经我的许可,在其网站上传播使用了我的作品,其行为侵犯了我对《北方的河》、《黑骏马》享有的使用权和获得报酬权。请求人民法院判决被告停止侵权,公开道歉,赔偿经济损失及精神损失。被告辩称:我公司不知道网上刊登原告作品还需征得原告的同意,没有侵权的故意。原告提起诉讼后,我公司已从网站上及时删除了原告的作品。我公司刊登原告的作品,没有侵害原告的著作人身权,仅属于"使用他人作品未支付报酬"的问题,原告主张精神损失是不能成立的。访问我公司"小说一族"栏目的用户很少,没有任何经济收益。原告主张的经济损失,没有提供相应的证据。希望人民法院查明事实,依法作出公正裁决。

问:被告是否应向原告承担侵权责任?

二、网络侵权责任的承担

(一)案情简介

案例1

原告安乐影片有限公司(以下简称安乐公司)拥有电影作品《霍元甲》在中国内地的信息网络传播权。被告兰州飞天网景信息产业有限公司(以下简称飞天公司)是一家包括计算机及网络信息产品的研制、开发、销售和信息网络运营、信息服务等业务在内的有限责任公司。被告甘肃省电信有限公司(以下简称电信公司)的营业范围则包括经营甘肃省内的国内固定电信网络与设施等。原告委托代理人张霞所在的上海天闻律师事务所向上海市静安区公证处提出申请,要求对张霞浏览互联网网页和录制电影的过程及内容做证据保全公证。在公证人员和工作人员的监督下,张霞在电脑上进行了如下操作:在1E浏览器地址栏输入"google",进入页面后,在搜索栏输入"www.west100.com",点击"搜索"进入页面,对部分页面进行网页截屏;点击"西部宽影网"进入页面,对部分页面进行网页截屏;在"电影搜索"栏中输入"霍元甲"后,点击"搜索"进入页面,对部分页面进行网页截屏;点击电影"《霍元甲(胶片版)》",进入页面后,点击该页面的"播放影片",进入页面,对部分页面进行网页截屏;点击"播放影片",进入页面后,在"包周服务"框中选择"互联星空",点击"确定",进入页面,对部分页面进行网页截屏;在"密码:"栏中输入信息,点击"确定",进入页面,对部分页面进行网页截屏;点击"播放影片",进入播放页面,播放中用"Camtasia RecOrde 屏幕录像软件"对播放全过程进行录制;公证人员将录制的文件内容全部刻录到光盘上,对截屏文件进行编码和打印,并制作了公证书。安乐公司还在信息产业部 ICP/IP 地址信息备案管理系统查询到网址为 www.west100.com 的网站 ICP 单位是飞天公司,备案号为甘 B2-20040001,飞天公司也予认可。安乐公司认为,二被告侵犯了其网络传播权,遂提出诉讼。

原告安乐公司诉称,被告飞天公司在其网站"西部宽影"(网址为:www.west100.com)上,向公众提供电影《霍元甲》的收费播放服务。该网站提供播放服务的涉案电影,系原告拥有信息网络传播权的电影作品《霍元甲》,而原告从未许可被告通过互联网向公众传播上述作品。被告的行为严重侵犯了原告权益,应承担侵权责任。

被告飞天公司辩称,原告起诉被告侵权的事实不能成立。原告指控被告构成侵权,须证明被告在自己的网站服务器上存放了《霍元甲》影片供在线播放,而且其证据必须证明和得出这样一个唯一的结论,侵权事实才能成立;如果不能证明这一唯一结论,影片有存放于被告网站服务器之外的电脑或服务器之上的可能性,则属于举证不能,证据不足,依法应当驳回原告的诉讼请求。本案中原告证明被告侵权的唯一证据公证书不能必然地证实被告实施了网络传播《霍元甲》作品的侵权行为。

被告电信公司辩称,本案原告诉称侵犯其网络传播权的网站"www.west100.com"并非我公司开办和所有,该网站实为飞天公司所有。飞天公司是独立于电信公司的独立法人,其开办和维护的网站如果涉及侵权和电信公司没有任何法律关系,其法人的独立行为应当由其自己独立承担法律责任。作为 www.west100.com 在其网站上使用"中国电信"标识,是没有经过任何授权,是擅自使用"中国电信"标识的行为,与电信公司没有任何关系,"中国电信"只是作为一种网络连接方式存在,故被告不存在对原告的侵权,请求人民法院驳回原告的诉讼请求。

一审人民法院认为:原告安乐公司享有电影《霍元甲》的网络传播权,原告所提供的公证书可以证明 www.west100.com 网站提供电影《霍元甲》的在线播放服务。被告飞天公司侵犯了原告安乐公司享有的信息网络传播权,应承担侵权责任。被告飞天公司为有限责任公司,能够独立承担民事责任。原告认为被告电信公司侵犯了其网络传播权,但未能举证电信公司存在侵权事实,故被告电信公司不承担侵权责任。

案例 2

某年9月,国内女歌手李某自杀。因传闻说李某曾与作曲家高某发生过恋情,《长江日报》对高某进行了电话采访,并将采访内容刊登后,引起了其他媒体的关注。事后,高某称没有接受过该报社的采访,《长江日报》经核实,发现当时的采访对象是国内另一男歌手,并非高某本人,长江日报社遂对此次采访事故刊登了更正和道歉的声明。

此后不久,被告雅虎香港控股有限公司(以下简称雅虎公司)所属的"雅虎中国"网站先后刊登了多篇文章,如《"星碟"老板批驳高某公开信》、《高某经纪人戴某被炒真相》、《高某:揭露我,"做"了他》、《李某自杀真相大白天下母亲亲笔信痛责高某》、《王某驳高某公开信》、《高某经纪人向媒体痛诉真情》、《戴某:"高某恐吓我"!》、《戴某:高某的"无情表现"》、《戴某再发公开信回击高某》、《高某:我不了解李某》等。其中,《高某:我不了解李某》的内容,引自《长江日报》采访失误的内容,并且《长江日报》更正的情况在文章中没有体现。其余几篇文章中有"过河拆桥"、"蒙"、"骗"、"狠"、"见了长辈没有谦虚和尊敬"、"夸夸其谈"、"自以为了不起"、"目中无人"、"心狠手辣"、"恶毒"、"利欲熏心"、"感情骗子"、"白眼狼"等贬损性文字。原告高某将被告雅虎公司诉至人民法院,要求其承担侵害名誉权的侵权责任。经人民法院审查,"雅虎中国"网站刊登的上述文章已经超越了客观报道、正当监督的范畴,构成基本失实,已经造成原告高某社会评价降低的法律后果,故被告应当承担侵权责任。

（二）思考方向

网络用户、网络服务提供者是网络侵权责任的承担主体。上述案例属于网络用户或者网络服务提供者利用网络侵害他人民事权益的情形，那么，网络用户、网络服务提供者利用网络侵害他人民事权益时，应当如何承担侵权责任呢？这个问题应根据网络侵权责任的承担规则加以确定。

（三）法律规定

1.《侵权责任法》第 36 条　网络用户、网络服务提供者利用网络侵害他人民事权益的，应当承担侵权责任。

网络用户利用网络服务实施侵权行为的，被侵权人有权通知网络服务提供者采取删除、屏蔽、断开链接等必要措施。网络服务提供者接到通知后未及时采取必要措施的，对损害的扩大部分与该用户承担连带责任。

网络服务提供者知道网络用户利用网络服务侵害他人民事权益，未采取必要措施的，与该网络用户承担连带责任。

2.《信息网络传播保护条例》第 14 条　对提供信息存储空间或者提供搜索、链接服务的网络服务提供者，权利人认为其服务所涉及的作品、表演、录音录像制品，侵犯自己的信息网络传播权或者被删除、改变了自己的权利管理电子信息的，可以向该网络服务提供者提交书面通知，要求网络服务提供者删除该作品、表演、录音录像制品，或者断开与该作品、表演、录音录像制品的链接。通知书应当包含下列内容：

（一）权利人的姓名（名称）、联系方式和地址；

（二）要求删除或者断开链接的侵权作品、表演、录音录像制品的名称和网络地址；

（三）构成侵权的初步证明材料。

权利人应当对通知书的真实性负责。

第 15 条　网络服务提供者接到权利人的通知书后，应当立即删除涉嫌侵权的作品、表演、录音录像制品，或者断开与涉嫌侵权的作品、表演、录音录像制品的链接，并同时将通知书转送提供作品、表演、录音录像制品的服务对象；服务对象网络地址不明、无法转送的，应当将通知书的内容同时在网络上公告。

第 20 条 网络服务提供者根据服务对象的指令提供网络自动接入服务,或者对服务对象提供的作品、表演、录音录像制品提供自动传输服务,并具备下列条件的,不承担赔偿责任:

(一)未选择并且未改变所传输的作品、表演、录音录像制品;

(二)向指定的服务对象提供该作品、表演、录音录像制品,并防止指定的服务对象以外的其他人获得。

第 21 条 网络服务提供者为提高网络传输效率,自动存储从其他网络服务提供者获得的作品、表演、录音录像制品,根据技术安排自动向服务对象提供,并具备下列条件的,不承担赔偿责任:

(一)未改变自动存储的作品、表演、录音录像制品;

(二)不影响提供作品、表演、录音录像制品的原网络服务提供者掌握服务对象获取该作品、表演、录音录像制品的情况;

(三)在原网络服务提供者修改、删除或者屏蔽该作品、表演、录音录像制品时,根据技术安排自动予以修改、删除或者屏蔽。

第 22 条 网络服务提供者为服务对象提供信息存储空间,供服务对象通过信息网络向公众提供作品、表演、录音录像制品,并具备下列条件的,不承担赔偿责任:

(一)明确表示该信息存储空间是为服务对象所提供,并公开网络服务提供者的名称、联系人、网络地址;

(二)未改变服务对象所提供的作品、表演、录音录像制品;

(三)不知道也没有合理的理由应当知道服务对象提供的作品、表演、录音录像制品侵权;

(四)未从服务对象提供作品、表演、录音录像制品中直接获得经济利益;

(五)在接到权利人的通知书后,根据本条例规定删除权利人认为侵权的作品、表演、录音录像制品。

第 23 条 网络服务提供者为服务对象提供搜索或者链接服务,在接到权利人的通知书后,根据本条例规定断开与侵权的作品、表演、录音录像制品的链接的,不承担赔偿责任;但是,明知或者应知所链接的作品、表演、录音录像制品侵权的,应当承担共同侵权责任。

3.《最高人民法院关于审理涉及计算机网络著作权纠纷案件适用法律

若干问题的解释》第3条　网络服务提供者通过网络参与他人侵犯著作权行为,或者通过网络教唆、帮助他人实施侵犯著作权行为的,人民法院应当根据民法通则第一百三十条的规定,追究其与其他行为人或者直接实施侵权人的共同侵权责任。

第4条　提供内容服务的网络服务提供者,明知网络用户通过网络实施侵犯他人著作权的行为,或者经著作权人提出确有证据的警告,但仍不采取移除侵权内容等措施以消除侵权后果的,人民法院应当根据民法通则第一百三十条的规定,追究其与该网络用户的共同侵权责任。

第5条　提供内容服务的网络服务提供者,对著作权人要求其提供侵权人在其网络的注册资料以追究行为人的侵权责任,无正当理由拒绝提供的,人民法院应当根据民法通则第一百零六条的规定,追究其相应的侵权责任。

第6条　网络服务提供者明知专门用于故意避开或者破坏他人著作权技术保护措施的方法、设备或者材料,而上载、传播、提供的,人民法院应当根据当事人的诉讼请求和具体案情,依照著作权法第四十七条第(六)项的规定,(2010著作权法的第四十八条第六项)追究网络服务提供者的民事侵权责任。

第7条　著作权人发现侵权信息向网络服务提供者提出警告或者索要侵权人网络注册资料时,不能出示身份证明、著作权权属证明及侵权情况证明的,视为未提出警告或者未提出索要请求。

著作权人出示上述证明后网络服务提供者仍不采取措施的,著作权人可以依照著作权法第四十九条、第五十条的规定在诉前申请人民法院作出停止有关行为和财产保全、证据保全的裁定,也可以在提起诉讼时申请人民法院先行裁定停止侵害、排除妨碍、消除影响,人民法院应予准许。

(四)学理分析

1. 网络侵权责任的承担主体

根据《侵权责任法》第36条规定,网络侵权责任的承担主体为网络用户、网络服务提供者。所谓网络用户,是指接受网络服务的当事人,主要是指自然人;所谓网络服务提供者,是指为网络信息交流和交易活动提供中介服务的网络主体,包括技术服务提供者和内容服务提供者。前者如提供接入、缓存、信息存储空间、搜索以及链接等服务的网络主体;后者是主动向网络用户提供内容的网络主体。

网络用户利用网络服务实施侵权行为时,网络用户应当对其行为负责,向被侵权人承担侵权责任。网络服务提供者利用网络实施侵权行为时,网络服务提供者亦应对其行为负责,向被侵权人承担侵权责任。网络服务提供者利用网络实施侵权行为一般指网络内容服务提供者主动向网络用户提供的内容涉嫌侵权,因网络内容服务提供者系向网络用户主动提供内容服务,服务涉及其所提供的内容的选择和编排,故应尽到合理的注意,对所上传内容的真实性与合法性负责。网络技术服务提供者不直接向网络用户提供信息,仅向网络用户提供接入、缓存、信息存储空间、搜索以及链接等服务,故除非网络技术服务提供者主动利用网络实施侵权行为,其所提供的技术服务一般不直接构成侵权行为。但是,在网络用户利用网络技术服务提供者提供的服务实施侵权行为时,在符合法律规定的条件下,网络技术服务提供者应当承担侵权责任。

网络用户利用网络服务提供者提供的服务实施侵权行为时,被侵权人有权通知网络服务提供者采取删除、屏蔽、断开链接等必要措施。网络服务提供者接到通知后未及时采取必要措施的,应当与该网络用户对损害的扩大部分承担连带责任。另外,如果网络服务提供者知道网络用户利用其网络服务侵害他人民事权益而未采取必要措施的,应当与该网络用户承担连带责任。

2. 案例评析

在案例1中,原告安乐公司拥有电影作品《霍元甲》在中国内地的信息网络传播权。未经原告许可,他人不得以有线或者无线方式向公众提供该作品,以使公众可以在其选定的时间和地点获得该作品。被告飞天公司是"西部宽影"(www.west100.com)网站的经营者,该网站未获得原告许可,向公众提供电影《霍元甲》的收费播放服务,使公众可以在其选定的时间和地点获得该作品。被告飞天公司的行为侵犯了原告的信息网络传播权,应当承担相应的侵权责任。被告电信公司属于网络技术服务提供者,不是侵权网站的经营者,仅为侵权网站提供网络连接服务,不对网站内容进行管理,亦无权对侵权网站所提供的内容进行选择、编排和控制。被告电信公司不对被告飞天公司的侵权行为承担侵权责任。被告飞天公司系独立法人实体,应独立承担民事责任。

在案例2中,被告雅虎公司系"雅虎中国"网站的所有者和经营者,该网站面向公众提供内容服务即刊登文章供公众浏览、阅读,应尽到合理的注意,以保证其刊登文章内容的真实性、合法性。被告在其网站上刊登关于原告的文章时未尽到合理的注意,致使其所刊登的文章内容构成基本失实,不具备真实性。并且,造成原告社会评价降低的后果,侵害了原告的名誉权。被告作为网络服务提供者,利用其所提供的网络服务,侵害原告合法权益,应当承担相应的侵权责任。

(五) 自测案例

原告博库公司与作者周某签订了《著作权使用许可合同》,约定:周某许可博库公司于签订合同后的6年里,在全球范围内独家拥有被授权使用作品的电子版权。合同开列的授权使用作品,包括了本案涉及的《我们干点什么吧》、《长袖善舞》两部小说集。合同签订后日,周某向博库公司出具授权书,进一步明确了授权内容,即"博库公司作为全球独家的合法受许人,独家拥有并使用授权作品之电子版权,可以对授权作品进行数字化,通过磁盘、光盘或因特网,以电子出版物的形式出版、复制、传输、发行、播放、展览,并可以现在已有的及将来技术发展所产生的电子的或数字方式自由使用授权作品"。

被告讯能公司与今日作家网的主管单位某市今日视点文化事务发展中心(以下简称今日中心)签订了一份《文学频道及文化活动合作合同》,约定双方合作为讯能公司的关联公司网站设计文学频道、制作有关栏目内容和开展相关文化活动。在合同的附随义务条款中,约定讯能与其控股公司应在讯能网站文学频道的显著位置显示其文学频道的合作伙伴为"今日作家网",并制作链接。今日中心保证其签订和履行本合同对任何第三方均不构成侵权或违约,亦不会使讯能公司或讯能网站因签订和履行本合同而对任何第三方承担任何责任。双方没有在合同中约定合作活动涉及的具体作品。讯能公司与今日中心签订的合同中所指"讯能的关联公司网站"或"讯能网站",即指被告汤姆公司开办的汤姆网站。

被告讯能公司与今日中心根据合作合同的约定,合作在被告汤姆公司开办的汤姆网(www.tom.com)内的中文简体版(www.tom.com.cn)上开设了中国文学频道,在该频道内设有名为"小妖周某的网"栏目,该栏目网页上载有《我们干点什么吧》和《长袖善舞》两部小说集的作品目录,目录页下方均标注"本专栏内容由今日作家网提供",并设置了链接。访问者点击目录下的作品名称后,均可阅读到作品内容。本案涉及的周某上述作品登载于今日作家网,汤姆公司的网站链接了今日作家网的网页,该链接是汤姆公司根据讯能公司与今日作家网的主管单位今日中心签订的合同设置的。汤姆网站本身没有登载周某的作品。另查明,原告博库公司曾就登载周某作品一事,通过电子邮件向今日作家网主张过权利,但被告讯能公司、汤姆公司对博库公司的这一举措均不知情。原告将被告讯能公司以及汤姆公司诉至人民法院。得知博库公司提起诉讼后,讯能公司立即对汤姆网上有关周某作品的内容进行证据保全。讯能公司完成证据保全后,汤姆网站立即取消了与今日作家网的链接。博库公司承认起诉前没有向讯能公司或汤姆公司主张过权利。

问:被告是否应向原告承担侵权责任?

第五节 违反安全保障义务责任

违反安全保障义务责任是指宾馆、商场、银行、车站、娱乐场所等公共场所的管理人或者群众性活动的组织者,未尽到安全保障义务造成他人损害时,管理人或组织者所应承担的侵权责任。公共场所的管理人或者群众性活动的组织者未尽到安全保障义务,造成他人人身或者财产损失的,应当承担与其过错程度相适应的侵权责任。违反安全保障义务责任适用过错责任原则,其构成要件包括:行为人实施了违反安全保障义务的行为、被侵权人受到了损害、违反安全保障义务的行为与损害后果之间具有因果关系、行为人存在过错。违反安全保障义务的侵权人应对未尽到安全保障义务所造成的损害承担直接责任,亦应对第三人所造成的损害在其未尽到安全保障义务的范围内承担补充责任。

一、违反安全保障义务责任的归责原则与构成要件

(一) 案情简介

案例1

某日晚,王淑芳与其高中同学七人在野力酒家的"野力肥牛火锅城"包房聚会,至23时30分左右聚会结束后,王淑芳在二楼门口缓台处依靠在左侧的门(开向朝里)时,身体失去平衡向里跌去,摔倒在通往厨房的楼梯上。王淑芳摔倒后即被该饭店服务员发现,由王淑芳的同学叫急救车将其送到当地医院抢救。但因伤势过重,经抢救无效死亡。经查,事故发生处的门及楼梯是野力酒家自行改建设计,供其职工使用的通道门。发生事故时,该门没有上锁。门上贴有"厨房顾客止步"外,无其他告示内容。

案例2

某日上午,卫某携女儿王某(王某坐在婴儿车内)在被告某商场的五层童装部选购童装。在选购过程中,服装货架上掉下的暖瓶落在王某乘坐的婴儿车内,将王某烫伤。经住院治疗5个月后,医院向王某出具诊断证明书,诊断结论为:"烫伤后会阴、双下肢疤痕挛缩畸形。"经法医鉴定,结论为伤残程度九级。另外,在王某住院过程中,商场已经支付了王某的住院治疗费用。但双方就后续治疗费用以及赔偿数额未能达成一致,原告遂起诉到了人民法院。

(二) 思考方向

上述案例涉及经营者对于消费者或者他人所遭受的人身、财产损害是否承担侵权责任的问题。上述问题应当根据违反安全保障义务责任的归责原则和构成要件加以解决。

(三) 法律规定

《侵权责任法》第 37 条　宾馆、商场、银行、车站、娱乐场所等公共场所的管理人或者群众性活动的组织者，未尽到安全保障义务，造成他人损害的，应当承担相应的侵权责任。

因第三人的行为造成他人损害的，由第三人承担侵权责任；管理人或者组织者未尽到安全保障义务的，承担相应的补充责任。

(四) 学理分析

1. 违反安全保障义务责任的归责原则

根据《侵权责任法》第 37 规定，违反安全保障义务责任适用过错责任原则。公共场所的管理人或群众性活动的组织者，在公共场所的管理和群众性活动的组织中负有安全保障义务，以保护民事主体的合法权益。如果管理人或组织者未尽到安全保障义务，就说明管理人或组织者是有过错的，就应当承担侵权责任。

2. 违反安全保障义务责任的构成要件

违反安全保障义务责任是一种过错责任，因此，其构成须具备下列条件：

(1) 行为人实施了违反安全保障义务的行为。所谓安全保障义务，是指宾馆、商场、银行、车站、娱乐场所等公共场所的管理人或者群众性活动的组织者尽到合理注意以保护他人人身、财产安全的义务。这种义务属于作为义务，管理人或组织者应当为保障他人人身、财产安全而采取积极的、合理的安全保障措施。如果管理人或组织者没有采取积极的、合理的安全保障措施，就违反了安全保障义务。可见，违反安全保障义务的行为表现为不作为。

(2) 被侵权人受到了损害。公共场所的管理人或群众性活动的组织者违反了安全保障义务，须造成他人损害，才能产生违反安全保障义务责任。这里的损害包括人身损害和财产损害，也包括精神损害。

(3) 违反安全保障义务的行为与损害后果之间具有因果关系。在违反安全保障义务责任中，因果关系是指不作为的因果关系，即管理人或组织者因怠于作为而造成了损害。这种因果关系有两种表现形式：一是违反安全保障义务的行为直接造成了他人的损害,这种不作为是造成损害的直接原因;二是违反安全保障义务的行为间接造成了他人损害,这种不作为是造成损害的间接原因,即因第三人的行为造成他人损害时,管理人或者组织者未尽到安全保障义务。

(4) 行为人存在过错。违反安全保障义务责任为过错责任,因此,行为人须存在过错,这种责任才能成立。这里的过错表现为公共场所的管理人或群众性活动的组织者没有尽到安全保障义务。也就是说,只要管理人或组织者没有尽到安全保障义务,就可以认定其有过错。

3. 案例评析

在案例1中,野力酒家作为面向公众的经营者,应尽到合理的注意,采取必要安全保障措施以保障消费者或他人的人身、财产安全。但野力酒家仅张贴了"厨房顾客止步"的标识,所使用的标识未能警示他人,未能说明危及他人人身、财产安全的潜在风险,并且未采取其他必要措施以防止损害的发生。故野力酒家未尽到安全保障义务,具有过错,应当对其行为造成的王某死亡的后果,向王某的近亲属承担侵权责任。

在案例2中,商场作为面向公众的经营者,应尽到合理的注意,采取必要的措施以保障消费者或他人的人身、财产安全。但本案中,商场中的暖水瓶跌落烫伤了乘坐婴儿车的王某,商场未能采取安全措施以避免损害的发生,未能尽到安全保障义务,具有过错,应对因其过错所造成的王某的损害承担侵权责任。

(五) 自测案例

1. 某日晚,原告肖某、冯某、梁某、张某一行四人入住被告南山宾馆502房。该房为标准双人间,登记人为肖某,登记的同住人为冯某。梁某、张某亦同住此室,但未办理加铺登记手续。次日凌晨三时许,该宾馆因302房间住客失火,火势迅速蔓延,致宾馆三层以上重大火灾,原告四人为逃生而破窗跳楼,身上有多处被火烧伤,另有跌伤等其他损伤,随身所带物品也付之一炬。事发后,被告为平息事态,先行支付了原告的前期医疗费用。原告出院后,双方未能就赔偿事宜达成一致,原告遂提起了诉讼。

问:被告应否对原告所遭受的损害承担侵权责任?

2. 某日下午,曹老伯来到一家浴场洗澡。当曹老伯跨出大浴池,由第一级台阶走向地面时,摔倒受伤。经医院诊断为:左股骨颈骨折、左肘尺骨鹰嘴骨折。事故发生后,因赔偿事宜双方未能协商一致,曹老伯将浴场告上法庭,认为浴场明知他老迈而没有劝阻他进入浴场,浴区也未设警示。由于浴场没有尽到保障义务,故要求赔偿医疗费等损失。被告浴场辩称,第一级台阶上铺设了防滑毡。浴区地面铺设了防滑地砖,多处放置了黄色警示标志,提醒浴客地滑、防滑。浴场大堂、更衣箱均张贴有宾客须知,提示浴客须注意地面、小心滑倒,已尽到安全保障义务。曹老伯进入浴场有同伴相随,摔跤是他不小心所致,浴场也及时拨打了"120"。浴场没有过错,不同意赔偿。

人民法院经审理后查明,曹老伯摔伤的浴场大厅墙上张贴有宾客须知,内容有:"5. 请照顾好老人及您的小孩,如有意外本浴场概不负责。""7. 请宾客在进入浴区时,穿好拖鞋,注意地面,小心滑倒。上下楼梯请注意安全。"等等。更衣箱内亦张贴有宾客须知。浴区地面铺设防滑地砖,放置黄色警示标志若干,字样有:"小心地滑"、"请注意安全"等。大浴池第一级台阶上铺有防滑毡。

问:被告应否对原告所遭受的损害承担侵权责任?

二、违反安全保障义务责任的承担

(一) 案情简介

案例1

某日上午9时许,吴某携款到被告建设银行办理存款和汇款手续。吴某在营业厅的写字台上填写存单时,有一人在其身后窥视。吴某填单完毕,即到三号柜台前办理存汇款手续。建设银行营业厅柜台前设置了"一米线",但窥视吴某的人违反他人必须在"一米线"以外等候的规定,进入"一米线"站在吴某身侧,此时,值班保安人员正在回答另一名储户关于往外地汇款方法的提问,窥视人的异常举动没有引起值班保安人员徐某的注意和制止。就在吴某将部分现金交给柜台内的营业员时,此人从吴某左侧伸手抢夺钱袋。吴某紧抓钱袋反抗,抢钱的人对吴某胸部连开两枪后逃离现场,徐某未能制止犯罪嫌疑人逃跑。吴某中弹倒地,其所携钱袋及现金未被抢走。案发后,建设银行立即向公安局报警,并向急救中心拨打120急救电话。当急救车到达现场后,经医生检查,吴某已死亡。对吴某抢劫行凶的犯罪分子已被公安机关通缉,但至损害赔偿纠纷诉至人民法院,犯罪嫌疑人仍未缉拿归案。经查,自作案人进入银行监控录像的视场范围至其实施抢劫,共有1分20秒时间。此外,被告五华保安公司与被告建设银行签订了保安服务合同。由五华安保公司向建设银行派遣保安,保安在银行的指示下负责安保工作。建设银行设置了安全保障设施,但未能证明安排了专门的人员值守这些设施,以预见、预防损害的发生。案件发生后,吴某的父母与上述二被告未能就赔偿事宜达成一致,遂向人民法院提起诉讼。

案例2

某日,原告谢某在被告万通大酒店登记住宿。当晚11时许,原告从外面返回万通大酒店时,在酒店四楼过道走廊里,遭遇迎面而来的4名身份不明的男子,其中一男子对原告调戏、殴打,致使原告人身遭受伤害。在原告遭受殴打过程中,曾引来数人围观,其中有被告的保安人员和服务人员。原告尽管大声呼救,但无人出来阻止,而后4名男子扬长而去。事后,原告到当地医院治疗,其伤情经医院诊断为:头部外伤综合症,腹部及四肢多处软组织挫伤。原告向被告索赔未果,遂向人民法院提起诉讼。

(二)思考方向

公共场所的管理人或者群众性活动的组织者应当承担安全保障义务,对违反安全保障义务而造成的损害应承担过错侵权责任。但是,如果出现上述案例中的情形,被侵权人所受到的损害系由第三人的行为直接造成时,侵权责任应如何承担呢?这应根据违反安全保障义务责任的承担规则加以确定。

(三)法律规定

《侵权责任法》第37条　宾馆、商场、银行、车站、娱乐场所等公共场所的管理人或者群众性活动的组织者,未尽到安全保障义务,造成他人损害的,应当承担相应的侵权责任。

因第三人的行为造成他人损害的,由第三人承担侵权责任;管理人或者组织者未尽到安全保障义务的,承担相应的补充责任。

(四)学理分析

1. 违反安全保障义务责任的承担主体

根据《侵权责任法》第37规定,违反安全保障义务责任的承担主体为公共场所的管理人或群众性活动的组织者,其承担的责任分为以下两种情形:

一是直接责任。宾馆、商场、银行、车站、娱乐场所等公共场所的管理人或者群众性活动的组织者,未尽到安全保障义务,造成他人损害的,管理人或组织者应当承担直接责任。

二是补充责任。因第三人的行为造成他人损害时,由第三人承担侵权责任;如果管理人或者组织者未尽到安全保障义务,则应承担相应的补充责任。安全保障义务人承担责任后,可以向第三人追偿。

2. 案例评析

在案例1中,吴某是在建设银行办理存款业务时被犯罪嫌疑人枪杀身亡,被害的地点为建设银行营业场所内。本案犯罪嫌疑人作为侵犯他人生命权行为的实施主体,应当承担相应刑事责任及民事责任。银行作为面向公众提供金融服务的经营者,具有比其他公开场所更高的安全风险,故银行应当尽到合理的注意,采取必要的安全保障措施以防止或者制止损害的发生。但在本案例中,建设银行虽然设置了安全保障设施,但未能证明安排了专门的人员值守这些设施,以发挥安全设施所具有预见、防止或者减少损害的作用。保安人员职业的特殊性,决定了其对有涉公共安全的事项负有高度注意义务。建设银行虽然安排了一名保安人员值班,并且在营业厅内划出了"一米线",但当数人进入"一米线"时,保安人员不去制止,丧失了及时发现与制止不法侵害的可能。从作案人进入营业厅窥视吴某填单到其实施抢劫期间,值班保安人员在回答客户关于银行业务的提问,却没有履行其维护营业厅安全、防范危害事件突发的职责;在作案人逃离现场时,值班保安人员也无制止犯罪行为的表示。所以,负有控制危险、保障客户安全义务的建设银行,未完全尽到安全保障义务,对吴某死亡事件有一定过错,应当承担与其过错相适应的补充责任。

在案例 2 中,谢某在万通大酒店的四楼遭受他人的调戏、殴打,受到人身伤害,其所受到的人身伤害应由侵权人承担直接侵权责任。同时,酒店作为向公众提供服务的经营者,应当尽到合理注意,采取必要的安全保障措施,保护消费者或他人的人身、财产安全,防止或制止损害的发生。万通大酒店没有采取必要的安全措施防止损害的发生,且在被侵权人谢某在其酒店内部受到人身伤害的时候,没有安保人员及时制止侵害行为,未尽到安全保障义务,具有过错,应当承担相应的补充责任。

(五)自测案例

1. 某日下午 2 时许,原告王某至沪参加药品交流会,入住被告上海银河宾馆 1911 客房。当日下午 4 时 40 分左右,王某被罪犯仝某杀害于客房内,仝某还抢走王某的财物。仝某于当日下午 2 时左右进入银河宾馆,4 时 52 分离开。在此期间,仝某在上海银河宾馆内乘坐电梯七次上下,宾馆未对仝某进行访客登记,亦未注意其形迹。王某所住的房间门上配有"窥视孔"、安全链及自动闭门器,门后张贴有安全告示,内有诸如"看清门外访客再开门"等内容。

上海银河宾馆系涉外星级宾馆,有规范的管理制度和安全监控措施。在上海银河宾馆自行制定的《银河宾馆质量承诺细则》中,有"24 小时的保安巡视,确保您的人身安全";"若有不符合上述承诺内容,我们将立即改进并向您赔礼道歉,或奉送水果、费用打折、部分免费、直至赔偿"等内容。事发后,被害人王某的父母起诉至人民法院,请求判令上海银河宾馆赔偿其经济损失。

问:被告银河宾馆是否应当对王某的死亡承担侵权责任?

2. 某日 11 时许,尚不满 4 周岁的原告张某随其外祖母原告韩某到被告某市供销大厦新亚家电城选购商品。中午 12 时许,韩某与商场内不明身份的 2 名青年发生身体碰撞,引发口角,2 名青年随后殴打了韩某,并踢倒了张某,致张某面部划伤。商场保安人员前来制止,并将 2 名社会青年带走,但被该 2 名青年挣脱逃跑。韩某、张某被送到医院治疗,花去医疗费若干。后二原告与被告就赔偿事宜未能协商一致,遂诉至人民法院。

问:被告是否应对原告受到的人身伤害承担侵权责任?

第六节　学生伤害事故责任

学生伤害事故责任是指无民事行为能力人、限制民事行为能力人在幼儿园、学校或者其他教育机构(以下简称教育机构)学习、生活期间因教育机构失职而受到人身损害时,教育机构所应承担的侵权责任。学生伤害事故责任适用过错责任原则,其构成要件包括:教育机构存在失职行为、被侵权人在教育机构学习及生活期间受到人身损害、被侵权人的损害与教育机构的失职行为之间具有因果关系、教育机构存在过错。因未尽到教育、管理职责造成无民事行为能力人、限制民事行为能力人的人身损害,教育机构承担直接责任;因第三人的行为造成无民事行为能力人、限制民事行为能力人人身损害,教育机构未尽到管理职责的,承担相应的补充责任。

一、学生伤害事故责任的归责原则与构成要件

(一)案情简介

案例 1

原告张某(11周岁)系被告某市师范附属小学的学生,第三人苗某曾任原告所在班级体育教师。苗某任教期间,曾因原告违反课堂纪律对其进行过两次体罚(用脚踢及橡皮筋崩脸)。某日上午上体育课时,原告私自到其他班级军训场地玩耍,苗某追过去拽住张某的红领巾推搡,并杵其一拳。张某当时感到胸部发闷,中午回家后全身抽搐。经送当地医院诊断,被确诊为植物神经功能紊乱。因治疗效果不佳,又先后去多家医院治疗,花去医疗费等费用若干。事后,原告父亲多次要求学校处理未果,遂代理原告向人民法院提起诉讼,要求被告赔偿侵权所造成的人身损害。

案例2

某市曙光学校是寄宿制学校。某日晚10时许,住同一宿舍的一年级小学生朱某(6周岁)、吴某(7周岁)在熄灯后悄悄溜出宿舍,跑到校门外的夜市玩耍。在玩耍中,吴某将摊贩邓某的瓷器撞碎。邓某遂抓住吴某,并用木棍打吴某,致使吴某右眼受伤。朱某赶紧跑回学校,向值班老师做了报告。当班老师即带吴某到校医务室进行处理治疗。但由于伤势较重,虽经校医治疗十多天,但未见明显好转。于是,学校将吴某的情况通知了其父母。吴某父母带着吴某先后到多家医院住院治疗,支出医疗费等费用若干。后因邓某和曙光学校互相推诿,拒绝支付吴某医疗费用,吴某父母遂以邓某和曙光学校为共同被告向人民法院提起诉讼。

(二)思考方向

无民事行为能力人、限制民事行为能力人在学校等教育机构学习、生活期间,受到人身伤害,教育机构未尽到教育、管理职责的,应当承担侵权责任。在上述案例中,未成年学生受到的人身伤害是否应由教育机构承担侵权责任,主要看教育机构是否尽到了教育、管理职责,并应结合学生伤害事故责任的归责原则与构成要件加以确定。

(三)法律规定

《侵权责任法》第38条 无民事行为能力人在幼儿园、学校或者其他教育机构学习、生活期间受到人身损害的,幼儿园、学校和其他教育机构应当承担责任,但能够证明尽到教育、管理职责的,不承担责任。

第39条 限制民事行为能力人在学校或者其他教育机构学习、生活期间受到人身伤害,学校或者其他教育机构未尽到教育、管理职责的,应当承担责任。

第40条 无民事行为能力人或者限制民事行为能力人在幼儿园、学校或者其他教育机构学习、生活期间,受到幼儿园、学校或者其他教育机构以外的人员人身伤害的,由侵权人承担侵权责任;幼儿园、学校或者其他教育机构未尽到管理职责的,应当承担相应的补充责任。

2.《学生伤害事故处理办法》第9条　因下列情形之一造成学生伤害事故,学校应当依法承担相应的责任:

(一)学校的校舍、场所、其他公共设施,以及学校提供给学生使用的学具、教育教学和生活设施、设备不符合国家规定的标准,或者有明显不安全因素的;

(二)学校的安全保卫、消防、设施设备管理等安全管理制度有明显疏漏,或者管理混乱,存在重大安全隐患,而未及时采取措施的;

(三)学校向学生提供的药品、食品、饮用水等不符合国家或者行业的有关标准、要求的;

(四)学校组织学生参加教育教学活动或者校外活动,未对学生进行相应的安全教育,并未在可预见的范围内采取必要的安全措施的;

(五)学校知道教师或者其他工作人员患有不适宜担任教育工作的疾病,但未采取必要措施的;

(六)学校违反有关规定,组织或者安排未成年学生从事不宜未成年人参加的劳动、体育运动或者其他活动的;

(七)学生有特异体质或者特定疾病,不宜参加某种教育教学活动,学校知道或者应当知道,但未予必要的注意的;

(八)学生在校期间突发疾病或者受到伤害,学校发现,但未根据实际情况及时采取相应措施,导致不良后果加重的;

(九)学校教师或者其他工作人员体罚或者变相体罚学生,或者在履行职责过程中违反工作要求、操作规程、职业道德或者其他有关规定的;

(十)学校教师或者其他工作人员在负有组织、管理未成年学生的职责期间,发现学生行为具有危险性,但未进行必要的管理、告诫或者制止的;

(十一)对未成年学生擅自离校等与学生人身安全直接相关的信息,学校发现或者知道,但未及时告知未成年学生的监护人,导致未成年学生因脱离监护人的保护而发生学生伤害的;

(十二)学校有未依法履行职责的其他情形的。

第10条　学生或者未成年学生监护人由于过错,有下列情形之一,造成学生伤害事故,应当依法承担相应的责任:

（一）学生违反法律法规的规定，违反社会公共行为准则、学校的规章制度或者纪律，实施按其年龄和认知能力应当知道具有危险或者可能危及他人的行为的；

（二）学生行为具有危险性，学校、教师已经告诫、纠正，但学生不听劝阻、拒不改正的；

（三）学生或者其监护人知道学生有特异体质，或者患有特定疾病，但未告知学校的；

（四）未成年学生的身体状况、行为、情绪等有异常情况，监护人知道或者已被学校告知，但未履行相应监护职责的；

（五）学生或者其他未成年学生监护人有其他过错的。

第 13 条 下列情形发生的造成学生人身损害后果的事故，学校行为并无不当的，不承担事故责任；事故责任应当按照有关法律法规或者其他有关规定认定：

（一）在学生自行上学、放学、返校、离校途中发生的；

（二）在学生自行外出或者擅自离校期间发生的；

（三）在放学后、节假日或者假期等学校工作时间以外，学生自行滞留学校或者自行到校发生的；

（四）其他在学校管理职责范围外发生的。

4.《人身损害赔偿解释》第 7 条 对未成年人依法负有教育、管理、保护义务的学校、幼儿园或者其他教育机构，未尽职责范围内的相关义务致使未成年人遭受人身损害或者未成年人致他人人身损害的，应当承担与其过错相应的赔偿责任。

第三人侵权致未成年人遭受人身损害的，应当承担赔偿责任。学校、幼儿园等教育机构有过错的，应当承担相应的补充赔偿责任。

（四）学理分析

1. 学生伤害事故责任的归责原则

根据《侵权责任法》的规定，学生伤害事故责任适用过错责任原则，具体表现为如下三种情形：一是无民事能力行为人在教育机构学习、生活期间受害的，适用过错推定的过错责任原则，只要教育机构不能证明尽到教育、管理职责的,就推定其有过错,应当承担责任。二是限制民事能力行为人在教育机构学习生活期间受害的,适用一般的过错责任原则,教育机构未尽到教育、管理职责的,为有过错。被侵权人对教育机构未尽到教育、管理职责即其过错承担举证责任。三是无民事行为能力人、限制民事行为能力人因教育机构以外的第三人的原因而受害的,教育机构的责任适用一般的过错责任原则。

2. 学生伤害事故责任的构成要件

学生伤害事故责任适用过错责任原则,因此,该责任的成立应当具备如下构成要件:

(1) 教育机构存在失职行为。教育机构包括幼儿园、学校或者其他教育机构。这里的学校包括国家或社会力量举办的全日制中小学(含特殊教育学校)、各类中等职业学校、高等学校;其他教育机构包括少年宫、电化教育机构等。在学生伤害事故责任中,教育机构须存在失职行为,即未尽到教育、管理职责。

(2) 被侵权人在教育机构学习、生活期间受到人身损害。在学生伤害事故责任中,一方面,被侵权人须是在教育机构内学习、生活的无民事行为能力人和限制民事行为能力人,并且被侵权人须是在教育机构内学习、生活期间受害,若在此期间外受到损害,则不发生学生伤害事故责任;另一方面被侵权人是受到人身损害。至于被侵权人是因教育机构内的人员侵害而受到人身损害的,还是因其他原因受到人身损害的,则在所不问。

(3) 被侵权人的损害与教育机构的失职行为之间具有因果关系。教育机构的失职行为表现不作为,属于不作为的加害行为。因此,失职行为与损害后果之间的因果关系为不作为的因果关系。

(4) 教育机构存在过错。学生伤害事故责任属于一种过错责任,因此,只有教育机构存在过错,这种责任才能成立。教育机构的过错表现为行为失职,即未尽到教育、管理职责,也就是在履行教育、管理职责时没有尽到必要的注意义务。

3. 案例评析

在案例 1 中,原告张某系限制民事行为能力人,在被告某市师范附属小学校学习期间,被体育教师苗某体罚,受到身体伤害,被告未尽到教育、管理职责,应当承担侵权责任。苗某系被告的工作人员,在履行职务过程中,对原告进行体罚,其履行职务行为所产生的法律后果应由学校承担,苗某不承担侵权责任。

在案例 2 中,原告吴某系无民事行为能力人,在被告曙光学校生活期间,被学校以外的人员邓某打伤,受到了身体伤害,邓某对此应当承担侵权责任。在本案例中,被告曙光学校在学生就寝时间,未组织老师对学生就寝情况进行巡查监督,致使吴某跑出学校受到损害;且在损害发生后,安排受伤的吴某由学校校医治疗,未及时通知学生家长,延误了治疗时间,导致了损害结果的扩大。可见,被告曙光学校未尽到管理职责,因此,应当对吴某的损害承担相应的补充责任。

(五) 自测案例

1. 刘某(6 周岁)与张某(8 周岁)同在幸福八村学校学习。刘某系学前班学生,张某系二年级学生并担任班长。某日下午,学前班临时代课教师有事请假,校方将学前班交给二年级教师代课。第二节课末,二年级教师给学前班布置作业完毕下课后,去了学校院内厕所。此时刘某为反映有同学不听话,到二年级教室去找老师,因老师不在,二年级学生正在上自习课,张某就出面让刘某出去。刘某不走,张某就撵,刘某出去后将教室门关上并扣上门鼻。张某将门拉开,见刘某已向自己教室走去,随后在地上拾起一土块向刘某抛去,正巧刘某回头而被击中右眼。校方即带刘某到附近镇医院治疗,镇医院建议到县医院治疗。经多家医院治疗,刘某的眼伤也没有治愈。最后医院的结论为:"眼球已萎缩,眼内炎症已控制"。

问:刘某受到的人身损害应由谁承担赔偿责任?

2. 曾某系某幼儿园小 B 班的学生。某日上午 10 时许,小 B 班老师组织幼儿上厕所排队洗手,老师要求幼儿排队进行盥洗。曾某尿完尿以后,旁边没有小朋友,转身时不小心碰到尿槽边,右眼皮撞破流血,教师即时告之园长并立即带曾某到附近医院挂急诊,经医生处理后缝针 5 针,并给幼儿打了破伤风针。后经司法鉴定,结论为:曾某右上眼睑裂创符合有棱边的钝物暴力作用所致,损伤程度为对身体健康有一定损害之轻微伤。

问:曾某受到的人身伤害应由谁承担赔偿责任?

二、学生伤害事故责任的承担

(一) 案情简介

案例1

原告李某(12周岁)系某市浮阳小学5年级学生,某年日下午,被告浮阳小学组织学生清洁卫生,李某的班主任安排李某擦窗户,李某在下地时踏上学校清洁工人停放在窗外的三轮垃圾车,使该车翻倒压断了原告右手中指第一节,后被截指,花去医疗费等费用若干。原告李某的法定代理人与被告未能就赔偿事宜达成一致,遂诉至人民法院。

案例2

原告张某(17周岁)系某市实验高中的高二(2)班的学生。某日上午,被告实验高中正组织学生补课,在课间休息时,2名不明身份的校外人员来到该校教学楼高二(2)班,殴打了该班学生原告张某,后张某的班主任赶到并制止。在2名校外人员离开后,张某的班主任随后也离开了学校。张某随后回到寝室洗漱,这2名校外人员又来到寝室楼,在张某的宿舍殴打了张某。后张某被学校送到医院,经治疗花去医疗费等若干。

(二) 思考方向

无民事行为能力人、限制民事行为能力人受到人身伤害,教育机构未尽到教育管理职责的,应承担相应的侵权责任。在上述案例中,未成年学生受到的人身伤害,教育机构是否承担侵权责任,承担何种侵权责任,主要根据学生伤害事故责任的承担规则加以确定。

(三) 法律规定

1. 《侵权责任法》第 38 条 无民事行为能力人在幼儿园、学校或者其他教育机构学习、生活期间受到人身损害的,幼儿园、学校或者其他教育机构应当承担责任,但能够证明尽到教育管理职责的,不承担侵权责任。

第 39 条 限制民事行为能力人在学校或者其他教育机构学习、生活期间受到人身伤害的,学校或者其他教育机构未尽到教育、管理职责的,应当承担侵权责任。

第 40 条 无民事行为能力人或者限制民事行为能力人在幼儿园、学校或者其他教育机构学习、生活期间,受到幼儿园、学校或者其他教育机构以外的人员人身伤害的,由侵权人承担侵权责任;幼儿园、学校或者其他教育机构未尽到管理职责的,承担相应的补充责任。

2. 《人身损害赔偿解释》第 7 条 对未成年人依法负有教育、管理、保护义务的学校、幼儿园或者其他教育机构,未尽职责范围内的相关义务致使未成年人遭受人身损害或者未成年人致他人人身损害的,应当承担与其过错相应的赔偿责任。

第三人侵权致未成年人遭受人身损害的,应当承担赔偿责任。学校、幼儿园等教育机构有过错的,应当承担相应的补充赔偿责任。

(四) 学理分析

1. 学生伤害事故责任的承担主体

根据《侵权责任法》的规定,学生伤害事故责任的承担主体为教育机构,包括幼儿园、学校或者其他教育机构,其承担的责任区分为以下两种情况:

一是直接责任。无民事行为能力人、限制民事行为能力人在幼儿园、学校或者其他教育机构学习、生活期间受到人身损害,教育机构未尽到教育、管理职责的,应当承担直接责任。

二是补充责任。无民事行为能力人或者限制民事行为能力人在幼儿园、学校或者其他教育机构学习、生活期间,受到幼儿园、学校或者其他教育机构以外的人员人身损害的,由侵权人承担侵权责任,教育机构未尽到教育、管理职责的,应当承担相应的补充责任。

2. 案例评析

在案例1中，原告李某在学校组织的擦玻璃活动中受到人身伤害，应当由被告浔阳小学承担侵权责任。李某系限制民事行为能力人，在学校学习期间，由学校统一组织参加清洁活动并受到伤害。并且，被告浔阳小学的清洁工作人员将三轮垃圾车不当放在窗台下，学校未能及时发现并排除该危险，使得限制民事行为能力人李某在下窗时踏上该车，并因该车倾倒受到伤害。综上，学校未能尽到教育、管理职责，存在过错。根据《侵权责任法》的规定，限制民事行为能力人原告李某在学校学习期间受到的人身伤害，被告浔阳小学应当承担侵权责任。

在案例2中，原告张某在学校学习期间，遭到不明身份的校外人员殴打受到人身伤害，应由被告实验高中承担相应的补充责任。首先，原告张某系限制民事行为能力人，在学校学习期间，受到2名校外人员殴打，该2名校外人员是直接侵权人，应当向张某承担直接侵权责任；其次，被告实验高中未能发现这2名校外人员进入学校，并在张某受到殴打后，未能及时报案，也未能使此二人离开学校，在该二人进入寝室楼时，未能询问和登记身份，致使张某在自己寝室再次受到殴打，学校未尽到管理职责，存在过错；最后，殴打张某的2名校外人员身份不明，张某无法向二人主张权利。根据《侵权责任法》的规定，限制民事行为能力人在教育机构学习、生活期间，受到教育机构以外的人员的人身损害，应由侵权人承担侵权责任；教育机构未尽到管理职责的，应承担相应的补充责任。本案中的被告实验高中未尽到管理职责，在伤害张某的2名侵权人身份不明时，应向原告张某承担与其过错程度相适应的补充责任。

（五）自测案例

1. 原告徐某（15周岁）系被告南楼中学的学生。某日下午，被告门卫工作人员王某因临时有事，未向学校请假，擅自找到朋友李某代班。当天下午2时左右，原告下午上学进入该校时，代班门卫李某以为徐某是校外人员，便不让徐某进入学校。为此，二人发生争执，李某将徐某打伤。原告徐某与被告南楼中学就赔偿事宜未能达成一致，遂诉至人民法院。

问：被告南楼中学是否应向原告徐某承担侵权责任？

2. 原告周某（16周岁）系被告金华中学一年级二班的学生。某日中午12:30左右,在学校午休时间,原告周某与同学在学校内的篮球场打篮球,4名社会青年跳墙进入该校,欲与周某等人一起打球,遭到周某等人的拒绝,4名社会青年遂与周某发生争执,并殴打了周某。该4名社会青年逃走后,学校向公安机关报案,未能破案。周某被送到医院,经诊断为胫腓骨骨折（右）、胫骨远端骺损伤（右）,周某住院治疗花去医疗等费用若干。原告周某的法定代理人与被告金华中学就赔偿事宜未能达成一致,遂诉至人民法院。

问：被告金华中学是否应向原告周某承担侵权责任？

第七章 产品责任

第一节 产品责任的归责原则与构成要件

产品责任是指因产品存在缺陷造成他人损害时,产品的生产者、销售者对被侵权人承担的侵权责任。产品责任适用无过错责任原则,只要产品存在缺陷造成他人损害,被侵权人都有权要求产品的生产者或销售者请求赔偿,生产者、销售者不能以自己没有过错为由拒绝承担赔偿责任。按照无过错责任原则,产品责任的构成要件包括产品存在缺陷、被侵权人受到了损害、产品缺陷与损害后果由因果关系。

(一)案情简介

案例1

原告韩心坡从被告赵付山在赵营乡赵营村开的电机门市处购买了1台电机,被告为原告进行了安装调试。某日上午,当原告在使用该电机时突然被电击摔倒致伤,先后在赵营乡卫生院花去大量医疗费及其他费用,后经鉴定的伤残被评为八级。为此,原告与被告协商,要求被告赔偿医疗费、误工费等损失共计8万元。被告赵付山认为,其卖给原告的电机是正规产品,手续齐全,且如果是被电机击伤,应追加电机生产者责任,被告不能承担全部责任,只应承担部分责任。双方因未能协商一致,原告起诉了被告赵付山。双方在诉讼过程中,均未申请对电机进行质量鉴定。

> **案例2**
>
> 某日,原告姚某购买了被告某市啤酒有限公司生产的啤酒,摆放在屋内食品柜里。第二天上午9时许,因天气下雨,原告前往关窗户,距离原告仅50厘米处的一瓶啤酒突然爆炸,玻璃碎片伤及原告左腿部,被闻讯赶来的邻居将原告急送医院治疗。经医院诊断,原告左小腿中下段外侧有一长5厘米创口,趾伸肌腱断裂。医院为原告做了缝合修补手术,并用石膏固定。原告为此支出医疗费若干。事发次日,原告亲属将事故情况向被告作出了通报,被告亦派员前往现场收集了全部玻璃碎片。之后,双方未能就赔偿数额取得一致意见,原告起诉被告至人民法院。

(二) 思考方向

在现实生活中,人们因购买的产品质量存在问题而发生的纠纷包括两种:一是产品质量的合同纠纷,对此,应当按照违约责任处理;二是缺陷产品引起的侵权纠纷,对此,应按照侵权责任处理。在上述案例中,当事人之间的纠纷是属于产品质量的合同纠纷还是产品责任的侵权责任,应当从产品责任的构成要件入手加以分析。

(三) 法律规定

1.《侵权责任法》第41条　因产品存在缺陷造成他人损害的,生产者应当承担侵权责任。

第42条　因销售者的过错使产品存在缺陷,造成他人损害的,销售者应当承担侵权责任。

销售者不能指明缺陷产品的生产者也不能指明缺陷产品的供货者的,销售者应当承担侵权责任。

2.《中华人民共和国产品质量法》(以下简称《产品质量法》)**第2条第2款**　本法所称产品是指经过加工、制作,用于销售的产品。

第41条第1款　因产品存在缺陷造成人身、缺陷产品以外的其他财产

（以下简称他人财产）损害的,生产者应当承担赔偿责任。

第 42 条 由于销售者的过错使产品存在缺陷,造成人身、他人财产损害的,销售者应当承担赔偿责任。

销售者不能指明缺陷产品的生产者也不能指明缺陷产品的供货者的,销售者应当承担赔偿责任。

第 46 条 本法所称缺陷,是指产品存在危及人身、他人财产安全的不合理的危险;产品有保障人体健康和人身、财产安全的国家标准、行业标准的,是指不符合该标准。

（四）学理分析

1. 产品责任的归责原则

产品责任是指因产品存在缺陷造成他人损害时,生产者、销售者所应承担的侵权责任。

产品责任是产品的生产者、销售者对被侵权人的一种侵权责任。就生产者所承担的产品责任而言,根据《侵权责任法》第 41 条规定,只要产品存在缺陷造成了他人损害,无论生产者是否存在过错,都应当承担侵权责任。这表明了生产者的产品责任适用无过错责任原则。就销售者所承担的产品责任而言,尽管《侵权责任法》第 42 条规定:"因销售者的过错使产品存在缺陷,造成他人损害的,销售者应当承担侵权责任。"这似乎表明销售者所承担的产品责任是过错责任。但是,《侵权责任法》第 43 条进一步规定:"因产品存在缺陷造成损害的,被侵权人可以向产品的生产者请求赔偿,也可以向产品的销售者请求赔偿。产品缺陷由生产者造成的,销售者赔偿后,有权向生产者追偿。因销售者的过错使产品存在缺陷的,生产者赔偿后,有权向销售者追偿。"这一规定表明,被侵权人要求销售者承担产品责任,并不以销售者存在过错为条件,销售者不能以自己无过错为由拒绝承担产品责任。因此,销售者向被侵权人所承担的产品责任也适用无过错责任原则。其实,销售者的过错只是生产者向销售者追偿的一个条件,是就生产者与销售者之间的追偿关系而言的。

2. 产品责任的构成要件

产品责任适用无过错责任原则,因此,产品责任须具备以下构成要件:

（1）产品存在缺陷

根据《产品质量法》第2条规定,所谓产品,是指经过加工、制作,用于销售的产品。可见,在产品责任中,产品须具有两条件:一是须经过加工、制作。没有经过加工、制作的自然物,如初级农产品、原始矿产品等,都不属于产品责任中所指的产品的范围。二是用于销售。用于销售是指加工、制作产品的目的在于销售。关于产品的范围,一般认为,产品仅限于动产,而不包括不动产。《产品质量法》第2条明确规定,建设工程不适用产品质量法的规定。因此,因建设工程致人损害的,不属于产品责任。

根据《产品质量法》第46条规定,所谓产品缺陷,是指产品存在危及人身、他人财产安全的不合理的危险;如果产品有保障人体健康,人身、财产安全的国家标准、行业标准的,产品缺陷是指不符合该标准。可见,产品缺陷包括如下基本含义:① 缺陷应当是一种不合理的危险。因此,合理的危险不是缺陷。② 不合理的危险危及人身和他人财产安全。③ 产品是否存在不合理的危险,应依一般标准和法定标准确定。一般标准是人们有权期望的安全性,这是各国法普遍采纳的标准。法定标准即产品保障人体健康,人身、财产安全的国家标准或行业标准。通常,符合法定标准的产品可被认定为非缺陷产品。但是,有时某类产品的法定标准可能并未涵盖该类产品所有的安全指标,使得符合法定标准的产品存在危及人身健康、人身财产安全的不合理危险,这类产品应被认定为缺陷产品。理论上一般认为,产品的缺陷包括以下三种:一是设计缺陷,即产品在设计过程中,产品的结构、配方等方面存在不合理的危险;二是制造缺陷,即产品在制造过程中,因原材料、配件、工艺等存在错误而导致产品存在不合理的危险;三是指示缺陷,即产品在经销过程中,因没有适当的指示和警告而使产品存在不合理的危险,故又称为经营缺陷、营销缺陷。

（2）被侵权人受到了损害

在产品责任中,被侵权人既可以是购买使用产品的人,也可以是使用产品以外的人。就损害而言,既包括人身损害和财产损害,也包括因人身损害而导致的精神损害。那么,财产损害是否包括缺陷产品自身的损害呢?根据《产品质量法》第41条规定,产品责任的财产损害仅指缺陷产品以外的其他财产的损害,缺陷产品自身的损害不包括在内。但是,《侵权责任法》第41条并没有区分这两种财产损害,因此,在《侵权责任法》中,产品责任的财产损害,既包括缺陷产品以外的其他财产的损害,也包括缺陷产品自身的损害。

(3) 产品缺陷与损害后果有因果联系

在产品责任中,被侵权人的损害后果应当是因产品存在缺陷而造成的,即产品的缺陷与损害后果之间须存在因果关系。如果被侵权人的损害与产品缺陷没有因果关系,则不构成产品责任。这里的因果关系,是产品的缺陷与损害后果之间的因果关系,而不是某种行为与损害后果之间的因果关系。

产品责任是一种特殊侵权责任,通常要求生产者就产品不存在缺陷或者缺陷与损害之间不存在因果关系举证。如果生产者不能举证证明,则认定产品存在缺陷及缺陷与损害之间存在因果关系。

3. 案例评析

在案例 1 中,原告因使用从被告处购买的电机而受到伤害,原告所受到的伤害与该电机的质量问题存在因果关系。被告应证明其销售的产品不存在缺陷,因双方都未申请对电机进行质量鉴定,所以被告未能证明其销售的电机不存在缺陷。该案例满足产品责任的构成要件,原告可以向产品的生产者要求赔偿,也可以向产品的销售者要求赔偿。产品责任适用无过错归责原则,原告要求销售者赔偿,销售者不能因为其没有过错而免责,亦不能要求只承担部分赔偿责任。

在案例 2 中,原告的损害系被告的啤酒瓶爆炸所造成的,而被告不能证明啤酒爆炸是合格的,故应认定被告生产的产品存在缺陷。该案例亦满足产品责任的构成要件,根据产品责任的无过错责任原则,被告对其存在缺陷的啤酒瓶发生爆炸所造成原告的损害,应当承担赔偿责任。

(五) 自测案例

1. 原告曹某、陈某从被告张某开办的烟花爆竹零售点购买了"八方进财(4 寸 25 发)烟花"一件,被告张某协助二原告将烟花搬运至炮摊东侧太平洋保险公司门前空旷地点。而后二原告依烟花外包装说明点燃烟花。不料,该烟花未升空而瞬间就地爆燃,二原告未来得及撤离就被爆燃的烟花烧伤和气浪掀翻。原告曹某脸部、颈部、胸部、左手臂被烧伤、左手骨折;原告陈某被气浪掀翻造成颅骨骨折和颅内出血。该烟花系被告某市七星花炮厂生产，被告某市金宇鞭炮公司对外批发销售，被告张某对外零售。原告找到被告某市金宇鞭炮公司与被告张某要求赔偿，二被告称其在销售过程中并无过错，不应承担赔偿责任。原告遂将三被告告上法庭。经查，该烟花存在危及人身、财产安全的不合理危险。

问：本案是否构成产品责任，三被告是否应当承担侵权责任？

2. 原告祁某购买了被告上海大众公司生产的帕萨特 SVW7183DJI 型小轿车一辆，车主为祁某。某日上午 10 时 30 分，原告驾驶该车辆行至某市鹿海园小区东侧后停车，关闭车辆后去马路对面电话亭打电话时，发现车前机盖处冒烟起火，遂拨打 119 火警。15 分钟后消防人员赶到将火扑灭，但车辆前部发动机及其线路已烧毁。经消防部门对火灾原因进行认定，结论为：原因不明。事故发生后，保险公司依据保险合同及双方协议，向祁某做了赔付，同时负责保管事故车辆的残值。根据被告上海大众公司帕萨特汽车使用维护说明书的说明，该车尚在质量担保期内。原告提起诉讼，请求被告对保险公司未赔付的部分承担产品责任。

问：本案是否构成产品责任，被告是否应当承担侵权责任？

第二节　产品责任的承担

产品责任的承担主体是产品的生产者和销售者。在生产者或销售者承担赔偿责任后，二者之间可能会发生追偿关系。当然，在具备法律规定的免责事由的情况下，生产者、销售者不承担产品责任。在产品责任中，如果存在第三人责任的，则产品的生产者或销售者在赔偿后，有权向该第三人追偿。

（一）案情简介

案例 1

某日上午 7 时许，原告周某正在家中食杂店内的公用电话计费器旁，突然电话计费器及电源转换器发生爆炸，原告眼睛受伤，失去知觉摔倒在地，后由其父送往医院住院治疗。经法医司法鉴定，结论为：原告双眼视力为 0.05，伤残等级为Ⅵ级。发生爆炸的电话计费器及电源转换器系被告电信局有偿提供的,生产厂家是被告精伦公司。因赔偿问题,原告与电信局、精伦公司未能协商一致,原告遂将电信局、精伦公司起诉至人民法院。在案件审理中,人民法院委托专业部门对产品进行了鉴定,但鉴定结论为电话计费器及电源转换器存在设计缺陷。

案例 2

某日,原告刘某去某餐馆就餐。在候餐时,原告拿出事前在某超市购买的一瓶饮料饮用。在拧开瓶盖时,突然一声爆炸,原告左眼被爆炸气体及冲出的瓶盖击伤。经法医鉴定,原告的伤残等级为十级伤残。该饮料系某饮料公司生产。原告遂起诉某超市,要求人民法院判令被告承担赔偿责任。被告某超市认为,即使原告所举证据能够证明诉称的案件事实涉及有关产品责任,因其销售的产品是合法渠道取得合法产品,并且与生产者代理商之间明确约定相关产品质量责任归属供方承担,所以人民法院应直接将有关产品可能涉及的产品责任归属于生产者某饮料公司承担,而无须再考虑作为销售者的某超市应否向原告承担先行代为垫付的产品责任问题。另外,某超市、饮料公司均未能证明致原告受到伤害的饮料不存在产品缺陷。

(二) 思考方向

在产品责任中,可能是由于生产者的原因使产品产生了缺陷,也可能是由于销售者的原因使产品产生了缺陷,还可能是运输者或者仓储者的原因使产品产生了缺陷。被侵权人由于缺陷产品受到损害后,有权向谁主张权利?是否需要查明导致产品存在缺陷的具体行为人?这些即是产品责任的承担规则需要解决的问题。

(三) 法律规定

1.《侵权责任法》第 41 条　因产品存在缺陷造成他人损害的,生产者应当承担侵权责任。

第 42 条 因销售者的过错使产品存在缺陷，造成他人损害的，销售者应当承担侵权责任。

销售者不能指明缺陷产品的生产者也不能指明缺陷产品的供货者的，销售者应当承担侵权责任。

第 43 条 因产品存在缺陷造成损害的，被侵权人可以向产品的生产者请求赔偿，也可以向产品的销售者请求赔偿。

产品缺陷由生产者造成的，销售者赔偿后，有权向生产者追偿。

因销售者的过错使产品存在缺陷的，生产者赔偿后，有权向销售者追偿。

第 44 条 因运输者、仓储者等第三人的过错使产品存在缺陷，造成他人损害的，产品的生产者、销售者赔偿后，有权向第三人追偿。

第 45 条 因产品缺陷危及他人人身、财产安全的，被侵权人有权请求生产者、销售者承担排除妨碍、消除危险等侵权责任。

2.《产品质量法》第 41 条 因产品存在缺陷造成人身、缺陷产品以外的其他财产（以下简称他人财产）损害的，生产者应当承担赔偿责任。

生产者能够证明有下列情形之一的，不承担责任：

（一）未将产品投入流通的；

（二）产品投入流通时，引起损害的缺陷尚不存在的；

（三）将产品投入流通时的科学技术水平尚不能发现缺陷的存在的。

第 42 条 由于销售者的过错使产品存在缺陷，造成人身、他人财产损害的，销售者应当承担赔偿责任。

销售者不能指明缺陷产品的生产者也不能指明缺陷产品的供货者的，销售者应当承担赔偿责任。

第 43 条 因产品存在缺陷造成人身、他人财产损害的，受害人可以向产品的生产者要求赔偿，也可以向产品的销售者要求赔偿。属于产品的生产者的责任，产品销售者赔偿的，产品的销售者有权向产品的生产者追偿。属于产品的销售者的责任，产品的生产者赔偿的，产品的生产者有权向产品的销售者追偿。

3.《民事诉讼证据的规定》第 4 条第 1 款 下列侵权诉讼，按照以下规定承担举证责任：

……

（六）因缺陷产品致人损害的侵权诉讼，由产品的生产者就法律规定的免责事由承担举证责任；

……

（四）学理分析

1. 产品责任的承担主体

在产品责任中，被侵权人既可以向产品的生产者请求赔偿，也可以向产品的销售者请求赔偿。可见，产品责任的承担主体包括产品的生产者和销售者。在生产者或销售者赔偿之后，两者之间可能会发生追偿关系。一方面，产品缺陷是生产者造成的，销售者赔偿后，有权向生产者追偿；另一方面，因销售者的过错使产品存在缺陷的，生产者赔偿后，有权向销售者追偿。当然，如果销售者不能指明缺陷产品的生产者也不能指明缺陷产品的供货者的，销售者应当承担产品责任。可见，在产品责任中，生产者与销售者之间并不存在连带责任关系，而是一种不真正连带责任关系。

在产品责任中，如果存在第三人的责任，则产品的生产者或销售者在赔偿后，有权向该第三人追偿。需要指出的是，仓储者或者运输者并非产品责任的主体，只是生产者或者销售者追偿的对象。

应当指出的是，在产品责任中，产品的生产者、销售者承担侵权责任的主要方式是赔偿损失，此外，根据《侵权责任法》第45条规定，因产品缺陷危及他人人身、财产安全的，被侵权人有权请求生产者、销售者承担排除妨碍、消除危险等侵权责任。

2. 产品责任的免责事由

在产品责任中，生产者虽然承担无过错责任，但如果生产者能够证明具备法定免责事由的，则不承担赔偿责任。关于产品责任的免责理由，《侵权责任法》没有特殊规定。根据《产品质量法》第41条规定，产品的生产者能够证明下列情形之一的，不承担赔偿责任：

（1）未将产品投入流通的

产品责任是法律为保护产品购买人、使用人或者其他接触人的利益而设置的一种侵权责任，因此，产品的生产者没有将产品投入流通，就不会涉及产品购买人、使用人或者其他接触人的利益,自然也就无所谓其利益的保护问题。所谓"投入流通",是指产品进入了流通领域,包括任何形式的出售、出租、质押等。

(2) 产品投入流通时,引起损害的缺陷尚不存在的

在产品投入流通时,引起损害的缺陷尚不存在,说明产品的缺陷并不是生产者造成的,因此,生产者可以不承担赔偿责任。但应当指出,这种免责事由是针对生产者是否承担最终责任而言的,也就是生产者与销售者、运输者、仓储者之间的关系而言。对被侵权人来说,产品的生产者不能以产品投入流通时,引起损害的缺陷尚不存在为由而拒绝赔偿。实际上,这一免责事由是产品的生产者在赔偿被侵权人的损害后,向造成产品缺陷的销售者、运输者、仓储者进行追偿的一种根据。

(3) 将产品投入流通时的科学技术水平尚不能发现缺陷的存在的

为保护生产者开发新产品、利用新技术的积极性,对于将产品投入流通时的科学技术水平还不能发现的缺陷造成损害的,即发展中的缺陷造成损害的,各国法律都免除产品生产者的责任。应当指出,这里的科学技术水平,指的是整个社会的科学技术水平,而不是生产者自身的科学技术水平。

应当指出,在产品投入流通时,虽然因某种原因或技术水平未能发现产品存在缺陷,但在产品投入流通后,发现产品存在缺陷的,生产者、销售者应当采取警示、召回等补救措施,以防止造成他人损害。如果生产者、销售者未及时采取补救措施或补救措施不力造成损害的,生产者、销售者仍然要承担产品责任。

3. 案例评析

在案例1中,原告周某因电话计费器及电源转换器爆炸而受到伤害。上述产品的销售者是被告电信局,生产者是被告精伦公司。在产品责任中,被侵权人可以向销售者要求赔偿,也可以向生产者要求赔偿。因此,原告周某有权要求电信局、精伦公司赔偿损失。在本案例中,经专业部门鉴定,电话计费器及电源转换器存在设计缺陷。这种缺陷并不是销售者的过错造成的,因此,人民法院可以判决生产者精伦公司向原告承担赔偿责任。当然,人民法院也可以根据具体情况判决销售者电信局向原告承担赔偿责任,然后由电信局向精伦公司追偿。

在案例 2 中,原告刘某因瓶装饮料爆炸而受到伤害。该产品的销售者是被告超市,生产者是被告饮料公司。在产品责任中,被侵权人可以向生产者要求赔偿,也可以向销售者要求赔偿。现原告刘某向人民法院起诉要求超市赔偿损失,并无不妥。因超市未能证明致使原告损害的产品不存在缺陷,因此,超市应当向原告承担产品责任。同时,产品责任为无过错责任,超市不能基于其与生产者关于责任归属的约定而对抗被侵权人。当然,如果饮料的缺陷并非超市造成的,则超市承担赔偿责任后,可以向生产者精伦公司追偿。

(五) 自测案例

1. 某日下午,刘某用刚买来不久的"高山"牌高压气筒给自行车打气。打了好几下之后,猛听气筒内"嘭"的一声,高压气流的强推力将气筒的拉杆和活塞飞弹了出来,造成拉杆与手柄脱节,而脱出的拉杆则将刘某的眼部击伤,造成左眼失明。经查,刘某使用的"高山"牌高压气筒是某汽件厂生产的,经专家鉴定部门鉴定:刘某使用"高山"牌气筒之前,没有检查气筒的拉杆与手柄连接是否牢靠;被告的"高山"牌气筒未能在设计上增加合理的保护装置,在外界压力增强,内部气路不畅的情况下,强烈的气流将拉杆及活塞反弹出气筒外。

问:本案是否构成产品责任,其责任主体如何确定?

2. 某市火柴厂是经批准生产经营蜡梗火柴的厂家,没有其他经营范围。因该厂产品销售不畅,便开始组装生产"求知牌"取暖器。火柴厂因欠某工程公司 18 万借款,便提出用自产的取暖器抵债。经双方协商,火柴厂以 600 台"求知牌"取暖器抵偿其债务。工程公司查看了取暖器的合格证、检验报告,并先取回 10 台试用,后将 590 台取暖器运回本公司。工程公司将其中 8 片取暖以每台 270 元的价格发售给本公司职工,每台收取 90 元人民币,其余 180 元用职工福利费冲销。工程公司职工在使用过程中,先后有十台取暖器发生不同程度的质量问题,工程公司负责送回安丘市火柴厂修理或更换。但工程公司没有采取相应措施,防止类似问题的发生。

一日凌晨,工程公司职工支某家使用的取暖器发生爆炸,炸伤一家三口,支某夫妇重伤,丧失部分劳动能力,其儿子脸部、脚部、腿部均受伤。支某等三原告以工程公司经销的"求知牌"取暖器产品质量低劣,给全家人身、财产造成重大损害为由,诉至人民法院,要求被告赔偿经济损失。被告工程公司辩称:本公司将取暖器以福利形式发放给职工,是与职工合资购买、共同消费。虽收取了一定费用,但不是以盈利为目的,不属销售行为,不应成为产品责任的承担者。人民法院受理此案后,取3台取暖器送质量监督检验部门检验,结果被认定为不合格产品。

问:本案的责任主体应当如何认定?

第三节 缺陷产品的警示与召回

产品投入流通后存在缺陷的,生产者、销售者应当及时以合理、有效的方式向使用人发出警示,或者采取召回缺陷产品的补救措施,以防止损害的发生或者扩大。这是生产者、销售者的法定义务。生产者、销售者违反法定义务,未采取或者未适当采取警示、召回等补救措施的,应当承担相应的法律责任。

(一)案情简介

案例1

丰田汽车(中国)投资有限公司向国家质检总局递交了召回报告,因转向控制系统缺陷,预计自2010年6月21日起,召回部分2009—2010年款进口雷克萨斯(LEXUS)LS460L和LS600hL,在中国内地共涉及818辆,其中召回LS460L车型为2009年8月26日至2009年9月18日以及2009年11月19日至2010年5月13日生产,LS600hL车型为2009年8月18日至2009年9月30日以及2009年11月19日至2010年5月13日生产。本次召回范围内的车辆的可变齿轮比转向系统(VGRS)的控制程序不恰当,方向盘打满后如果方向盘回轮速度过快,有可能短时造成与方向盘正中位置的偏离角偏大。由于相对轮胎直行方向,短时发生方向盘位置的偏离,可能导致驾驶员判断失误和操作失误,造成安全隐患。丰田汽车(中国)投资有限公司决定免费为存在上述缺陷的车辆更换可变齿轮比转向系统的电控单元(ECU),以消除隐患。

丰田汽车(中国)投资有限公司于2010年5月21日起发送用户通知。更换用零件于2010年6月21日前完成准备,该公司和各地雷克萨斯特许经销店与用户联系,请车主前往就近的特许经销店对车辆进行免费维修。

在受影响车辆完成召回修理前,请有关车主尽量避免方向盘打满后回轮速度过快的操作,如无法避免,请在留意车辆行驶方向的情况下再操作方向盘,同时避免急起步及急加速。①

案例2

根据《儿童玩具召回管理规定》的要求,浙江省义乌市欢喜玩具有限公司向浙江省质量技术监督局提交了产品召回报告,经审核并报国家质检总局核准,同意浙江省义乌市欢喜玩具有限公司从2008年4月10日起,召回自2007年6月20日至2008年3月1日期间生产的塑胶响公仔玩具,涉及玩具共计18000件(每件4只)。

该塑胶响公仔玩具经检验,不符合GB6675-2003《国家玩具安全技术规范》的要求。具体表现为其召回产品所含的小零件(BB叫)容易从主体(搪胶鸭)中脱落,脱落的小零件可能导致儿童误吞食或吸入气管,存在一定的安全隐患。义乌市欢喜玩具有限公司及其经销商将通过媒体、海报等多种渠道向社会公示。请相关用户注意,不要让3周岁以下的儿童继续使用该产品,并可以凭购买发票由玩具经销商退货。②

(二) 思考方向

产品投入流通后,生产者、销售者并非不再负责,而是应继续跟踪服务,发现产品存在缺陷的,应当及时采取必要的补救措施,防止或者避免损害的

---

① 国家质量检验检疫总局官方网站,http://www.aqsiq.gov.cn。
② 同上。

发生。其中,缺陷产品的警示和召回制度一种主要的补救措施。

(三) 法律规定

1.《侵权责任法》第 46 条 产品投入流通后发现存在缺陷的,生产者、销售者应当及时采取警示、召回等补救措施。未及时采取补救措施或者采取补救措施不力造成损害的,应当承担侵权责任。

2.《消费者权益保护法》第 18 条 经营者应当保证其提供的商品或者服务符合保障人身、财产安全的要求。对可能危及人身、财产安全的商品和服务,应当向消费者作出真实的说明和明确的警示,并说明和标明正确使用商品或者接受服务的方法以及防止危害发生的方法。

经营者发现其提供的商品或者服务存在严重缺陷,即使正确使用商品或者接受服务仍然可能对人身、财产安全造成危害的,应当立即向有关行政部门报告和告知消费者,并采取防止危害发生的措施。

3.《缺陷汽车产品召回管理规定》第 13 条 制造商或者主管部门对已经确认的汽车产品存在缺陷的信息及实施召回的有关信息,应当在主管部门指定的媒体上向社会公布。

第 9 条 缺陷汽车产品召回按照制造商主动召回和主管部门指令召回两种程序的规定进行。

制造商自行发现,或者通过企业内部的信息系统,或者通过销售商、修理商和车主等相关各方关于其汽车产品缺陷的报告和投诉,或者通过主管部门的有关通知等方式获知缺陷存在,可以将召回计划在主管部门备案后,按照本规定中主动召回程序的规定,实施缺陷汽车产品召回。

制造商获知缺陷存在而未采取主动召回行动的,或者制造商故意隐瞒产品缺陷的,或者以不当方式处理产品缺陷的,主管部门应当要求制造商按照指令召回程序的规定进行缺陷汽车产品召回。

第 44 条 制造商实施缺陷汽车产品召回,不免除车主及其他受害人因缺陷汽车产品所受损害,要求其承担的其他法律责任。

4.《儿童玩具召回管理规定》第 21 条 确认儿童玩具存在缺陷的,生产者应当立即停止生产销售存在缺陷的儿童玩具,依法向社会公布有关儿童玩具缺陷等信息,通知销售者停止销售存在缺陷的儿童玩具,通知消费者停止消费存在缺陷的儿童玩具,并及时实施主动召回。

第22条 生产者向社会公布有关信息的,应当遵守法律法规和国家质检总局有关规定。

生产者向销售者和消费者通知的内容应当准确、清晰和完整,通知的途径或方式应当适当、便于公众查询。

(四)学理分析

1. 缺陷产品的警示义务

(1) 缺陷产品警示义务的概念

缺陷产品的警示义务是指产品投入流通后存在缺陷的,生产者、销售者负担的说明危险的性质和范围以及防止或者避免危害发生方法的法定义务。缺陷产品警示义务可产生于以下三种情形:一是产品投入流通时,由于科学技术的水平限制未能发现产品缺陷,产品投入流通后,基于科学技术水平的进步得以发现产品缺陷的,生产者、销售者应当向社会公众履行警示的法定义务;二是产品投入流通时,由于科学技术水平以外的原因未能发现产品存在缺陷,产品投入流通后发现缺陷的,生产者、销售者应当向社会公众履行警示的法定义务;三是产品投入流通时已被发现存在缺陷,但仍被投入流通的,生产者、销售者亦应向社会公众履行警示的法定义务。生产者、销售者履行缺陷产品警示义务,应当采用足以使相关公众知晓的方式,说明危险的性质和范围以及避免或防止危害发生的方法。生产者、销售者未履行或者未适当履行警示义务的,应当承担相应的侵权责任。

(2) 缺陷产品警示义务与产品指示缺陷的区别

产品指示缺陷是产品缺陷的一种,是产品在经销过程中,因没有适当的指示和警告而使产品存在不合理的危险。产品基于功能需要可能存在合理的危险,合理的危险不是缺陷,但生产者、销售者应当对产品存在的合理危险进行必要的说明和警示,以保证产品的安全使用。缺乏必要的说明和警示将难以确保产品被正确使用,因而存在不合理的危险,构成产品缺陷。而缺陷产品警示义务是指产品投入流通后存在缺陷,生产者、销售者负有的警告、说明的法定义务。该警告、说明义务的对象并非产品基于功能需要而存在的合理危险,而是产品已经存在的不合理危险即缺陷。

(3) 违反缺陷产品警示义务的侵权责任

产品投入流通后存在缺陷的,生产者、销售者应当采取足以防止损害发生或者扩大的警示措施,未采取或者未适当采取该措施,应当承担相应的侵权责任。产生缺陷产品警示义务情形不同,违反义务所产生的侵权责任后果亦有所不同:① 产品投入流通时,由于科学技术水平的限制未能发现产品存在缺陷,产品投入流通后发现缺陷的,生产者、销售者未履行或者未适当履行警示义务,应当为科学技术水平的发展足以发现缺陷以后发生的损害承担赔偿责任;② 产品投入流通时,由于科学技术水平以外的原因未能发现产品存在缺陷的,生产者、销售者未履行或者未适当履行警示义务的,应当为未能避免的损害承担赔偿责任;③ 产品投入流通时已被发现存在缺陷仍被投入流通,生产者、销售者未履行或者未适当警示义务的,应当为未能避免的损害承担赔偿责任。同时,符合惩罚性赔偿条件的,还应承担相应的惩罚性赔偿责任。

2. 缺陷产品的召回义务

(1) 缺陷产品召回义务的概念

缺陷产品召回义务是指产品投入流通后存在缺陷的,生产者、销售者负担的以换货、退货、更换零配件等方式及时消除或者减少缺陷产品危害的法定义务。与缺陷产品警示义务相同,生产者、销售者的缺陷产品召回义务发生的情形不限于因产品投入流通时科学技术水平的限制未能发现缺陷,而产品投入流通后,基于科学技术水平的进步得以发现产品缺陷的场合,还存在于产品投入流通时因科学技术水平以外的原因未能发现缺陷而投入流通后发现缺陷的,以及已知产品存在缺陷而仍旧投入流通的场合。产品召回之中的缺陷与个别产品的缺陷有所不同,一般为某一批次或多批次多数产品存在的相同缺陷,存在对社会公众的人身、财产安全造成普遍损害的实质性风险。所以,需要生产者、销售者及时采取召回措施以避免或减少损害的发生。此外,产品召回之中的缺陷通常为制造缺陷或者设计缺陷。

(2) 缺陷产品召回的义务主体

缺陷产品召回义务的承担者是缺陷产品的生产者和销售者,包括制造商、进口商、销售商、租赁商等。缺陷产品召回义务为法定义务,该义务的履行需要国家行政机关的监管,此点与一般民事义务的履行不同。缺陷产品召回的监督和管理者是相关国家机关,现阶段对不同种类的产品,负责召回监管的国家机关有所不同。例如,国家质量监督检验检疫总局负责全国汽车、儿童玩具、食品等产品召回的组织和管理工作,国家食品药品监督管理局负责全国范围内的药品召回的监督和管理工作。此外,产品召回的其他参与者还包括新闻媒体、消费者团体以及权威产品质量鉴定机构等。

(3) 缺陷产品召回的种类和程序

依据缺陷产品召回的启动者的不同,产品召回可分为主动召回和指令召回两种。主动召回是指缺陷产品的生产者、销售者在知悉产品存在缺陷时,依法主动向政府相关部门报告,采取召回措施避免损害发生的制度。指令召回是指政府相关行政部门以行政命令指令缺陷产品的生产者、销售者采取召回措施以避免损害发生的制度。虽然主动召回与指令召回的启动者有所不同,但都需要在相关行政主管机关的监督和管理下进行,并且其召回程序都包括缺陷产品的发现、主管机关立案调查(即风险评估)、通知企业召回、企业制订召回计划、企业实施召回计划、召回总结等不同阶段。①

(4) 违反缺陷产品召回义务的侵权责任

缺陷产品召回义务是生产者、销售者负担的法定义务,违反该义务应当承担相应的侵权责任。基于产生缺陷产品召回义务的不同情形,违反义务所产生的侵权责任后果亦有所不同:① 产品投入流通时,由于科学技术水平的限制未能发现产品存在缺陷,产品投入流通后发现缺陷的,生产者、销售者未履行或者未适当履行召回义务,应当为科学技术水平的发展足以发现缺陷以后发生的损害承担赔偿责任;② 产品投入流通时,由于科学技术水平以外的原因未能发现产品存在缺陷的,生产者、销售者未履行或者未适当履行召回义务的,应当为未能避免的损害承担赔偿责任;③ 产品投入流通时已被发现存在缺陷仍被投入流通的,生产者、销售者未履行或者未适当召回义务的,应当为未能避免的损害承担赔偿责任。同时,符合惩罚性赔偿条件的,亦应承担相应的惩罚性赔偿责任。

3. 案例评析

在案例1中,丰田汽车(中国)投资有限公司将产品投入流通时,由于科

---

① 参见李昌麒主编:《经济法学》(第2版),法律出版社2008年版,第381页。

学技术水平以外的原因未能发现产品存在缺陷,投入流通后才发现该缺陷。该公司为避免损害的发生,在特许经销商的协助下,及时采取了召回缺陷产品及向相关公众发出警示两种补救措施。在采取的警示措施中,说明了危险的性质、原因以及避免损害发生的方法。如果该公司虽及时采取相应的补救措施,但仍未避免缺陷产品所导致的损害的发生,该公司应当承担产品责任。

在案例 2 中,浙江省义乌市欢喜玩具有限公司将产品投入流通后,经检验不符合国家相关安全标准,产品存在缺陷。为避免损害的发生,该公司及经销商及时采取了召回缺陷产品及向社会公众发出警示两种补救措施。在采取的警示措施中,说明了危险的性质、原因,并警示相关公众停止让 3 周岁以下儿童继续使用该产品。如果警示措施未能避免损害的发生,该公司应当承担缺陷产品引起的产品责任。

(五)自测案例

1. 汕头市澄海区新鸿基玩具有限公司根据《儿童玩具召回管理规定》的要求,向广东省质量技术监督局提交了产品召回报告,经审核并报国家质检总局核准,决定从 2008 年 7 月 3 日起,召回自 2007 年 12 月至 2008 年 3 月期间生产的型号为 QH508 和 QH520 的皇帝宝贝系列婴儿玩具,涉及玩具约 168 盒。

本次召回范围内的玩具经检验,不符合 GB6675-2003《国家玩具安全技术规范》的要求。具体表现为该玩具所含小零件或小球可能被儿童放入口中,引起窒息的危险;同时,玩具上的圆孔有夹伤儿童手指的危险。汕头市澄海区新鸿基玩具有限公司将通过经销商对其生产的在召回范围内的玩具进行召回,以消除安全隐患。

汕头市澄海区新鸿基玩具有限公司与其经销商将通过媒体、海报等多种方式向社会公示,提请用户不要再继续使用该产品,并凭购买发票或收据到该玩具购买处退货或换货。①

问:汕头市澄海区新鸿基玩具有限公司向社会公众发出警示后,仍旧发生损害的,是否应当承担侵权责任?

---

① 国家质量检验检疫总局官方网站,http://www.aqsiq.gov.cn。

2. 2009年3月26日,国家质量监督检验检疫总局发布消息,东风汽车有限公司向国家质量监督检验检疫总局递交了召回报告,决定从2009年3月27日至2009年12月31日召回2006年款阳光EQ7202型汽车,VIN范围LGBE1AE006Y060784至LGBE1AE2X6Y029141。报告指出:(1)缺陷情况:部分前悬横梁在焊接支架时,因支架安装不到位,横梁与支架间产生间隙,造成焊接不充分,强度不足。车辆在行使过程中,可能发生脱焊,导致发生异音、方向盘抖动、车辆跑偏、轮胎偏磨损等现象。(2)可能后果:出现上述现象仍继续行驶,可能出现焊接部位的开裂,影响到行车安全。(3)维修措施:对召回范围内的车辆予以检查,其中存在故障隐患的前悬横梁,予以免费更换。(4)改进措施:采用合格零件替代。(5)投诉情况:目前没有收到任何因此而发生人员伤亡的事故报告。(6)车主通知:①东风汽车有限公司通过分布在全国各地的东风汽车特约销售服务店以信函、电话等方式通知召回范围内车辆用户,安排免费维修事宜。②东风汽车有限公司通过免费客户服务热线和各地东风日产汽车特约销售服务店热线电话提供召回咨询服务。③在召回计划实施期间内没有到东风日产汽车特约销售服务店进行维修的召回范围内车辆,东风日产汽车特约销售服务店将继续通过信函、电话等方式联系车主,直至修理完毕为止。④用户可以在东风日产乘用车公司网站、汽车召回网上获取此次召回的相关信息。

问:东风汽车有限公司采用了何种召回方式?如该公司虽及时采取警示、召回等补救措施仍未避免损害发生的,是否应承担侵权责任?

第四节 惩罚性赔偿

惩罚性赔偿可以存在于违约损害赔偿责任中,亦可存在于侵权损害赔偿责任中。前者《消费者权益保护法》第49条规定的惩罚性赔偿①,后者如《侵权责任法》第47条规定的惩罚性赔偿。惩罚性赔偿的目的不在于弥补被侵权人的损害,而在于惩罚有主观故意的不法行为,因此,惩罚性赔偿除

---

① 《消费者权益保护法》第49条规定:"经营者提供商品或者服务有欺诈行为的,应当按照消费者的要求增加赔偿其受到的损失,增加赔偿的金额为消费者购买商品的价款或者接受服务的费用的一倍。"

具有一般补偿性赔偿通常功能外,还强调对不法行为人的惩罚、遏制功能,是一种集补偿、惩罚、遏制等功能于一身的赔偿制度。惩罚性赔偿仅适用于法律明确规定的场合,法律无明确规定的,不能适用惩罚性赔偿。《侵权责任法》中规定的惩罚性赔偿适用于满足特定条件的缺陷产品致人损害的产品责任场合。

(一)案情简介

> **案例1**
>
> 某日,湖北省五峰土家族自治县接连发生了多起饮用散装白酒引发的中毒事件,先后导致向宗志等4人死亡、19人入院救治。经检测,致人损害的散装白酒甲醇含量严重超标,超过国家标准近600倍,系由工业甲醇加工勾兑。该致害散装白酒系个体工商户宏斌酒水批发商店的业主邓宏斌等3人用工业甲醇加工勾兑。对此,邓宏斌供认不讳。邓宏斌等3人已经依法被公安司法部门依法追究刑事责任。

> **案例2**
>
> 2008年6月28日,位于兰州市的解放军第一医院收治了首例患"肾结石"病症的婴幼儿。7月中旬,甘肃省卫生厅接到医院婴儿泌尿结石病例报告后,随即展开了调查,并报告卫生部。随后短短两个月,该医院收治的患婴人数就迅速扩大到14名。2008年9月11日,除甘肃外,陕西、宁夏、湖南、湖北、山东、安徽、江西、江苏等地都有类似案例发生。2008年9月11日晚,石家庄三鹿集团股份有限公司发布产品召回声明称,经公司自检发现2008年8月6日前出厂的部分批次三鹿牌婴幼儿奶粉受到工业原料三聚氰胺的污染,市场上大约有700吨。为对消费者负责,该公司决定立即对该批次奶粉全部召回。截止到2008年9月12日,各地向卫生部报告泌尿系统结石病患儿432例,公安部门对三鹿牌婴幼儿配方奶粉重大安全事故进行调查,依法传唤了78名有关人

员,其中19人因涉嫌生产、销售有毒、有害食品罪被刑事拘留,2名犯罪嫌疑人因涉嫌生产、销售有毒、有害食品罪被批捕。2008年12月31日,石家庄市中级人民法院开庭审理了三鹿集团股份有限公司及田文华等4名原三鹿集团高级管理人员被控生产、销售伪劣产品案,一审判决后,被告田文华等人提出上诉。2009年3月26日,河北省高级人民法院认定田文华等4名原三鹿集团高级管理人员明知产品存在缺陷仍旧组织生产和销售,裁定全案驳回三鹿集团田文华等人的上诉,维持一审以生产、销售伪劣产品罪判处田文华无期徒刑,剥夺政治权利终身,并处罚金人民币2468.7411万元的判决,核准了对高俊杰以危险方法危害公共安全罪判处死刑,缓期二年执行,剥夺政治权利终身的判决。①

(二)思考方向

缺陷产品致害时有发生,但并非发生缺陷产品致害就可适用或者主张惩罚性赔偿。惩罚性赔偿能否成立及如何适用,需要结合惩罚性赔偿的构成要件加以把握。

(三)法律规定

《侵权责任法》第47条 明知产品存在缺陷仍然生产、销售,造成他人死亡或者健康严重损害的,被侵权人有权请求相应的惩罚性赔偿。

(四)学理分析

1. 惩罚性赔偿的概念和特征

惩罚性赔偿又称惩戒性赔偿,是侵权人承担的给付被侵权人超过其实际损害数额的一种金钱赔偿的民事责任。

惩罚性赔偿的主要目的在于惩罚具有主观故意的违法行为,而不是补偿被侵权人的损害,因此,惩罚性赔偿具有如下特征:

---

① 参见国家质量检验检疫总局官方网站,http://www.aqsiq.gov.cn。

(1) 惩罚性赔偿是具有公法目的的私法责任

惩罚性赔偿在性质上属于民事责任,基于法律地位平等的民事主体之间民事权益侵害而发生,是民事主体在权益受到侵害之时可寻求的一种民事救济,赔偿金额由侵权人支付给被侵权人,并且依法产生的惩罚性赔偿请求权可由权利人依法加以处分。被侵权人所享有的赔偿请求权为私法权利,侵权人承担的惩罚性赔偿亦为私法责任。但惩罚性赔偿又体现了国家的惩罚、遏制不法行为的目的,具有一定的公法目的。

(2) 惩罚性赔偿具有补充性

所谓补充性,是指惩罚性赔偿只有在补偿性赔偿不足以惩罚侵权人的恶意侵权行为或者不足以表明法律对这种行为的充分否定,及阻止恶意侵权行为再次发生时才能加以适用。补偿性赔偿是损失赔偿的通常表现,如无惩罚、遏制特别的需要,不能适用惩罚性赔偿。

(3) 惩罚性赔偿具有法定性

惩罚性赔偿作为民事责任的补充和例外,应在法定场合下适用,而不允许法官在无法律授权的情况下裁量适用,以保证惩罚性赔偿立法目的的实现以及民事责任的体系和谐。

2. 惩罚性赔偿的构成要件

在产品责任中,生产、销售缺陷产品致人损害符合惩罚性赔偿的要件时,应被侵权人的请求,生产者、销售者应当承担相应的惩罚性赔偿。根据《侵权责任法》的规定,适用缺陷产品引发的惩罚性赔偿应满足如下条件:

(1) 产品存在缺陷

在侵权责任法中,惩罚性赔偿仅适用于缺陷产品引发损害的场合,是生产者、销售者在特定情况下,承担的特殊产品责任。产品存在设计缺陷、制造缺陷或者指示缺陷,是惩罚性赔偿承担的必要条件。

(2) 侵权人明知产品存在缺陷

产品责任适用无过错责任原则,无论缺陷产品的生产者、销售者是否存在过错,都不影响产品责任的成立与承担。但惩罚性赔偿要求侵权人将缺陷产品投入流通时具有主观故意,才可适用惩罚性赔偿。这里的故意内容为明知是缺陷产品仍然生产、销售,至于行为人对损害后果的何种抱有主观心理状态,不影响惩罚性赔偿的成立。侵权人不具备明知产品存在缺陷的主观过错形态,不能适用惩罚性赔偿,但仍可构成产品责任。

(3) 被侵权人死亡或者严重健康损害

惩罚性赔偿的成立要求严重的损害后果,即造成被侵权人死亡或者严重健康损害。除此以外的其他损害,不能适用惩罚性赔偿。

(4) 损害后果与缺陷产品之间存在因果关系

被侵权人的死亡或者严重健康损害的损害后果须由侵权人生产或者销售的缺陷产品造成,严重损害后果与缺陷产品之间具有法律上的因果关系。

3. 惩罚性赔偿应注意的问题

在侵权责任法中,惩罚性赔偿的适用应注意以下问题:

(1) 惩罚性赔偿的适用须由被侵权人提出请求

惩罚性赔偿虽体现了法律的惩罚、遏制功能,具有一定的公法目的,但本质上仍是私法责任。惩罚性赔偿请求权性质上为民事权利,其行使与否决定于当事人的意思表示。惩罚性赔偿的条件虽已具备,但当事人未主张惩罚性赔偿的,人民法院不能依职权主动援引和适用。

(2) 惩罚性赔偿仅适用于缺陷产品致害的情况

惩罚性赔偿的适用具有法定性,仅能适用于法律特别规定的情形;没有法律特别规定的,不允许法官裁量适用惩罚性赔偿。在侵权责任中,只有缺陷产品致害可以适用惩罚性赔偿,其他侵权行为不管主观恶性如何恶劣、损害后果如何严重都不可类比适用惩罚性赔偿。

(3) 惩罚性赔偿仅适用于缺陷产品致害的特定情形

产品责任适用无过错责任原则,无论生产者、销售者有无过错都应承担产品责任,但惩罚性赔偿限定于生产者、销售者明知产品存在缺陷仍然生产、销售的情形。缺陷产品致人损害,无论该损害是财产损害、人身损害或者精神损害,都不影响产品责任的承担,但只有缺陷产品造成他人死亡或者严重健康损害的特定情形,才适用惩罚性赔偿。

(4) 惩罚性赔偿是产品责任的特别承担方式

缺陷产品致人损害应由生产者、销售者承担产品责任,赔偿损失是其产品责任的主要承担方式。补偿性赔偿与惩罚性赔偿是赔偿损失的两种表现方式,惩罚性赔偿的承担以产品责任的成立为前提。缺陷产品致人损害符合惩罚性赔偿的要件,应由生产者、销售者承担惩罚性赔偿;不符合惩罚性赔偿的要件,应由生产者、销售者承担产品责任。

(5) 惩罚性赔偿的承担不影响行政责任、刑事责任的承担

惩罚性赔偿适用于生产者、销售者明知产品存在缺陷仍旧生产、销售的场合,并且以造成被侵权人死亡或者严重健康损害为构成要件。惩罚性赔偿的承担者往往具备较严重的主观恶性及社会危害后果,除承担惩罚性赔偿这一民事责任外,在符合行政法、刑法规定的情况下,还应承担相应的行政责任、刑事责任。

4. 案例评析

在案例 1 中,个体工商户宏斌酒水批发商店的业主邓宏斌等 3 人明知其生产、销售的散装白酒由工业甲醇加工勾兑,存在威胁人身健康、人身或财产安全的不合理危险,仍旧生产、销售,造成 4 人死亡、19 人住院治疗的严重后果。对此,侵权人邓宏斌等三人除应依法承担行政责任、刑事责任外,还应承担产品责任。因邓宏斌等三人明知产品存在缺陷,仍旧生产、销售,按照《侵权责任法》的规定,受害致死的 4 人的近亲属及其他身体受到严重伤害的被侵权人可依法主张惩罚性赔偿。

在案例 2 中,石家庄三鹿集团股份有限公司生产、销售的"三鹿"牌婴幼儿奶粉添加了工业原料三聚氰胺,该公司高管田文华等工作人员明知产品存在危及人身健康、人身或者财产安全的不合理危险,仍旧组织生产、销售,造成多患儿死亡及众多患儿健康受损。按照《侵权责任法》的规定,受害致死患儿的近亲属及其他身体健康受到严重伤害的患儿可以要求缺陷产品的生产者石家庄三鹿集团股份有限公司承担惩罚性赔偿。

(五) 自测案例

1. 国家质量监督检验检疫总局在 2007 年开展了"春节年货"某类火腿专项国家监督抽查活动,共抽查了 33 家企业生产的 34 种产品,经检验合格产品 32 种,抽查合格率 94.1%。不合格的两种产品分别标称为"某市知华火腿有限公司"生产的"知华"牌某类火腿(知华火腿)(2007 年 1 月 12 日生产,3 kg/只)和标称为"某市衡发火腿厂"生产的"衡发"牌某类火腿(2007 年 1 月 6 日生产,800 g/袋)。造成不合格的原因,是上述企业生产反季节火腿(即当年立冬到第二年立春时间以外生产的火腿),为防止蚊虫叮咬并在火

腿上产卵,而在火腿表面喷洒敌敌畏,或者使用敌敌畏对腌制、晾晒发酵、储藏厂房的环境进行消毒的方法不恰当,导致喷洒的敌敌畏或环境中残留的敌敌畏污染腿身。王某等人向消费者协会举报,在食用知华火腿后腹泻呕吐身体不适,经短暂治疗后痊愈。

问:王某等人食用知华火腿后出现健康损害,能否主张惩罚性赔偿?

2. 重庆渝中区的冉姓父子两人轻信网络上的虚假广告,网购标示为北京嘉华裕泰生物科技有限公司生产的"瓜瓜胶植物复合囊"(三消稳糖)服用控制血糖,父子俩一个月内相继离世。2009年年初,冉老先生从网上查到"三消稳糖"的宣传广告后非常高兴,并找到一家正在销售该产品的网店,于3月2日汇去160元钱购买了5盒。服用后,因感觉还不错,便让自己同患糖尿病的大儿子冉红宇也服用。从那时起直到死亡,两父子都按照产品说明上注明的剂量服用:每天两次、每次3粒。冉老先生在某网店一共买过3次"三消稳糖"胶囊。7月3日晚上,冉老先生突然出现全身无力、腹泻、呼吸困难等症状,4天后抢救无效死亡,死因是乳酸中毒导致的呼吸衰竭。7月29日晚,冉红宇出现与父亲一样的症状,被紧急送到医院就诊,30日晚上也因乳酸中毒而死亡。重庆医科大学附属一院内分泌科在一个月之内发现两起死于乳酸中毒的糖尿病人,引起医院的高度重视,并于31日向渝中区卫生局汇报。后经检验发现,"三消稳糖"中添加了盐酸苯乙双胍和格列齐特这两种药物成分。据悉,苯乙双胍是早已明令禁止临床使用的药物。

2009年8月7日,国家食品药品监督管理局发出通知,要求依法查处标示为北京嘉华裕泰生物科技有限公司生产的"瓜瓜胶植物复合胶囊"(三消稳糖)。标示为北京嘉华裕泰生物科技有限公司生产的"三消稳糖"既不是药品,也不是保健食品。该产品在互联网上被大肆宣传具有药品功效,有降血糖治疗作用,严重误导消费者。经对该产品检验,发现有非法添加的药物成分,违反了药品管理的相关规定。国家食品药品监督管理局已要求地方食品药品监管部门按照职能进行调查并依法处理,同时提醒广大消费者,就医买药应当到正规医疗机构和药店。①

问:冉姓父子的近亲属能否要求惩罚性赔偿?

---

① 参见国家食品药品监督管理局官方网站,http://www.sda.gov.cn/WS01/CL0051/40455.html。

第八章　机动车交通事故责任

　　机动车交通事故责任是指机动车在道路上通行造成他人损害时,机动车一方所应承担的侵权责任。对机动车交通事故,法律确立了机动车第三者责任强制保险与机动车一方承担事故责任的双轨制,并且不同类型的机动车交通事故责任的归责原则是不同的。机动车之间发生交通事故时,适用过错责任原则;机动车与非机动车驾驶人、行人之间发生交通事故时,适用无过错责任原则。无论是机动车之间发生交通事故,还是机动车与非机动车驾驶人、行人之间发生交通事故,都应由保险人在责任限额范围内对被侵权人予以赔偿。

第一节　机动车交通事故责任的归责原则与构成要件

　　不同类型的机动车交通事故适用不同的归责原则,因而在构成要件上也有所差异。机动车与非机动车驾驶人、行人之间发生交通事故,适用无过错责任原则,其构成要件包括:机动车一方有交通违法行为、被侵权人受到了损害、交通违法行为与损害后果之间具有因果关系。机动车之间发生交通事故,适用过错责任原则,其责任构成除上述三个条件外,还须有机动车一方存在过错。

一、机动车与机动车间的交通事故责任

(一)案情简介

> **案 例**
> 　　原告秦某、杜某系死者秦福军之父母,原告吴某系死者秦福军之妻。某日,被告齐某驾驶自有小型货车从上海市行至沪宁高速公路73 km

+40 m处,由超车道驶入行车道时,因未与被超车辆保持足够距离,其车辆右前轮与正在行车道行驶的被侵权人秦福军驾驶的小客车车头左侧相撞,致被超车辆失控撞断路边护栏后冲下路基,致小客车驾驶员秦福军当场死亡。公安交警某大队作出道路事故责任认定书,认定被告齐某负事故全部责任。被告齐某的自有车辆参加了被告某保险公司的第三者责任强制保险。原告秦某、杜某、吴某将被告齐某和被告某保险公司诉至人民法院,要求二被告承担赔偿责任。

(二)思考方向

机动车与机动车之间发生的交通事故适用过错责任原则,由有过错方承担侵权责任。在上述案例中,机动车之间发生的交通事故,被告是否承担赔偿责任,要结合机动车之间交通事故责任的构成要件加以确定。

(三)法律规定

1.《侵权责任法》第48条 机动车发生交通事故造成损害的,依照道路交通安全法的有关规定承担赔偿责任。

2.《道路交通安全法》第76条 机动车发生交通事故造成人身伤亡、财产损失的,由保险公司在机动车第三者责任强制保险责任限额范围内予以赔偿;不足部分,按照下列规定承担赔偿责任:

(一)机动车之间发生交通事故的,由有过错的一方承担赔偿责任;双方都有过错的,按照各自过错的比例分担责任。

……

3.《机动车交通事故责任强制保险条例》第2条 在中华人民共和国境内道路上行驶的机动车的所有人或者管理人,应当依照《中华人民共和国道路交通安全法》的规定投保机动车交通事故责任强制保险。

机动车交通事故责任强制保险的投保、赔偿和监督管理,适用本条例。

第21条 被保险机动车发生道路交通事故造成本车人员、被保险人以外的受害人人身伤亡、财产损失的,由保险公司依法在机动车交通事故责任强制保险责任限额范围内予以赔偿。

道路交通事故的损失是由受害人故意造成的,保险公司不予赔偿。

第 22 条 有下列情形之一的,保险公司在机动车交通事故责任强制保险责任限额范围内垫付抢救费用,并有权向致害人追偿:

(一)驾驶人未取得驾驶资格或者醉酒的;

(二)被保险机动车被盗抢期间肇事的;

(三)被保险人故意制造道路交通事故的。

有前款所列情形之一,发生道路交通事故的,造成受害人的财产损失,保险公司不承担赔偿责任。

(四)学理分析

1. 机动车与机动车之间的交通事故责任的归责原则与构成要件

根据《道路交通安全法》的规定,机动车之间发生交通事故的,由有过错的一方承担赔偿责任;双方都有过错的,按照各自的过错比例分担责任。可见,机动车之间发生交通事故适用过错责任原则,有过错的机动车一方承担侵权责任;没有过错的,不承担侵权责任。

机动车之间发生交通事故适用过错责任原则,因此,其构成要件包括:

(1)机动车一方有交通违法行为。机动车交通事故责任是因交通事故而产生的责任,因此,只有机动车一方有交通违法行为,这种责任才能成立。机动车一方的交通违法行为,通常表现为在道路通行时违反了道路交通安全法律、法规。

(2)被侵权人受到了损害。机动车在通行过程中所造成的损害,既包括人身伤亡和财产损失,也包括因人身伤亡而导致的精神损害。财产损失既包括实际损失,也包括可得利益损失。

(3)交通违法行为与损害后果之间具有因果关系。只有交通违法行为造成了一方的损害后果,即行为与损害之间有因果关系,机动车交通事故责任才能成立。

(4)机动车一方存在过错。机动车之间发生交通事故适用过错责任原则,因此,只有在机动车一方有过错的情况下,这种责任才能成立。

2. 案例评析

在本案例中,秦福军驾驶的小客车与被告齐某驾驶的小型货车相互碰撞,秦福军在事故中死亡,构成了机动车与机动车之间的交通事故责任。首先,被告齐某驾驶的车辆为自有车辆,在本起交通事故中负事故的全部责任,存在过错,其交通违法行为造成了被侵权人秦福军的死亡。其次,被告齐某驾驶的小货车参加了机动车第三者责任强制保险,应由被告齐某一方承担的赔偿责任,保险公司应在保险限额内予以赔偿;不足部分,由有过错的机动车一方赔偿。所以,本案因秦福军死亡而产生的损失,应当由保险公司在保险责任限额内予以赔偿;不足部分,由被告齐某赔偿。

(五)自测案例

被告杨某驾驶湘L72xxx栏板大货车在广州市番禺区番中公路由南往北方向驶至广州市番禺区大岗镇雁沙村路段时,与原告刘某驾驶的粤B68xxx重型半挂牵引车发生碰撞,造成两车损坏和刘某受伤的交通事故。广州市公安局交通警察支队某大队作出《交通事故认定书》,认定杨某承担事故的全部责任,刘某不承担事故责任。肇事车辆湘L72xxx栏板大货车的车主是被告陈某,被告杨某受雇于被告陈某,系该车驾驶员。陈某向中国人民财产保险股份有限公司某支公司为湘L72xxx栏板大货车购买了限额为50000元的第三者责任险,事发时在保险期限内。某市锦方货运有限公司是刘某驾驶的粤B68xxx重型半挂牵引车的车主。原告刘某就其受到人身损害的赔偿事宜未能与被告杨某、陈某协商一致,遂将二被告诉至人民法院。

问:原告刘某所受人身损害应由谁赔偿?

二、机动车与行人、非机动车间的交通事故责任

机动车与行人、非机动车之间发生交通事故,机动车一方责任的承担适用无过错责任原则。无论机动车一方有无过错,都应承担损害赔偿责任。不过,在机动车一方无过错时,机动车一方责任的承担实行赔偿限额。

（一）案情简介

> **案例**
>
> 某日，北京市房山区农民许某进入京石高速公路时，被司机赵某驾驶的汽车撞死。交通管理部门对事故进行了处理，认为许某进入高速公路发生交通事故，违反了《道路安全交通法》的有关规定，是发生此次事故的全部原因，而赵某没有与交通事故有关的过错行为，确定许某为全部责任，赵某为无责任。事故发生后，赵某支付了抢救费用，并给付现金1.5万元。许某的家属认为，许某的死亡与赵某驾车撞击有直接因果关系，于是诉至人民法院，要求赵某和车辆所投保的保险公司赔偿50%的损失。赵某认为，自己对事故的发生没有责任，不同意承担50%的赔偿责任。保险公司则认为，应当按照机动车交通事故责任强制保险的有关规定，保险公司只能按照无责的赔偿限额予以赔偿。人民法院经审理认为，赵某发生交通事故时驾驶的车辆在保险公司投保了机动车交通事故责任强制保险，依据《道路交通安全法》第76条、《机动车交通事故责任强制保险条例》及机动车交通事故责任强制保险单，保险公司应在无责任死亡伤残赔偿限额内予以赔付。超出保险公司无责任死亡赔偿限额部分，人民法院按照本案具体情况确定赵某应赔偿的份额。故判决保险公司赔偿死者家属死亡赔偿金等合计1万元，赵某除已给付的赔偿款外再赔偿死者家属死亡赔偿金等8800元。

（二）思考方向

机动车与非机动车驾驶人、行人之间发生交通事故，机动车一方责任的承担适用无过错责任原则。在上述案例中，机动车交通事故发生在机动车与非机动车驾驶人、行人之间，机动车一方的赔偿责任，应当根据责任的构成要件加以确定。

(三) 法律规定

1.《侵权责任法》第 48 条　机动车发生交通事故造成损害的,依照道路交通安全法的有关规定承担赔偿责任。

2.《道路交通安全法》第 76 条　机动车发生交通事故造成人身伤亡、财产损失的,由保险公司在机动车第三者责任强制保险责任限额范围内予以赔偿;不足部分,按照下列规定承担赔偿责任:

……

(二) 机动车与非机动车驾驶人、行人之间发生交通事故,非机动车驾驶人、行人没有过错的,由机动车一方承担赔偿责任;有证据证明非机动车驾驶人、行人有过错的,根据过错程度适当减轻机动车一方的赔偿责任;机动车一方没有过错的,承担不超过百分之十的赔偿责任。

交通事故的损失是由非机动车驾驶人、行人故意碰撞机动车造成的,机动车一方不承担责任。

3.《机动车交通事故责任强制保险条例》第 2 条　在中华人民共和国境内道路上行驶的机动车的所有人或者管理人,应当依照《中华人民共和国道路交通安全法》的规定投保机动车交通事故责任强制保险。

机动车交通事故责任强制保险的投保、赔偿和监督管理,适用本条例。

第 21 条　被保险机动车发生道路交通事故造成本车人员、被保险人以外的受害人人身伤亡、财产损失的,由保险公司依法在机动车交通事故责任强制保险责任限额范围内予以赔偿。

道路交通事故的损失是由受害人故意造成的,保险公司不予赔偿。

第 22 条　有下列情形之一的,保险公司在机动车交通事故责任强制保险责任限额范围内垫付抢救费用,并有权向致害人追偿:

(一) 驾驶人未取得驾驶资格或者醉酒的;

(二) 被保险机动车被盗抢期间肇事的;

(三) 被保险人故意制造道路交通事故的。

有前款所列情形之一,发生道路交通事故的,造成受害人的财产损失,保险公司不承担赔偿责任。

（四）学理分析

1. 机动车与行人、非机动车之间的交通事故责任的归责原则与构成要件

根据《道路交通安全法》的规定，机动车与行人、非机动车之间发生交通事故，非机动车驾驶人、行人没有过错的，由机动车一方承担赔偿责任；有证据证明非机动车驾驶人、行人有过错的，根据过错程度适当减轻机动车一方的赔偿责任；机动车一方没有过错的，承担不超过10%的赔偿责任。可见，无论机动车一方是否有过错，都要对非机动车驾驶人、行人承担赔偿责任，只不过在机动车一方无过错时，实行限额赔偿罢了。因此，机动车与行人、非机动车之间的交通事故责任适用无过错责任原则。

机动车与行人、非机动车之间的交通事故责任适用无过错责任原则，因此，其构成要件包括：

（1）机动车一方有交通违法行为。机动车交通事故责任是因交通事故而产生的责任，因此，只有机动车一方有交通违法行为，这种责任才能成立。机动车一方的交通违法行为，通常表现为在道路通行时违反了道路交通安全法律、法规。

（2）被侵权人受到了损害。机动车在通行过程中所造成的损害，既包括人身伤亡和财产损失，也包括因人身伤亡而导致的精神损害。财产损失既包括实际损失，也包括可得利益损失。

（3）交通违法行为与损害后果之间具有因果关系。只有交通违法行为造成了一方的损害后果，即行为与损害之间有因果关系，机动车交通事故责任才能成立。

2. 案例评析

在本案例中，许某被赵某驾驶汽车碰撞死亡，构成了机动车与非机动车、行人之间的交通事故责任。首先，根据交警部门认定，许某对此次交通事故负全部责任，赵某无责任，也即赵某对交通事故的发生并无过错。此外，赵某的侵害行为与许某的死亡之间存在直接因果关系。其次，赵某的机动车参加了第三者责任强制保险，许某应当承担赔偿责任的部分，在保险责任限额内，保险公司应当予以赔偿。机动车与非机动车、行人之间发生交通事故,机动车一方没有过错的,其承担责任的限额不超过被侵权人所受损失的 10%。而由机动车一方承担赔偿责任的部分,保险公司在机动车第三者责任强制保险责任限额范围内予以赔偿;不足部分,由机动车一方赔偿。所以,许某死亡而产生的损失,赵某应当承担的不超过全部损失 10% 的部分,应由保险公司在该机动车参加的第三者责任强制保险责任限额范围内予以赔偿;不足部分,由赵某承担赔偿责任。

(五) 自测案例

某日 21 时 25 分左右,被告万某驾驶某县农业局所有的豫 A13xxx 号桑塔纳轿车沿某县中东路由北向南行驶至康立制药厂南口处时,与相对方向行驶左转弯的原告驾驶的两轮助力电动车发生事故,造成两车不同程度损伤,原告受伤。此事故经公安局交通警察大队处理,认定被告万某负此事故全部责任,原告无责任。被告万某系某县农业局司机,事发时万某正外出执行工作任务。另,肇事的豫 A13xxx 号桑塔纳轿车参加了第三者责任强制保险。

问:原告所受到的人身及财产损害应由谁赔偿?

第二节 机动车交通事故责任的承担

在机动车交通事故责任中,机动车一方为责任主体,应当承担相应的赔偿责任。机动车一方是指支配机动车辆并获取运行利益的人,一般情况下为机动车的所有人,但也可以是机动车的非所有人。在实践中,如何具体确定机动车一方的责任,应当根据不同情形加以判断。

一、租赁、借用车辆的机动车交通事故责任

(一) 案情简介

案 例

某日凌晨 2 时 25 分,被告伦某驾驶刹车制动效能不合格的粤 A/T9xxx 号两轮摩托车(车主为被告邓某)于某市泰康路由西向东方向违

章由右变更车道时,与原告隋某驾驶的豫 Q/E3xxx 号两轮摩托车相撞,造成豫 Q/E3xxx 号两轮摩托车的驾驶人隋某受伤的交通事故。某市公安局交通警察大队作出的《道路交通事故责任认定书》认定:由于伦某驾车没有让其本车道内车辆优先通行,且超速驾驶刹车制动效能不合格的机动车,负事故全部责任。经查,被告邓某系被告伦某的雇主,为伦某上班方便,将其摩托车借给伦某使用。事发时,被告邓某在国外,被告伦某在休班后非执行工作任务时使用该车,其驾驶的粤 A/T9xxx 号两轮摩托车参加了第三者责任强制保险。原告与二被告就赔偿事宜未能达成一致,遂诉至人民法院。

(二)思考方向

在现实生活中,因租赁、借用等情形使机动车与其所有人分离,机动车承租人或者使用人为机动车实际控制人的形态是常见的。在上述案例中,正是因为机动车所有人的出借行为,由机动车借用人实际控制机动车时发生了交通事故。在此情形下,赔偿责任由谁承担,须根据机动车运行支配与利益归属原则,结合法律规定加以解决。

(三)法律规定

《侵权责任法》第 49 条　因租赁、借用等情形机动车所有人与使用人不是同一人时,发生交通事故后属于该机动车一方责任的,由保险公司在机动车强制保险责任限额范围内予以赔偿。不足部分,由机动车使用人承担赔偿责任;机动车所有人对损害的发生有过错的,承担相应的赔偿责任。

(四)学理分析

1. 租赁、借用车辆机动车交通事故责任的承担主体

机动车租赁是指机动车所有人将机动车在一定时间内交付承租人使用、收益,机动车所有人收取租赁费用,不提供驾驶劳务的行为。机动车借用是指机动车所有人将机动车在约定时间内交由借用人使用的行为。根据机动车运行支配与运行利益归属原则,机动车的租赁、借用导致机动车合法地转移给他人占有时,机动车的合法占有人已经成为机动车运行支配控制人与运行利益的享有人,因此,合法占有人应当承担相应的机动车交通事故责任。

在租赁、借用等情形使机动车所有人与使用人不是同一人时,发生交通事故后,赔偿责任的承担具体表现为以下三种情形:

(1) 由保险公司在机动车强制保险责任限额范围内予以赔偿。根据《机动车交通事故责任强制保险条例》第2条的规定,在我国境内道路上行驶的机动车所有人或者管理人,应当按照《道路交通安全法》的规定投保机动车交通事故责任强制保险。在发生交通事故后,首先由保险公司在机动车强制保险责任限额范围内予以赔偿。

(2) 保险公司在机动车强制保险责任限额范围内予以赔偿的不足部分,由机动车使用人承担赔偿责任。

(3) 机动车所有人对损害的发生有过错的,根据其过错程度,对保险公司在机动车强制保险责任限额内予以赔偿后的不足部分,承担相应的赔偿责任。

2. 案例评析

在本案例中,原告隋某驾驶的两轮摩托与被告伦某驾驶的两轮摩托发生碰撞,给原告隋某造成的人身、财产损害,构成了机动车交通事故责任。首先,经交警部门认定,对于事故的发生,被告伦某负全部责任,原告隋某无责任,被告伦某存在过错,其交通违法行为与原告所受到的人身、财产损害存在直接的因果关系。其次,被告伦某虽系被告邓某的雇员,但事发时,肇事车辆的驾驶人伦某并非执行工作任务,其所造成的损害,被告邓某不承担替代责任。最后,被告伦某所驾驶的粤 A/T9xxx 号两轮摩托车的车主为被告邓某,被告邓某在将车借给被告伦某使用时,应当保持车况良好,故结合本案情况,可以认为被告邓某提供刹车制动效能不合格的机动车存在过错。根据《侵权责任法》的规定,借用车辆发生交通事故属于机动车一方责任的,由保险公司在机动车强制保险责任限额范围内予以赔偿;不足部分,由机动车使用人承担赔偿责任。机动车所有人对损害的发生有过错的,承担相应的赔偿责任。所以,本案原告隋某所受到的损害,属于粤 A/T9xxx 号两轮摩托车承担责任的部分,应当由保险公司在强制保险责任限额范围内予以赔偿;不足部分,应当由被告伦某赔偿,并且对该不足部分,被告邓某根据其过错程度承担相应的赔偿责任。

（五）自测案例

某日下午，被告刘慧生将其所有的一辆牌照为吉A56xxx的小轿车交给被告林永贵的修车厂修理。车辆修好后，林永贵打电话给车主刘慧生，告知其前来取车。后林永贵因有事离开了修车厂。被告林启荣在林永贵离开后擅自将该车开出修车厂，在修车厂外不远处的路上，将原告林永明驾驶的两轮摩托车撞倒。原告住院后，花去住院等费用若干。经交警大队认定，被告林启荣无证驾驶，操纵不当，是发生事故的根本原因，负事故的全部责任。原告林永明要求被告林启荣赔偿损失，但被告林启荣无力赔偿。被告刘慧生所有的牌照为吉A56xxx的小轿车参加了第三者责任强制保险。原告遂将车主刘慧生、修车厂经营者林永贵及肇事人林启荣一并诉至人民法院。

问：原告林永明所受到的人身及财产损害应由谁赔偿？

二、未办理所有权转移登记车辆的机动车交通事故责任

（一）案情简介

> **案例**
>
> 某日下午2时50分左右，被告穆广进驾驶登记车主为被告徐俊、车牌号为苏F-AD263号的轻型厢式货车，途经海安县海安镇平桥路与河西交叉路口地段由西向东行驶过程中，与由北向南驾驶苏F-CS490号二轮摩托车的季崇山发生碰撞，致季崇山死亡，双方车辆受损。根据当地公安交警大队作出的事故认定，被告穆广进对本案交通事故负次要责任，季崇山负主要责任。经查，被告穆广进驾驶的肇事车辆是被告徐俊与案外人孙福生合伙期间购买的，后被告徐俊与孙福生散伙，合伙财产分割时约定，该车辆归孙福生所有，但未办理过户手续。本案车辆是由孙福生租赁给穆广进使用而发生交通事故。季崇山的父亲季珍宜、母亲张凤加、妻子许兰艳、女儿季如彤将被告肇事车辆驾驶员穆广进、车主徐俊、肇事车辆第三者责任强制保险承保人某保险公司诉至人民法院，要求上述被告承担赔偿责任。

(二) 思考方向

机动车以买卖等方式转让但未办理登记过户手续,发生机动车交通事故的,应当由受让人承担侵权责任。在上述案例中,发生交通事故的机动车皆为登记所有人与实际所有人不一致的情形。在此种情况下,被侵权人损害的赔偿,应当结合未办理所有权转移登记车辆的机动车交通事故责任的承担规则加以确定。

(三) 法律规定

1.《侵权责任法》第50条 当事人之间已经以买卖等方式转让并交付机动车但未办理所有权转移登记,发生交通事故后属于该机动车一方责任的,由保险公司在机动车强制保险责任限额范围内予以赔偿。不足部分,由受让人承担赔偿责任。

2.《物权法》第23条 动产物权的设立和转让,自交付时发生效力,但法律另有规定的除外。

第24条 船舶、航空器和机动车等物权的设立、变更、转让和消灭,未经登记,不得对抗善意第三人。

(四) 学理分析

1. 未办理所有权转移登记车辆的机动车交通事故责任的承担主体

机动车属于动产,但又是价值较高、使用期限较长的特殊动产。根据《物权法》的规定,动产物权的设立和转让,自交付时起发生法律效力。但船舶、航空器和机动车等物权的设立、变更、转让和消灭,未经登记,不得对抗善意第三人。以买卖等方式转让并交付机动车但未办理所有权转移登记的,并不影响物权变动的效力,机动车所有权已经由受让人取得。但是,此时会产生机动车的登记所有人与实际所有人不一致的情况。此时,应根据机动车运行支配与运行利益归属原则确定责任的承担主体。机动车以买卖等方式转让并交付后,虽未办理所有权登记手续,但机动车的受让人已经成为机动车运行支配控制人与运行利益的享有人,因此,应当由机动车的受让人承担相应的机动车交通事故责任。

根据《侵权责任法》的规定，以买卖等方式转让并交付机动车但未办理所有权转移登记，发生交通事故的，属于机动车一方的责任应当首先由保险公司在机动车强制保险责任限额范围内予以赔偿。不足部分由受让人承担赔偿责任。

2. 案例评析

在本案例中，季崇山驾驶的两轮摩托与被告穆广进驾驶的轻型厢式货车发生碰撞，导致季崇山死亡以及财产的损失，构成机动车交通事故责任。首先，经交警部门认定，在该交通事故中，穆广进负次要责任，季崇山负主要责任，穆广进对事故的发生存在过错，其交通违法行为与季崇山的死亡存在直接因果关系。其次，死者季崇山对交通事故的发生负有主要责任，存在过错，应当根据其过错程度减轻苏F-AD263号的轻型厢式货车一方的赔偿责任。再次，苏F-AD263号的轻型厢式货车的车主虽登记为被告徐俊，但该车系被告徐俊与案外人孙福生合伙期间购买，在二人散伙财产分割时，双方约定该车的所有权由孙福生享有，并由孙福生控制、使用，被告徐俊虽然为登记所有人，但该车的实际所有人为孙福生。最后，该车系案外人孙福生出租给被告穆广进使用，穆广进为该车的实际使用人并享有该车的运行利益。根据《侵权责任法》的规定，转让机动车已交付但未办理过户登记手续而发生的机动车发生交通事故，属于该机动车一方责任的，由保险公司在机动车强制保险责任限额范围内予以赔偿；不足部分，由受让人承担赔偿责任。同时，租赁机动车的，由承租方承担赔偿责任。所以，对季崇山死亡以及财产损失，苏F-AD263号的轻型厢式货车一方承担的次要责任，由保险公司在强制保险责任限额范围内予以赔偿；不足部分由被告穆广进承担赔偿责任，被告徐俊不承担赔偿责任。

（五）自测案例

某日17时20分许，被告郭德尊驾驶冀B/B1xxx号货车由赣州方向驶于都方向，当行驶至323线125km+980m处，与相对方向由案外人李彬驾驶的赣B/04xxx号车相撞，导致乘坐在B/04xxx号车上的原告易华英受伤，事故发生后，郭德尊驾驶车辆离开了现场。本次交通事故经某县交警大队认定，被告郭德尊负全部责任，李彬不负责任。经查，被告郭德尊驾驶的冀B/B1xxx号车，登记车主为被告某市丰南区城南金属结构厂。后该车被某市丰南区城南金属结构厂卖给了案外人何雅素,双方签订了转让协议书。案外人何雅素又将车卖给了郭德尊,双方也签订了转让协议书。但是,两次买卖都未办理过户手续。被告郭德尊驾驶的冀B/B1xxx号货车参加了第三者责任强制保险。原告将二被告郭德尊、某市丰南区城南金属结构厂诉至人民法院,要求二被告承担赔偿责任。

问:原告易华英所受损害应由谁承担赔偿责任?

三、拼装车、报废车的机动车交通事故责任

(一)案情简介

> **案例**
>
> 某日晚,刘某在320国道驾驶赣55xxx中型货车与陈某驾驶的冀B/B1xxx中型货车相撞,事故致刘某左髋关节脱位、左坐骨下支及髋骨折,车辆受损。当地交警部门作出的《道路交通事故责任认定书》认定:陈某驾驶不符合规定拼装车酒后超速驾车导致事故的发生,负事故的全部责任,刘某无责任。经查,陈某所驾驶的拼装车系某县文青修理厂的经营者王某使用报废车的车架、前后桥等零配件组装的,陈某从王某处购得该车。陈某购得该车后,使用伪造的材料办理了车牌等手续,并使用该车从事经营活动。

(二)思考方向

拼装和已到达报废标准的机动车,因不能达到机动车上路行驶的安全标准,禁止上路行驶。这类车辆如果上路行驶发生交通事故,应如何确定责任主体,应根据拼装车、报废车的机动车交通事故责任的承担规则加以确定。

(三)法律规定

1.《侵权责任法》第51条 以买卖等方式转让拼装的或者已达到报废标准的机动车,发生交通事故造成损害的,由转让人和受让人承担连带责任。

2.《报废汽车回收管理办法》第2条 本办法所称报废汽车(包括摩托

车、农用运输车,下同),是指达到国家报废标准,或者虽未达到国家报废标准,但发动机或者底盘严重损坏,经检验不符合国家机动车运行安全技术条件或者国家机动车污染物排放标准的机动车。

本办法所称拼装车,是指使用报废汽车发动机、方向机、变速器、前后桥、车架(以下统称"五大总成")以及其他零配件组装的机动车。

第12条 报废汽车拥有单位或者个人应当及时将报废汽车交售给报废汽车回收企业。任何单位或者个人不得将报废汽车出售、赠与或者以其他方式转让给非报废汽车回收企业的单位或者个人;不得自行拆解报废汽车。

第15条 禁止任何单位或者个人利用报废汽车"五大总成"以及其他零配件拼装汽车。

禁止报废汽车整车、"五大总成"和拼装车进入市场交易或者以其他任何方式交易。

禁止拼装车和报废汽车上路行驶。

(四)学理分析

1. 拼装车、报废车机动车交通事故责任的承担主体

拼装车是指使用报废汽车发动机、方向机、变速器、前后桥、车架(统称"五大总成")以及其他零配件组装的机动车;报废车是指达到国家报废标准,或者虽未达到国家报废标准,但发动机或者底盘严重损坏,经检验不符合国家机动车运行安全技术条件或者国家机动车污染物排放标准的机动车。国家禁止任何单位或者个人利用报废汽车"五大总成"以及其他零配件组装汽车。禁止报废汽车整车、"五大总成"和拼装车进入市场交易或者以其他任何方式交易,禁止拼装车和报废汽车上路行驶。

拼装车、报废车由于无法达到机动车上路行驶的安全标准,上路行驶会有较高危险性,易发生交通事故,禁止上路行驶。同时,转让拼装车、报废车也是违法行为。因此,上路行驶的拼装车、报废车发生交通事故造成损害的,应适用无过错责任原则,且没有法定的免责事由,由转让人和受让人承担连带赔偿责任。

2. 案例评析

在本案例中,刘某驾驶的车辆与陈某驾驶的车辆发生碰撞,造成刘某人身、财产损害,构成机动车交通事故责任。首先,经交警部门认定,陈某对交通事故的发生负全部责任,刘某无责任。陈某存在过错,其交通违法行为与刘某受到的人身、财产损害存在直接的因果关系。其次,陈某驾驶的车系拼装车,该车由陈某从王某处购买。根据《侵权责任法》的规定,拼装车、报废车发生交通事故造成损害的,由转让人和受让人承担连带赔偿责任。所以,本案中刘某所受到的人身、财产损害,应当由刘某和王某承担连带赔偿责任。

(五)自测案例

　　李某系黑A07xxx捷达车车主,某日凌晨3时20分左右,在某市红旗大街与辽河路交汇处右转弯时,将田某所骑自行车撞倒,造成田某右胫腓骨骨折。黑A07xxx牌照捷达车驾驶员李某未停车,驾车离开现场逃逸。事故发生后,田某被送到医院治疗,花去医疗费等费用若干。后公安交警部门确定了该肇事车辆为牌照黑A07xxx的捷达车,并确定肇事车驾驶员系李某。公安交警部门作出事故认定,认定李某驾驶套牌报废车闯红灯致使发生交通事故后逃逸,负事故的全部责任,田某无责任。经查,该报废车辆系某出租车公司淘汰车辆,由该出租车公司副经理张某私自将该车卖给了李某,李某购得该车后套用他人牌照夜间冒充出租车运营。
　　问:田某所受人身伤害应由谁承担赔偿责任?

四、盗抢车的机动车交通事故责任

(一)案情简介

案 例

　　某日上午6时许,王某驾驶一辆粤A9K594摩托车由西向东行驶至番禺联邦工业路农药厂门口时,被一辆粤A0F962摩托车迎面碰撞,两摩托车损坏,王某受伤送院治疗,肇事摩托车司机弃车逃逸。经当地公安交通警察大队认定,粤A0F962司机肇事逃逸,应负事故全部责任。粤A0F962摩托车车主为何某,该车已于事故当日上午8时许报失,公安机关已立案侦查,尚未破案。原告住院治疗花去医疗等费用若干。

(二) 思考方向

机动车被盗窃、抢劫或者抢夺,也是机动车所有人与机动车相分离的表现之一。在上述案例中,王某所受到的人身、财产损害系由盗抢车所造成,其所受损害应由谁赔偿,应根据盗抢车的机动车交通事故责任的承担规则加以确定。

(三) 法律规定

1.《侵权责任法》第52条 盗窃、抢劫或者抢夺的机动车发生交通事故造成损害的,由盗窃人、抢劫人或者抢夺人承担赔偿责任。保险公司在机动车强制保险责任限额范围内垫付抢救费用的,有权向交通事故责任人追偿。

2.《机动车交通事故责任强制保险条例》第22条 被保险机动车被盗抢期间肇事的,由保险公司在机动车交通事故责任强制保险责任限额范围内垫付抢救费用,并有权向致害人追偿。

(四) 学理分析

1. 盗抢车的机动车交通事故责任的承担主体

机动车被盗窃、抢劫或者抢夺的后,该机动车发生交通事故的,由于机动车所有人失去了对机动车的运行支配,又丧失了运行利益,不应再承担责任。因此,盗抢车发生交通事故,应由盗窃人、抢劫人或者抢夺人承担赔偿责任。同时,为保护被侵权人能够得到及时救治,保险公司在机动车强制保险责任限额范围内,对盗抢车所造成的人身损害,垫付抢救费用,并有权向交通事故责任人追偿。

2. 案例评析

在本案例中,王某驾驶的车牌为粤A9K594的两轮摩托车与车牌为粤A0F962的摩托车发生碰撞,给王某造成人身、财产损害,构成机动车交通事故责任。车牌为粤A0F962的肇事摩托车的登记车主系何某,但事发时,该车已经被盗,且交通事故发生后,该摩托车的驾驶人逃逸。根据《侵权责任法》的规定,该被盗车辆发生交通事故所产生的损害赔偿责任,应当由盗窃人承担。又因盗窃人在发生交通事故后逃逸，如该机动车参加了机动车第三者责任强制保险，王某可以要求保险公司在机动车责任保险责任限额范围内垫付抢救费用。保险公司垫付抢救费用的，有权向盗窃人追偿。

（五）自测案例

某日 12 时许，王凯无证驾驶从王国勇处借来的豫 GF5xxx 号两轮摩托车，在行至亢薄公路 19km+450m 处，被另外一辆同方向行驶的车牌号为豫 GD0xxx 号两轮摩托车撞倒，王凯受到重伤。车牌号为豫 GD0xxx 号摩托车驾驶人逃逸，身份不明。经查，该车牌号为豫 GD0xxx 号的两轮摩托车的拍照系伪造，摩托车系被盗车辆。

问：王凯人身损害的抢救费用应当由谁承担？

五、驾驶人逃逸时的特殊处理

（一）案情简介

> **案 例**
>
> 孙某曾因犯抢劫罪，被判有期徒刑 8 年。出狱后，孙某在前往四川寻找前妻时，被前妻亲友打残左腿。此后，孙某便拄着拐杖到各个城市乞讨。某日凌晨，孙某在浦合公路 16 公里处路边被一辆货车撞伤，后肇事车辆逃逸。经行人报案后，孙某被送到医院治疗，但孙某无力支付抢救费用。事发后，公安机关未能找到肇事车辆。

（二）思考方向

机动车发生交通事故驾驶人逃逸时，应保证被侵权人能够得到及时的救治。在上述案例中，孙某在受到人身损害，且自己无力支付抢救费用的情况下如何处理，须根据驾驶人逃逸时的处理规则加以确定。

（三）法律规定

1.《侵权责任法》第 53 条　机动车驾驶人发生交通事故后逃逸，该机动车参加强制保险的，由保险公司在机动车强制保险责任限额范围内予以赔偿；机动车不明或者该机动车未参加强制保险，需要支付被侵权人人身伤亡的抢救、丧葬等费用的，由道路交通事故社会救助基金垫付。道路交通事故社会救助基金垫付后，其管理机构有权向交通事故责任人追偿。

2.《道路交通安全法》第17条 国家实行机动车第三者责任强制保险制度，设立道路交通事故社会救助基金。具体办法由国务院规定。

第75条 医疗机构对交通事故中的受伤人员应当及时抢救，不得因抢救费用未及时支付而拖延救治。肇事车辆参加机动车第三者责任强制保险的，由保险公司在责任限额范围内支付抢救费用；抢救费用超过责任限额的，未参加机动车第三者责任强制保险或者肇事后逃逸的，由道路交通事故社会救助基金先行垫付部分或者全部抢救费用，道路交通事故社会救助基金管理机构有权向交通事故责任人追偿。

3.《机动车交通事故责任强制保险》第24条 道路交通事故中，抢救费用超过机动车交通事故责任强制保险责任限额的、肇事机动车未参加机动车交通事故责任强制保险的、机动车肇事后逃逸的，受害人人身伤亡的丧葬费用、部分或者全部抢救费用，由救助基金先行垫付。

4.《道路交通事故社会救助基金管理试行办法》第12条 有下列情形之一时，救助基金垫付道路交通事故中受害人人身伤亡的丧葬费用、部分或者全部抢救费用：

（一）抢救费用超过交强险责任限额的；

（二）肇事机动车未参加交强险的；

（三）机动车肇事后逃逸的。

依法应当由救助基金垫付受害人丧葬费用、部分或者全部抢救费用的，由道路交通事故发生地的救助基金管理机构及时垫付。

救助基金一般垫付受害人自接受抢救之时起72小时内的抢救费用，特殊情况下超过72小时的抢救费用由医疗机构书面说明理由。具体应当按照机动车道路交通事故发生地物价部门核定的收费标准核算。

（四）学理分析

1. 驾驶人逃逸时的特殊处理规则

机动车肇事逃逸是指发生道路交通事故后，道路交通事故当事人为逃避法律责任,驾驶车辆或者遗弃车辆逃离道路交通事故现场的行为。发生机动车发生交通事故后,驾驶人逃逸,能够确定肇事机动车,并且肇事机动车参加强制保险的,由保险公司在机动车强制保险责任限额予以赔偿;机动车不明或者该机动车未参加强制保险,需要支付被侵权人人身伤亡的抢救、丧葬等费用的,由道路交通事故社会救助基金垫付。道路交通事故社会救助基金垫付后,其管理机构有权向交通事故责任人追偿。

2. 案例评析

在本案例中,孙某被一辆货车撞伤,货车司机驾车逃逸。孙某无力支付抢救费用,因具体肇事车辆不明,无法确定该车辆是否参加机动车责任强制保险及具体承保人。孙某人身伤亡的抢救费用,可由道路交通事故社会救助基金垫付。道路交通事故基金垫付后,其管理机构有权向逃逸的肇事人追偿。

(五) 自测案例

某日上午,被告谢某驾驶无牌照四轮农用车,沿信安公路由信丰县古陂镇往信丰县城方向行驶。10时许,当该车行驶至古陂镇太平村附近时,撞倒前方同方向正常行走的原告肖某、刘某,致肖某、刘某重伤。经公安交通警察大队责任认定,被告谢某无证驾驶无牌照车辆,并且超速驾驶造成事故的发生,负本次事故的全部责任。另查,谢某的车辆没有办理第三者责任强制保险。事发后,谢某被公安司法机关逮捕,依法追究刑事责任。原告肖某、刘某被送至医院抢救,谢某承担了部分抢救费用,但无力全部承担,原告家属亦无力承担余下的抢救费用。

问:交通事故社会救助基金应否垫付抢救费用?

第九章　医疗损害责任

第一节　医疗损害责任的一般规则

医疗损害责任是指医疗机构及其医务人员在诊疗活动中因过错造成患者损害时，医疗机构所应承担的侵权责任。医疗损害责任实行过错责任原则，其构成要件包括：行为主体是医疗机构及其医务人员、行为人主观上具有过错、行为具有违法性；造成了患者的人身或财产损害、损害必须发生在诊疗活动中、医疗行为与患者损害间具有因果关系。医疗损害责任的特殊免责事由包括患者或者其近亲属不配合医疗机构进行符合诊疗规范的诊疗、医务人员在抢救生命垂危的患者等紧急情况下已经尽到合理诊疗义务、限于当时的医疗水平难以诊疗。医疗机构对患者还承担妥善保管病历资料的义务、患者隐私的保密义务、不得实施不必要的检查义务等附随义务。

一、医疗损害责任的归责原则与构成要件

（一）案情简介

> **案例**
>
> 原告刘倩因双目"外斜视"，到被告某医院进行矫正手术。在手术过程中，护士赵某误将10%福尔马林当做外用盐水，倒入手术台上的外用盐水缸内。进行手术的主治医师黄某虽然闻到有强烈的刺激味，但很快排除了疑虑。因为手术室每周六都要使用福尔马林封闭消毒，同时手术室还有其他各种气味。所以，黄某即用此"盐水"浸泡棉球擦拭刀口及敷盖角膜。直到手术做完后才发现已将福尔马林当做外用盐水使用，于是黄某立即将刘倩收院治疗。刘倩由于眼内渗入具有强烈腐蚀

> 作用的福尔马林,因而出现严重眼内炎症、化学角膜伤。经过十几天的积极治疗,刘倩的眼病不但没有根本好转,视力还大大下降。经过刘倩父母的要求以及刘倩的病情需要,医院派人陪同病员先后几次出省,请专家、教授会诊,但均无效,最后终因病情未能控制而致双目失明。刘倩的父母要求医院赔偿损失,医院则以刘倩的损害完全是护士和医生个人所造成的为由,拒绝赔偿。于是,原告起诉至人民法院,要求医院赔偿损失。

(二)思考方向

在医疗过程中,由于受医疗技术、医疗设备及医疗水平等各种因素的限制,造成患者损害的情况经常发生,从而会引起医患双方的纠纷。如何处理这类纠纷案件,需要结合医疗损害责任的归责原则和构成要件加以分析。

(三)法律规定

1.《侵权责任法》第 54 条　患者在诊疗活动中受到损害,医疗机构及其医务人员有过错的,由医疗机构承担赔偿责任。

2.《医疗事故处理条例》第 2 条　本条例所称医疗事故,是指医疗机构及其医务人员在医疗活动中,违反医疗卫生管理法律、行政法规、部门规章和诊疗护理规范、常规,过失造成患者人身损害的事故。

第 4 条　根据对患者人身造成的损害程度,医疗事故分为四级:

一级医疗事故:造成患者死亡、重度残疾的;

二级医疗事故:造成患者中度残疾、器官组织损伤导致严重功能障碍的;

三级医疗事故:造成患者轻度残疾、器官组织损伤导致一般功能障碍的;

四级医疗事故:造成患者明显人身损害的其他后果的。

3.《民事诉讼证据的规定》第 4 条第 1 款　下列侵权诉讼,按照以下规定承担举证责任:

……

（八）因医疗行为引起的侵权诉讼，由医疗机构就医疗行为与损害结果之间不存在因果关系及不存在医疗过错承担举证责任。

（四）学理分析

1. 医疗损害责任的归责原则

从立法例上看，过错责任原则是国际上医疗损害责任的主流归责原则。除瑞士、瑞典、芬兰、新西兰等发达、高福利国家外，美国、德国、法国、日本、俄罗斯等在医疗事故处理方面都采取过错责任原则。根据我国《侵权责任法》的规定，患者在诊疗活动中受到损害，医疗机构及其医务人员有过错的，由医疗机构承担赔偿责任。可见，医疗损害责任以过错责任原则为归责原则。当然，当发生医疗产品损害责任时，应当按照产品责任的规定适用无过错责任原则。

2. 医疗损害责任的构成要件

医疗损害责任实行过错责任归责原则，因此，其构成要件包括以下几项：

（1）行为主体是医疗机构及其医务人员。医疗损害责任是在医疗活动过程中产生的，因此，行为主体只能是医疗机构或医务人员。所谓医疗机构，是指依照《医疗机构管理条例》的规定取得《医疗机构执业许可证》的机构，具体包括从事疾病诊断、治疗活动的医院、卫生院、疗养院、门诊部、诊所、卫生所（室）以及急救站等。其中，既包括公立医疗机构，也包括私立医疗机构。所谓医务人员，是指在医疗机构工作具有从事医疗护理资格的医生和护士。经过批准，从事个体行医工作的，如个体诊所等，也属于医务人员。在认定医疗损害责任的行为主体时，应当注意两个问题：一是除医务人员外，与诊疗护理有关的行政管理人员、工程技术人员和后勤人员不具有从事医疗护理的资格，不能成为该责任的行为主体；二是不具有行医资格的人在行医时造成患者人身损害的，如"乡村游医"等非法行医所造成的损害，不能产生医疗损害责任。

（2）行为人主观上具有过错。医疗损害责任以医疗机构及其医务人员在从事诊疗护理过程中具有过错为成立条件。这里的主观状态只能为过失，而不包括故意。因为医务人员在诊疗护理过程中故意造成患者损害的，属于故意伤害或故意杀人的犯罪行为,这种行为已不是医疗损害责任所能解决的。当然,在这种情况下,行为人的赔偿责任是不能免除的,但不能由医疗机构承担替代责任。这里的过失是医疗过失,是一种业务过失。

如何判断医疗机构及其医务人员的过失是一个比较复杂的问题。判断医务人员是否具有过失,不能以一般的过失观念作为基础,而应当从医疗行为的自身特点出发,考虑到医疗技术的发展水平、医疗环境、医疗常识等各种因素,综合加以确定。我们认为,应当依据两个不同层次的标准作出判断:第一层次以是否违反医疗卫生管理法律、行政法规、部门规章和诊疗护理规范、常规为标准,依据现代侵权责任法中的"违法推定过失"规则,如医疗机构及其医务人员有上述行为,则推定其行为具有过失;第二层次以医疗水准为标准。

(3) 行为具有违法性。医疗机构及其医务人员行为的违法性是导致医疗损害责任发生的直接原因,是指医疗机构及其医务人员违反保护患者权益的法律规定,没有履行其法定义务,进而构造成了对患者权利的侵害。医疗行为是"救死扶伤"人道主义的具体表现,但如果医疗行为违反了法律、法规的规定,或违背了"救死扶伤"的人道主义的要求,则具有违法性。对医疗行为的违法性,我们不能做狭义理解。它既可以是违反成文的法律、法规、规章、操作规则等,也可以是违反实践中约定俗成的惯例,还可以是违反医务人员的职业道德标准。医疗行为违法既可以是作为的违法,如医生给病员开错药、违反手术操作规则错摘器官或在体内残留异物等;也可以是不作为的违法,如拒绝接收病员、注射青霉素不做皮试等。在实践中,具有违法性的医疗行为通常表现为误诊、贻误治疗、不当处方、不当手术和处置、手术或处置导致病人不应有的损害、使用不合格的材料导致病人损害等。①

(4) 造成了患者的损害。在医疗损害责任中,诊疗行为侵害的是患者的人身权,因此,患者的损害后果是人身损害,如患者死亡、伤残、功能障碍等。这里的损害不仅包括因医疗事故所造成的损害,也包括因非医疗事故所造成的损害。同时,基于人身损害所导致的财产损害和精神损害也属于损害范围之内。

---

① 参见张新宝:《中国侵权行为法》(第2版),中国社会科学出版社1998年版,第423页。

(5) 损害须发生在诊疗活动中。诊疗活动是指医疗机构及其医务人员借助其医学知识、专业技术、仪器设备及药物等手段,为患者提供的紧急救治、检查、诊断、治疗、护理、保健、医疗美容以及为此服务的后勤和管理等维护患者生命健康所必需的活动的总和。判断"诊疗活动",应该从医疗损害主体行为的时间、场所和性质特征等几个方面把握。

(6) 医疗行为与患者损害间具有因果关系。诊疗行为与患者人身损害之间须具有因果关系,才能产生医疗损害责任。也就是说,诊疗行为是患者人身损害发生的原因。在医疗损害责任中,因果关系一般由患者举证证明。但在特定情形下,患者由于技术等原因无法证明因果关系要件的,可以在证明到一定程度即完成表现证据规则的要求之后,推定有因果关系,由医疗机构承担举证责任,证明自己的诊疗行为与患者的人身损害之间不存在因果关系。[1]

3. 案例评析

在本案例中,被告的医务人员在手术过程中,因护士赵某的疏忽,误将福尔马林当做外用盐水倒入盐水缸内,致使实施手术的黄某用来浸泡棉球擦拭刀口及敷盖角膜,从而发生医疗损害。这完全是由护士赵某的过失所造成的。黄某医师虽然闻到有强烈的刺激味,但因手术室每周六都要使用福尔马林封闭消毒,同时加上其他气味,因而难以分辨。所以,黄某对此并没有过错。那么,本案应当由谁承担赔偿责任呢?医疗损害责任的赔偿主体是医疗机构,而不是医务人员。造成医疗损害的直接责任人员是医疗机构的医务人员,是在单位的组织指挥下从事诊疗护理工作的,属于医疗机构的职务行为。所以,由于医疗人员的过失造成医疗损害,应当由医疗机构对被侵权人承担赔偿责任。在本案例中,赔偿主体应当是赵某的所在医院,而不是赵某。当然,在医院承担赔偿责任之后,可以向赵某追偿。

(五) 自测案例

1. 张某患心肌炎前往某医院就诊,经过一段时间的治疗,其病情基本痊

---

[1] 参见杨立新:《〈中华人民共和国侵权责任法〉条文释解与司法适用》,人民法院出版社2010年版,第380页。

愈。出院后的第九天,张某到医院复查,向主治大夫告知其有感冒症状,主治大夫听诊后给张某开了药物和针剂,值班护士即给张某进行静脉注射。约十分钟后,张某即出现寒战等异常现象,该医院抢救后,张某脱离生命危险。但经住院治疗诊断为脑水肿。随后,张某出现痴呆。后经过医学会鉴定,结论为:患者张某在输液过程中,发生寒战、抽风、高烧,究其原因,与输液反应有关。在诊疗过程中,诊断不明,治疗抢救措施不当,造成缺氧性脑病,导致痴呆,完全丧失生活能力,属二级甲等医疗事故。

问:本案是否构成医疗损害责任?

2. 原告李某女到某宾馆的美容美发中心(该中心未经医疗卫生行政部门和工商行政部门批准)就诊,接诊医师为范某。经范某的一番美言相劝和简单的术前准备,进行了美容手术。一周后,患者自行拆线,发现自己破相,丑陋不堪,悲痛欲绝。待平静后,李某向医师范某提出经济赔偿,遭到拒绝。后李某以医师范某美容手术不成功构成医疗事故为由,向人民法院提起诉讼。人民法院经调查审理,判决被告范某赔偿李某经济损失8万元人民币。原告不服,上诉至市中级人民法院。后中级人民法院判决范某赔偿给原告医药费、误工费、伤残修复费、精神损失费25万元。

问:本案是否构成医疗损害责任?

二、医务人员的说明告知义务

(一)案情简介

案例1

余小姐到某医院进行妇科体检,在明知余小姐为未婚女性的情况下,医务人员未就妇科检查的内容及后果履行特定的说明和告知义务,违反医学检查常规,对其使用内窥镜进行妇科检查,导致余小姐处女膜破裂,造成大量出血。事发后,双方因赔偿问题未能协商一致,余小姐向人民法院起诉,认为医院的医疗过失行为给她造成了无法弥补的伤害后果,精神上遭到严重打击,医院应当赔礼道歉并赔偿各种损失。人民法院认为,医院基于特定职业而承担特定的告知义务,当医疗检查可能给公民带来身体损害后果时,应当严格履行注意和告知义务,就医疗检查涉及的范围、程度以及危险发生的可能性等进行具体的说明和告知,避免不良后果的发生。医院违反告知义务,存在主观过错,影响了余小姐行使是否进行妇科检查的选择权,应当承担相应的赔偿责任。

案例 2

2007年11月21日16点左右,一名男子送孕妇到北京朝阳医院京西分院,这位男子名为肖志军,孕妇名为李丽云。面对身无分文的孕妇,医院决定对其免费入院治疗,在抢救过程中,医生发现病人身体情况恶化,必须马上实施剖腹产手术,否则将一尸两命。当医院让肖志军在手术同意书上签字时,肖志军却拒绝签字。医院多次向他说明手术的重要性及急迫性,甚至还为他做了精神病鉴定(鉴定结论确定肖志军为完全行为能力人)。在长达3个小时的僵持过程中,肖志军一直对众多医生的苦苦劝告置之不理,该医院的院长亲自到场、110支队的警察也来到医院。肖志军竟然在手术通知单上写上:"坚持用药治疗,坚持不做剖腹手术,后果自负。"医院领导紧急开会讨论此事,最终作出决定:尊重家属的选择,家属不签字,不得手术。焦急的几十名医生、护士束手无策,在抢救了3个小时后,医生宣布孕妇抢救无效死亡。李丽云的父母认为,医院对李丽云之死负有责任,遂向人民法院提起诉讼,索赔121万多元。医院认为,因肖志军拒绝,手术未能进行,李丽云的死与医院的医疗行为没有因果关系。人民法院一审认定,医院不构成侵权,不应当承担赔偿责任。李丽云父母上诉,二审人民法院作出终审判决:驳回上诉,维持原判。

(二) 思考方向

医方说明义务的确立,涉及医患之间权利义务的重新分配和平衡,涉及医方自由裁量权和患者自主决定权的正确处理。医疗机构及其医务人员的说明告知义务来源于患者的知情同意权,我国相关法律明确规定了医疗机构及其医务人员说明告知义务的主体和义务内容,违反该义务造成损害的,应当承担相应的法律责任。另外,还要注意处理患者自主权和医疗机构特殊干预权的关系。

(三)法律规定

1.《侵权责任法》第 55 条 医务人员在诊疗活动中应当向患者说明病情和医疗措施。需要实施手术、特殊检查、特殊治疗的,医务人员应当及时向患者说明医疗风险、替代医疗方案等情况,并取得其书面同意;不宜向患者说明的,应当向患者的近亲属说明,并取得其书面同意。

医务人员未尽到前款义务,造成患者损害的,医疗机构应当承担赔偿责任。

<u>第 56 条</u> 因抢救生命垂危的患者等紧急情况,不能取得患者或者其近亲属意见的,经医疗机构负责人或者授权的负责人批准,可以立即实施相应的医疗措施。

2.《执业医师法》第 26 条 医师应当如实向患者或者其家属介绍病情,但应注意避免对患者产生不利后果。

医师进行实验性临床医疗,应当经医院批准并征得患者本人或者其家属同意。

3.《中华人民共和国母婴保健法》第 10 条 经婚前医学检查,对诊断患医学上认为不宜生育的严重遗传性疾病的,医师应当向男女双方说明情况,提出医学意见;经男女双方同意,采取长效避孕措施或者施行结扎手术后不生育的,可以结婚。但《中华人民共和国婚姻法》规定禁止结婚的除外。

4.《医疗事故处理条例》第 11 条 在医疗活动中,医疗机构及其医务人员应当将患者的病情、医疗措施、医疗风险等如实告知患者,及时解答其咨询;但是,应当避免对患者产生不利后果。

5.《医疗机构管理条例》第 26 条 医疗机构必须将《医疗机构执业许可证》、诊疗科目、诊疗时间和收费标准悬挂于明显处所。

<u>第 30 条</u> 医疗机构工作人员上岗工作,必须佩带载有本人姓名、职务或者职称的标牌。

<u>第 33 条</u> 医疗机构施行手术、特殊检查或者特殊治疗时,必须征得患

者同意,并应当取得其家属或者关系人同意并签字;无法取得患者意见时,应当取得家属或者关系人同意并签字;无法取得患者意见又无家属或者关系人在场,或者遇到其他特殊情况时,经治医师应当提出医疗处置方案,在取得医疗机构负责人或者被授权负责人员的批准后实施。

6.《医疗机构管理条例实施细则》第 62 条 医疗机构应当尊重患者对自己的病情、诊断、治疗的知情权利。在实施手术、特殊检查、特殊治疗时,应当向患者做必要的解释。因实施保护性医疗措施不宜向患者说明情况的,应当将有关情况通知患者家属。

第 88 条 条例及本细则中下列用语的含义:

特殊检查、特殊治疗,是指具有下列情形之一的诊断、治疗活动:

(一)有一定危险性,可能产生不良后果的检查和治疗;

(二)由于患者体质特殊或者病情危笃,可能对患者产生不良后果和危险的检查和治疗;

(三)临床试验性检查和治疗;

(四)收费可能对患者造成较大经济负担的检查和治疗。

7.《临床输血技术规范》第 6 条 决定输血治疗前,经治医师应向患者或其家属说明输同种异体血的不良反应和经血传播疾病的可能性,征得患者或家属的同意,并在《输血治疗同意书》上签字。《输血治疗同意书》入病历。无家属签字的无自主意识患者的紧急输血,应报医院职能部门或主管领导同意、备案,并记入病历。

8.《人类辅助生殖技术管理办法》第 14 条 实施人类辅助生殖技术应当遵循知情同意原则,并签署知情同意书。涉及伦理问题的,应当提交医学伦理委员会讨论。

9.《医疗美容服务管理办法》第 20 条 执业医师对就医者实施治疗前,必须向就医者本人或亲属书面告知治疗的适应症、禁忌症、医疗风险和注意事项等,并取得就医者本人或监护人的签字同意。未经监护人同意,不得为无行为能力或者限制行为能力人实施医疗美容项目。

(四)学理分析

1. 医疗机构的告知义务与患者的知情同意权

医疗机构的告知义务源自患者享有的知情同意权。知情同意权是指患者所享有的知悉自己的病情、医疗措施、医疗风险、医疗费用和医疗机构的基本情况、技术水平等医疗信息,并可以对医务人员所采取的医疗措施决定取舍的权利。知情同意权包括了解权、被告知权、选择权、拒绝权和同意权,是患者充分行使自主权的前提和基础。知情同意权不仅作为一项有利于达到医疗目标的措施而被实施,而且体现了对患者人格尊严和个性化权利的尊重,是国际医学界广泛接受的一项基本的医学临床伦理原则,不仅如此,它还是患者享有的一项法律上的权利。医疗行为作为一种具有侵袭性和高风险的特殊行为,其合法性曾经颇受争议。知情同意权确立以后,逐渐被作为医疗行为正当化的主要依据,对分配医疗风险及平衡医患双方利益起到了很大的作用。

2. 医疗机构的告知义务是一项法定义务

我国现行法律、法规关于医疗机构的告知义务和患者的知情同意权的规定经历了一个逐渐发展的过程。根据《执业医师法》、《医疗机构管理条例》及《医疗事故处理条例》等法律法规的规定,告知义务的行为主体为"医疗机构及其医务人员"。《医疗机构管理条例》第 26 条、第 30 条、第 33 条规定了医疗机构的部分告知义务,如应告知医疗机构及人员的基本情况、收费标准等,同时规定了患者的同意权,但对患者对其病情及治疗措施等内容的知情权及相应的医疗机构的告知义务未具体规定。另外,《母婴保健法》第 10 条、《医疗美容服务管理办法》第 20 条、《临床输血技术规范》第 6 条、《人类辅助生殖技术管理办法》第 14 条、《医疗机构管理条例实施细则》第 62 条也涉及了医疗机构的告知义务。《侵权责任法》第 55 条和第 56 条对医疗机构的告知义务及患者知情同意权做了较全面规定。

3. 医疗机构告知义务的内容及例外

一般认为,医疗机构告知义务的内容具体包括:不能为患者提供约定医疗服务的原因;病情和诊断计划、方案;可供选择的治疗方案和各自的利弊,以及选择某种治疗方式的理由;治疗方法的利弊、临床转归及预后等;诊疗措施和药物的毒副作用;患者在诊疗过程中应当履行的配合方式和方法;手术过程可能出现的并发症和意外情况,以及可以采取的预防、避免和补救措施,术后的并发症和后遗症及预防、避免和补救方法;出院后应注意的事项以及院外治疗的方法、复诊时间、需携带的资料;药品的保存方法和服用方法、医疗器械的使用方法;医院规章制度中与患者利益有关的内容;实验性临床医疗方法的理论依据、成熟程度、风险几率和其他临床试验的结果等信息;医疗费用等其他事宜。①

医务人员的说明告知义务的履行并不是绝对化的,在下列情形下可以不负说明告知义务:依据法律给予医生强制治疗的权限,如紧急情况等;危险性轻微,而且几乎不可能发生;患者自愿放弃接受医务人员的说明;直接向其告知可能对患者产生不良影响,此时为保护患者利益,可以向其近亲属履行说明告知义务。

4. 医疗机构的特殊干预权

在一般情况下,医师在医疗活动中应当履行自己的告知义务,并应当尊重患者的自主选择权,但在特殊情况下,医师基于职业宿命和操守,应当具有医疗干预权。医疗机构的特殊干预权是医生在诊疗活动中除常规治疗权以外的一种特权,是在特定情况下,限制病人的自主权利,实现自己的意志,以达到完成医生对病人应尽义务和对病人根本利益负责的目的。上述2007年底发生在北京的"肖志军案件"引发了理论界和实务界的广泛讨论。在"肖志军案件"发生后,学者们最强的声音就是将《医疗机构管理条例》第33条进行细化。然而,《侵权责任法》的规定虽然从民事基本法的角度赋予了医疗机构的特殊干预权,但仍缺乏可操作性。正如立法者的解释:"这个问题还涉及法定代理权、监护权等基本民事法律制度,情况较为复杂,应当总结实践经验作进一步研究,待条件成熟时再做明确规定。"②

5. 案例评析

在案例1中,根据《侵权责任法》第55条的规定,应当认定医院的行为构成医疗损害责任。第一,从行为主体上说,对余小姐进行妇科检查的是医

---

① 参见林龙、于淑萍:《医疗事故处理实务与案例评析》,中国工商出版社2003年版,第110页。
② 王胜明主编:《中华人民共和国侵权责任法解读》,中国法制出版社2010年版,第219页。

院的医务人员;第二,医务人员具有过失;第三,医务人员没有履行必要的告知义务而对未婚女性进行妇科检查,其行为具有违法性;第四,医务人员的行为造成了余小姐处女膜破裂,侵害了其身体权;第五,上述损害发生于诊疗过程中;第六,医务人员的行为与余小姐的损害具有因果关系。因此,医院应当对余小姐承担医疗损害责任。

在案例2中,按照我国法律法规的规定,在进行有创伤的检查和有风险的治疗等情形时,要如实向患者及其家属说明,并取得患者或近亲属的同意。那么,在无法取得患者或近亲属同意的情况下,医院应如何处理呢?本案例中的李丽云在生命垂危的紧急情况下,其丈夫肖志军坚决不同意进行剖腹产手术,最终导致了李丽云死亡的后果。按当时的法律规定,没有经过患者或近亲属的同意,医院是不能进行手术的。因此,医院在肖志军不同意的情况下,对李丽云死亡的后果是没有责任的。但是,《侵权责任法》第56条赋予了医疗机构在抢救危重病人时的一定空间,不再严守没有患者或近家属同意就不能采取相应医疗措施的死板条款,体现了医务工作者救死扶伤的人道主义精神。在《侵权责任法》颁布后,医疗机构若再发生类似事件,在无法取得患者或其近亲属意见的情况下,该医疗机构负责人或者授权的负责人可以从医疗专业角度判断决定是否对患者实施相应的医疗措施。如果仍是采取消极不治疗的方式,导致损害结果发生的,则应当承担相应的法律责任。就本案例而言,如果发生在《侵权责任法》颁布之后,医院在不能取得患者或者近亲属同意的情况下,可以经医疗机构负责人或者授权的负责人批准,立即实施相应的医疗措施。否则,造成损害后果的,医院应当承担责任。

(五)自测案例

某日,原告周某感觉左眼疼痛,来到被告某医院就诊。主治医师诊断其患有"左眼复发性结膜囊肿",需要手术摘除。周某在该院接受了左眼脂肪瘤摘除术。出院后,周某感到不能睁眼,遂又到被告处就诊。该医院为周某实施了左眼上睑下垂矫正手术。术后周某左眼能微睁但仍受限。后来,周某到另一医院就诊,主治医师告知其左上睑下垂是由于左上睑提肌损伤所致。原告周某认为,被告应当履行术前告知义务,但被告在手术前未向自己告知术后有关并发症,而且被告在为自己进行手术过程中还割断了上睑提肌,给自己造成了极大的精神痛苦,被告的医疗行为已经构成侵权,应当赔偿自己的经济损失和精神损失。

问:被告是否违反了告知义务?是否应当承担医疗损害责任?

三、医务人员的注意义务水平

(一)案情简介

> **案例**
>
> 原告张某到被告江苏某人民医院(三甲医院)就诊,被告诊断为"低度恶性血管免疫母细胞T细胞淋巴瘤"(以下简称为淋巴瘤),但未经进一步会诊即进行了第一次化疗。1个月后,原告第二次住院后,医院做淋巴结活检,但在活检报告未到的情况下,被告即对原告进行了第二次化疗。此后,原告第四次化疗的住院病例中被告医生记载此次的活检结果为"反映性增生,未见异常细胞"。此后2年间,原告先后9次在被告处进行了时间不等的化疗,在化疗的出院记录上医嘱多次要原告防感染,注意休息,随诊等。后来,原告因关节痛在被告处住院治疗,入院诊断为类风湿性关节炎。经住院治疗1个月后出院。半年后,原告又因关节痛在江苏某中医院住院治疗,出院时该院不能排除已有恶性转化的可能。原告随即到上海仁济医院住院治疗,该院确诊原告为"类风湿性关节炎",明确排除了原告患淋巴瘤的可能。于是,原告找到被告要求赔偿。因赔偿问题双方未能协商一致,原告起诉至人民法院。原告起诉称:由于被告的误诊,其先后在被告处9次化疗,直至上海仁济医院明确排除了原告患淋巴瘤的可能,诊断为类风湿性关节炎,但原告手肌腱明显萎缩,病情已很严重。由于被告的误诊给原告带来了难以弥补的经济上的损失和精神上的痛苦,请求人民法院判决被告赔偿各项损失。

(二)思考方向

上述案例属于一起因误诊而导致的医疗纠纷案件,其难点在于如何判断被告的诊断是不是误诊,即按照什么标准确定被告是否违反了注意义务从而认定被告是否存在医疗过失。

(三)法律规定

《侵权责任法》第 57 条　医务人员在诊疗活动中未尽到与当时的医疗水平相应的诊疗义务,造成患者损害的,医疗机构应当承担赔偿责任。

(四)学理分析

1. 医疗过失的认定

医疗损害责任以过错责任原则为归责原则,因此,对于医疗过失的认定就非常重要。对于医疗过失应分两个步骤来认定:第一步是实行客观行为推定;第二步是在不能采取第一步的认定标准时,以注意义务为判断标准进行认定。这里的所谓客观行为推定,是指医疗机构只要存在某种医疗行为,就推定其有过错。医疗机构除证明自己未实施认定其有过错的行为外,不能以其他方式证明自己没有过错。客观行为推定,就是行为本身违法。行为违法,是指医疗机构及其医务人员在诊疗护理过程中违反医疗卫生管理法律、法规、部门规章和诊疗护理规范、常规。《侵权责任法》第 58 条列举了三种可以直接从违法行为中推定医疗机构存在过错的情形。我国的医疗卫生管理法律、行政法规、部门规章和诊疗护理规范、常规规定的医疗机构及其医务人员的基本行为规则,是对其在医疗活动中应注意义务的基本要求,因此,医疗机构及其医务人员在疗诊活动中只要违反这些成文法规定的行为规则,就应认定其有过错。但是,如果医疗机构及其医务人员在诊疗活动中没有违反医疗卫生管理法律、行政法规、部门规章和诊疗护理规范、常规,即客观化标准不能判定是否有过失时,则应进行第二步的过错认定。此时的过错认定应以医疗机构及其医务人员是否尽到应有的注意义务为标准。这就涉及医务人员注意义务的抽象标准问题。

2. 医务人员的注意义务水平——医疗水准

在医疗过失认定抽象标准上,占据重要地位的是医疗水准问题。医疗水准为判断医疗过失提供了一个抽象标准,可以看做是传统民法理论上"善良管理人"标准在医疗领域的特定化。这一判断标准是合理人标准,属一种客观化或类型化的标准,是指行为人应具备其所属行业通常所具有的知识能力。《侵权责任法》第 57 条也肯定了医疗水准理论在医疗损害责任中的作用。其中,"医疗水平"即为医疗水准。关于医疗水准的判定,是否需要考虑地区、医疗机构资质及医务人员资质等因素,理论上存在不同的看法。《侵权责任法(草案)》(二次审议稿)中曾规定:"判断医务人员注意义务时,应当适当考虑地区、医疗机构资质、医务人员资质等因素。"但颁布的《侵权责任法》删除了上述内容。有的学者认为,偏远地区的医生在医学知识、技术水平和设备条件上都比不上大城市,对先进医疗设备和药品的引进速度因各种原因也比经济发达地区慢一些。因此,对于偏远地区的医疗水平应结合本地的具体情况来认定。① 我们认为,医疗机构资质和医务人员资质应作为医方注意义务的考量因素之一,但地区因素不应作为考虑因素。这是因为,在我国,同一类医疗专家和医疗机构的评定适用同一的标准,对同类专家和同类医疗机构的医疗水平和医疗技术的要求也是统一的,从而也就应以全国性的统一标准来认定具体的医疗机构有无过失。可见,医务人员的注意义务应依据同类医疗机构、同类专家的医疗水平确定。如其尽到了该同类医疗机构、同类专家医疗水平要求的注意义务,则为无过失;否则,即为有过失。

3. 案例评析

在本案例中,对于医疗过失的认定不能根据现行法律法规的具体规定来衡量,而只能根据医务人员是否尽到了注意义务来判断。医务人员对患者诊断时应当尽高度的注意义务,对病人疾病的诊断应当追求准确无误,但由于人体的差异性,许多疾病症状的相似性及现代医学理论的局限性,对疾

---

① 参见艾尔肯:《论医疗过失的判断标准》,中国民商法网 http://www.civillaw.com.cn/Article/default.asp?,访问时间:2009 年 4 月 28 日。

病的诊断不可避免地会存在不同的认识,因此判断医疗机构的诊断是否属于误诊应当考虑医疗水准。如前所述,医疗水准应当以同类医疗机构的医疗水平和医疗技术的要求来衡量。类风湿性关节炎是一种常见疾病,而被告系三级甲等医院,对类风湿性关节炎应具有完全准确的诊断能力。被告在首次切片活检后,主治医生在没有会诊的情况下即诊断原告患有淋巴瘤并进行化疗,反映了其过于肯定、自信的心理状态。特别是在第二次活检结果是"反应性增生,未见异常细胞",与首次活检完全不一致的情况下,未引起足够的重视,仍继续进行化疗导致原告损失进一步扩大。因此,应当认定被告对原告的诊断属于误诊,被告对原告应承担医疗损害责任。

(五) 自测案例

黄某因出现进食哽咽感伴消瘦,到市第一人民医院接受治疗。市第一人民医院为其进行了胃镜检查,发现贲门部有新生物。4 个月后,黄某在市第一人民医院再次做胃镜检查,检查结果显示:贲门狭窄,贲门癌可能性大,并建议手术治疗。于是,黄某住院准备接受手术。手术前,主治医生医嘱在手术前要进行 CT 检查,但市第一人民医院未执行。在术中探查发现,贲门癌已在腹腔、腹膜广泛转移,回盲部有一肿块与腹壁粘连固定,质硬,故未能切除腹腔肿块,术后病理检查显示为低分化腺癌。出院后,黄某进行了化疗和中医治疗,最终因贲门癌晚期去世。黄某的家人认为:市第一人民医院在未进行腹部 CT 检查、未确定是否有肿瘤转移的情况下即行手术,显然违背了手术常规,而贲门癌腹腔转移恰恰是手术禁忌症的范围。黄某的过早死亡与该医院的手术不当具有因果关系,要求市第一人民医院赔偿各种物质和精神损失。市第一人民医院则辩称:患者的疾病是贲门癌,该院于手术前对患者进行了常规检查,有手术指征,未查及手术禁忌症。该类病症术前必须进行的 X 线钡餐检查、纤维胃镜检查及腹部 B 超,该院都已经完成。CT 检查并不是必须进行的常规检查,在可以选择的非必要检查项目中也没有腹部 CT 检查。因此,该院未进行腹部 CT 检查不能说明其有过错。

问:本案中按照一般的医疗水准检查未发现手术禁忌症,医疗机构是否有过错?

四、法定的推定过错

（一）案情简介

案例1

某年7月31日上午8时许，原告之妻孙某因为患感冒发烧到被告职工医院就诊，其后猝死。在该医院门诊输液、用药治疗中，孙某门诊病历显示曾有多种药物过敏史。原告对其妻死亡原因曾向该医院领导质疑，被推诿去找主管医生。原告要求被告对事故做出结论，医院故意销毁所用药品、残液，并推诿扯皮，故意错过尸检时间。8月6日，职工医院对孙某死亡作出如下鉴定结论：(1) 会诊意见：高热原因待查，猝死原因待查；(2) 非医疗事故。原告对此结论提出异议，向某市医疗事故鉴定委员会申请鉴定。由于治疗的药品、残液、器械未做封存，且48小时内未做尸检，丧失鉴定条件，故原告的鉴定申请未被受理。

案例2

某日7时左右，崔某在怀孕38周后感到腹部阵阵剧痛，到当地第二人民医院就诊生产。产科医生检查后认为："胎位为正常头位，胎心正常；宫口未开，胎盘未破。"经崔某同意，决定实施剖腹产手术。但上手术台时医院停电了，麻醉师遂打开窗帘，借助自然光做了硬膜外麻醉。直到9点多医院来电，医生才用上B超做术前胎心检查。这时，胎心已由入院时的140次每分减弱到34次每分，医生们立刻为崔某补了些麻药后开始手术。孩子出生后不久死亡，医生又为其切除子宫。事发后，崔某向人民法院起诉，要求赔偿。医院在答辩中称，考虑到患者高度妊高症，胎盘早剥，为抢救胎儿和孕妇的生命而做了剖宫产术。术中可能出现的新生儿窒息死亡等问题都向家属及本人做了交代，崔某产后大流血，为保住患者生命，不得已切除了子宫，并称孩子是在患者肚子里

> 已经死亡,医院在整个医疗过程中没有过错,不应当承担赔偿责任,并请求人民法院委托当地医学会做医疗事故鉴定。此前,医患双方已经当面把病历等相关资料进行袋装封存。崔某认为,医院对封存的病历袋私自拆封,并有涂改的嫌疑,于是提请法庭对此进行文检鉴定。《文检技术检验报告》的结论为:封存的病历袋被打开过,其中的病历有被后来改过的痕迹。据此,人民法院判决医院因为私拆封存病历袋并涂改病历,致使无法进行医疗事故鉴定而承担赔偿责任,一次性赔偿崔某人身伤害损失和经济损失共计20万元。

(二)思考方向

医疗损害责任的归责原则为过错责任原则为原则。因此,在通常情况下,应由患者对医务人员的过错负举证责任。在特殊情况下,医疗机构的过错实行过错推定规则,此即《侵权责任法》第58条规定的三种情形。案例1涉及患者在诊疗时猝死,医疗机构未采取相应的封存、尸检措施,导致鉴定条件丧失医疗机构是否承担责任的问题;案例2涉及医疗机构私自拆开并涂改封存的病历资料的行为是否可以认定医疗机构具有过错的问题。

(三)法律规定

1.《侵权责任法》第58条 患者有损害,因下列情形之一的,推定医疗机构有过错:

(一)违反法律、行政法规、规章以及其他有关诊疗规范的规定;

(二)隐匿或者拒绝提供与纠纷有关的病历资料;

(三)伪造、篡改或者销毁病历资料。

2.《执业医师法》第22条 医师在执业活动中履行下列义务:

(一)遵守法律、法规,遵守技术操作规范;

(二)树立敬业精神,遵守职业道德,履行医师职责,尽职尽责为患者服务;

(三)关心、爱护、尊重患者,保护患者的隐私;

(四)努力钻研业务,更新知识,提高专业技术水平;

(五)宣传卫生保健知识,对患者进行健康教育。

第 23 条 医师实施医疗、预防、保健措施,签署有关医学证明文件,必须亲自诊查、调查,并按照规定及时填写医学文书,不得隐匿、伪造或者销毁医学文书及有关资料。

3.《医疗事故处理条例》第 5 条 医疗机构及其医务人员在医疗活动中,必须严格遵守医疗卫生管理法律、行政法规、部门规章和诊疗护理规范、常规,恪守医疗服务职业道德。

第 9 条 严禁涂改、伪造、隐匿、销毁或者抢夺病历资料。

第 17 条 疑似输液、输血、注射、药物等引起不良后果的,医患双方应当共同对现场实物进行封存和启封,封存的现场实物由医疗机构保管;需要检验的,应当由双方共同指定的、依法具有检验资格的检验机构进行检验;双方无法共同指定时,由卫生行政部门指定。

疑似输血引起不良后果,需要对血液进行封存保留的,医疗机构应当通知提供该血液的采供血机构派员到场。

第 18 条 患者死亡,医患双方当事人不能确定死因或者对死因有异议的,应当在患者死亡后 48 小时内进行尸检;具备尸体冻存条件的,可以延长至 7 日。尸检应当经死者近亲属同意并签字。

尸检应当由按照国家有关规定取得相应资格的机构和病理解剖专业技术人员进行。承担尸检任务的机构和病理解剖专业技术人员有进行尸检的义务。

医疗事故争议双方当事人可以请法医病理学人员参加尸检,也可以委派代表观察尸检过程。拒绝或者拖延尸检,超过规定时间,影响对死因判定的,由拒绝或者拖延的一方承担责任。

第 58 条 医疗机构或者其他有关机构违反本条例的规定,有下列情形之一的,由卫生行政部门责令改正,给予警告;对负有责任的主管人员和其他直接责任人员依法给予行政处分或者纪律处分;情节严重的,由原发证部门吊销其执业证书或者资格证书:

(一)承担尸检任务的机构没有正当理由,拒绝进行尸检的;

(二)涂改、伪造、隐匿、销毁病历资料的。

(四)学理分析

1. 法定推定过错的情形

医疗损害责任实行过错责任原则,因此,只有在医疗机构存在过错的情况下,医疗损害责任才能成立。这里的过错,通常情形下须由患者举证加以证明。但在特殊情况下,因医疗机构存在严重违法、违规行为,可以直接推定医疗机构存在过错。《侵权责任法》第58条列举了三种可以直接从违法行为中推定医疗机构存在过错的情形:一是违反法律、行政法规、规章以及其他有关诊疗规范的规定;二是隐匿或者拒绝提供与纠纷有关的病历资料;三是伪造、篡改或者销毁病历资料。在上述三种情形中,第一种情形是医疗机构存在违法行为,这是医疗机构存在过错的直接证据。第二种和第三种情形是违反提供真实资料的义务,而提供真实的病例资料是法律规定的医疗机构的重要义务。这两种情形,一方面反映了医疗机构的主观恶意,另一方面使患者难以取得与医疗纠纷有关的证据资料。因此,具有这两种情形的,可以推定医疗机构存在过错。

2. 案例评析

在案例1中,被告医院的行为违反了《医疗事故处理条例》第17条、第18条关于封存保留现场实物和尸检的规定,导致医疗损害的鉴定无法进行,属于《侵权责任法》第58条第1项规定的"违反法律、行政法规、规章以及其他有关诊疗规范的规定"的行为。如果该医院不能证明自己没有从事上述行为,则可以直接推定该医院存在过错,从而令其承担医疗损害责任。

在案例2中,医疗机构应当保持病历资料的完整性和真实性,不得涂改、销毁和隐匿。病历资料是医务人员在医疗活动过程中形成的文字、符号、图表、影像、切片等资料,是医疗损害纠纷诉讼中的重要证据。患者在医疗机构中接受诊疗护理的全过程,包括医务人员对患者进行体查、检验、诊断、治疗、护理的相关资料都以病历的形式记录,是医患双方在医患关系过程中最详细和最完整的记录。在医疗损害纠纷中,病历资料的重要性表现在,其既可以证明医患之间诊疗关系的客观存在,又可以证明整个医疗行为的客观过程。本案基于医疗机构擅自涂改病历资料的事实,可以直接推定医疗机构具有过错,从而承担医疗损害责任。

(五) 自测案例

王某因车祸右腿膝盖后部受伤,在某医院经历六次手术之后,他的右腿踝部以下被截肢。此后,张某先后十余次去医院讨要自己的病例。但当医院最后同意提供病历复印件时,王某发现病历被明显修改过。修改前的病历记载足以证明患者下肢缺血是医疗过失行为造成的,而如果按修改后的手术记录进行鉴定,医院不承担任何责任。王某认为,医院这样做是为了掩盖失误:在第一次手术时,固定一块脱落小骨的钢针别到了血管上,造成右腿膝盖以下缺血11小时,最终不得不截肢。

问:医院的行为是否可以推定其存在过错?是否应当承担医疗损害责任?

第二节 医疗产品责任

医疗产品责任是指医疗机构在医疗过程中使用有缺陷的药品、消毒药剂、医疗器械、血液及其制品等医疗产品,因此造成患者人身损害,医疗机构或者医疗产品的生产者、销售者应当承担的侵权责任。医疗产品责任属于产品责任,因此,应适用无过错责任原则。对此,医疗机构或者医疗产品的生产者、销售者应当承担侵权责任。

一、医疗产品责任的构成要件

(一)案情简介

> **案例**
>
> 某年4月份,中山大学附属第三医院的重症肝炎病人中先后出现多例急性肾功能衰竭症状。会诊专家怀疑可能是患者新近使用齐齐哈尔第二制药有限公司生产的"亮菌甲素注射液"引起的。经查,江苏省不法商人王某以中国地质矿业总公司泰兴化工总厂的名义,伪造"药品生产许可证"等证件,将工业原料二甘醇假冒药用辅料丙二醇,出售给齐齐哈尔第二制药有限公司。该公司采购员违规购入假冒丙二醇,化验室工作人员严重违反操作规程,签发合格证,致使假药用辅料投入生产,制造出假药"亮菌甲素注射液"并投放市场,继而发生多人死亡的恶性案件。

（二）思考方向

药品、消毒药剂、医疗器械和血液是特殊的产品,适用《产品质量法》和《消费者权益保护法》的规定。药品、消毒药剂、医疗器械的生产者和血液的提供机构应当对药品、消毒药剂、医疗器械和血液的产品质量负责,不得存在危及他人人身、财产安全的不合理的危险,当其存在缺陷造成患者损害时,就构成医疗产品责任。

（三）法律规定

1.《侵权责任法》第 59 条 因药品、消毒药剂、医疗器械的缺陷,或者输入不合格的血液造成患者损害的,患者可以向生产者或者血液提供机构请求赔偿,也可以向医疗机构请求赔偿。患者向医疗机构请求赔偿的,医疗机构赔偿后,有权向负有责任的生产者或者血液提供机构追偿。

2.《产品质量法》第 41 条 因产品存在缺陷造成人身、缺陷产品以外的其他财产（以下简称他人财产）损害的,生产者应当承担赔偿责任。

生产者能够证明有下列情形之一的,不承担赔偿责任:

（一）未将产品投入流通的;

（二）产品投入流通时,引起损害的缺陷尚不存在的;

（三）将产品投入流通时的科学技术水平尚不能发现缺陷的存在的。

第 42 条 由于销售者的过错使产品存在缺陷,造成人身、他人财产损害的,销售者应当承担赔偿责任。销售者不能指明缺陷产品的生产者也不能指明缺陷产品的供货者的,销售者应当承担赔偿责任。

第 46 条 本法所称缺陷,是指产品存在危及人身、他人财产安全的不合理的危险;产品有保障人体健康和人身、财产安全的国家标准、行业标准的,是指不符合该标准。

3.《消费者权益保护法》第 7 条 消费者在购买、使用商品和接受服务时享有人身、财产安全不受损害的权利。

消费者有权要求经营者提供的商品和服务,符合保障人身、财产安全的要求。

第 11 条 消费者因购买、使用商品或者接受服务受到人身、财产损害的,享有依法获得赔偿的权利。

(四) 学理分析

1. 医疗产品责任的构成要件

医疗产品包括药品、消毒药剂、医疗器械和血液。医疗产品责任属于是产品责任,是医疗损害责任中的一种特殊类型。由于医疗产品责任具有产品责任性质,故应当适用无过错责任原则,以更好地保护患者的合法权益。医疗产品责任的构成要件包括以下几项:

(1) 医疗产品存在缺陷。所谓产品缺陷,是指产品存在危及人身、他人财产安全的不合理的危险;如果产品有保障人体健康和人身、财产安全的国家标准、行业标准的,产品缺陷是指不符合该标准。

(2) 被侵权人受到损害后果。医疗产品责任以被侵权人遭受的损害为前提。因此,被侵权人所受损害的客观事实便成为产品责任的依据。在这种责任中,被侵权人既可以是购买、使用医疗产品的人,也可以是使用医疗产品以外的人。

(3) 医疗产品缺陷与损害事实之间有因果关系。医疗产品缺陷与损害事实之间存在因果关系,即损害事实是因医疗产品的缺陷所致。如果损害事实不是产品缺陷造成的,则不产生医疗产品责任。

2. 案例评析

本案构成医疗产品责任。首先,王某以中国地质矿业总公司泰兴化工总厂的名义,伪造"药品生产许可证"等证件,将工业原料二甘醇假冒药用辅料丙二醇,出售给齐齐哈尔第二制药有限公司。而该公司工作人员工作严重不负责任致使假药用辅料投入生产,齐齐哈尔第二制药有限公司作为生产者制造出假药"亮菌甲素注射液",具有严重的质量缺陷。其次,中山大学附属第三医院等医疗机构将有缺陷的药品"亮菌甲素注射液"用于患者,导致患者伤亡的损害后果。最后,假药"亮菌甲素注射液"与患者人身损害的后果具有因果关系。因此,本案应适用《侵权责任法》第59条的规定,构成医疗产品责任。

(五) 自测案例

原告罗红在其丈夫蒋世兵的陪同下到被告某省人民医院妇产科做检

查，经医师开出处方，在该院药房购得四盒由被告某制药厂生产的双黄连口服液，服用2支后，发现1支瓶内有1只完整的苍蝇，给原告生理上、精神上造成很大压力。不久，罗红经被告某省人民医院检查，胎儿死于腹中。于是，原告要求被告某省人民医院赔偿原告经济损失及精神损害，被告某制药厂对事故负连带赔偿责任。

问：本案是否构成医疗产品责任？

二、医疗产品责任的承担

（一）案情简介

案例1

某年1月21日，原告因患有冠心病在被告医院住院治疗。由于原告身体及治疗的需要，经医院推荐，征得原告及亲属的同意，医院购买了被告医学仪器公司生产的VVI. ASTRAT4型心脏起搏器，随即发给患者的起搏器患者安全卡注明，该机保证年限为终身。同年3月5日，被告医院为原告实施了心脏起搏器植入手术，手术后起搏器工作正常，原告于3月28日出院。2年后，原告又因病入住被告医院治疗。住院期间，原告的心律出现失常，窦房传导阻滞，经检查诊断确定为心脏起搏器电机导线于原告右锁骨部位折断。为了及时救治原告，考虑到原告的病情及身体状况，经原告的亲属与医院商议，在几种方案中为原告选择了将原心脏起搏器留在体内，再为原告植入一个心脏起搏器的方案。于是，该医院为原告做了第二次心脏起搏器植入术，将被告医学仪器公司销售的SIEMENS（西门子）公司生产的DIALOG2037K型心脏起搏器植入原告体内，并另行植入一电极导线。后原告起诉至人民法院，称：被告医学仪器公司生产的心脏起搏器具有严重缺陷，导致其二次手术的痛苦，被告医院是心脏起搏器的购入者和植入者，未对该机质量进行必要的审查。由于被告方面的过错，给其带来巨大的经济损失和精神损害，请求判令二被告赔偿因第二次安置心脏起搏器所造成的各种损失。

案例2

某年2月14日,原告王某因患胆囊炎到被告医院就诊,需手术治疗。术前诊断患有乙肝。术前准备输血400 ml,该血液由某血液中心提供,由原告家属在手术单上签字予以确认。同年3月22日对原告实行了手术,术中输血400 ml。4月26日医院对原告的血液进行检查,于5月5日查出抗HCV阳性,即丙肝。其后原告进行了丙肝的治疗,花费了大量费用。原告起诉被告医院和被告血液中心,要求两者承担损害赔偿责任。在审理中,被告血液中心提交了该血液为合格血液的证据,认为其严格按照《献血法》、《血站管理办法》、《血站质量管理规范》等法律文件,血液经过严格的程序采集、储存、分离、检验,属于合格血液,对原告造成的损害属于现有医学水平的限制即"窗口期",自己没有过错不应该承担责任。被告医院认为,自己履行了储存、交叉配型等措施,严格按照《医疗机构临床用血管理办法(试行)》和《临床用血技术规范》等,对原告的损害没有过错,不应当承担责任。

(二) 思考方向

医疗产品责任构成后,患者就自身的损害可以向医疗机构、药品的生产者、消毒药剂的生产者、医疗器械的生产者和血液的提供机构中的哪些主体要求赔偿,医疗机构赔偿后就其责任可否向其他主体追偿,这些是上述案例要解决的关键问题。

(三) 法律规定

1.《侵权责任法》第41条 因产品存在缺陷造成他人损害的,生产者应当承担侵权责任。

第42条 因销售者的过错使产品存在缺陷,造成他人损害的,销售者应当承担侵权责任。

销售者不能指明缺陷产品的生产者也不能指明缺陷产品的供货者的,销售者应当承担侵权责任。

第 43 条 因产品存在缺陷造成损害的,被侵权人可以向产品的生产者请求赔偿,也可以向产品的销售者请求赔偿。

产品缺陷由生产者造成的,销售者赔偿后,有权向生产者追偿。

因销售者的过错使产品存在缺陷的,生产者赔偿后,有权向销售者追偿。

第 59 条 因药品、消毒药剂、医疗器械的缺陷,或者输入不合格的血液造成患者损害的,患者可以向生产者或者血液提供机构请求赔偿,也可以向医疗机构请求赔偿。患者向医疗机构请求赔偿的,医疗机构赔偿后,有权向负有责任的生产者或者血液提供机构追偿。

2.《产品质量法》第 43 条 因产品存在缺陷造成人身、他人财产损害的,受害人可以向产品的生产者要求赔偿,也可以向产品的销售者要求赔偿。属于产品的生产者的责任,产品的销售者赔偿的,产品的销售者有权向产品的生产者追偿。属于产品的销售者的责任,产品的生产者赔偿的,产品的生产者有权向产品的销售者追偿。

3.《消费者权益保护法》第 35 条 消费者在购买、使用商品时,其合法权益受到损害的,可以向销售者要求赔偿。销售者赔偿后,属于生产者的责任或者属于向销售者提供商品的其他销售者的责任的,销售者有权向生产者或者其他销售者追偿。

消费者或者其他受害人因商品缺陷造成人身、财产损害的,可以向销售者要求赔偿,也可以向生产者要求赔偿。属于生产者责任的,销售者赔偿后,有权向生产者追偿。属于销售者责任的,生产者赔偿后,有权向销售者追偿。

消费者在接受服务时,其合法权益受到损害的,可以向服务者要求赔偿。

(四)学理分析

1. 药品、消毒药剂、医疗器械产品责任的承担主体

、从产品责任的一般原理来分析:首先,产品的生产者和销售者均为直接责任主体。根据《侵权责任法》第 43 条第 1 款的规定,因产品存在缺陷造成损害的,被侵权人可以向产品的生产者请求赔偿,也可以向产品的销售者请求赔偿。即产品的生产者和销售者为产品责任的直接责任主体。其次,根据《侵权责任法》第43条第2、3款的规定,产品缺陷由生产者造成的,销售者赔偿后,有权向生产者追偿;因销售者的过错使产品存在缺陷的,生产者赔偿后,有权向销售者追偿。这是对生产者、销售者先行赔偿之后,有权向负有责任的一方追偿损失的规定。

具体到医疗产品责任领域,药品、消毒药剂、医疗器械是特殊的产品,适用《产品质量法》、《消费者权益保护法》和《侵权责任法》的规定。药品、消毒药剂和医疗器械的生产者应当对药品、消毒药剂和医疗器械的产品质量负责,不得存在危及他人人身、财产安全的不合理的危险。以药品为例,药品是一种特殊的产品,一般的患者或消费者难以识别其质量的好坏,必须由专门的技术人员和专门机构,依据法定的标准,运用合乎要求的仪器设备和科学方法,经过检测才能作出鉴定和评价。根据《药品管理法》的规定,药品生产企业是对药品进行检验的法定义务主体。医疗机构采购药品的主要义务是索取、查验、保存供货企业的有关证件、资料、票据并建立真实完整的药品购进记录,而没有法定的药品检验职责。因此,医疗机构只要履行了上述义务,即使患者服用了不合格的药品导致医疗损害,医疗机构也没有过错。但是,为了保护患者的利益,根据《侵权责任法》第43条和第59条的规定,患者可以向药品、消毒药剂、医疗器械的生产者请求赔偿,也可以向医疗机构请求赔偿。患者向医疗机构请求赔偿的,医疗机构赔偿后,有权向负有责任的药品、消毒药剂、医疗器械的生产者追偿。

2. 输血中产生的医疗损害责任的承担主体

血液从采集到最终输入患者体内,经过血站和医疗机构两个阶段的操作程序。近年来,因输血导致患者受到损害的事例时有发生。大多数是因为血站或者医疗机构在采集或者临床用血过程中未按照有关法律、法规和规范的要求操作造成的。表现在采供血环节的主要是:未做检测或者未检验出应当检验出的病毒;采血过程中血液受到污染;保管或运输中措施不当造成血液变质。表现在临床用血环节的主要是:血液保存、管理不当导致血液受到污染或变质;使用过期的输血器具或者消毒不严导致患者受到损害;未考虑患者的特殊体征不当输血导致患者损害;违反医疗操作规程导致患者损害等。在上述情形中,血站或者医疗机构存在过错,责任比较好认定。

输血中产生的突出问题是在采血、输血行为无过错的情形下,如何进行责任的认定,这主要反映在输血引发感染的情况下。输血引发的感染主要包括乙肝、丙肝、艾滋病、梅毒病毒等。经采供血机构检验合格的血液输血后,仍有传染肝炎、艾滋病等疾病的可能性。因为目前的检验方法受到现有医学水平的限制,部分早期病毒感染的献血者,其病毒标志物在血液中难以检出,医学上一般称为"窗口期"。这样的血液经过医疗机构合乎法律规范的操作输入患者体内引起的损害被称为"无过错输血"。这种情况下责任如何承担值得探讨。首先,应当认为血液属于"产品"。相对于输血用血液,普遍认为血液经过提取分离而形成的血液制品,如冻干血浆、白蛋白、丙种球蛋白和凝血因子等属于产品。但血液与血液制品的来源相同,都是献血者体内自然流动的血液(或血浆),只是输血用血液由血液提供者以较为简单的工艺流程加工而成,而血液制品由企业以较为复杂的工艺流程加工制作。因此,既然认为血液制品属于产品,则输血用血液也属于产品。其次,对于无过错输血感染这一不可预料的风险,血液提供者和医疗机构更有控制风险、承担风险的能力,应该承担责任。

总之,不论血液提供机构或医疗机构过错输血还是无过错输血,被侵权人既可以向血液的提供机构要求赔偿,也可以向医疗机构要求赔偿。血液提供机构赔偿后,如果能够证明被侵权人的损害是由于医疗机构的过错造成的,则可以向医疗机构进行追偿。医疗机构赔偿后,如果能够证明血液的缺陷是由于血液提供机构造成的,则可以向血液提供机构进行追偿。

3. 案例评析

在案例1中,被告医学仪器公司生产的 VVI. ASTRAT4 型心脏起搏器是一种医疗器械,属于医疗产品,该起搏器电机导线于原告右锁骨部位折断,质量存在严重缺陷;原告进行二次手术,给其带来巨大的经济损失和精神损害;起搏器的严重缺陷与原告的损害具有因果关系。因此,本案构成医疗产品责任。原告可以向被告医学仪器公司请求赔偿,也可以向被告医院请求赔偿。如果医院承担直接责任后,有权向被告医学仪器公司进行追偿。

在案例2中,输血用血液是一种产品,血液中心和医院对所造成的损害均没有过错,属于无过错输血的情形,患者既可以向血液中心要求赔偿,也可以向医院要求赔偿。医院赔偿后,可以向血液中心进行追偿。

（五）自测案例

某年 1 月 6 日，原告甲到乙市出差遭遇车祸，造成腰椎体压缩性骨折，被送进乙市中医院治疗。该院为她植入了由丙公司提供的脊椎复位内固定系统（下称固定棒）。同年 4 月 5 日，甲突感腰肌剧烈疼痛，经诊断是固定棒在体内断裂，4 月 23 日甲再次进入乙市中医院重新手术，更换了仍由丙公司提供的部件。11 月 28 日，固定棒再次发生断裂。由于无力支付高昂的手术费用，固定棒至今仍留在甲的体内，甲将丙公司、乙市中医院告上法庭，索赔 16 万余元。

问：甲的损失应该由谁承担？

第三节　医疗损害责任的免责事由

《侵权责任法》第 3 章规定了侵权责任的一般免责事由，这对所有的侵权责任都是适用的。但鉴于医疗损害责任的特殊性，对于医疗损害责任中医疗机构的免责情形还应当作出特别规定。这些情形具体包括：患者或者其近亲属不配合医疗机构进行符合诊疗规范的诊疗；医务人员在抢救生命垂危的患者等紧急情况下已经尽到合理诊疗义务；限于当时的医疗水平难以诊疗。

一、患者或者其近亲属不配合医疗机构进行符合诊疗规范的诊疗

（一）案情简介

> **案 例**
>
> 李某于某年 4 月 12 日来到某医院整形科对医生说，希望通过整形手术把脸变短些。主治医生对其进行仔细检查后，确诊其患有"长脸综合症"，可以通过整容手术改变脸形。李某表示同意手术。双方约定 4 月 23 日实施手术。在离开时，主治医生向李某交待了手术前不要进食

等注意事项以及术后可能出现呕吐、呼吸窒息等并发症的相关问题。4月22日，李某到医院做术前常规检查，未发现手术禁忌症。在其离开时，主治医师再次向她交代了手术前不要进食等注意事项。4月23日中午，李某如约来到医院并在手术同意书上签字。在上手术台之前，医生再次询问李某是否进过食，其予以否认。术后3个小时，李某用手指着口腔示意不舒服，医生用吸引器为其抽吸了30毫升的口腔内泌物，但李某依然呼吸困难，并出现了牙关紧闭、异常烦躁的状况。主治医生立即通知其他科室一起对其抢救，但抢救无效死亡。

（二）思考方向

医患之间应当相互信任，相互配合。如果患者的损害完全是由于患者或者其近亲属不配合医疗机构进行符合诊疗规范的诊疗造成的，医疗机构可以免责。

（三）法律规定

《侵权责任法》第60条　　患者有损害，因下列情形之一的，医疗机构不承担赔偿责任：

（一）患者或者其近亲属不配合医疗机构进行符合诊疗规范的诊疗；

……

前款第一项情形中，医疗机构及其医务人员也有过错的，应当承担相应的赔偿责任。

（四）学理分析

1. 医患之间应当互相配合

医患关系是建立在相互信赖基础之上的，医疗行为的实施只有靠医患双方互相配合才能达到其效果和目的。因此，医务人员在整个医疗活动中无法离开患者的密切配合，如要求患者在医师问诊时对病情、病史做出正确详细的回答，在治疗活动中患者在用药、检查、保养等方面应遵从医嘱。在诊疗护理过程中,如果是由于患者及其家属的原因延误治疗,出现人身损害后果,说明受害患者一方在主观上具有过错。按照过错责任原则,如果损害后果完全是由于患者及其家属不配合造成的,证明医疗机构对损害的发生没有过错,应免除医疗机构的赔偿责任。如果患者及其家属不配合治疗是构成医疗损害的原因之一,医务人员也具有过失时,应当依照过失相抵的原则,由双方分担责任。在实践中,通常是患者囿于其医疗知识水平而对医疗机构采取的诊疗措施难以有正确的理解,从而导致其不遵医嘱、错误用药等与诊疗措施不相配合的现象。对于因上述行为而导致患者损害的后果,不能当然视为患者一方的"不配合"而具有主观过错,从而使医疗机构免除责任。判断患者一方是否存在过错的前提是医务人员是否向患者一方履行了充分的说明告知义务,这是判断患者一方客观上不配合诊疗的行为是否具有主观过错的关键。

2. 案例评析

在本案例中,患者不采取积极合作的态度,医务人员多次医嘱其手术前不要进食等注意事项,而李某无视医务人员的告知内容,从"术后3小时医生用吸引器为其抽吸了30毫升的口腔内泌物,但李某依然呼吸困难,并出现了牙关紧闭、异常烦躁的状况"可以推断,李某于术前进食。李某的行为使医务人员无法了解患者当时身体的实际情况,无法做出正确的诊断。在医疗活动中,如果患者及其家属不配合甚至欺骗医生,即使医务人员采取了积极的治疗措施,也可能收不到预期的效果,甚至会使病情恶化,造成严重的后果。所以,本案中患者李某死亡,医院及医务人员不存在过失,不承担责任。

(五)自测案例

患者张某到某医院做完近视眼激光手术,出院时,医务人员再三叮嘱张某应按时滴用抗生素眼药水,否则会产生眼部炎症等不良反应。但张某出院回家后,不遵医嘱,在医务人员复查时并告知其继续遵行遗嘱后,张某仍不遵行,结果导致自己的眼睛感染炎症。

问:本案中医院是否应当承担损害赔偿责任?

二、医务人员在抢救生命垂危的患者等紧急情况下已经尽到合理诊疗义务

（一）案情简介

> **案例**
>
> 王某因交通事故受伤，被急救车紧急送往医院抢救。急救医生认为，其左小腿受伤严重，需要立即手术截肢，否则就有生命危险。在王某神志不清的情形下，医生为其实施了截肢手术。后来，王某向人民法院提起诉讼，认为医院在手术前未征得其本人及家属同意而对其进行截肢，侵害了其知情同意权，要求医院赔偿各项损失共计125万元。此案经过一审、二审，王某均败诉。人民法院认为：根据医院提供的住院部记录以及住院病例记载，依据某市医学会的鉴定和手术前的照片等证据综合判断，医院对王某的左小腿施行截肢手术属于紧急医疗，并没有医疗过错，不承担赔偿责任。

（二）思考方向

医师享有紧急治疗权，如果医务人员在抢救生命垂危的患者等紧急情况下已经尽到合理诊疗义务，医疗机构可以免责。

（三）法律规定

1.《侵权责任法》第60条 患者有损害，因下列情形之一的，医疗机构不承担赔偿责任：

……

（二）医务人员在抢救生命垂危的患者等紧急情况下已经尽到合理诊疗义务；

……

2.《执业医师法》第24条 对危急患者，医师应当采取紧急措施进行诊治；不得拒绝急救处置。

3. 《医疗事故处理条例》第 31 条　医疗机构对危重病人应当立即抢救。对限于设备或技术条件不能诊治的病人,应当及时转诊。

(四)学理分析

1. 紧急情况下医师的紧急治疗权

根据《执业医师法》的规定,在紧急情况下,医师享有积极治疗的权利。所谓紧急情况,是指患者出现危重病情需要立即实施治疗的情况。对于危急患者,医疗机构具有收诊的义务,同时有权采取紧急措施加以处置。现行的医疗法规与规章对于紧急情况的界定为:患者因疾病发作、突然外伤受害及异物侵入体内,身体处于危险状态或非常痛苦的状态,在临床上表现为急性外伤、脑挫伤、意识消失、大出血、心绞痛、急性严重中毒、呼吸困难、各种原因所致的休克等。《侵权责任法》第 60 条第 2 项规定的情形,是指医疗机构及其医务人员为挽救垂危病人的生命,在采取其他措施都不能达到此目的时,不得不冒一定的风险损害患者一个较小的利益,以保护其较大利益免受损害的行为。在患者生命垂危时,抢救行为具有急迫性,医务人员很难做出全面的、非常准确的判断。因此,在这种情况下,为了抢救患者的生命而采取的紧急医学措施所造成的不良后果,不应当构成医疗损害责任。但是,实施抢救行为须具备以下条件:第一,须是情况紧急,患者存在生命危险,这种危险是客观存在的、迫在眉睫的;第二,紧急医疗措施的采取是迫不得已的,即采取其他治疗措施都不能使患者脱离危险时,才能实施抢救行为;第三,采取紧急医疗措施而造成患者损害不能超过必要的限度。如果在紧急救助时,明显存在对患者来说可能更好的救助措施,但医务人员没有采取更好的救助措施而采取紧急医疗措施给患者造成不应有的损害的,医疗机构应当对患者的损害后果承担相应的责任。

2. 案例评析

在本案例中,王某因为交通事故左小腿严重受伤,需要立即手术截肢,否则就有生命危险,这属于紧急医疗的情形。首先,情况紧急,即患者存在生命危险;其次,采取手术截肢这项医疗措施是迫不得已的;最后,根据人民法院采纳的医学会的鉴定意见,采取手术截肢这项紧急医疗措施不超过必要限度。因此,本案的医务人员在抢救生命垂危的患者的紧急情况下已经尽到合理诊疗义务,医疗机构不承担责任。

(五) 自测案例

某日中午,汪某饭后骑自行车去办公室上班。途中汪某被一辆飞驰而来的车撞倒,立即被送附近一所医院救治。经CT扫描显示,病员伤势严重,必须立即进行全麻手术,否则性命难保。在全身麻醉过程中,病员突发呕吐,护士急忙用吸引器进行救治,一度好转。但手术中继发呕吐,护士用同样方法救治,未见好转,进而面部出现紫绀,呼吸困难,经抢救无效死亡。经尸体解剖检查发现:病员系饱腹,在全身麻醉的情况下,发出呕吐、反流,呕吐物误吸入气管,窒息而死。

问:本案中医疗机构是否应承担责任?

三、限于当时的医疗水平难以诊疗

(一) 案情简介

案例

某年9月18日,从某因发现右乳房包块而入住某医院普外科,入院时诊断为"右乳包块待查:右乳腺小叶增生症",拟行手术治疗。术前,医院对从某进行了穿刺细胞学检查和各项术前常规检查,未发现其有手术禁忌症。9月23日,该医院普外科全科医生对手术方案进行术前讨论,因不能排除包块有恶变的可能,故决定对从某行"右乳包块切除术+快速冰冻切片检查",如快速冰冻切片病理报告诊断包块为恶性肿瘤,则拟行"右乳癌改良根治术"。同日,医院就该手术方案向患者家属予以告知,从某亲属表示同意并签字。9月25日,医院对从某实施手术。术中,医院先将从某的右乳包块及周围乳腺组织切除并送病理室做快速冰冻切片诊断,此间将切口逐层缝合。约一个半小时后,快速冰冻切片病理诊断为从某右乳包块为恶性肿瘤,医院当即将此结果告知从某亲属,并说明须对从某施行"右乳癌改良根治术",从某亲属对医院

> 提出的此手术方案表示同意,并再次签字。医院当即对从某施行了根治术,将从某之右乳及周围相关组织全部割除,并将根除组织的标本送院病理科检验,整个手术过程顺利。从某恢复正常,于10月16日出院。术后,该医院病理科对从某的右乳改良根治标本又进行了免疫组化病理检验,结论为从某之右乳包块为侵袭性颗粒肌母细胞瘤,根据免疫组化的结果可排除乳腺癌。后医院结合快速冰冻切片病理诊断结果及免疫组化病理检验结果,出具了对从某右乳包块的病理报告书,报告书认为:从某右乳包块为侵袭性颗粒肌母细胞瘤,属低度恶性或境界恶性,手术切除后不必做其他治疗,但须紧密随访。从某得知免疫组化的病理结论后,将其所获的病理切片送交多家医院,数家医院的病理报告均诊断从某的右乳包块非恶性肿瘤。据此,从某认为该医院的快速冰冻切片病理诊断失误,导致其右乳组织被全部割除,医院的治疗行为存在重大过失。两级医学会的鉴定认为:颗粒(肌母)细胞瘤是一种极为罕见的病例,目前在国内外学术领域对其生物学行为均未能完全界定,现在的病理诊断学认知水平难以对此病例予以精确认定,就世界上目前对此病变的研究发展,南京地区的诊疗水平以及快速冰冻切片检查的局限性等因素综合考虑,本病例虽有手术范围扩大的后果,但当事病理医师无过失行为。

(二)思考方向

如果医疗机构对一些医学上的疑难或罕见病症实施了医疗行为后效果不理想或者出现误诊、误治等情形时,若损害的后果并非医疗机构的主观过错或行为违法造成的,而是限于目前医学科学对该疑难罕见病症的诊疗水平难以诊治的,应当免除医疗机构的法律责任。

(三)法律规定

1.《侵权责任法》第60条 患者有损害,因下列情形之一的,医疗机构不承担赔偿责任:
……

（三）限于当时的医疗水平难以诊疗。

……

（四）学理分析

1. 当时医疗水平的局限性

众所周知，医学行为具有高科技性、高风险性、复杂性和不可控因素，医疗结果具有不确定性和不可预见性。现代医学技术水平的发展具有局限性，还有许多未知领域需要探索。医学作为发展中的科学，医务人员只有经过不断探索寻找解决复杂疑难病症的办法。因此，对于医务人员所采取的诊疗行为是否存在过错的判断，只能基于当时的医学科学发展本身，即是否尽到与当时的医疗水平相应的诊疗义务。对于某些复杂疑难的疾病，如果医疗机构及其医务人员已经尽到与当时的医疗水平相应的诊疗义务，但限于当时的医疗水平，对患者采取的医疗措施不仅未取得治愈的效果，反而带来新的损害，对此，医疗机构不承担赔偿责任。但医疗机构要根据"限于当时的医疗水平难以诊疗"这一事由免责，必须证明：第一，在现有的医学科学技术条件下，发生的不良后果是无法预料的；第二，在现有的医学科学技术条件下，发生的不良后果是不能防范的。

2. 案例评析

在本案例中，医院具备法定免责事由，对从某不承担医疗损害责任。首先，因从某所患肿瘤的罕见及特殊性，医院在术前不能排除肿瘤恶变的可能，故按行业习惯及惯例采用术中快速冰冻切片诊断，对此方案，被告术前进行了慎重讨论，尽到了应尽的注意义务，且向患者亲属予以了必要说明，已尽到了告知义务。另外，医院对从某在术前进行了常规及必要的检查，术中的操作及术后护理亦按规程要求履行，无异常现象。据此，应认定医院对从某实施的医疗行为在操作程序上符合规范及行业习惯。其次，因我国目前对该肿瘤研究的技术水平不能对该肿瘤的良恶性有较明确的判断标准，且该肿瘤恶性表现形式复杂，故快速诊断难以达到精确程度，这也是该领域的技术发展状况所决定的。最后，医学科学是极为复杂的学科，对同一病例，医师因学识、经验、认识差异而可能得出不同的印象和判断，尤其对于一些罕见病例,则判断差异更为显著。综上,可以认定医院出具的快速切片病理报告虽没有达到精确诊断的要求,但并不能视为误诊或错诊,在此诊断的基础上实施根治术亦符合行业惯例。更为重要的是,术后医院又对该病例进行了进一步的病理检测,并如实出具了详细报告,此亦体现了医院对该病例诊疗的科学态度,尽到了其应尽的义务。因此,被告的行为不存在违法,主观上也不存在过错,对造成原告手术范围扩大的损害应予以免责。

(五)自测案例

患者唐某因与家人赌气而口服"百草枯"除草剂中毒,后被送往某医院救治。医院诊断为:有机磷中毒。医院给予其清水洗胃、输液、抗感染、保护胃黏膜等治疗。次日上午,患者出现颈部变粗、皮下气肿。转入特护病房用呼吸机辅助呼吸,胸骨上皮下切开排气术等综合治疗,但患者的病情进一步加重,终因抢救无效死亡。

问:本案中医疗机构是否应承担责任?

第四节 医疗机构及其医务人员的附随义务

医疗法律关系主要体现为医患之间的医疗合同关系。从合同之债的角度看,医疗机构对患者除承担给付义务外,还应承担附随义务。医疗机构及其医务人员的附随义务包括:妥善保管病例资料的义务、患者隐私的保密义务、不得实施不必要的检查义务等。

一、妥善保管病历资料的义务

(一)案情简介

案例

某年3月10日,原告王德库骑摩托车与杨洪彬驾驶的小客车相撞,因头部受伤而去被告某市第二人民医院住院治疗。同年4月11日原告出院,花去医疗费若干。同年5月29日,某市道路交通伤残评定委员会对原告进行伤残评定,结论为原告颅五级伤残、眼睛八级伤残。王德库对此不服,申请重新评定。省交通事故伤残评定委员会在进行重新评定时,要求原告提供医院证明、原始病历、出院小结、CT片、原评定书等。原告向被告要原始病历时,被告告知其住院病历丢失。原告王德库向人民法院起诉称:因被告将我的住院病历丢失,使我不能进行伤残重新评定,得不到交通肇事者的赔偿,应得到的利益受到损失。按交通事故计算损失,要求被告赔偿医疗费等损失。被告答辩称:我院虽一时难以提供原告的住院病历,但可以提供原告治疗期间的CT片、医嘱、护理记录等原始材料。原告因交通肇事受到的损失,与病历丢失没有法律上的因果关系,我院也没有侵犯原告的人身权、财产权,原告要求我院赔偿其交通肇事的损失不合法,不同意原告的诉讼请求。

(二)思考方向

在医患之间的医疗合同关系中,医疗机构对患者负有妥善保管病历资料的义务。此项义务的性质如何以及违反此项义务应承担的责任范围如何界定是本案的关键。

(三)法律规定

1.《侵权责任法》第61条 医疗机构及其医务人员应当按照规定填写并妥善保管住院志、医嘱单、检验报告、手术及麻醉记录、病理资料、护理记录、医疗费用等病历资料。

患者要求查阅、复制前款规定的病历资料的,医疗机构应当提供。

2.《医疗事故处理条例》第8条 医疗机构应当按照国务院卫生行政部门规定的要求,书写并妥善保管病历资料。

因抢救急危患者,未能及时书写病历的,有关医务人员应当在抢救结束后6小时内据实补记,并加以注明。

第9条 严禁涂改、伪造、隐匿、销毁或者抢夺病历资料。

第10条 患者有权复印或者复制其门诊病历、住院志、体温单、医嘱单、化验单(检验报告)、医学影像检查资料、特殊检查同意书、手术同意书、手术及麻醉记录单、病理资料、护理记录以及国务院卫生行政部门规定的其他病历资料。

患者依照前款规定要求复印或者复制病历资料的,医疗机构应当提供复印或者复制服务并在复印或者复制的病历资料上加盖证明印记。复印或者复制病历资料时,应当有患者在场。

医疗机构应患者的要求,为其复印或者复制病历资料,可以按照规定收取工本费。具体收费标准由省、自治区、直辖市人民政府价格主管部门会同同级卫生行政部门规定。

3.《医疗机构病历管理规定》第2条 病历是指医务人员在医疗活动过程中形成的文字、符号、图表、影像、切片等资料的总和,包括门(急)诊病历和住院病历。

<u>第3条</u> 医疗机构应当建立病历管理制度,设置专门部门或者配备专(兼)职人员,具体负责本机构病历和病案的保存与管理工作。

<u>第4条</u> 在医疗机构建有门(急)诊病历档案的,其门(急)诊病历由医疗机构负责保管;没有在医疗机构建立门(急)诊病历档案的,其门(急)诊病历由患者负责保管。住院病历由医疗机构负责保管。

<u>第5条</u> 医疗机构应当严格病历管理,严禁任何人涂改、伪造、隐匿、销毁、抢夺、窃取病历。

(四)学理分析

1. 医疗机构具有妥善保管病历资料的义务

在医疗合同中,书写、保管、协助患者查阅、复制病历资料是医疗机构的一项非常重要的附随义务。病历资料又称病案,是对患者疾病的发生、发展情况和医务人员对患者的疾病诊断、检查和治疗情况的客观记录,包括医务人员对病情发生、发展、转归的分析、医疗资源使用和费用支付情况的原始记录,是经医务人员、医疗信息管理人员收集、管理、加工后形成的具有科学性、逻辑性、真实性的医疗档案。病历资料分为客观性病历资料和主观性病历资料。其中,客观性病历资料是指记录患者的症状、病史、检查结果、医嘱等客观情况的资料,还包括为患者进行手术特殊检查以及其他特殊治疗时向患者交待情况、患者或其家属签字的医学文书资料;主观性病历资料是指在医疗活动中医务人员通过对患者病情发展、治疗过程进行观察、分析、讨论并提出诊治意见而记录的资料。《医疗事故处理条例》就病历资料的书写、保管、查阅、复制和封存进行了详细的规定,尤其是允许患者查阅并复制病历具有重大的意义,被人们视为对患者权益保护的最重要象征。医疗机构未尽上述义务造成患者损害的,应当承担赔偿责任。病历资料也是一种重要的书证,在医患之间就患者的诊断和治疗问题发生争议时,病历资料对于认定医疗机构是否存在医疗过失起着其他证据难以替代的证明作用。

2. 案例评析

在本案例中,原告的住院病历由被告保管,医院作为医疗合同的一方当事人有为患者查阅、使用自己的病历资料提供便利即协助的附随义务。被告在原告出院后有使用自己的住院病历的需要时不能提供,即为附随义务之违反。然而,本案的关键问题是附随义务之违反给原告带来的损害范围包括哪些。显然,附随义务之违反不能以合同的对价条件来计算,但是对原告提出的"应得到利益的损失"也不属于被告的赔偿范围。因为,被告未能提供住院病历并不必然导致原告重新评定不能和向交通事故肇事者索赔不能的结果。同时,交通事故当事人不服原评定结论而主张重新评定的,应当坚持由不服原评定结论的一方举证的原则;而且原评定所依据的材料以及被告可提供的其他材料均可以作为重新评定的基础,即便进行了重新评定,也不等于人民法院必然依据它作为定案的依据。因此,被告不能提供病历资料并不必然造成原告重新评定不能和向肇事者索赔不能,原告就不存在应得利益受到损失的问题。原告所能向被告主张的损失,只能是为解决重新评定所增加的费用,如交通费等。

(五)自测案例

某日,刘某因精神欠佳被父母送往被告医院就诊。当晚,刘某在父母监护下按处方服药后,情况未见好转。次日,刘某在复诊输液时突然不省人事,经抢救无效死亡。因双方就赔偿问题未能协商一致,刘某父母向人民法院提起诉讼。人民法院经审理认为:刘某死因不明,被告医院未提供相应的病历资料并声称病历资料丢失,医院无法解释原因,可以推断该医院没有妥善保管病历资料。因此,医院承担举证不能的责任,推定其存在医疗过失,从而判决医院负有主要责任,赔偿原告的大部分经济损失和精神抚慰金。

问:被告违反了哪项附随义务？是否应当承担责任？

二、患者隐私的保密义务

(一) 案情简介

案例1

某个体性病诊所为了进一步招揽顾客,挑选了一位患者的病历资料张贴在诊所内。其中有一位女士的病历完整地记载了其治疗过程,并且上面清楚地写明了其姓名、年龄、家庭住址、电话号码、邮编等个人资料。该病历张贴后,其内容很快传到该女士的居住地,致使该患者受到他人的取笑,也无法正常上班,还受到一些不法分子的骚扰,身心受到很大的伤害。

案例2

某日,崔某到市妇幼保健医院接受妇科检查。在检查过程中,市妇幼保健院安排了多名实习医生旁观检查过程。崔某感到非常难堪,要求负责检查的医生让实习医生离开。检查医生以"他们都是实习医生,没关系"为由,未予理睬,并一边检查一边向实习医生介绍各部位的名称、症状等。事后,崔某以市妇幼保健医院未经其同意,安排实习医生旁观妇检过程的行为侵犯其隐私权为由,向人民法院提起诉讼,要求市妇幼保健医院赔礼道歉并赔偿精神损害。市妇幼保健医院认为,该院作为教学和实习医院,安排实习生旁观医疗检查过程完全正常,不构成对隐私权的侵犯。按照惯例,医院事先无须征求患者的意见,医疗管理法律法规也没有禁止这样做。

（二）思考方向

自然人享有隐私权，这是自然人所享有的一项人格权，具有普遍性。但基于医患关系的特殊性，我国很多医疗法律法规对保护患者隐私做了规定。医疗机构对于患方的隐私在多大程度上的利用是合法的，这是上述案例的关键。

（三）法律规定

1.《侵权责任法》第62条 医疗机构及其医务人员应当对患者的隐私保密。泄露患者隐私或者未经患者同意公开其病历资料，造成患者损害的，应当承担侵权责任。

2.《执业医师法》第22条 医师在执业活动中履行下列义务：
……
（三）关心、爱护、尊重患者，保护患者的隐私；
……

3.《中华人民共和国传染病防治法》第22条 医务人员未经县以上政府卫生部门批准，不得将就诊的淋病、梅毒、麻风、艾滋病病人和艾滋病病原携带者及家属的姓名、住址和个人病史公开。

4.《艾滋病监测管理的若干规定》第21条 任何单位和个人不得歧视艾滋病人、梅毒感染者及其家属，不得将病人和感染者的姓名、住址等有关情节公布或传播。

（四）学理分析

1. 医疗机构对患者隐私的保密义务

隐私权是指自然人享有的个人生活秘密、私人行为自由和私有领域安宁不受非法干扰的权利。在医学领域，患者的隐私权是指在不妨碍他人与社会利益的前提下，患者个人内心与身体中存在的不愿让别人知晓之秘密。这些秘密包括：（1）患者身体存在的生理特点、生殖系统、生理缺陷或影响其社会形象、地位、从业的特殊疾病；（2）患者既往的疾病史、生活史、婚姻史；（3）患者的家族疾病史、生活史、情感史；（4）患者的人际关系状况、财产及其他经济能力状况等。保护患者的隐私,实际是尊重患者的人格。医疗活动以患者对医疗机构及其医务人员的信赖为基础,在医疗活动中,基于治疗的目的,医疗机构及其医务人员往往需要患者向其告知自己的隐私,这并不构成对患者隐私的侵害。因为在这种情况下,患者实际上放弃了自己的隐私权,但医务人员接触患者的隐私应以其必要的诊疗活动所及的范围为限。

在实践中,医疗机构及其医务人员侵犯患者隐私权的行为分为两种:其一,泄露患者隐私。这既包括医疗机构及其医务人员将其在诊疗活动中掌握的患者的隐私向外公布、披露的行为,也包括未经患者同意将身体暴露给施治人员以外的人。对于前者,如果造成患者损害,医疗机构毫无疑问要承担侵权责任;对于后者,常见的就是医学院学生的教学观摩问题。我们认为,患者到教学医院就医本身,并不表明其放弃了自己的隐私权。教学医院的正确做法应该是:在患者入院时就应当向其告知本院为教学医院,征求患者的意见其是否在一定的情况下放弃自己的隐私权。当然,教学医院实习教学的义务、高素质医学人才的培养与患者隐私权的冲突最终的解决,还有待于国民素质的提高和相应配套措施的完善。其二,未经患者同意公开其医学文书及有关资料。这在实践中分为两种情况:一是出于医学会诊、医学教学或者传染性疾病防治的目的,公开患者的医学文书及有关资料;二是医疗机构本身对医学文书及有关资料的管理不善,向未取得患者授权的人公开。[①] 在上述两种情况下,只要给患者造成了损害,就要承担侵权责任。

2. 案例评析

在案例1中,诊所的行为侵犯了患者的隐私权。首先,诊所存在侵犯患者隐私权的不法行为,根据现行法的规定,公开患者的医学文书及有关资料即属于侵犯了患者的隐私权;其次,诊所具有主观过错;再次,诊所的行为给患者造成了损害的后果,使患者的身心受到很大的伤害;最后,诊所侵犯隐私权的行为与患者受到的损害之间存在因果关系。因此,诊所的行为构成了患者隐私权的侵害,应承担相应的侵权责任。

---

① 参见王胜明:《中华人民共和国侵权责任法释义》,法律出版社2010年版,第316页。

在案例2中，判断市妇幼保健医院的医务人员在检查过程中安排实习医生旁观的做法是否侵犯了崔某的隐私权，要看其行为是否具备了侵害隐私权的构成要件。首先，崔某的身体（包括性器官）属于我国法律规定的隐私权的保护对象，未经权利人本人同意，其他任何人不得侵犯。崔某曾提出拒绝检查医生在实习生面前暴露其身体但遭到拒绝，显然医务人员存在侵犯隐私权的行为。其次，检查医生在明知当事人不同意的情形下，仍然暴露其身体，放任了损害后果的发生，其主观过错明显。再次，造成了损害后果。检查医生虽然没有给崔某带来财产损失和人身伤害，但造成了其精神痛苦。最后，检查医生侵犯隐私权的行为与崔某精神损害之间存在直接的因果关系。因此，该医务人员的行为已经构成了侵犯患者隐私权的侵权行为。在本案中，市妇幼保健医院作为教学和实习医院，肩负着培养医学专业学生的任务，这种任务能否使其侵犯患者隐私权的行为合法化是一个值得探讨的问题。在现代社会，权利之间的矛盾与冲突是普遍存在的，当两个以上的权利互相冲突时，应当找出各自存在的意义与价值，用利益衡量的方法进行平衡和协调。一方面，市妇幼保健医院作为教学和实习医院，其临床带教是法律所允许的，也是国家培养人才的需要和促进广大公民身体健康的需要。但隐私权作为人格权的一种，是维护个人作为社会成员的资格和尊严所必须具备的，其重要性超过了医学专业学生在实习医院获得带教的权利。另一方面，实习医院的带教并非只有通过侵犯隐私权的方式才能实现。医院可以寻找那些自愿放弃隐私权以协助医院完成带教任务的自然人。因为检查医生是市妇幼保健医院的工作人员，其在履行职责的过程中实施侵权行为，侵权责任应由妇幼保健院承担。

（五）自测案例

某日，李某在男友陪同下来到石河子某医院做人工流产。在妇产科医生孙某的安排下，李某按要求做好准备躺在检查床上，只穿了一件短袖T恤，等待检查。这时，医生叫进20多名身穿白大褂的男女学生围在床前，李某非常紧张和难堪，要求医生让他们出去。医生说，没关系，他们都是实习生，并要李某躺好，否则没法检查。接着医生一边触摸李某的身体，一边向某医学院的学生介绍各部位的名称、症状等，其间还有实习生们的笑声。检查讲解过程持续了约五六分钟。事发后，李某向人民法院提起诉讼，状告石河子某医院及当事医生侵犯其隐私权,要求赔礼道歉,并赔偿精神损失费1万元。

问:本案的医院是否侵权了患者的隐私权?医院的教学任务是否能使其行为合法化?

三、不得实施不必要的检查义务

(一)案情简介

> **案例**
>
> 尚某因膝关节不适,到市中心医院就医。医生检查后,初步诊断为膝关节囊肿,可能需要手术治疗,但需要进一步确诊。医生为其开出膝关节核磁共振检查申请。核磁共振检查结果是"膝关节未见异常"。但医生认为还需做膝关节B超检查。B超检查的结果也是"未见异常"。此时,医生进一步提出再做膝关节CT检查。经过上述检查后,否定了膝关节囊肿的可能性。尚某认为,医生让自己接受不必要的过多检查项目,花费了大量费用,是出于经济目的的"小病大治"。双方因此而发生争议,尚某向人民法院提起诉讼,认为医院在医疗服务中存在过度医疗行为,自己不应承担不必要的医疗费用。

(二)思考方向

过度检查是过度医疗的一种典型表现,其不仅侵害了患者的经济利益,有时还会给患者带来精神损害。但何为"必要的检查",这是本案例中需要明确的问题。

(三)法律规定

《侵权责任法》第63条　医疗机构及其医务人员不得违反诊疗规范实施不必要的检查。

(四) 学理分析

1. 法律禁止过度检查

一般认为,过度检查是指医疗机构提供的超出患者个体和社会保健实践需求的医疗检查服务。过度检查具有以下特征:(1)为诊疗疾病所采取的检查手段超出疾病诊疗的基本需求,不符合疾病的规律与特点;(2)采用非"金标准"的诊疗手段。所谓"金标准",是指当前临床医学界公认的诊断疾病的最可靠的方法。较为常用的金标准有活检、手术发现、微生物培养、特殊检查和影像诊断,以及长期随访的结果等;(3)费用超出了疾病对基本医疗的需求,形成了过度消费。①《侵权责任法》所规定的"不得违反诊疗规范实施不必要的检查",即属于过度检查。当然,何种检查构成"不必要的检查"还面临着认定中实际操作的困难,有待于以后的立法中进一步完善。另外,需要明确的是,患者到医疗机构就医与医疗机构就建立了医疗服务合同关系,双方应全面适当的履行自己的义务。如果医疗机构利用医患双方在医学信息上的不对称和医疗知识掌握上的不对称,为了经济目的而加重患者的经济负担,患者既可以基于医疗机构不适当履行合同义务提起违约之诉,也可以提起侵权之诉。

2. 案例评析

在本案例中,核磁共振、B超、CT等辅助检查措施都有其"适应症",在适用上有一定的次序。医务人员怀疑患者膝关节囊肿,应当根据病情及三种辅助物理检查措施的特点选择检查措施。按照惯例,应首选既经济又实用的B超检查,首选核磁共振是不适当的。另外,核磁共振比其他两种检查措施更精密、更先进,做了核磁共振未发现异常之后,再做B超和CT也就没有任何意义。因此,本案中的医务人员违反基本的医学常识,随意使用价格昂贵的治疗手段,其主观过错非常明显,对于患者所支付的不必要的检查费用应当予以偿还。

---

① 参见王胜明:《中华人民共和国侵权责任法释义》,法律出版社2010年版,第313—314页。

（五）自测案例

某年6月，叶某因结婚一年多没有孩子，跟着丈夫吉某来到号称"送子医院"的某医院检查治疗。女医生对叶某肉眼观察后就说："不得了，你妇科炎症那么严重，怎么能生孩子！"另一位男医生说："男人也要检查一下，问题不一定出在女人身上。"他用肉眼观察一番后，就对吉某说："你的输精管堵塞了，还得详细检查！"最终检查结果出来后，夫妻俩四处借钱接受治疗，直到再也借不到钱了，医生才结束治疗。叶某夫妇前后在这家医院花去多达3万元的治疗费。7月20日，离开该医院近30天的叶某因为呕吐不止，又到另一家医院检查，发现自己已经怀孕66天了。这意味着，去第一家医院之前叶某就怀孕了。

问：该医院的行为是否构成过度检查？是否应承担赔偿责任？

第十章　环境污染责任

第一节　环境污染责任的构成要件与举证责任

环境污染责任是指行为人因环境污染而侵害他人合法权益时，应承担的侵权责任。环境污染责任适用无过错责任原则，其构成要件包括：存在环境污染的行为、被侵权人受到污染损害、污染行为与污染损害后果之间有因果关系。在举证责任规则上，环境污染责任通常实行举证责任倒置。

一、环境污染责任的归责原则与构成要件

（一）案情简介

> **案　例**
>
> 某露天煤矿建设指挥部（以下简称煤矿指挥部）经上级有关部门批准，于某地建设露天煤矿。在煤矿设计院编制的可行性研究报告中，肯定了该露天煤矿爆破引起的噪声和震动对周围环境会产生不良影响，但对如何采取预防措施未加论证。在煤矿指挥部建设露天煤矿期间，某劳动服务公司在该露天煤矿东南边界的边缘建立了一家大型养鸡厂。后来，劳动服务公司将养鸡场发包给庞某，承包期4年。庞某承包后，分4次购进雏鸡7000只，在鸡场饲养。在这些鸡先后进入了产蛋期后，煤矿指挥部在露天煤矿进行土层剥离爆破施工，其震动和噪声惊扰了养鸡场的鸡群，鸡的产蛋率突然大幅度下降，并有部分鸡死亡。无奈之下，庞某将成鸡全部淘汰。经计算，庞某因蛋鸡产蛋率下降而提前淘汰减少利润收益10万余元。经有关部门对庞某承包的养鸡场的活、死鸡进行抽样诊断、检验，结论为：因长期放炮施工的震动和噪音造成鸡群

> "应激产蛋下降综合症"。庞某遂向人民法院起诉,要求煤矿指挥部赔偿其经济损失。煤矿指挥部以开矿爆破经国家有关部门批准,没有违反法律,不构成侵权为由,拒绝承担赔偿责任。

(二)思考方向

在环境污染责任的认定上,行为人是否承担相应的侵权责任,应从环境污染责任的归责原则和责任构成要件入手,并考虑是否存在免责事由。

(三)法律规定

1.《侵权责任法》第 65 条 因环境污染造成损害的,污染者应当承担侵权责任。

2.《中华人民共和国环境保护法》(以下简称《环境保护法》)第 41 条 造成环境污染危害的,有责任排除危害,并对直接受到损害的单位或者个人赔偿损失。

赔偿责任和赔偿金额的纠纷,可以根据当事人的请求,由环境保护行政主管部门或者其他依照法律规定行使环境监督管理权的部门处理;当事人对处理决定不服的,可以向人民法院起诉。当事人也可以直接向人民法院起诉。

完全由于不可抗拒的自然灾害,并经及时采取合理措施,仍然不能避免造成环境污染损害的,免予承担责任。

第 42 条 因环境污染损害赔偿提起诉讼的时效期间为 3 年,从当事人知道或应当知道受到污染损害时起计算。

3.《中华人民共和国海洋环境保护法》(以下简称《海洋环境保护法》)第 90 条第 1 款 造成海洋环境污染损害的责任者,应当排除危害,并赔偿损失;完全由于第三者的故意或者过失,造成海洋环境污染损害的,由第三者排除危害,并承担赔偿责任。

第 92 条 完全属于下列情形之一,经过及时采取合理措施,仍然不能避免对海洋环境造成污染损害的,造成污染损害的有关责任者免予承担责任:

(一)战争;

(二)不可抗拒的自然灾害;

（三）负责灯塔或者其他助航设备的主管部门,在执行职责时的疏忽,或者其他过失行为。

4.《中华人民共和国大气污染防治法》(以下简称《大气污染防治法》)第62条 造成大气污染危害的单位,有责任排除危害,并对直接遭受损失的单位或者个人赔偿损失。

赔偿责任和赔偿金额的纠纷,可以根据当事人的请求,由环境保护行政主管部门调解处理;调解不成的,当事人可以向人民法院起诉。当事人也可以直接向人民法院起诉。

第63条 完全由于不可抗拒的自然灾害,并经及时采取合理措施,仍然不能避免造成大气污染损失的,免于承担责任。

5.《中华人民共和国水污染防治法》(以下简称《水污染防治法》)第85条 因水污染受到损害的当事人,有权要求排污方排除危害和赔偿损失。

由于不可抗力造成水污染损害的,排污方不承担赔偿责任;法律另有规定的除外。

水污染损害是由受害人故意造成的,排污方不承担赔偿责任。水污染损害是由受害人重大过失造成的,可以减轻排污方的赔偿责任。

水污染损害是由第三人造成的,排污方承担赔偿责任后,有权向第三人追偿。

6.《中华人民共和国环境噪声污染防治法》第61条 受到环境噪声污染危害的单位和个人,有权要求侵害人排除危害;造成损失的,依法赔偿损失。

赔偿责任和赔偿金额的纠纷,可以根据当事人的请求,由环境保护行政主管部门或者其他环境噪声污染防治工作的监督管理部门、机构调解处理;调解不成的,当事人可以向人民法院起诉。当事人也可以直接向人民法院起诉。

7.《中华人民共和国固体废物污染环境防治法》第84条 受到固体废物污染损害的单位和个人,有权要求依法赔偿损失。

赔偿责任和赔偿金额的纠纷,可以根据当事人的请求,由环境保护行政主管部门或者其他固体废物污染环境防治工作的监督管理部门调解处理;调解不成的,当事人可以向人民法院提起诉讼。当事人也可以直接向人民法院提起诉讼。

国家鼓励法律服务机构对固体废物污染环境诉讼中的受害人提供法律援助。

第 85 条 造成固体废物污染环境的,应当排除危害,依法赔偿损失,并采取措施恢复环境原状。

第 86 条 因固体废物污染环境引起的损害赔偿诉讼,由加害人就法律规定的免责事由及其行为与损害结果之间不存在因果关系承担举证责任。

8.《中华人民共和国放射性污染防治法》(以下简称《放射性污染防治法》)第 59 条 因放射性污染造成他人损害的,应当依法承担民事责任。

9.《民事诉讼证据的规定》第 4 条第 1 款 下列侵权诉讼,按照以下规定承担举证责任:

……

(三)因环境污染引起的损害赔偿诉讼,由侵害人就法律规定的免责事由及其行为与损害结果之间不存在因果关系承担举证责任;

……

(四)学理分析

1. 环境污染责任的归责原则

由于环境污染是大工业的副产品,因而在环境污染责任中,被侵权人要证明污染者存在过错是相当困难的,并且污染者往往确也无过错。因此,如果环境污染责任实行过错责任原则,被侵权人就会因不能证明污染者的过错而得不到赔偿。为解决这一问题,确保被侵权人的利益,大多数国家相继在环境保护法律中确立了无过错责任制度。根据我国《侵权责任法》及其他环境保护法律、法规的规定,环境污染责任不以过错为要件,适用无过错责任原则。

2. 环境污染责任的构成要件

环境污染责任适用无过错责任原则,因此,其构成要件包括以下几项:

(1)污染者有污染环境的行为。"环境"是指影响人类生存和发展的各种天然的和经过人工改造的自然因素的总体,包括大气、水、海洋、土地、矿藏、森林、草原、野生生物、自然遗迹、人文遗迹、自然保护区、风景名胜区、城市和乡村。所谓环境污染,是指由于人为的原因致使环境发生化学、物理、生物等特点上的不良变化,从而影响人类健康和生产活动,影响生物生存和发展的现象。如大气污染、水污染、海洋污染、土壤污染等。污染环境行为主要表现为一定的作为,如排放废气、废水、废渣、粉尘、垃圾、放射性物质等。在一定情况下,不作为也可以构成环境污染行为,如没有采取安全措施致使有害气体泄露等。

(2) 被侵权人受到污染损害。污染者承担环境污染责任,须以存在损害后果为基本条件。污染环境损害与其他损害相比,具有如下特殊性:其一,污染损害具有复杂性。污染发生的损害是很复杂的,同时损害发生的过程也具有复杂性。其二,污染损害具有潜伏性。污染环境造成的损害,尤其是疾病损害,被侵权人往往不能及时发现,发现了也不能尽快地消除,损害往往要潜伏很长的时间。其三,污染损害具有持续性。污染损害的持续性,是指这种损害是持续的,并不会因污染物的停止排放而当即消除。其四,污染损害具有广泛性。一方面,污染损害的受害地域相当广泛;另一方面,受害的对象和利益也具有广泛性。①

(3) 污染环境行为与污染损害后果之间具有因果关系。由于环境污染属于科技发展所引起的社会问题,因而环境污染损害往往涉及高深的科技活动,为一般人所不能控制和掌握;加之,污染损害又具有持续性、潜伏性、广泛性的特点,因此,在许多情况下,要查明损害的原因,确认损害与污染行为之间的因果关系,用一般的方法是相当困难的,甚至会陷入无谓的"科学论争"之中。因此,对于环境污染责任应实行因果关系推定制度,由污染者就污染行为与损害结果之间不存在因果关系承担举证责任。

3. 环境污染责任的免责事由

根据我国环境保护法律、法规的规定,环境污染责任的免责事由包括如下几项:

(1) 不可抗拒的自然灾害。按照《环境保护法》、《海洋环境保护法》、《大气污染防治法》等法律的规定,完全由于不可抗拒的自然灾害,并经及时采取合理措施,仍然不能避免造成环境污染损害的,免予承担赔偿责任。

(2) 受害人的过错。根据《水污染防治法》第 85 条第 3 款的规定,水污染损害是由受害人故意造成的,排污方不承担赔偿责任。水污染损害是由

---

① 参见房绍坤:《民商法问题研究与适用》,北京大学出版社 2002 年版,第 413—415 页。

受害人重大过失造成的,可以减轻排污方的赔偿责任。本款规定的抗辩事由属于受害人过错,根据受害人过错的程度不同,分别规定了责任免除和责任减轻的抗辩事由。

(3) 其他抗辩事由。例如,《海洋环境保护法》第92条除规定了不可抗拒的自然灾害为抗辩事由外,还规定了完全由于战争、负责灯塔或者其他助航设备的主管部门在执行职责时的疏忽或其他过失行为造成海洋环境污染损害的,污染者不承担赔偿责任。

4. 案例评析

在上述案例中,被告在露天煤矿爆破施工时产生的振动和噪音,造成原告的鸡群产蛋率大幅度下降,属于污染环境造成的损害,被告应当承担赔偿责任。首先,被告在其露天煤矿爆破时所产生的震动和噪音,是一种污染环境的行为。开发煤矿的可行性研究报告已经肯定了露天煤矿爆破引起的噪声和震动对周围环境会产生不良影响,但对如何采取预防措施未加论述,而被告在开发时又没有采取具体的防范措施。其次,被告的污染环境行为造成了原告的鸡群产生"应激产蛋下降综合症",致使鸡群的产蛋率大幅度下降,这种污染损害与污染行为之间具有因果关系。本案中有争议的问题是,该建设项目得到国家有关机关批准,能否成为免责事由?我们认为,国家机关批准该项目建设,只是允许其开发煤矿资源,并非就是允许其对周围环境造成污染而不用承担责任,因而不影响侵权责任的构成。综上所述,被告应当对原告承担环境污染责任。

(五) 自测案例

某县西关村位于县城西南城郊,以发展副业生产为主。为扩大生产规模,县化肥厂要扩建,因西关村南边有一条东西流向的小河,化肥厂要利用河水进行生产,便将厂址选在西关村西面河的上游处。当时,西关村村委会考虑到化肥厂产生的废气、废水可能影响村里的农业生产,曾对化肥厂将厂址选在村西面河的上游处提出异议,但化肥厂提出保证不影响村里的农业生产,废水都通过管道流走,废气对农业生产也不会产生危害,西关村也没有再深究。于是,化肥厂就在村西面建厂。某年夏天的一次大雨过后,西关村三口鱼塘里的鱼几乎全死了。经调查、检验,化肥厂排放废水的管道从鱼塘西面通过,管道使用十几年后,有的地方已经开始漏水,大雨过后,从管道中漏出的废水随雨水一同流入水塘,造成了水塘污染,使塘水变质,导致了鱼的死亡。于是,西关村村委会即向化肥厂要求赔偿。因赔偿金额问题未能取得一致意见,原告向人民法院提起诉讼,要求被告停止侵害,赔偿损失。

问:化肥厂应否承担环境污染责任?

二、污染者的举证责任

(一) 案情简介

> **案例**
>
> 张家庄系林山县枫树镇管辖下的村庄,在距张家庄2公里处开设有一家炼油厂。在炼油厂开始正式经营的几个月后,张家庄村中的多户村民开始出现头晕、眼花及乏力等现象。村民因此向村委会反映,并试图与该炼油厂进行交涉。但炼油厂对外声称,村民所出现的状况与其并无关系,并对此事置之不理。在此情形下,村民将炼油厂告上法庭。

(二) 思考方向

环境污染责任属特殊侵权责任,适用无过错责任原则。同时,在其构成要件的因果关系上,实行因果关系推定规则。在本案例中,炼油厂否认村民所出现的头晕、眼花及乏力的现象与其炼油之间不存在因果关系。因此,在本案例中,炼油厂是否应承担环境污染责任,应取决于因果关系的认定。

(三) 法律规定

1.《侵权责任法》第66条 因环境污染发生纠纷,污染者应当就法律规定的不承担责任或者减轻责任的情形及其行为与损害之间不存在因果关系承担举证责任。

2.《水污染防治法》第87条 因水污染引起的损害赔偿诉讼,由排污方就法律规定的免责事由及其行为与损害结果之间不存在因果关系承担举证责任。

3.《民事诉讼证据的规定》第4条第1款 下列侵权诉讼,按照以下规定承担举证责任:

……

(三)因环境污染引起的损害赔偿诉讼,由侵害人就法律规定的免责事由及其行为与损害结果之间不存在因果关系承担举证责任;

……

(四)学理分析

1. 污染者举证责任的概念

污染者的举证责任是指在环境污染诉讼中,污染者就法律规定的不承担责任或者减轻责任的情形及其行为与损害之间不存在因果关系所承担的证明责任。可见,污染者的举证责任包括以下两个部分:

其一,污染者就法律规定的不承担责任或者减轻责任的情形进行举证,这是污染者就免责事由所进行的举证。这种举证责任与侵权责任法上其他类型侵权人的举证责任并无不同,即当行为人主张自己免除或减轻责任时均应举证证明存在法律规定的免责事由。

其二,污染者就其污染行为与损害后果之间不存在因果关系进行举证。在侵权责任的构成要件上,通常的规则是由被侵权人就侵权责任的构成要件承担举证责任,故因果关系要件的存在应由被侵权人举证证明。但在环境污染案件的处理上,法律规定应由污染者就损害与行为之间不存在因果关系进行证明,即实行因果关系举证责任的倒置。当然,这种倒置也并非是说被侵权人对因果关系要件的存在无须承担任何举证责任,被侵权人也需要对行为与损害之间的因果关系存在的可能性上作出证明。法律作出如此规定的原理在于,证明环境污染责任的因果关系具有相当程度的困难性且花费巨大,如令被侵权人承担该举证责任,则被侵权人常常会因无法举证而不能得到任何救济。因此,法律规定减轻被侵权人的举证责任,以实现对被侵权人的充分救济。

2. 污染者举证责任的适用

从以上论述可知,污染者举证责任的适用,其特殊之处仅在于对因果关系的举证责任倒置。就免责事由的举证而言,并不存在特殊之处。因此,此处仅就污染者对因果关系证明规则的适用情况做一说明。

(1)被侵权人须证明污染行为与损害结果之间具有盖然性因果关系。尽管在污染损害的案件中,法律规定了因果关系举证责任的倒置,但并非被侵权人不承担任何因果关系上的举证责任,而是由其就行为与损害之间存在因果关系的可能性进行证明。此处所采取的盖然性因果关系,是指行为与损害之间的引起与被引起的关系,依照一般社会之人的认识标准,可以相信二者之间在因果关系上存在相当程度的可能性。

(2)人民法院基于被侵权人的举证,推定行为与损害结果之间具有因果关系。人民法院在被侵权人所提出的证明基础之上,对行为与损害之间的因果关系进行判断。如果二者之间存在相当程度的可能性关系,则推定行为与损害之间存在因果关系;如果二者之间不存在相当程度的可能性,则判定二者之间不存在因果关系。

(3)污染者就行为与损害之间不存在因果关系进行举证。在人民法院推定污染行为与损害结果之间具有因果关系的情况下,如污染者欲使自身免除责任的承担,则须证明其行为与损害之间不存在因果关系。污染者举证证明不存在因果关系的标准,要高于被侵权人举证证明存在因果关系的标准。就是说,只有污染者对因果关系证明的极大不可能性,方可推翻被侵权人举证证明的相当程度的可能性。从民事诉讼的角度而言,这即是优势证据规则的采用。污染者就行为与损害之间不存在因果关系的证明,通常采取这样几种方法:一是损害由某确定的他人造成;二是即便无行为人的行为,损害同样会发生;三是根据科学检验,行为人的行为不可能导致此种损害结果。如果污染者举证证明行为与损害之间不存在因果关系,就可以推翻此前人民法院的推定,则其就无须承担侵权责任。

3. 案例评析

在本案例中,张家庄村民主张炼油厂承担侵权责任,须证明自身受有损害,且该损害与炼油厂的运行之间存在相当程度的因果关系。从本案的案情看,多户村民所出现的头晕、眼花及乏力等现象,在炼油厂运行之前不曾发生,而恰恰是在炼油厂运行几个月之后才出现的。因此,依社会一般人的认识,可以认为在相当程度上村民所出现的病状可能与炼油厂的运营有关。

在此情况下,人民法院应推定炼油厂的行为与村民的损害之间存在因果关系。对此,如炼油厂欲免除自己的责任,则须就其运营与村民的病状之间不存在因果关系进行举证证明。否则,其应就村民的损害承担侵权责任。

(五)自测案例

2009年10月,在南台一中北1公里处建起一座化工厂。之后,每当化工厂开工,均会从烟囱内排出滚滚黑烟,且其中伴有刺激性气体。2010年1月,该中学所在地区刮起了北风,烟囱中的黑烟向一中的方向扩散。与此同时,一中的同学有200余人出现头晕、浑身乏力等现象。对此,一中曾多次与该化工厂交涉,但化工厂不予理会。

问:本案中的受害人应如何主张其权利?

第二节 环境污染责任的承担

一、数人污染责任的承担

(一)案情简介

> **案 例**
>
> 2007年6月,王某承包了张家湾水库用于养殖淡水鱼。由于张家湾水库的水体清洁,故养出的淡水鱼味道鲜美,远近闻名。2010年9月,当地政府招商引资,张家湾水库上游分别建立了印染厂和皮革制品厂。二厂同时向大流河排放污水。而大流河是张家湾水库的重要水源河,其水体最终均流入该水库。2010年10月,王某于水库中所养殖的淡水鱼大量死亡,经济损失达50万元。据相关部分检测,处于水库上游的印染厂和皮革厂所排放的污水均不符合国家规定标准,并因此致王某所养殖的淡水鱼大量死亡。在二厂所排放的污水的致害物中,印染厂占致害物总量的70%,皮革制品厂占致害物总量的30%。王某将印染厂及皮革制品厂告上法庭,要求二者承担赔偿责任。

(二) 思考方向

在存在多个环境污染主体的案件中,侵权人之间可能成立连带责任,也可能成立按份责任。在上述案例中,印染厂及皮革制品厂对王某的损害是承担连带责任还是按份责任,须根据污染情形加以确定。

(三) 法律规定

《侵权责任法》第12条 二人以上分别实施侵权行为造成同一损害,能够确定责任大小的,各自承担相应的责任;难以确定责任大小的,平均承担赔偿责任。

第67条 两个以上污染者污染环境,污染者承担责任的大小,根据污染的种类、排放量等因素确定。

(四) 学理分析

1. 数人污染责任的承担主体

数人污染责任是指在环境污染中,污染者为二人以上时所产生的环境污染责任。从侵权责任的形态上划分,数人污染责任可以分为连带责任和按份责任。

承担连带责任的数人污染责任包括两种情形:一是因共同侵权而产生的数人污染责任。这种责任要求污染者之间就损害的发生存在共同过错;二是因数个污染行为中的每个污染行为均足以造成污染损害而产生的数人污染责任。这种责任并不构成共同侵权,但因每个污染行为均足以造成污染损害,因而污染者应承担连带责任。

承担按份责任的数人污染责任是因数个污染行为结合造成损害而产生的数人污染责任。这种责任通常须存在以下几个条件:(1) 存在多个侵权主体,有两个以上的污染者;(2) 污染者存在无意思联络的侵权行为,即污染者都有污染环境的行为,但其行为之间没有意思联络;(3) 数个侵权行为与损害有总体上的因果关系;(4)造成了同一损害。① 在这种数人污染责任中,应当根据数个污染者所排放污染的种类、排放量等因素确定污染者承担责任的大小。除外,在确定污染者责任时,还可以考虑排放地距离、排放持续的时间及污染物的致害程度等因素。② 当然,在个别情况下如无法确认污染者责任大小的,可以按照《侵权责任法》第12条的规定,由污染者平均承担赔偿责任。

2. 案例评析

在本案例中,印染厂及皮革制品厂向大流河排放污水并造成张家湾水库王某所养殖的淡水鱼死亡,造成王某经济损失50万元。由于印染厂与皮革制品厂在排放污水造成王某损失上并不存在意思联络,故二厂的排污行为并不构成共同侵权,而是应依据《侵权责任法》第67条的规定并结合本案案情,确定二者的具体损害赔偿数额。根据相关部门检测,在二厂所排放的污水的致害物中,印染厂占致害物总量的70%,皮革制品厂占致害物总量的30%。因此,印染厂的赔偿数额应为50万×70% =35万,皮革制品厂就剩下的15万承担赔偿责任。

(五)自测案例

自2009年5月以来,某小区内经常弥漫着一股刺鼻的味道,小区里的很多居民都出现了咳嗽、哮喘等症状。经调查研究发现,小区的空气内含有大量的二氧化硫,居民们正是吸入了这些二氧化硫才产生的这些症状。在小区的北面有一家钢铁厂和一家发电厂,在小区的南面有一家炼油厂。经查,这三家企业每天都会排放出大量的包含着二氧化硫的废气。于是,小区的居民们就将这三家企业告上了法庭,要求他们承担赔偿责任。在庭审的过程中,炼油厂辩称:"当地常年吹北风,而且炼油厂距离小区较远,中间还存在着效果较好的防护带,因此,炼油厂排放的废气是不可能影响小区居民的。所以,炼油厂不用承担责任。"同时,钢铁厂与发电厂也以各种理由拒绝

---

① 参见王胜明主编:《〈中华人民共和国侵权责任法〉条文解释与立法背景》,人民法院出版社2010年版,第270页。
② 同上书,第271页。

承担责任。

问:上述三家工厂应否对小区内的居民承担环境污染责任?应如何承担责任?

二、因第三人过错污染环境的责任承担

(一)案情简介

> **案例**
>
> 　　大阳公司系一大型石油公司。2010年9月,大阳公司的油轮在红河上正常行驶。此时从对面驶来一艘中型货船,与该油轮相撞。油轮中所载油料因油轮碰撞破损而溢出,污染河道并致使红河两岸养殖户的淡水鱼大量死亡,造成直接经济损失80万元。事后经查,货轮系明洋公司所有,此次事故的发生系因货船驾驶不当,闯入油轮的正常航线造成。

(二)思考方向

环境污染责任实行无过错责任原则,因此,污染者承担侵权责任,并不考虑其过错的存在与否。即使因第三人的过错造成环境污染,也不能免除污染者的侵权责任。当然,第三人也须对被侵权人承担侵权责任。此时,被侵权人如何要求污染者、第三人承担责任,是上述案例所要解决的问题。

(三)法律规定

1.《侵权责任法》第68条　因第三人的过错污染环境造成损害的,被侵权人可以向污染者请求赔偿,也可以向第三人请求赔偿。

2.《水污染防治法》第85条第4款　水污染损害是由第三人造成的,排污方承担赔偿责任后,有权向第三人追偿。

（四）学理分析

1. 因第三人过错污染环境的责任承担主体

在通常情况下，因第三人的过错造成损害的，可以免除行为人的侵权责任。但在环境污染责任中，第三人的过错并不是污染者的免责事由。对此，法律赋予被侵权人在污染者和第三人之间择一要求赔偿的权利，被侵权人不得同时向双方请求损害赔偿。因此，污染者与第三人之间所承担的责任并不是连带责任。如果被侵权人向污染者主张赔偿，则污染者在赔偿后，有权向第三人追偿；如果被侵权人向第三人主张赔偿，则在第三人赔偿后，污染者不再承担任何责任。法律之所以赋予被侵权人以选择权，其立法目的在于实现对被侵权人更为全面的保护。一般情况下污染者的能力比第三人强，规定污染者先替第三人承担责任再追偿的本意是对被侵权人的保护，但在第三人的赔偿能力比污染者强的情况下，应当赋予被侵权人赔偿对象的选择权，被侵权人可以向污染者请求赔偿，也可以向第三人请求赔偿。污染者赔偿后，有权向第三人赔偿。① 如此，既实现了对被侵权人的充分救济，也平衡了相关各方的利益。

在因第三人过错污染环境的责任中，第三人指的是污染者与被侵权人之外的第三人，该第三人与污染者及被侵权人之间不存在法律上的任何隶属关系。同时，第三人过错中的"过错"，既包括故意，也包括过失，但此处的过错是第三人自身的单独过错。如果第三人与污染者之间存在共同过错，则二人就损害的发生构成共同侵权，应承担连带责任。

2. 案例评析

在本案例中，养殖户损失系油船漏油所致。而油船漏油是因货船的航行错误而发生碰撞事故所致。因此，本案属于因第三人过错污染环境的责任案件。对此，根据《侵权责任法》第68条的规定，作为被侵权人的养殖户可以向大阳公司请求赔偿，也可以向明洋公司请求赔偿。如大阳公司向养

---

① 参见王胜明主编：《〈中华人民共和国侵权责任法〉条文解释与立法背景》，人民法院出版社2010年版，第273—274页。

殖户给予了赔偿,则其有权向明洋公司追偿。

(五) 自测案例

海木油田系一重要石油产地,年产石油 3000 万吨。其石油通过几条重要的石油管道输送至相隔 30 公里处的炼油厂。2010 年 7 月,王某、李某及宋某三人,为盗取输送管道中的石油牟利,利用设备在地下的管道上钻孔并试图接上一根稍小的管子,将石油引入地上的储油装置后贩卖给外地炼油厂。但由于管道内油压过大,在钻出偷油孔后,石油管道发生爆裂,造成管道上方农田大面积污染,农民的直接经济损失达 20 万元。对此,受损农民要求损害赔偿。

问:农民应向何者主张损害赔偿?其根据是什么?

第十一章　高度危险责任

第一节　高度危险责任的归责原则与构成要件

高度危险责任是指因从事高度危险作业造成他人损害时，作业人所应承担的侵权责任。高度危险责任适用无过错责任原则，其构成要件包括：作业人从事高度危险作业；被侵权人受到了损害；从事高度危险作业与损害后果之间具有因果关系。

（一）案情简介

> **案例**
>
> 经被告某部队领导同意，该部队安排被告某铁路机械学校的学生到部队过军营一日生活，其中一项活动内容为打靶训练。当日上午，原告王某与家人在距靶场约400米远的山上扫墓时，被铁路机械学校学生打靶时所发射的子弹击伤。经鉴定，王某的伤残等级为九级。双方协商未果，原告王某起诉到人民法院，要求被告某部队及铁路机械学校赔偿损失。二被告辩称：部队设置打靶场进行军事训练符合有关军事法规。在当天进行射击训练时，在禁区内已经设置了警戒标志。二被告无过错，原告在距离警戒区400多米远的山上中弹受伤纯属意外，故请人民法院驳回原告的诉讼请求。人民法院经依法审理，判决铁路机械学校对王某承担损害赔偿责任，某部队负连带赔偿责任。

（二）思考方向

在本案例中，原告的损害是由二被告造成的。二被告是否要赔偿原告的损失,关键在于二被告能否以无过错为由免责。本案的特殊性在于,造成损害的行为是打靶训练这种对周围环境具有高度危险的作业。因此,正确解决本案纠纷的前提在于明确高度危险责任的归责原则与构成要件。

(三)法律规定

1.《侵权责任法》第69条　从事高度危险作业造成他人损害的,应当承担侵权责任。

2.《民事诉讼证据的规定》第4条第1款　下列侵权诉讼,按照以下规定承担举证责任:

……

(二)高度危险作业致人损害的侵权诉讼,由加害人就受害人故意造成损害的事实承担举证责任;

……

(四)学理分析

1. 高度危险责任的归责原则

根据《侵权责任法》的规定,高度危险责任适用无过错责任原则,只要从事高度危险作业造成他人损害,无论作业人是否存在过错,都要承担侵权责任,除非存在法定的免责事由。高度危险作业责任适用无过错责任原则,不仅符合我国的法律实践,也是世界各国的通行做法。

2. 高度危险责任的构成要件

高度危险责任实行无过错责任原则,因此,其构成要件包括:

(1)作业人从事高度危险作业

高度危险作业是指对周围环境具有较高危险性的活动。只有从事高度危险作业,才有可能发生高度危险责任。从《侵权责任法》的规定来看,高度危险作业主要包括两种:一是高度危险活动,如从事高空、高压、地下挖掘活动或使用高速轨道运输工具等高度危险活动;二是占有、使用易燃、易爆、剧毒、放射性等高度危险物的行为。

（2）被侵权人受到了损害

在本质上，高度危险作业是一种法律允许的作业活动，其本身不具有不法性。所以，只有从事高度危险作业造成实际损害的，才能要求作业人承担侵权责任。从事高度危险作业所造成的损害包括人身损害和财产损害，也包括因人身损害而导致的精神损害。

（3）从事高度危险作业与损害后果之间具有因果关系

被侵权人的损害须是高度危险作业所造成的，才能成立高度危险责任。就是说，从事高度危险作业与损害后果之间须有因果关系。在通常情况下，这种因果关系须由被侵权人证明。但是，由于高度危险作业的特殊性，因果关系也具有一定的特殊性。例如，在某些情况下，被侵权人往往只能证明高度危险作业与损害后果存在表面上的因果关系，甚至仅能证明高度危险作业是损害后果发生的可能原因，而无法确切地证明二者之间的因果关系。如放射性物质造成损害的，被侵权人就基本上无法证明损害发生的具体原因。因此，为切实保护受害人的利益，对于因果关系可以采用推定的方法，即由高度危险作业人证明作业活动与损害后果没有因果关系。① 如其不能证明，则推定有因果关系。

3. 高度危险责任的承担

高度危险作业的类型不同，高度危险责任的承担主体也不同。从事高空、高压、地下挖掘活动或者使用高速轨道运输工具等高度危险作业，由经营者承担高度危险责任；占有或者使用易燃、易爆、剧毒、放射性等高度危险物，由占有人、使用人、所有人、管理人承担高度危险责任。高度危险责任主要是一种赔偿责任，因此，责任主体应当按照规定承担赔偿责任。在适用赔偿责任时，根据《侵权责任法》第 77 条规定，法律规定赔偿限额的，应当实行限制赔偿。此外，从事高度危险作业存在危及他人人身、财产安全时，被侵权人也可以要求其承担停止侵害、排除妨碍、消除危险等侵权责任。

4. 案例评析

在本案例中，二被告在部队的打靶场安排学生在军训中实弹射击，其行

---

① 参见房绍坤：《民商法问题研究与适用》，北京大学出版社 2002 年版，第 401 页。

为是完全合法的。但是,在实弹射击中,即使采取了必要的警戒措施,因某种偶然因素也可能会发生跳弹、脱靶,进而给他人造成损害。这说明,实弹射击这种活动本身对周围环境具有高度危险性。二被告从事这种高度危险作业造成原告王某的人身损害,构成了高度危险作业责任。这种责任适用无过错原则,二被告不能以自己没有过错为由不承担责任。如果二被告不存在法定的免责事由,就应当对原告王某的损害承担赔偿责任。

(五) 自测案例

1. 某日中午12时许,汤某与家人在农田里干农活时,因口渴,即到附近鱼塘边属于林某的龙眼树上偷摘了龙眼,除自己吃外,还分给在附近干农活的包括原某在内的其他9人吃。后来,吃了龙眼的10人均觉得身体不适,被送到医院抢救,医院诊断为甲胺磷中毒。原来,林某为了杀虫,在龙眼树上喷洒了甲胺磷农药,林某喷洒农药后,未设置防护栏和出示告示。汤某偷摘的龙眼正是这些喷洒了此种农药的树上的。根据有关规定,甲胺磷属高毒农药,禁止在水果上使用。原某等人出院后要求林某赔偿医疗费等费用。林某认为其在自己的龙眼树上喷洒甲胺磷农药是为了杀虫,而原某等人所吃龙眼是汤某偷摘的,造成中毒事件的责任在于汤某,坚决不同意赔偿。为此,原某等起诉至人民法院,要求林某赔偿医疗费等费用。

问:林某是否应承担高度危险责任?

2. 村民张某为了修缮房屋,从炼油厂购买了一吨沥青。在自己的家门口,张某竖起一口大锅,在锅内熔化沥青。中午休息时,张某没有将火熄灭,也没有对锅内的沥青采取必要的防范措施。同村的小孩李某、王某、丁某在锅旁玩耍时,李某不慎跌入锅内被烫致死。

问:张某是否应承担高度危险责任?

第二节 高度危险活动损害责任

从事高空、高压、地下挖掘活动或者使用高速轨道运输工具造成他人损害的,经营者应当承担侵权责任,除非经营者能够证明存在受害人故意或不可抗力的法定免除事由。如被侵权人对损害的发生有过失的,可以减轻经营者的责任。

一、高空作业损害责任

（一）案情简介

> **案例**
>
> 某日下午5时半至6时半，某县气象局驻海浪镇五良子村气象站打炮点为防冰雹，打出了30发防冰雹气象炮弹，其中向海林市旧街乡方向打出6发。此间，原告李某的丈夫常某因见下雨，自地里回家，行至家门口时，原告听见屋外一声惊叫和倒地声，即出来查看，见常某倒在距窗前1米多处，头部流血，人已昏迷。原告以为是被雷击所致，遂将常某送往医院抢救。医院检查结论：常某头颅左顶部有一处7厘米裂伤，深至颅骨，创缘不齐，颅骨凹陷，有脑组织溢出，为脑挫伤，开放性颅骨骨折。后抢救无效，常某死亡。医院近一步诊断为，死者不是遭雷击死亡，而是由一硬物以高速冲击造成的。据此，常某的亲属联想到常某受伤当天气象部门打炮，常某的伤可能是炮弹皮下落所致，即在常某倒地现场找到一铁块。经送海浪镇五良子村气象站打炮点（距原告所在村8里）鉴别，打炮点工作人员认定系"三·七"炮弹头部，上有"人雨、17秒"字样，但声称此种弹不是今年打的，让再找找，看是否还有别的炮弹残骸。经过7天的继续寻找，在距常某倒地7米远的石堆里，又找到一块重186克的"三·七"炮弹头尾部，表面已锈蚀。据此，原告李某向人民法院提起诉讼称，其丈夫常某被被告打的人工降雨炮弹碎片击伤而死，要求被告承担赔偿责任。被告辩称：打炮时间与死者受伤倒地时间相差十多分钟。即使是我们打炮，在8里之外也伤不着死者。从科学角度计算，高空下落物体应将死者头颅骨击穿，而不是将死者头颅骨砸出凹坑；砸到死者头上的弹片更不会弹出7米多远。因此，死者受伤与打炮无关。人民法院经审理查明：死者受伤时间与打炮时间基本吻合。炮点打炮没有按规章制度执行，值班记录不全，没有记录当天打的什么型号的炮弹，没有45度卡，地面物体标物图没有制作。死者头颅骨凹陷形状与炮弹残骸形状相符，可排除其他致伤原因。人民法院认为：

> 原告诉称其丈夫被被告发射的人工降雨弹碎片击伤致死,事实属实。调查笔录、证人证言、物证、医院诊断证明等,足以证明。被告虽称不是自己打炮所致,但举不出证据。因此,原告的诉讼请求有理,应予支持。

(二)思考方向

在上述案例中,被告是否应当承担赔偿责任,需要明确案件的类型,其中关键的问题高空作业及因果关系的认定。

(三)法律规定

《侵权责任法》第73条 从事高空、高压、地下挖掘活动或者使用高速轨道运输工具造成他人损害的,经营者应当承担侵权责任,但能够证明损害是因受害人故意或者不可抗力造成的,不承担责任。被侵权人对损害的发生有过失的,可以减轻经营者的责任。

(四)学理分析

1. 高空作业损害责任的归责原则

高空作业损害责任是指因从事对周围环境具有高度危险的高空作业造成他人损害时,经营者所应承担的侵权责任。高空作业损害责任属于高度危险作业责任的一种,适用无过错责任原则,经营者不得以自己无过错而主张免责。

高空作业在实践中很常见,包括高层建筑施工、在建筑物顶部安装广告牌、对高层建筑物表面进行清洁工作、高空缆车等,都属于高空作业。但民用航空运输不属于高空作业。在民用航空器飞行中因坠落物体造成地面人员损害的,应当适用《侵权责任法》第71条关于民用航空器损害责任的规定。

2. 高空作业损害责任的构成要件

高空作业损害责任适用无过错责任原则,因此,其构成要件包括:
(1)作业经营者须从事高空作业。高空作业又称高处作业。根据高处作业标准规定,凡距坠落高度基准面 2 米以上,有可能坠落的在高处进行的作业,称为高处作业。坠落基准面是指从作业位置到最低坠落着落点的水平面,坠落高度(又称作业高度)是指从作业位置到坠落基准面的垂直距离。高处作业分为一级、二级、三级和特级高处作业。作业高度在 2 米以上低于 5 米时,为一级高处作业;作业高度在 5 米以上低于 15 米时,为二级高处作业;作业高度在 15 米以上低于 30 米时,为三级高处作业;作业高度在 30 米以上时,为特级高处作业。只有进行高空作业,才有可能引发高空作业损害责任。

(2)被侵权人受到了损害。从事高空作业所造成的损害后果可以是财产损害,也可以是人身损害,还可能包括精神损害。高空作业行为尚未实际造成损失的,如有给他人人身、财产造成损害的现实危险,权利人有权要求经营者消除危险。

(3)高空作业与损害后果之间有因果关系。被侵权人的损害是高空作业造成的,才会成立高空作业损害责任。也就是说,高空作业行为与损害后果之间必须存在因果关系。

3. 高空作业损害责任的承担主体

高空作业损害责任由高空作业的经营者承担。高空作业经营者,是指实际控制、支配高空作业活动,取得高空作业报酬的人。高空作业经营者,可以是自然人,也可以是法人,还可以是合伙企业等其他组织。

4. 高空作业损害责任的免责事由

高空作业损害责任的免责事由包括受害人故意和不可抗力。如果经营者能够证明损害是因受害人故意或者不可抗力造成的,经营者就不承担责任。如果从事高空活动的经营者能够证明被侵权人对损害的发生有过失的,可以减轻经营者的责任。

5. 案例评析

在本案例中,气象局为防冰雹,向空中打防冰雹炮弹,属于从事对周围环境有高度危险的高空作业。因为高空作业损害责任适用无过错责任原则,只要能认定原告丈夫死亡与被告的高空作业之间有因果关系,被告就应承担赔偿责任。首先,在时间上,虽然不能查出死者受伤的确切时间,因而人民法院认定死者受伤时间与被告打炮时间基本吻合,但如认真分析,可以得出死者受伤在打炮时间内的结论。其一,死者亲属听见惊叫声奔出屋外,见死者倒地昏迷、头上流血,死者亲属已是惊吓不已,急切中只有赶紧送医院抢救之念头,要求其在此时记下确切时间,是不现实的。其二,炮弹在空中爆炸是有响声的,显然,死者在屋内的亲属是听见了此种响声的,并在奔出屋外见死者倒地昏迷情况下,随即反应为雷击所致,正是在很短时间里对刚听见的响声所作出的判断。听见爆炸响声,随即听见惊叫声,马上奔出屋外,就见死者倒地状况,作出雷击的判断是符合人的一般反映和逻辑判断的。正因为此种事情发生在时间上的紧凑性,所以,可以得出死者受伤时间和打炮时间一致的结论,这就证明了本案损害事实在时间上的因果关系。其次,从死者致伤原因上看,医院证明是由一硬物以高速冲击所致,被告也认为高空下落物体可将头颅骨击穿。而炮弹在空中爆炸形成的碎片下落,正是从高空下落的对地面物有高速冲击力的物体,并且在死者致伤现场确实找到了这种物体。在没有证据证明有其他从高空下落的对地面有高速冲击力的物体落在死者致伤现场的情况下,本案所发生的事实就具有唯一性,使被告打炮和死者受伤具有因果关系。至于被告所说高空下落物体应将死者头颅骨击穿,而不应将死者头颅骨砸出凹坑,这只是一种理论上的计算(被告所说从科学角度计算),而不是按事故发生时的现场实际情况的模拟结论,只具有可能性,而不具有确定性,因而难以成立。再次,从人民法院查证的情况看,被告打炮时的有关记录不全,根据现有记录,无法排除打炮与死者受伤的因果关系。因此,根据排除法,排除不了的即应予以认定,也是证明因果关系的方法之一。第四,被告无法否认向死者住家方向打过炮弹,这从在死者住家范围内先后找到两块弹片,而且其中一块明确标明有"人雨、17秒"字样可以得到证明。炮弹在空中爆炸后的碎片散落区是包括死者住家范围的,这也使本案损害事实之间具有了特定的关联性。最后,被告曾提出,现场找到的弹片处距死者倒地处7米多远,认为弹片击中死者后不可能弹出这么远。此种说法也是难以成立的。因为死者倒地处不等于就是死者被弹片击中处,原告一方也没有说死者是在倒地处被击中的。由于事故发生的当天,死者亲属误认为是被雷击,不可能当时寻找弹片,而是在死者死亡后,相距7天后才找到弹片的,这其间,不能排除弹片因各种原因移动了最初落地的位置。综上所述,本案死者受伤与被告打炮之间的因果关系是十分明显的,在被告不能提出相反的证据来否定这种因果关系的情况下,只能认定被告打炮所散落的炮弹碎片是致死者头颅骨损伤的原因。人民法院认定被告应承担损害赔偿责任,这是正确的。

(五) 自测案例

某县的森林里虫害严重,该县森林病虫害防治检疫站(以下简称森防站)决定,租用民航飞机飞洒农药"敌杀死"用以灭虫。于是,森防站召开飞洒农药区域内的有关人员(主要是该区域内各乡村负责人)会议,宣传了防止人身中毒的有关注意事项,并布置了地面指挥人员,但未确定飞机洒药的具体时间。会后第三天,作业飞机在该县西南帽子峰林区喷洒"敌杀死",该区距离游沟村较近。由于森防站没有及时在地面安排导航人员,飞机洒完农药后森防站才将信号旗送到,致农药喷洒面积扩大,并误将一些农药投入游沟村内,造成该村村民杨荣、尤斌、魏金彪三家养蜂户的380箱蜜蜂被药死。根据有关部门的鉴定,森防站喷洒的"敌杀死"是剧毒农药。杨荣等人向人民法院起诉要求森防站赔偿损失。但森防站认为,杨荣等人的损失是因乡村参加预防会议后未能及时做好宣传工作造成的,应由乡村政府承担赔偿责任。此外,杨荣等人在飞机飞洒农药期间将蜜蜂置于露天场所,且未采取预防措施,对损害的发生也有过错,也应承担责任。

问:本案应如何处理?

二、高压作业损害责任

(一) 案情简介

案例1

某日上午,王某到陈某经营的推进器厂要求充装氧气,陈某默许。王某在没有采取任何保护措施和监督的情况下,将该厂氧气瓶中的氧气充装到自制的灭火器瓶里。因瓶子铁皮较薄,又没有压力表显示,不能承受巨大的压力,灌气时瓶子爆炸,王某被炸死。事后双方就赔偿问题协商未果,王某的家人将陈某告上法庭。在庭审中,围绕被告陈某的担责问题,双方争执不下。原告认为,陈某放任王某充气,明知有危险后果而不制止,被告应对事故负全责。被告认为,事故是由王某自身违法行为造成,擅自充气,不存在被告默认和放任,要求驳回原告的诉讼请求。人民法院经审理认为,王某自行充装氧气存在过失,对事故发生亦有过错,应承担相应责任。陈某系船用推进器厂业主,对该厂进行经营管理,比一般人具有更多的技术知识和更强的注意能力,负有对工厂的管理义务和较高的注意义务,陈某应负事故的主要责任,按60%的比例承担赔偿责任。

案例2

某日上午,彭某在被告吴某经营的鱼塘钓鱼。彭某在钓鱼过程中换位时,将长6米的碳素渔竿扛在肩上行走。渔竿不慎碰到鱼塘边裸露的铝架高压线上,彭某当即触电倒地,经抢救无效身亡。经查,此高压线产权归某供电公司。彭某当时使用的渔竿是碳素渔竿,渔竿上标有"导电危险,注意雷电高压"等警示语。而吴某将自家鱼塘对外经营垂钓,却未在有高压线的地方设置明显警示标志。事情发生后,吴某与彭某的家属达成协议,预先支付了3万元给死者家属用于处理善后事宜。但因赔偿事宜发生争议,原告遂向人民法院提起诉讼。原告认为,被告供电公司作为该输电线路的产权人,对事故线路疏于管理;被告吴某进行营业性垂钓而在高压线旁没有任何警示标志,对此事故的发生,二者都有不可推卸的责任,故要求二被告支付彭某死亡补偿费、丧葬费等经济损失。人民法院经审理认为,二被告对该事故的发生应当承担一定的赔偿责任,而死者本人由于疏忽,对事故的发生也有相应的责任。人民法院依法判决二被告分别负担40%的赔偿责任,其余20%由原告自负。

(二)思考方向

在上述案例中,被告应承担赔偿责任,应当明确这类案件是否构成高压作业损害责任以及责任承担主体问题。

（三）法律规定

1.《侵权责任法》第73条 从事高空、高压、地下挖掘活动或者使用高速轨道运输工具造成他人损害的，经营者应当承担侵权责任，但能够证明损害是因受害人故意或者不可抗力造成的，不承担责任。被侵权人对损害的发生有过失的，可以减轻经营者的责任。

2.《最高人民法院关于审理触电人身损害赔偿案件若干问题的解释》（以下简称《触电人身损害解释》）第1条 民法通则第一百二十三条所规定的"高压"包括1千伏（KV）及其以上电压等级的高压电；1千伏（KV）以下电压等级为非高压电。

第2条 因高压电造成人身损害的案件，由电力设施产权人依照民法通则第一百二十三条的规定承担民事责任。

但对因高压电引起的人身损害是由多个原因造成的，按照致害人的行为与损害结果之间的原因力确定各自的责任。致害人的行为是损害后果发生的主要原因，应当承担主要责任；致害人的行为是损害后果发生的非主要原因，则承担相应的责任。

第3条 因高压电造成他人人身损害有下列情形之一的，电力设施产权人不承担民事责任：

（一）不可抗力；

（二）受害人以触电方式自杀、自伤；

（三）受害人盗窃电能，盗窃、破坏电力设施或者因其他犯罪行为而引起触电事故；

（四）受害人在电力设施保护区从事法律、行政法规所禁止的行为。

（四）学理分析

1. 高压作业损害责任的归责原则

高压作业损害责任是指因从事对周围环境具有高度危险的高压作业造成他人损害时，作业经营者所应承担的侵权责任。高压作业适用无过错归责原则，经营者不得以自己无过错而主张免责。高压作业在实践中很常见，如高压电、高压容器、液化气等,都属于高压作业。

2. 高空作业损害责任的构成要件

高压作业损害责任适用归责原则,因此,其构成要件包括:

(1)经营者须从事高空作业。高压作业是指在较高的压强下进行的工业生产活动。在不同行业里,高压的认定标准不同。例如,在压力容器中,高压容器的设计压力为 10 MPa 以上低于 100 MPa;100 MPa 以上为超高压容器。在电力行业,根据有关技术标准的规定,设备对地高压高于 250 伏为高电压;输送电力线路 10 千伏以上的为高压线路。在日常生活中,一般居民用电的电压单相是 220 伏,三相是 380 伏。对人体而言,无论是 380 伏还是 220 伏,都不是安全电压,都可以致人伤亡。但是,人体接触 220 伏或者 380 伏的电,都有自救的可能,而 1 千伏及其以上的电压等级的电,对人体会有严重的伤害,人体没有自救的可能。因此,目前在司法实践中,认定高压电的标准是 1 千伏以上电压。只有进行高压作业,才有可能引发高压作业损害责任。

(2)被侵权人受到了损害。从事高压作业所造成的损害后果可以是财产损害,也可以是人身损害,还可能包括精神损害。高压作业行为尚未实际造成损失的,如有给他人人身财产造成损害的现实危险,权利人有权要求经营者消除危险。

(3)高压作业与损害后果之间有因果关系。被侵权人的损害是高压作业造成的,才会成立高压作业损害责任。也就是说,高压作业行为与损害后果之间必须存在因果关系。

3. 高压作业损害责任的承担主体

高压作业损害责任由高压作业的经营者承担。高压作业经营者,是指实际控制、支配高压作业活动,取得高压作业报酬的人。如果是使用高压容器造成损害的,经营者就是高压容器的使用者。如果是高压电造成损害的,作为责任主任的经营者须依具体情况而定。因为电必须有一定的载体才能存在,高电压对周围环境的危害是以电的载体衡量的。高电压的载体应当包括高电压变压器、高电压电力线路、高电压电力设备等。从过程上看,发电、输电、配电、用电等环节必须以一个网络联系起来,并且同时进行。而发电、输电、配电和用电一般情况下分属不同主体。如果是在发电企业内的高压设备造成损害的,作为责任主体的经营者就是发电企业。如果是高压输电线路造成损害的,责任主体就是输电企业,在我国主要是电网公司。如果是在工厂内高压电力生产设备造成损害的,责任主体就是该工厂的经营者。

4. 高空作业损害责任的免责事由

高压作业损害责任的免责事由包括受害人故意和不可抗力。如果经营者能够证明损害是因受害人故意或者不可抗力造成的,经营者就不承担责任。受害人故意,主要是指受害人自杀或者自伤行为。对受害人故意导致的损害,经营者亦不承担责任。如违反法律规定,从事危害发电设施、变电设施或者电力线路行为而触电的,经营者可以不承担责任。如果从事高压活动的经营者能够证明被侵权人对损害的发生有过失的,可以减轻经营者的责任。例如,被侵权人在高压电下违章作业和施工、攀爬电线杆塔或变压器、在高压电线下钓鱼等,都可以减轻高压作业经营者的赔偿责任。

5. 案例评析

在案例1中,充装氧气是高压作业。因为气体只有在高压的情况下,才能液化。高压作业因其对周围环境具有高度危险性,只能由熟悉相关操作规程的专业人员操作。高压作业的经营者陈某默许不懂操作规程的王某在没有采取任何保护措施和监督的情况下充装氧气,直接造成了本案的发生,应对原告承担赔偿责任。同时,被侵权人王某是成年人,应当预见到私自充装氧气的危险,其过失也是导致本案损害发生的重要原因。高压作业损害责任适用无过错责任原则,本案被告应赔偿原告的损失。但本案被侵权人对损害的发生也有过失,可以减轻被告的赔偿责任。

在案例2中,高压输电是高压作业。输送电力线路,在我国一般都是10千伏以上的高压线路。但人在1千伏以上的电压下,就没有任何自救能力。可见,高压输电是对周围环境具有高度危险的作业,高压作业经营者应对输电线路妥善管理,及时排除安全隐患。在本案例中,高压输电作业是造成本案损害发生的直接原因,其经营者供电公司应对被侵权人承担赔偿责任。但是,被告吴某在高压线下经营鱼塘,允许他人钓鱼又没有设置明显的警示标志是造成本案损害发生的重要原因,对本案的发生具有明显的过错。被侵权人彭某作为成年人却没有意识到在高压线下钓鱼的危险,对损害的发生也有过错。可见,高压作业经营者、鱼塘经营人和被侵权人的行为都是损害发生的原因。因被侵权人彭某有过失,人民法院减轻二被告的损害赔偿责任,这是正确的。

(五) 自测案例

1. 某日下午,吴某用一块4米多长的铁皮做自家二楼阳台排水沟,请来家中做客的姐夫何某帮忙从二楼阳台用绳子将铁皮向上吊,当铁皮升空时,一端被从房子北边横过的10千伏高压线挂住,何某当场死亡,吴某身受重伤。悲痛之余,何某的妻子向人民法院起诉某电力公司和吴某,要求二被告赔偿原告死亡补偿费、丧葬费等经济损失。人民法院经审理认为,供电公司高压线与吴某房子水平距离为2.48米,符合相关法律法规的规定,电力公司不承担赔偿责任。吴某和何某在吊运铁皮过程中,未采取必要的安全防范措施,导致损害结果发生。何某是在受邀为吴某帮工过程中遭受人身损害的,被告吴某应承担赔偿责任。

问:何某、吴某的损害应如何处理?

2. 某日中午,原告覃某(12周岁)在横县石塘镇一大坝上玩耍,看到闲置的电排灌抽水附属设施高压电杆既没有围墙,也没有任何安全警告标志,就想去捉高压电杆上的小鸟,刚爬上电杆就被高压电击伤失去知觉。覃某经住院诊断,双上肢、胸部、右拇指电烧伤并右上肢缺血坏死,造成伤残。原告因赔偿事宜,将某供电公司和某电灌站告到人民法院。原告认为,被告供电公司和某电灌站对闲置的电排灌抽水附属设施高压电杆既没有围墙,也没有任何警示标志,疏于管理,导致了事故发生,应负事故的全部责任。被告供电公司、电灌站则认为,原告覃某出事时已满12周岁,应当知道高压线危险,但覃某在明知有危险的情况下,攀高压电杆捉鸟遭电击,应自己承担全部责任。

问:本案应如何判决?

3. 某日下午,高庙村年仅10周岁的男孩李某和同村小伙伴们一道去本村东地砖厂找废铁,但没有找到,后看到附近已停止使用的高压线杆上有铁,李某爬上线杆拆卸线杆上的金属物品,遭电击而受伤。经法医鉴定,李某右臂构成四级伤残,右足构成八级伤残,右臀部及右股部皮肤损伤构成十级伤残。因赔偿事宜,李某将供电公司、高庙村村委会起诉到人民法院。人民法院经审理认为,供电公司对已停止使用的电力设施未采取断电措施,主观上有过错。高庙村委会作为产权所有人,对其停用的电力设施疏于管理,安全防范不足,主观上亦有过错,故二被告应承担赔偿责任。同时,原告监护人未尽到法定监护职责,亦有一定责任。人民法院遂判决被告某供电公司和高庙村委会赔偿原告医疗费、精神损害抚慰金等各项损失共计26万余元。

问:本案人民法院的判决是否正确?

三、地下挖掘作业损害责任

(一)案情简介

> **案例**
>
> 因房屋等地上建筑物受损,武某等44户农民分别先后以个人名义起诉,将周边的张荒煤矿告上了法庭。原告44户村民诉称:他们是在依法取得了准建证后建成现在的房屋的,建房前,他们所在的村委会与被告多次交涉,希望在地下开采时要按国家规定保留居民住房下面的安全煤柱。但被告违章开采他们房屋下面的安全煤柱,致使他们的房屋遭受了不同程度的损害,被告应对此进行赔偿。张荒煤矿辩称:原告所述与事实不完全相符。事实是煤矿开采在先,而原告新建房屋在后,另外新建房屋很多是没有按规定向煤管局报批、只经张荒村批准的违章建筑。村民主观上有过错,应承担相应的过错责任。人民法院委托当地司法鉴定技术中心对44户农民的房屋进行了鉴定,鉴定结果如下:44户村民房屋受损,有的是由于在开采过程中造成的地面直接下沉,有的是复采造成老空区地层活化,使地面二次塌陷。勘查的民房损坏结果是:44户村民房屋共112幢,破坏程度Ⅰ、Ⅱ级的共76幢,Ⅲ级破坏的29幢,达到Ⅳ级严重破坏的为7幢。房屋破坏没有明显的破坏带和严重的破坏范围,裂缝的方向也不完全相同,说明民房损坏不是一次造成的,符合多次开采、多次沉陷的规律。人民法院经审理认为:周围煤矿的无规划开采导致民房受损证据确凿,事实清楚,人民法院予以确认。最后,人民法院判决被告停止侵害,并赔偿原告的经济损失。

（二）思考方向

在上述案例中，开采煤矿是否属于地下挖掘作业，该活动所造成的损害应当如何处理，这涉及地下挖掘作业损害责任的认定问题。

（三）法律规定

《侵权责任法》第 73 条　从事高空、高压、地下挖掘活动或者使用高速轨道运输工具造成他人损害的，经营者应当承担侵权责任，但能够证明损害是因受害人故意或者不可抗力造成的，不承担责任。被侵权人对损害的发生有过失的，可以减轻经营者的责任。

（四）学理分析

1. 地下挖掘作业损害责任的归责原则

地下挖掘作业损害责任是指因从事对周围环境具有高度危险的地下挖掘作业造成他人损害时，经营者所应承担的侵权责任。

地下挖掘作业在实践中很常见，如地下采矿、地下施工等。最近几年，北京、上海、深圳、杭州等地出现过在建地铁隧道塌陷，造成多人伤亡的事件，城市隧道施工的安全性引起了人们的广泛关注。城市隧道施工往往处于建筑物、道路和地下管线等设施的密集区，一旦出现塌陷事件，后果往往非常严重。因为地下挖掘作业具有高度危险性，地下挖掘作业损害责任适用无过错归责原则，经营者不得以自己无过错而主张免责。

2. 地下挖掘作业损害责任的构成要件

地下挖掘作业损害责任适用无过错责任原则，因此，其构成要件包括：

（1）经营者须从事地下挖掘作业。地下挖掘是指在地下掘进矿井、构筑坑道、挖掘隧道、构筑地铁等在地下进行的施工活动。地下挖掘活动破坏了地表的自然支撑，其重建的地下支撑是否有效是不可知的，一旦塌陷，会严重威胁地表建筑的安全进而造成人身和财产损害。因此，地下挖掘作业是对地表环境具有高度危险的作业。

（2）被侵权人受到损害。地表塌陷是地下挖掘作业造成的最直接的后果。由此,地下挖掘作业造成损害是分层次的。首先是对土地所有权、土地承包经营权、宅基地使用权、建设用地使用权造成损害,导致其无法利用或利用效能减弱;其次是对地上建筑物、构建物及其附属设施造成损害,导致其功能丧失或利用效能减弱;最后是对地表的人身和财产造成损害。从性质上说,地下挖掘作业所造成的损害后果可以是财产损害,也可以是人身损害,还可能包括精神损害。地下挖掘作业尚未实际造成损失的,如有给他人人身财产造成损害的现实危险,权利人有权要求经营者消除危险。

(3) 地下挖掘作业与损害后果之间有因果关系。被侵权人的损害是地下挖掘作业造成的,才会成立地下挖掘作业损害责任。也就是说,地下挖掘作业与损害后果之间必须存在因果关系。

3. 地下挖掘作业损害责任的承担主体

地下挖掘作业损害责任由地下挖掘作业的经营者承担。地下挖掘作业经营者,是指实际控制、支配地下挖掘作业活动,取得地下挖掘作业报酬的人。

4. 地下挖掘作业损害责任的免责事由

地下挖掘作业损害责任的免责事由包括受害人故意和不可抗力。如果作业经营者能够证明损害因受害人故意或者不可抗力造成的,作业经营者就不承担责任。如果从事地下挖掘活动的经营者能够证明被侵权人对损害的发生有过失的,可以减轻经营者的赔偿责任。

5. 案例评析

在本案例中,被告的井下采煤行为是地下挖掘作业。原告44户村民的房屋及附属设施受损是明显的事实。那么,确定本案被告是否承担赔偿责任的关键就是被告的地下挖掘作业与原告的损害之间有没有因果关系。本案的鉴定结果不仅证明了因果关系的存在,还证明了原告房屋受损的程度。被告张荒煤矿主张原告主观上有过错从而要求减轻责任,也是站不住脚的。造成本案发生的原因是被告违反国家规定违规开采了居民住房下面的安全煤柱。原告在本不应塌陷的土地上建房对本案的发生是没有过错的。人民法院判决张荒煤矿停止对原告44户房屋的侵害,并赔偿损失是正确的。

（五）自测案例

广州市广佛地铁二期隧道规划穿越鹤翔小区B楼。该楼房为9层框架结构，1997年建成，楼房原基础为人工挖孔桩。地铁施工时要对进入地铁隧道施工影响范围的20根桩基进行托换处理。其中15根进入隧道内，须在17至23米处将其截断，另外5根未进入隧道内的只托换不截断。由于担心房屋安全，鹤翔小区8位居民代表与地铁方谈判，希望地铁能改道。地铁施工方认为，桩基托换是一种成熟的技术，不会对房屋安全造成损害。广佛地铁一期对南海第二建筑设计院宿舍楼（7层框架结构）、南海计生办及培训大楼（5层框架结构，部分为砖混结构）进行过桩基托换。此外，当前规划的该段线路是满足列车运行的唯一线路，如果改变线路，可能要增加十几二十亿的建设费用。故不同意该线。

问：本案居民应如何维权？

四、使用高速轨道运输工具损害责任

（一）案情简介

案例

某日上午11点左右，吴某在地铁一号线南礼士路站，准备乘地铁去军事博物馆方向。当其购票进入车站乘车时，由于奔跑速度快，掉下站台，被地铁1601次列车轧断左腿和右脚。地铁南礼士路车站值守的站务人员立即采取了停电处理措施并随即通知了公安部门和急救中心，并协助将吴某送往急救中心抢救。吴华林在急救中心住院治疗，先后支出急诊抢救、住院治疗及护理等费用共计6万余元。因赔偿事宜双方未能协商一致，吴某将地铁公司起诉至人民法院。吴某诉称：地铁列车作为高速运输并对周围环境有高度危险的交通工具，造成人身伤害，应承担全部赔偿责任。地铁公司辩称：为保证地铁运营安全，地铁公司在地铁候车区域划标黄色安全线，在进站处悬挂《乘客须知》，设置了"禁止跳下"的警告标志。吴某由于自身的原因，不慎掉下站台，被地

> 铁列车轧伤，属于其自身重大过失造成伤害，应由其本人自行承担。人民法院经审理认为：地铁属于高速运输工具，从事高速运输造成他人损害的，应当承担民事责任。所以地铁公司对吴某造成的经济损失应当承担无过错责任。但吴某对自己的安全疏于注意，应当减轻地铁公司的赔偿责任，酌定地铁公司按吴某已发生的合理经济损失总额的80%赔偿为宜。

（二）思考方向

上述案例是因高速轨道运输工具造成损害的案件。在这类案件中，高速轨道运输工具的经营者是否承担赔偿责任，应结合这种责任的构成要件、免责事由加以认定。

（三）法律规定

1.《侵权责任法》第73条 从事高空、高压、地下挖掘活动或者使用高速轨道运输工具造成他人损害的，经营者应当承担侵权责任，但能够证明损害是因受害人故意或者不可抗力造成的，不承担责任。被侵权人对损害的发生有过失的，可以减轻经营者的责任。

2.《最高人民法院关于审理铁路运输人身损害赔偿纠纷案件适用法律若干问题的解释》第2条 铁路运输人身损害的受害人、依法由受害人承担扶养义务的被扶养人以及死亡受害人的近亲属为赔偿权利人，有权请求赔偿。

第3条 赔偿权利人要求对方当事人承担侵权责任的，由事故发生地、列车最先到达地或者被告住所地铁路运输人民法院管辖；赔偿权利人依照合同法要求承运人承担违约责任予以人身损害赔偿的，由运输始发地、目的地或者被告住所地铁路运输人民法院管辖。

第4条 铁路运输造成人身损害的，铁路运输企业应当承担赔偿责任；法律另有规定的，依照其规定。

第5条 铁路运输中发生人身损害，铁路运输企业举证证明有下列情形之一的，不承担赔偿责任：

（一）不可抗力造成的；

（二）受害人故意以卧轨、碰撞等方式造成的。

第 6 条　因受害人翻越、穿越、损毁、移动铁路线路两侧防护围墙、栅栏或者其他防护设施穿越铁路线路，偷乘货车，攀附行进中的列车，在未设置人行通道的铁路桥梁、隧道内通行，攀爬高架铁路线路，以及其他未经许可进入铁路线路、车站、货场等铁路作业区域的过错行为，造成人身损害的，应当根据受害人的过错程度适当减轻铁路运输企业的赔偿责任，并按照以下情形分别处理：

（一）铁路运输企业未充分履行安全防护、警示等义务，受害人有上述过错行为的，铁路运输企业应当在全部损失的80%至20%之间承担赔偿责任；

（二）铁路运输企业已充分履行安全防护、警示等义务，受害人仍施以上述过错行为的，铁路运输企业应当在全部损失的20%至10%之间承担赔偿责任。

第 7 条　受害人横向穿越未封闭的铁路线路时存在过错，造成人身损害的，按照前条规定处理。

受害人不听从值守人员劝阻或者无视禁行警示信号、标志硬行通过铁路平交道口、人行过道，或者沿铁路线路纵向行走，或者在铁路线路上坐卧，造成人身损害，铁路运输企业举证证明已充分履行安全防护、警示等义务的，不承担赔偿责任。

第 8 条　铁路运输造成无民事行为能力人人身损害的，铁路运输企业应当承担赔偿责任；监护人有过错的，按照过错程度减轻铁路运输企业的赔偿责任，但铁路运输企业承担的赔偿责任应当不低于全部损失的50%。

铁路运输造成限制民事行为能力人人身损害的，铁路运输企业应当承担赔偿责任；监护人及受害人自身有过错的，按照过错程度减轻铁路运输企业的赔偿责任，但铁路运输企业承担的赔偿责任应当不低于全部损失的百分之四十。

第 10 条　在非铁路运输企业实行监护的铁路无人看守道口发生事故造成人身损害的，由铁路运输企业按照本解释的有关规定承担赔偿责任。道口管理单位有过错的，铁路运输企业对赔偿权利人承担赔偿责任后，有权向道口管理单位追偿。

(四) 学理分析

1. 使用高速轨道运输工具损害责任的归责原则

使用高速轨道运输工具损害责任是指因使用对周围环境具有高度危险的高速轨道运输工具造成他人损害时,经营者所应承担的赔偿责任。高速轨道运输工具是很常见的交通工具,包括铁路、地铁、轻轨、磁悬浮等。高速轨道运输工具具有高速性和不可避让性,对近距离内轨道上出现的人员和车辆或者其他物品,将无法避免地产生严重碰撞。由此可见,使用高速轨道运输工具会对周围环境造成严重的危险,在性质上属于高度危险作业。使用高速轨道运输工具损害责任适用无过错归责原则,经营者不得以自己无过错而主张免责。

2. 使用高速轨道运输工具损害责任的构成要件

使用高速轨道运输工具损害责任适用无过错归责原则,因此,其构成要件包括:

(1) 经营者使用了高速轨道运输工具。高速轨道运输工具就是沿着固定轨道上行驶的车辆。通常来说,高速轨道运输工具包括铁路、地铁、轻轨、磁悬浮等。高速轨道运输一个主要的特点是速度快。例如,武(汉)广(州)铁路客运专线的列车时速最高达394.2公里。正因为高速,如果列车与车外的人员、物体发生碰撞或者发生脱轨、列车相撞,所产生的冲击力巨大,因此会产生严重的损害后果。地铁、轻轨列车的速度虽然不快,平均运行时速是33公里,进站速度小于15公里,但列车本身重量大、体积大,产生的动能也非常大,如果和车外人员发生撞击,也会造成重大伤亡。高速轨道运输工具的另一个主要特点就是不可避让性。因为高速轨道运输工具只能在固定的轨道上运行,如果在前方轨道上出现人员或者其他物体,列车无法避让,即使紧急制动,也会因为高速和本身的重量大,基于惯性向前滑行一段距离。正因为这种高速性和不可避让性,使用高速轨道运输工具便会产生高度危险性。

(2) 被侵权人受到损害。使用高速轨道运输工具所造成的损害后果可以是财产损害,也可以是人身损害,还可能包括精神损害。

(3) 使用高速轨道运输工具与损害后果之间有因果关系。被侵权人的损害是使用高速轨道运输工具造成的,才会成立使用高速轨道运输工具损害责任。也就是说,使用高速轨道运输工具与损害后果之间必须存在因果关系。

3. 使用高速轨道运输工具损害责任的承担主体

使用高速轨道运输工具损害责任由高速轨道运输工具的经营者承担。具体来说,就是从事高速轨道运输的运输企业。例如,在铁路运输中,责任主体就是铁路运输企业,如一些地方的铁路局;在地铁运输中,责任主体是地铁公司;在轻轨运输中,责任主体是轻轨公司;在磁悬浮运输中,责任主体是磁悬浮公司。

4. 使用高速轨道运输工具损害责任的免责事由

使用高速轨道运输工具损害责任的免责事由包括受害人故意和不可抗力。如果经营者能够证明损害因受害人故意或者不可抗力造成的,经营者就不承担责任;如果经营者能够证明被侵权人对损害的发生有过失的,可以减轻经营者的责任。

5. 案例评析

在本案例中,地铁列车是高速轨道运输工具。地铁列车造成人身损害的,应适用无过错原则,由经营者承担赔偿责任,除非经营者存在法定的免责事由。在本案例中,损害显然不是吴某故意造成的,也不是不可抗力造成的。因此,被告应当承担赔偿责任。本案争议的核心在于,被告能否减轻责任。原告吴某进站赶车,不慎掉下站台,对损害的发生是有过失的,可以减轻被告的赔偿责任。人民法院根据本案的具体情况判定地铁公司承担80%的赔偿责任,并无不妥。

(五)自测案例

1. 某日上午10时许,李某前往父母家,横穿铁路时,被呼啸而过的列车将其撞飞后摔倒在路基旁,当场死亡。事发后,因赔偿事宜,李某父母将某铁路局起诉至人民法院。法官通过实地勘察发现,事故发生铁路路段有一缺口,铁路沿线的居民多从此处横穿铁路往来。距事故发生地约20米处,被告设有一警示牌,正反两面分别写有:"死亡多发地段,请您注意安全"、"注意瞭望,远离危险"的字样。人民法院审理认为,被告设有的警示牌上没有禁止通行的规定,相反还起到了误导作用。本案事故发生地系伤亡事故多发地段,被告铁路局对此情况了解并掌握,应根据实际需要积极采取防护措施。由于被告作为从事高速运输,对周围环境有高度危险作业的企业未尽其合理限度范围内的安全保障义务,其不作为与造成李某遭受人身损害结果的发生具有因果关系,构成侵权,其应承担相应的赔偿责任。人民法院终审判定,被告铁路局赔偿死者家属20万元。

问:铁路局应否承担赔偿责任?

2. 某日下午3时34分,在轨道交通一号线上海体育馆站下行站台一名男乘客被夹在地铁屏蔽门和列车之间而不幸身亡。因协商未果,死者母亲曲某将上海市地铁运营有限公司及屏蔽门生产厂家西屋月台屏蔽门(广州)有限公司诉到上海市徐汇区人民法院,索赔118万元。原告诉称,地铁与屏蔽门之间有约29厘米的间距,受害人在地铁列车尚未启动时就已经被夹在屏蔽门与列车门之间,但该屏蔽门的厂商即西屋月台屏蔽门(广州)有限公司在设计和生产安装屏蔽门时,没有考虑到被夹的危险,也没有采取相应的技术防范措施。乘客被夹在两扇门中间,但列车仍然启动,这说明屏蔽门上没有设置可供发射给列车驾驶员及管理系统的预警装置,而且地铁安全监管人员也对此产生了疏忽。二被告的过错直接造成本案发生,故应承担损害赔偿责任。被告则辩称,该男子在列车蜂鸣器与屏蔽门灯光发出警示的情况下,选择了"强行上车"。但由于拥挤,该男子未能进入车厢,而此时屏蔽门也已关闭,列车在正常启动后,该男子遂被挤压坠落隧道。被告无过错,不同意赔偿。

问:本案应如何处理?

第三节 高度危险物损害责任

高度危险作业责任属于"行为责任",而高度危险物损害责任属于"物件责任"。高度危险物损害责任包括六种,即民用核设施损害责任,民用航空器损害责任,易燃、易爆、剧毒、放射性高度危险物损害责任,遗失、抛弃高度危险物损害责任,非法占有高度危险物损害责任,高度危险区域损害责任。高度危险物本身固有的危险性,对周围不特定的人和财产很可能造成现实的损害。为了平衡危险物的管理人和社会一般人的利益关系,高度危险物损害责任应适用无过错责任原则。除非高度危险物的管理人有免除或减轻责任的事由,高度危险物给他人造成损害的,高度危险物的管理人应承担侵权责任。

一、民用核设施损害责任

(一) 案情简介

案例

2011年3月11日,日本东北部近海发生里氏8.9级特大地震。地震发生后,日本核电安全措施启动,福岛第一核电站的6座核反应堆和第二核电站的4座核反应堆全部自动停止运转,应急柴油发电机启动。但不幸的是,柴油发电机被其后海啸带来的洪水淹没,停止运转。由于缺乏电力,反应堆机组的主水泵无法工作,未能为反应堆提供冷却水循环。这一故障,使得多个反应堆容器内的冷却水温、压力上升。到11日晚,福岛第一核电站的1号反应堆容器压力上升至设计值的1.5倍,2号反应堆容器内水位下降,出现核泄漏危险。此后,尽管日方几经努力,但仍发生核燃料泄漏情况,给核电站周围群众的人身、财产造成重大损失。

(二) 思考方向

本案是因不可抗力引发的民用核设施损害赔偿案件。这类案件十分罕见,但造成的损害后果是十分严重的。因此,必须认真对待这类案件。

(三) 法律规定

1.《侵权责任法》第70条 民用核设施发生核事故造成他人损害的,民用核设施的经营者应当承担侵权责任,但能够证明损害是因战争等情形或者受害人故意造成的,不承担责任。

第 77 条 承担高度危险责任,法律规定赔偿限额的,依照其规定。

2.《放射性污染防治法》第 62 条第 2 款 核设施,是指核动力厂(核电厂、核热电厂、核供汽供热厂等)和其他反应堆(研究堆、实验堆、临界装置等);核燃料生产、加工、贮存和后处理设施;放射性废物的处理和处置设施等。

3.《国务院关于核事故损害赔偿责任问题的批复》

一、中华人民共和国境内,依法取得法人资格,营运核电站、民用研究堆、民用工程实验反应堆的单位或者从事民用核燃料生产、运输和乏燃料贮存、运输、后处理且拥有核设施的单位,为该核电站或者核设施的营运者。

二、营运者应当对核事故造成的人身伤亡、财产损失或者环境受到的损害承担赔偿责任。营运者以外的其他人不承担赔偿责任。

三、对核事故造成的跨越中华人民共和国边境的核事故损害,依照中华人民共和国与相关国家签订的条约或者协定办理,没有签订条约或者协定的,按照对等原则处理。

四、同一营运者在同一场址所设数个核设施视为一个核设施。

五、核事故损害涉及 2 个以上营运者,且不能明确区分各营运者所应承担的责任的,相关营运者应当承担连带责任。

六、对直接由于武装冲突、敌对行动、战争或者暴乱所引起的核事故造成的核事故损害,营运者不承担赔偿责任。

七、核电站的营运者和乏燃料贮存、运输、后处理的营运者,对一次核事故所造成的核事故损害的最高赔偿额为 3 亿元人民币;其他营运者对一次核事故所造成的核事故损害的最高赔偿额为 1 亿元人民币。核事故损害的应赔总额超过规定的最高赔偿额的,国家提供最高限额为 8 亿元人民币的财政补偿。

对非常核事故造成的核事故损害赔偿,需要国家增加财政补偿金额的由国务院评估后决定。

八、营运者应当做出适当的财务保证安排,以确保发生核事故损害时能够及时、有效的履行核事故损害赔偿责任。

在核电站运行之前或者乏燃料贮存、运输、后处理之前,营运者必须购买足以履行其责任限额的保险。

九、营运者与他人签订的书面合同对追索权有约定的,营运者向受害人赔偿后,按照合同的约定对他人行使追索权。

核事故损害是由自然人的故意作为或者不作为造成的,营运者向受害人赔偿后,对该自然人行使追索权。

十、受到核事故损害的自然人、法人以及其他组织有权请求核事故损害赔偿。

……

(四) 学理分析

1. 民用核设施损害责任的归责原则

民用核设施损害责任是指民用核设施的经营者在民用核设施发生事故造成核泄漏时,对他人的人身、财产遭受的核伤害所承担的赔偿责任。总的来说,核能是一种安全、经济、清洁的能源。不过,美国三哩岛核电站、前苏联切尔诺贝利核电站、日本福岛核电站等发生的事故警示人们,尽管核电站发生严重事故的频度极低,但损害后果却极为严重,因此,必须采取严格措施保证核设施安全稳定运行。民用核设施损害责任适用无过错责任原则,但鉴于核事故一旦发生的灾难性后果,该责任的免责事由被限定为受害人故意和战争等情形,而不包括不可抗力。

2. 民用核设施损害责任的构成要件

民用核设施损害责任适用无过错责任原则,因此,其构成要件包括:

(1) 发生事故的是民用核设施。按照《放射性污染防治法》的规定,核设施是指核动力厂(核电厂、核热电厂、核供汽供热厂等)和其他反应堆(研究堆、实验堆、临界装置等);核燃料生产、加工、贮存和后处理设施;放射性废物的处理和处置设施等。

(2) 该事故引起了核泄漏。核事故是指在核设施(如核电站)内发生了意外情况,造成放射性物质外泄,致使工作人员和公众受超过或相当于规定限值的照射。国际上,根据核设施发生的核损害的严重程度,分为七个等级,只有4至7级才称为"核事故"。如前苏联的切尔诺贝利事故、英国的温茨凯尔事故和美国的三哩岛事故。在我国,按照《核电厂核事故应急管理条例》的规定,只有民用核设施可能或者已经引起放射性物质释放并造成重大辐射后果的,才能构成核事故。没有造成核泄漏的其他的民用核设施中发生的事故,不属于民用核设施损害责任范畴。

（3）被侵权人受到了损害。核事故所造成的损害后果可以是财产损害，也可以是人身损害，还可能包括精神损害。

（4）核事故与损害后果之间有因果关系。被侵权人的损害是核事故造成的，才会成立民用核设施损害责任。也就是说，核事故与损害后果之间必须存在因果关系。

3. 民用核设施损害责任的承担主体

民用核设施损害责任的责任主体是民用核设施的经营者，经营者以外的其他人不承担赔偿责任。在我国，依法取得法人资格，营运核电站、民用研究堆、民用工程实验反应堆的单位或者从事民用核燃料生产、运输和乏燃料贮存、运输、后处理且拥有核设施的单位，为该核电站或者核设施的经营者。因民用核设施的设计人、建筑人的过错，导致该民用核设施发生核事故造成他人人身、财产损害的，也应当由该民用核设施的经营者承担赔偿责任，然后由经营者向设计人或者施工人等责任人追偿。需要注意的是，我国对民用核设施损害责任实行责任限额制度，核电站的经营者和乏燃料贮存、运输、后处理的经营者，对一次核事故所造成的核事故损害的最高赔偿额为3亿元人民币，其他经营者对一次核事故所造成的核事故损害的最高赔偿额为1亿元人民币。核事故损害的应赔总额超过规定的最高赔偿额的，国家提供最高限额为8亿元人民币的财政补偿。

4. 民用核设施损害责任的免责事由

民用核设施责任责任实行无过错原则，只有在能够证明损害是因战争等情形或者受害人故意造成的，经营者才可免除责任。"战争等情形"是指武装冲突、敌对行动、战争或者暴乱。应当说，战争应属于不可抗力的范畴。因此，除战争以外的不可抗力造成核事故损害的，不能免除经营者的赔偿责任。同时，被侵权人的过失也不能成为减轻责任的事由。

5. 案例评析

假设本案例发生在我国，则产生民用核设施损害责任。首先，发生核事故的是核电站，属于民用核设施；其次，该事故引起了核泄漏，属于核事故；再次，该核事故造成了他人的人身、财产的损失；最后，该核事故与损害后果之间有因果关系。因此,核电站应当承担赔偿责任。地震虽然属于不可抗力,但不属于民用核设施损害责任的法定免责事由。

(五) 自测案例

因遇罕见雷电天气,负责运输核燃料棒的包机 k501 在距离汕头港 10 海里外的公海上坠毁。飞机坠毁后的爆炸损害了其中一件核燃料棒的密封装置,致使准备进港的美国籍商船"六月花"号严重受损,基本丧失了续航能力,初步损失 1.2 亿人民币。经查,该批燃料棒为三湾核电热力公司所有,事故飞机隶属于南方航空公司。"六月花"号的船舶所有人是美国蓝旗商贸股份公司。三湾核电热力公司在太平洋财产保险股份公司投有最高限额 3 亿元的责任保险。蓝旗公司向三湾公司索赔,三湾公司以不可抗力为由拒绝赔偿。

问:蓝旗公司能否得到赔偿?

二、民用航空器损害责任

(一) 案情简介

案 例

2010 年 8 月 24 日,河南航空有限公司 B3130 号(EMB190 型)飞机执行 VD8387 哈尔滨—伊春航班任务,于 20:51 分在哈尔滨机场起飞,21:36 分在接近伊春林都机场跑道时断成两截后坠毁,随即发生燃烧和小型爆炸,造成 42 人遇难。经调查,排除了人为破坏的可能。空难发生后,河南航空公司依据《国内航空运输承运人赔偿责任限额规定》的规定,旅客伤亡赔偿最高限额为 40 万元人民币,每名旅客随身携带物品的最高赔偿限额为 3000 元人民币,旅客托运的行李最高赔偿限额为 2000 元人民币(每公斤 100 元,托运行李 20 公斤),共计 40.5 万元人民币。同时,考虑到 2006 年以来全国城镇居民人均可支配收入的累计增长幅度,赔偿限额调增至 59.23 万元。再加上为遇难旅客亲属做出的生活费补贴和抚慰金等赔偿,航空公司对飞机坠毁事故每位遇难旅客的赔偿标准总共为 96 万元人民币。

(二) 思考方向

本案例是一起因飞机坠毁而引发的民用航空器损害赔偿案件。正确处理此类案件,应当明确民用航空器损害责任的归责原则与构成要件、赔偿限额等问题。

(三) 法律规定

1.《侵权责任法》第71条 民用航空器造成他人损害的,民用航空器的经营者应当承担侵权责任,但能够证明损害是因受害人故意造成的,不承担责任。

第77条 承担高度危险责任,法律规定赔偿限额的,依照其规定。

2.《中华人民共和国民用航空法》(以下简称《民用航空法》)第157条 因飞行中的民用航空器或者从飞行中的民用航空器上落下的人或者物,造成地面(包括水面,下同)上的人身伤亡或者财产损害的,受害人有权获得赔偿;但是,所受损害并非造成损害的事故的直接后果,或者所受损害仅是民用航空器依照国家有关的空中交通规则在空中通过造成的,受害人无权要求赔偿。

前款所称飞行中,是指自民用航空器为实际起飞而使用动力时起至着陆冲程终了时止;就轻于空气的民用航空器而言,飞行中是指自其离开地面时起至其重新着地时止。

第158条 本法第一百五十七条规定的赔偿责任,由民用航空器的经营人承担。

前款所称经营人,是指损害发生时使用民用航空器的人。民用航空器的使用权已经直接或者间接地授予他人,本人保留对该民用航空器的航行控制权的,本人仍被视为经营人。

经营人的受雇人、代理人在受雇、代理过程中使用民用航空器,无论是否在其受雇、代理范围内行事,均视为经营人使用民用航空器。

民用航空器登记的所有人应当被视为经营人,并承担经营人的责任;除非在判定其责任的诉讼中,所有人证明经营人是他人,并在法律程序许可的范围内采取适当措施使该人成为诉讼当事人之一。

第159条 未经对民用航空器有航行控制权的人同意而使用民用航空

器,对地面第三人造成损害的,有航行控制权的人除证明本人已经适当注意防止此种使用外,应当与该非法使用人承担连带责任。

第 160 条 损害是武装冲突或者骚乱的直接后果,依照本章规定应当承担责任的人不承担责任。

依照本章规定应当承担责任的人对民用航空器的使用权业经国家机关依法剥夺的,不承担责任。

第 161 条 依照本章规定应当承担责任的人证明损害是完全由于受害人或者其受雇人、代理人的过错造成的,免除其赔偿责任;应当承担责任的人证明损害是部分由于受害人或者其受雇人、代理人的过错造成的,相应减轻其赔偿责任。但是,损害是由于受害人的受雇人、代理人的过错造成时,受害人证明其受雇人、代理人的行为超出其所授权的范围的,不免除或者不减轻应当承担责任的人的赔偿责任。

一人对另一人的死亡或者伤害提起诉讼,请求赔偿时,损害是该另一人或者其受雇人、代理人的过错造成的,适用前款规定。

第 162 条 两个以上的民用航空器在飞行中相撞或者相扰,造成本法第一百五十七条规定的应当赔偿的损害,或者两个以上的民用航空器共同造成此种损害的,各有关民用航空器均应当被认为已经造成此种损害,各有关民用航空器的经营人均应当承担责任。

3.《国内航空运输承运人赔偿责任限额规定》第 3 条 国内航空运输承运人(以下简称承运人)应当在下列规定的赔偿责任限额内按照实际损害承担赔偿责任,但是《民用航空法》另有规定的除外:

(一)对每名旅客的赔偿责任限额为人民币 40 万元;

(二)对每名旅客随身携带物品的赔偿责任限额为人民币 3000 元;

(三)对旅客托运的行李和对运输的货物的赔偿责任限额,为每公斤人民币 100 元。

第 5 条 旅客自行向保险公司投保航空旅客人身意外保险的,此项保险金额的给付,不免除或者减少承运人应当承担的赔偿责任。

(四)学理分析

1. 民用航空器损害责任的归责原则

民用航空器损害责任是指民用航空器的经营者对飞行中的民用航空器

或者从飞行中的民用航空器上落下的人或者物造成地面（包括水面）上的人身伤亡或者财产损害所承担的损害赔偿责任。航空运输以其快速、便捷、舒适、安全、机动等特点，日益成为长距离客货运最重要的方式之一。但是，民用航空器高速、高空带来的高风险，严重威胁着地面上人身和财产的安全。为此，《侵权责任法》第71条规定，民用航空器损害责任适用无过错责任原则。

2. 民用航空器损害责任的构成要件

民用航空器损害责任适用无过错责任原则，因此，其构成要件包括：

（1）造成损害的是飞行中的民用航空器。民用航空器主要指固定翼飞机、滑翔机、直升机等飞机，热气球、飞艇也属于航空器。但气垫船和地面效应船不属于民用航空器，因为他们根本无法真正在大气中飞行。民用航空器主要用途有两个方面：一是专门从事运送旅客、行李、邮件或者货物的运输飞行；二是通用航空，包括从事工业、农业、林业、渔业和建筑业的作业飞行，以及医疗卫生、抢险救灾、气象探测、海洋监测、科学实验、教育训练、文化化育等方面的飞行活动。按照《民用航空法》的规定，"飞行中"，是指自民用航空器为实际起飞而使用动力时起至着陆冲程终了时止；就轻于空气的民用航空器而言，飞行中是指自其离开地面时起至其重新着地时止。只有飞行中的民用航空器造成的损害，民用航空器的经营者才承担民用航空器损害责任。

（2）飞行中的民用航空器造成了他人损害。民用航空器造成他人损害，包括两种情形：一种情形是民用航空器在从事旅客、货物运输过程中，对所载运的旅客、货物造成的损害；另一种情形是民用航空器对地面第三人的人身、财产造成的损害。民用航空器对地面第三人的损害，就是飞行中的民用航空器或者从飞行中的民用航空器上落下的人或者物，造成地面（包括水面）上的人身伤亡和财产损害。

（3）飞行事故与损害后果之间有因果关系。被侵权人的损害是民用航空器的飞行事故造成的，才会成立民用航空器损害责任。也就是说，飞行事故与损害后果之间必须存在因果关系。

3. 民用航空器损害责任的承担主体

民用航空器损害责任的承担主体是民用航空器的经营者，经营者以外的其他人不承担赔偿责任。这里的经营者,是指损害发生时使用民用航空器的人。民用航空器的使用权已经直接或者间接地授予他人,本人保留对该民用航空器的航行控制权的,本人仍被视为经营者。经营者的受雇人、代理人在受雇、代理过程中使用民用航空器,无论是否在其受雇、代理范围内行事,均视为经营者使用民用航空器。民用航空器登记的所有人应当被视为经营者,并承担经营者的责任;除非在判定其责任的诉讼中,所有人证明经营者是他人,并在法律程序许可的范围内采取适当措施使该人成为诉讼当事人之一。未经对民用航空器有航行控制权的人同意而使用民用航空器,对地面第三人造成损害的,有航行控制权的人除证明本人已经适当注意防止此种使用外,应当与该非法使用人承担连带责任。

4. 民用航空器损害责任的免责事由

根据《侵权责任法》规定,受害人故意是民用航空器损害责任的免责事由。但《民用航空法》还规定了武装冲突、骚乱也属于免责事由。

5. 案例评析

在本案例中,飞机着陆时发生坠毁,造成42名乘客死亡,构成了民用航空器损害责任。首先,发生飞行事故的是一架商用客机,属于民用航空器;其次,该飞机坠毁造成了乘客死亡的损害后果;最后,该飞行事故与损害后果之间有因果关系。同时,航空公司不存在免责事由。因此,航空公司应对死亡乘客承担赔偿责任。

(五) 自测案例

某年4月15日下午4时许,被告一架MD-11飞机坠落在原告居住的物业附近。飞机坠地时形成的巨大冲击波及四处飞溅的飞机残骸,致使原告居住的整幢房屋结构严重受损,外墙破碎、粉刷脱落、水管断裂、窗盘歪曲;房间内局部墙面粉刷开裂、起壳、掉落;地坪及平顶部分产生统长裂缝、门窗变形难以开关、室内装潢彻底损坏。被告飞机坠毁事故,使原告居住的整幢房屋结构受损,房屋正常年限受到严重影响,并使原告购置的物业严重贬值,给原告造成极大的经济损失。某房屋质量检测站对涉案房屋做了检测,并出具了检测报告。房屋检测结论及加固建议为:经检测,上述检测房屋因受被告 KAL6316 航班 HD-11 飞机坠毁事故影响,房屋结构、内外装修和设备等均受到不同程度的损坏。1 号整幢房屋,房屋内外粉刷装饰轻微起壳、开裂、脱落;房屋外墙轻微污染;外墙铝合金窗和钢窗轻微变形损坏;门窗玻璃部分破碎。该幢房屋装修和设备局部损坏,应立即进行房屋修缮。因损害赔偿问题协商未果,原告将被告诉至人民法院。被告辩称,愿以《房屋完损检测报告》为依据,在对原告房屋恢复原状的情况下,对房损做适当经济补偿,并同意对搬迁费及过渡费予以补偿。但对原告主张赔偿急难救助金、聘请律师的费用之请求,不予同意。人民法院经审理认为,被告飞机坠落造成原告财产损害,原告作为被告飞机坠落的直接受害者,享有赔偿请求权。被告作为航空器的经营者应承担赔偿责任,赔偿原告因此遭受的损失。基于原告受损事实,鉴于房屋检测报告的结论、建议及双方当事人对房屋修缮的一致意见,被告应对原告房屋的公用部位、公用设备及公用设施进行修缮,恢复原状。被告对原告房屋修复后,原告基于坠机导致的损害后果,仍需对其房屋自用部位进行装修;且因被告飞机坠毁事故,客观上已使原告房屋价值贬值,被告对原告该损失应予赔偿。被告飞机坠毁事故使原告在一定时期内无法正常工作,已造成原告一定的损失;同时因房屋修缮搬迁并在外临时过渡还会产生一定的损失;还因原告诉讼也产生了一定的费用,均应作为原告的损失。人民法院判决被告对原告房屋的公用部位、公用设备及公用设施进行修缮,使其恢复原状并赔偿原告经济损失 114594 元。

问:人民法院的判决是否正确?

三、易燃、易爆、剧毒、放射性等高度危险物损害责任

(一)案情简介

案例 1

某日上午 9 时许,驾驶员褚某兄弟俩驾驶被告某交管站名下的一辆危险货物运输车,从被告某液氨气体公司处装载 10 只液氨钢瓶,运输至某乳业公司。当日中午 12 时许,褚某将车停在一饭店门口,与做押运员的弟弟一起进店吃饭。12 时左右,随着一声巨响,车上一只能载

重200公斤液氨的钢瓶爆裂,液氨从裂缝处向外泄漏,大量的烟雾状氨气向四周迅速扩散,方圆200米范围空气中充满刺激气味,附近居民、过路车辆和行人遭受氨气侵害。住在附近的杨某等人深受其害。百余人被送往医院抢救,医院诊断为氨气轻度中毒。事后,杨某等7名受害者诉至人民法院,要求判令二被告赔偿经济损失及精神损害抚慰金共计11万余元。人民法院审理后认为,被告交管站作为危险物品的运输单位,没有认真履行安全生产管理职责,对事发车辆的整个运输过程缺乏有效的监督管理,故应承担相应的赔偿责任;被告液氨气体公司作为危险物品的所有人,使用超期服役、腐蚀严重的钢瓶引发爆裂存有过错,故也应承担赔偿责任;驾驶员褚某兄弟是交管站工作人员,在运输危险货物过程中违反安全规定,有过错,但他们是在执行职务中致人损害,其侵权责任应由交管站承担。据此,人民法院判决被告交管站、液氨气体公司共同赔偿原告杨某等7人的经济损失及精神损害抚慰金。

案例2

某日下午6时左右,原告游某乘坐从海口开往昆明的云AR1664中巴车途经昆畹公路普坪村路段。期间,位于该路段附近普坪庙山的兴达石场正实施爆破作业,因爆炸飞出的一块20公斤左右的石块将游某乘坐的中巴车顶砸穿后,又掉落到游某腿上,将其双腿砸伤,构成五级伤残。因赔偿问题未能解决,原告游某将李某、王某和某民爆大队诉至人民法院。经查,被告李某为兴达石场的采矿权人,李某通过《采石厂承包协议书》将兴达石场发包给王某进行经营,民爆大队是实际上实施爆破作业的人。人民法院经依法审理,判决由被告民爆大队、李某、王某连带赔偿原告游某的经济损失。

> **案例3**
>
> 某日晚,胡某经营的云龙俱乐部开业。胡某的好友刘某于当日傍晚时分,从孙某所开的商店购买了一挂"还珠格格"牌浏阳电光全红炮鞭炮(该鞭炮是某烟花公司生产的)前往祝贺。当日晚7时许,刘某将该鞭炮拿到云龙俱乐部,由胡某将该鞭炮点燃。在燃放快要结束时,鞭炮中近似烟头大小的一个雷子(后医生诊断一圆柱体异物,长约1.8厘米,直径约1.2厘米)飞向正从此处经过的董某,致董某左眼受伤。胡某当即将董某送至当地医院治疗。经诊断为左眼炸伤,左眼球破裂。期间,胡某替董某支付了部分医疗费用,但后来双方为有关费用产生纠纷。董某将胡某诉至人民法院,要求胡某赔付相关费用共计29万元。

(二)思考方向

以上案件是都是因占有或使用高度危险物引发的。占有和使用易燃、易爆、剧毒、放射性等高度危险物的损害责任适用无过错责任原则。因此,正确处理这些案件的关键就在于正确认定责任主体、损害与被告行为之间的因果关系,特别是被告的免责事由。

(三)法律规定

1.《侵权责任法》第72条 占有或者使用易燃、易爆、剧毒、放射性等高度危险物造成他人损害的,占有人或者使用人应当承担侵权责任,但能够证明损害是因受害人故意或者不可抗力造成的,不承担责任。被侵权人对损害的发生有重大过失的,可以减轻占有人或者使用人的责任。

2.《中华人民共和国安全生产法》第96条 本法下列用语的含义:

危险物品,是指易燃易爆物品、危险化学品、放射性物品等能够危及人身安全和财产安全的物品。

重大危险源,是指长期地或者临时地生产、搬运、使用或者储存危险物品,且危险物品的数量等于或者超过临界量的单元(包括场所和设施)。

3.《放射性污染防治法》第62条 本法中下列用语的含义:

（一）放射性污染，是指由于人类活动造成物料、人体、场所、环境介质表面或者内部出现超过国家标准的放射性物质或者射线。

（二）核设施，是指核动力厂（核电厂、核热电厂、核供汽供热厂等）和其他反应堆（研究堆、实验堆、临界装置等）；核燃料生产、加工、贮存和后处理设施；放射性废物的处理和处置设施等。

（三）核技术利用，是指密封放射源、非密封放射源和射线装置在医疗、工业、农业、地质调查、科学研究和教学等领域中的使用。

（四）放射性同位素，是指某种发生放射性衰变的元素中具有相同原子序数但质量不同的核素。

（五）放射源，是指除研究堆和动力堆核燃料循环范畴的材料以外，永久密封在容器中或者有严密包层并呈固态的放射性材料。

（六）射线装置，是指 X 线机、加速器、中子发生器以及含放射源的装置。

（七）伴生放射性矿，是指含有较高水平天然放射性核素浓度的非铀矿（如稀土矿和磷酸盐矿等）。

（八）放射性废物，是指含有放射性核素或者被放射性核素污染，其浓度或者比活度大于国家确定的清洁解控水平，预期不再使用的废弃物。

（四）学理分析

1. 易燃、易爆、剧毒、放射性等高度危险物损害责任的归责原则

易燃、易爆、剧毒、放射性等高度危险物损害责任，是指占有或者使用易燃、易爆、剧毒、放射性等高度危险物造成他人损害的，占有人或者使用人应当承担的侵权责任。易燃等高度危险物对周围环境的危害非常大，险情一旦发生极难避免，损害往往还是灾难性的。近年来，因烟花爆竹爆炸、矿山瓦斯爆炸、危险化学品泄漏等因高度危险物品致人伤亡的重大事故不时在刺痛人们的心灵。为此，《侵权责任法》第 72 条规定，易燃、易爆、剧毒、放射性等高度危险物损害责任适用无过错责任原则。

2. 易燃、易爆、剧毒、放射性等高度危险物损害责任的构成要件

易燃、易爆、剧毒、放射性等高度危险物损害责任适用无过错责任原则，

因此,其构成要件包括:

(1)造成损害的是易燃、易爆、剧毒、放射性等高度危险物。高度危险物是指具有爆炸、易燃、毒害、感染、腐蚀、放射性等危险特性,在运输、储存、生产、经营、使用和处置中,容易造成人身伤亡、财产损毁或环境污染而需要特别防护的物质和物品。易爆物质是指固体或者液体物质或者这些物质的混合物,自身能够通过化学反应产生气体,其温度、压力和速度高到能对周围造成破坏,包括不放出气体的烟火物质。易燃物质包括易燃液体和易燃固体。易燃液体是指在其闪点温度(其闭杯试验闪点不高于60.5℃,或者其开杯试验闪点不高于65.6℃)时放出易燃蒸气的液体或液体混合物,或者是在溶液或悬浮液中含有固体的液体。易燃固体包括容易燃烧或者摩擦可能引燃或助燃的固体,可能发生强烈放热反应的自反应物质和不充分稀释可能发生爆炸的固态退敏爆炸品。剧毒性物质是指经吞食、吸入或者皮肤接触后可能造成死亡或者严重受伤或者健康损害的物质。毒性物质的毒性分为急性口服毒性、皮肤接触毒性和吸入毒性。放射性物质是指含有放射性核素且其放射性活性度浓度和总活性度均高于国家规定的豁免值的物品。根据放射性物品的特性及其对人体健康和环境的潜在危害程度,将放射性物品分为一类、二类和三类:一类放射性物品是指Ⅰ类放射源、高水平放射性废物、乏燃料等释放到环境后对人体健康和环境产生重大辐射影响的放射性物品;二类放射性物品是指Ⅱ类和Ⅲ类放射源、中等水平放射性废物等释放到环境后对人体健康和环境产生一般辐射影响的放射性物品;三类放射性物品是指Ⅳ类和Ⅴ类放射源、低水平放射性废物、放射性药品等释放到环境后对人体健康和环境产生较小辐射影响的放射性物品。除此之外,其他因其自然属性极易危及人身、财产的物品,如高腐蚀性物品,也是高度危险物。①

(2)高度危险物造成了被侵权人的损害。占有或使用易燃、易爆、剧毒、放射性等高度危险物给他人造成的损害后果可以是财产损害,也可以是人身损害,还可能包括精神损害。占有或使用高度危险物尚未实际造成损失的,如有给他人人身财产造成损害的现实危险,利害关系人有权要求作业人

---

① 参见王胜明:《中华人民共和国侵权责任法解读》,中国法制出版社2010年版,第359—360页。

消除危险。

（3）占有或使用高度危险物与损害后果之间有因果关系。被侵权人的损害是占有或使用高度危险物造成的，才会成立易燃、易爆、剧毒、放射性等高度危险物损害责任。也就是说，占有或使用高度危险物与损害后果之间必须存在因果关系。

3. 易燃、易爆、剧毒、放射性等高度危险物损害责任的承担主体

易燃、易爆、剧毒、放射性等高度危险物损害责任的承担主体是高度危险物的占有人或使用人。在高度危险责任中，由于其归责基础在于危险的存在，因此，责任的承担者原则上是控制或者应当控制该危险的人。高度危险物本身具有危及他人人身、财产的自然属性，但往往是因为在占有和使用当中造成他人损害。这里的"占有"和"使用"包括生产、储存、运输高度危险品以及将高度危险品作为原料或者工具进行生产等行为。因此，高度危险物的占有人和使用人必须采取可靠的安全措施，避免高度危险物造成他人损害。如《放射性污染防治法》明确规定，放射性同位素应当单独存放，不得与易燃、易爆、腐蚀性物品等一起存放，其贮存场所应当采取有效的防火、防盗、防射线泄露的安全防护措施。《化学危险品安全管理条例》也明确要求，生产、储存、使用危险化学品的，应当根据危险化学品的种类、特性，在车间、库房等作业场所设置相应的监测、通风、防晒、调温、防火、灭火、防爆、泄压、防毒、消毒、中和、防潮、防雷、防静电、防腐、防渗漏、防护围堤或者隔离操作等安全设施、设备，并按照国家标准和国家有关规定进行维护、保养，保证符合安全运行要求。只要是易燃、易爆、剧毒、放射性等高度危险物造成他人人身、财产损害的，占有人或者使用人应当承担侵权责任。

4. 易燃、易爆、剧毒、放射性等高度危险物损害责任的免责事由

易燃、易爆、剧毒、放射性等高度危险物损害责任的免责事由包括受害人故意和不可抗力。如果占有人或者使用人能够证明损害因受害人故意或者不可抗力造成的，占有人或者使用人就不承担责任。如果高度危险物的占有人或使用人能够证明被侵权人对损害的发生有重大过失的，可以减轻占有人或使用人的责任。被侵权人只有一般过失的，不能减轻占有人或者使用人的赔偿责任。

5. 案例评析

在案例1中,液氨的占有人应承担高度危险物损害责任。液氨是具有强腐蚀性的剧毒化学品,一旦泄漏对周围的人身和财产具有高度危险。因此,液氨的占有人即运送人交管站应对被侵权人承担无过错责任。事故发生显然不是不可抗力或被侵权人故意或重大过失造成的。因此,高度危险物的占有人交管站应对原告的损害承担全部赔偿责任。不过,本案发生的首要原因是液氨气体公司使用超期服役、腐蚀严重的钢瓶引发爆裂造成的液氨泄漏。因此,第三人的过错显然也是损害发生的原因。但是,人民法院判决交管站和液氨气体公司对原告的损害承担连带责任,是值得讨论的。这是因为,交管站和液氨气体公司并不存在共同过错,不构成共同侵权责任。同时,交管站和液氨气体公司的行为并不是均足以造成损害后果的发生。本案例的正确处理应当是由交管站承担全部赔偿责任。交管站在承担赔偿责任后,可以根据液氨气体公司的过错程度向其追偿。

在案例2中,爆破作业人应承担高度危险物损害责任。矿山的爆破作业对周围的人身财产威胁极大,显然是高度危险作业。本案非因不可抗力而发生,被侵权人也没有故意或重大过失。因此,责任人没有减轻或免除责任的事由。本案的核心问题是如何界定爆破作业人。在本案例中,取得《采矿许可证》的采矿权人为被告李某,李某系该采石场的合法开采人,其有权实施爆破作业以进行矿场的开采,故李某为该采石场法律上认可的爆破作业人。李某将采石场发包给被告王某进行经营,其实质是将其开采权以承包方式转让给王某使用并牟利,由王某直接从事爆破作业。在爆破过程中,民爆大队实际参与了爆破,故被告王某与民爆大队系该爆破作业的共同实施人,应当对原告的损失承担赔偿责任。但李某并不是实际作业人,因此,李某对原告并无赔偿责任可言。

在案例3中,燃放爆竹的人应承担高度危险物损害责任。爆竹虽然是人们常见的节庆用品,但因其对周围环境具有危害,也是高度危险物。因此,燃放爆竹也是高度危险作业,一旦发生损害,燃放爆竹的人应承担高度危险物损害责任。鞭炮是刘某作为贺礼送给胡某的,胡某在收下后就成了鞭炮的所有人,鞭炮还是胡某亲自点燃的。可见,胡某作为燃放爆竹的人,应当承担高度危险物损害责任。本案损害的发生,显然不是不可抗力造成的,被侵权人也没有故意或重大过失，因此，本案责任人没有免除或减轻赔偿责任的事由。需要说明的是，涉案鞭炮是从孙某所开的商店购买的，是烟花公司生产的，那么，胡某能否以生产者、经营者应承担产品责任为由，要求原告向孙某、烟花公司索赔呢？我们认为，这显然是不能的。胡某作为燃放爆竹的人应承担高度危险物损害责任，赔偿被侵权人的损失。如果产品存在缺陷，胡某可以另行起诉产品的生产者、经营者，进行追偿。

（五）自测案例

1. 某日上午，刘某正在地里埋头干活，突然被一飞石击倒，当场昏迷，后被人送往医院抢救。经法医鉴定，刘某右肘关节功能障碍，属Ⅸ级伤残；左耳听力下降，属Ⅹ级伤残。刘某得知，自己被砸伤那天，邻村村民杜某正在附近的山上放炮采石，自己肯定是被杜某放炮轰起的石头砸伤的。而杜某只承认那天他放过炮，却不承认刘某的伤是他造成的，责任不应由他承担。

问：刘某的损害是否应由杜某承担赔偿责任？

2. 某供电公司220千伏高压线路从胡某家房屋上方通过，胡某认为供电公司的高压线路直接从其房屋上方经过，由此带来的高压电磁辐射，侵害了他及家人的生命财产安全，要求供电公司赔偿损失。遭到拒绝后，胡某以种植在他家屋后近2亩地的竹林、茶、果树等经济作物干黄、枯死，父亲患癌症去世，均与架设在他家房子上空的高压线有关为由，将供电公司诉至人民法院，要求被告停止和消除高压电磁辐射造成的损害并赔偿经济损失。在诉讼过程中，经人民法院指定某科技咨询服务中心就涉案线路是否符合架设规范、电磁辐射强度是否符合国家标准作出鉴定。鉴定结果认为，该线路距原告土房屋脊的垂直距离21.6米，最边高压线与土房最近檐廊角的水平距离达3.6米，两项数据均达到国家《110—500千伏架空送电线路设计技术规程》要求；经实地检测，原告胡某家生活场所电场强度和电磁感应强度两项指标也均符合国家环境保护行业标准。人民法院据此作出一审判决，认定供电公司架设的电压线路符合国家电力行业标准以及环境保护标准，没有给原告带来损害，供电公司不存在侵权责任，驳回原告胡某的诉讼请求。

问：本案人民法院的判决是否准确？

3. 李某购买轿车一辆，其亲友到其租赁的门面燃放烟花鞭炮以示庆贺。当时，何某站在自家住房门面内（何某住房与李某租赁的门面相隔约15

米)。在燃放烟花鞭炮过程中,有一个烟花鞭炮飞至何某头面部,将其右眼炸伤,何某受伤后即被送往医院治疗,其伤经法医鉴定为:右眼眼球正常结构被破坏,右眼低视力二级,构成8级伤残。何某受伤后,花去医疗费等近5万元。

问:何某的损害应由谁承担?

四、遗失、抛弃高度危险物损害责任

(一) 案情简介

案例

> 某年7月10日,刘某在被告玩具经销部库房内收购废旧纸壳、塑料,当时被告未告知此废品是儿童玩具枪、纸炮的包装物。刘某让妻子董某将纸壳、塑料分类装袋,董某将纸壳、塑料装袋后用力敦实时发生爆炸起火,董某被烧伤,花去医药费等费用若干。原告诉至人民法院,要求被告赔偿各类损失。人民法院审理认为,被告出卖废品时虽不能预见该纸炮包装拆开后可能会引起爆炸,但其有告知废品中含有危险物的义务,故被告应当承担一定赔偿责任;而刘某既未问清该废品是何物,又未告知妻子分装时要注意,也应承担一定的责任。

(二) 思考方向

在本案例中,原告的损害是因被告出卖的废品中有纸炮等爆炸物造成的。因此,废纸壳中夹杂的纸炮的性质的认定,对本案的处理有直接影响。如果将废纸壳中夹杂纸炮定性为遗失、抛弃高度危险物,那么被告将承担全部赔偿责任。

(三) 法律规定

《侵权责任法》第74条 遗失、抛弃高度危险物造成他人损害的,由所有人承担侵权责任。所有人将高度危险物交由他人管理的,由管理人承担

侵权责任;所有人有过错的,与管理人承担连带责任。

(四)学理分析

1. 遗失、抛弃高度危险物损害责任的归责原则

遗失、抛弃高度危险物损害责任,是指因遗失、抛弃易燃、易爆、剧毒、放射性等高度危险物造成他人损害的,高度危险物的所有人或管理人所应承担的侵权责任。高度危险物本身具有对人身、财产极易造成损害的高度危险性,高度危险物的所有人、管理人应妥善保管高度危险物,避免高度危险物遗失。在高度危险物已经丧失实用价值的时候,不得随意抛弃,必须按照国家的相关规定销毁或加以处理。为强化高度危险物的所有人、管理人的安全意识,《侵权责任法》规定,遗失、抛弃高度危险物损害责任适用无过错责任原则。

2. 遗失、抛弃高度危险物损害责任的构成要件

遗失、抛弃高度危险物适用无过错责任原则,因此,其构成要件包括:

(1)造成损害的高度危险物是遗失物、抛弃物。遗失物是所有权人或合法占有人不慎丢失或遗忘于某处而不为任何人所占有的物;抛弃物是所有权人自愿放弃其所有权的物。高度危险物对人身、财产极易造成损害,为此,国家对高度危险物品的生产和储存实行统一规划、合理布局和严格控制,并对高度危险物生产、储存和处理制定了严格的规范。也就是说,一旦高度危险物成为遗失物、抛弃物,高度危险物的所有人或者管理人就有重大过失。

(2)高度危险物造成了被侵权人的损害。遗失、抛弃易燃、易爆、剧毒、放射性等高度危险物给他人造成的损害后果,可以是财产损害,也可以是人身损害,还可能包括精神损害。

(3)遗失、抛弃高度危险物与损害后果之间有因果关系。被侵权人的损害是被遗失、抛弃的高度危险物造成的,才会成立遗失、抛弃高度危险物损害责任。也就是说,遗失、抛弃高度危险物与损害后果之间必须存在因果关系。

3. 遗失、抛弃高度危险物损害责任的承担主体

（1）遗失、抛弃高度危险物造成他人损害的，由所有人承担侵权责任。按照有关高度危险物的生产、储存和处置的安全规范，所有人应当采取必要的安全措施保管或者处置其所有的高度危险物。如果违反有关规定抛弃或者遗失高度危险物造成他人损害的，就应当承担侵权责任。当然，在遗失、抛弃高度危险物后，所有人应当积极采取补救措施，如组织力量寻找遗失的高度危险物并采取一切可能的警示措施，将抛弃的高度危险物妥善回收以防止损害的发生或扩大。

（2）所有人将高度危险物交由他人管理的，由管理人承担侵权责任；所有人有过错的，与管理人承担连带责任。在现实中，因为生产经营条件的限制，高度危险物的所有人往往委托专业从事高度危险物储存、运输的人储存、运输高度危险物。这时，储存、运输高度危险物的人就是高度危险物的管理人。高度危险物的管理人应当具有相应的资质，并应当按照国家有关安全规范，妥善管理他人所交付的高度危险物。如果因为管理不善，遗失、抛弃高度危险物的，管理人应当承担侵权责任。

所有人将高度危险物交由他人管理的，一方面，应当选择有相应资质的管理单位。如果所有人选择的管理单位缺乏相应的资质，则所有人存在过错。另一方面，所有人应当如实向管理人说明高度危险物的名称、性质、数量、危害、应急措施等情况。所有人未如实说明有关情况的，所有人存在过错。在这种情况下，如果管理人抛弃、遗失高度危险物造成他人损害的，所有人与管理人应当承担连带责任。

4. 遗失、抛弃高度危险物损害责任的免责事由

由于高度危险物本身的危险特性，遗失、抛弃高度危险物损害责任是无过错责任。同时，考虑到遗失、抛弃高度危险物，其所有人往往是违反有关安全规范，本身有过错，因此，《侵权责任法》没有规定遗失、抛弃高度危险物损害责任的免责事由。也就是说，只要高度危险物被遗失或抛弃，造成他人损害的，所有人或管理人就应承担赔偿责任，不存在免责事由。

5. 案例评析

在本案例中,造成损害发生的纸炮,属于易燃易爆物品,应是高度危险物。被告卖给原告的是废纸壳,纸炮显然不是交易标的。纸炮混杂在废纸壳里可能是出于被告的故意,即被告抛弃了纸炮,那么纸炮便是抛弃物;也可能是被告疏忽了,忘记了废纸壳里还有纸炮,那么纸炮便是遗失物。从损害后果可以推知,引发事故的纸炮的数量是很大的。从价值上考量,这些纸炮的价值会远远大于废纸壳的价值。据此推知,这些纸炮应属于遗失物。这些纸炮若是遗失物的话,被告是不知有纸炮存在的,那么也就没有告知义务了。所以,人民法院认定双方都有过错的结论是值得商榷的。根据《侵权责任法》的规定,无论纸炮是遗失物还是抛弃物,只要给他人造成了伤害,纸炮的所有人就应承担赔偿责任。至于被侵权人的过错,并不影响侵权人的责任承担,因为遗失、抛弃高度危险物损害责任是没有免责事由的。

(五)自测案例

1. 某日下午5时,小明(8周岁)在家门前的一堆石碴废料中捡到一个有两极接线的雷管,但他并不知道这是个电雷管。当日,小明将雷管拿回家后,在雷管两极接上两节5号电池做"试验",结果电雷管当场爆炸。其父发现后,将小明送往医院。经诊断,小明的双手、面部、胸部多处被电雷管爆炸时飞出的铜片炸伤。经查,那堆石料属于小明家的邻居李某所有,他是从当地的某石厂拉来的。炸伤小明的电雷管很有可能是石厂没有引爆留下来的。但石厂面积非常大,当地绝大多数石料都来自这家石厂,因此要想查清雷管具体源于石厂的哪个工地是非常困难的。

问:本案的赔偿责任应由谁承担?

2. 某年4月28日,王亮(4周岁)在自家门口胡同玩耍,张某到王亮所在的村庄娶亲。在从王亮家门口经过时,炮手点燃的一个爆竹没有爆炸,被弃置在路边。王亮伸手捡起爆竹,没想到突然发生爆炸,造成孩子的左手4根手指被炸伤。案件起诉到人民法院后,经法官主持调解,被告张某赔偿王亮各种费用1.5万元。

问:本案被告承担赔偿责任的依据是什么?

五、非法占有高度危险物损害责任

(一) 案情简介

> **案例**
>
> 刘某、王某系某废品回收站的工人。某日下午,二人到某机械公司仓库回收废旧金属。在现场无人监管的情况下,他俩将与其他废旧机器零件放在同一屋内的一个铅制容器偷偷搬出,砸打并撬开该容器外壳后,把它与其他废旧金属一道运回店内。次日下午,刘某、王某在得知该铅制容器可能盛有放射性物质后,急忙将其在废品回收站附近掩埋,随后到市职业病防治院就诊。当地公安局接到职业病防治院报案后迅速组织人员找到掩埋的容器,并安全处置了放射性物质。经查,被当作废品回收的铅制容器实际品名叫"UFK-213型核辐射料位控制器",是某机械公司于十几年前购进准备用于"料仓生产线"上使用的。由于这条生产线后来没有上马,仪器十几年来一直闲置在仓库中。后来,仓库日渐破败,已成危房,现任公司领导决定将仓库内的旧机器设备当做废品卖掉。可能是检测仪存放时间太久,设备铅制防护罩出现老化,而在回收站工人作业时没有派人看护,造成设备被砸损、放射物流失的后果。有关部门将可能接触到放射源的人员,送往医院接受检查,共有吴某等三人受到了放射性伤害。

(二) 思考方向

在本案例中,"UFK-213型核辐射料位控制器"原有包装不会造成他人损害,但刘某、王某将其非法占有后,不但拆除包装且将其掩埋,直接造成了吴某等三人的损害。那么,刘某、王某应否对吴某等三人的损害承担赔偿责任呢?这是本案例需要解决的问题。

(三) 法律规定

《侵权责任法》第75条 非法占有高度危险物造成他人损害的,由非占有人承担侵权责任。所有人、管理人不能证明对防止他人非法占有尽到高度注意义务的,与非法占有人承担连带责任。

(四)学理分析

1. 非法占有高度危险物损害责任的归责原则

非法占有高度危险物损害责任是指非法占有易燃、易爆、剧毒、放射性等高度危险物造成他人损害的,高度危险物非法占有人或所有人、管理人所应承担的侵权责任。高度危险物本身具有对人身、财产极易造成损害的高度危险性,高度危险物的所有人、管理人应妥善保管高度危险物,避免高度危险物被他人非法占有。被非法占有的高度危险物,一旦造成他人损害,非法占有人应承担无过错责任。如果所有人、管理人不能证明对防止他人非法占有尽到高度注意义务,就要与非法占有人承担连带责任。因此,所有人、管理人承担的是过错推定责任。

2. 非法占有高度危险物损害责任的构成要件

在非法占有高度危险物损害责任中,非法占有人承担无过错责任,而高度危险物的所有权、占有人承担过错责任。因此,非法占有高度危险物损害责任的构成要件包括:

(1)造成损害的高度危险物是非法占有物。所谓非法占有,是指明知自己无权占有,而通过非法手段将他人的物品占为己有。在现实生活中,盗窃、抢劫、抢夺是非法占有的主要形式。高度危险物的保存是需要专门的技术条件的,在特定条件下,即使妥善保管也难免给他人造成损害。非法占有人缺少必要的技术条件,其占有的高度危险物极易给他人造成损害。

(2)高度危险物给被侵权人造成了损害。高度危险物给他人造成的损害后果可以是财产损害,也可以是人身损害,还可能包括精神损害。

(3)非法占有高度危险物与损害后果之间有因果关系。被侵权人的损害是因非法占有人占有高度危险物造成的,才会成立非法占有高度危险物损害责任。也就是说,高度危险物的非法占有与受害人受到的损害之间必须存在因果关系。

(4)所有人、管理人不能证明对防止他人非法占有尽到高度注意义务。

非法占有人承担无过错责任,因此,只要存在上述的前三个要件,非法占有人就要承担赔偿责任。但是,高度危险物的所有人、管理人承担过错责任,因此,除上述三个要件外,还须所有人、管理人存在过错。这种的过错是推定过错,即所有人、管理人不能证明对防止他人非法占有尽到高度注意义务的,就推定其存在过错。

3. 非法占有高度危险物损害责任的承担主体

(1)非法占有人承担无过错责任。非法占有人是高度危险物的实际控制人,他的非法占有行为是引起损害发生的直接原因,无论从哪个角度来说,高度危险物的非法占有人都是非法占有高度危险物损害责任的承担主体。非法占有他人之物,本身即为过错行为,所以法律加重了他的责任,非法占有人不享有任何免责事由。

(2)所有人、管理人承担过错推定责任。高度危险物具有对他人的人身、财产造成损害的高度危险性,一旦被他人非法占有,后果难以想象。因此,高度危险物品的所有人和管理人负有防止他人非法占有的高度注意义务。高度危险物应由专人管理,出入库必须进行核查登记,还要定期安排检查。高度危险物的存放场所要采取严格的安全措施,以有效地防止高度危险物被盗、丢失。一旦高度危险物被他人非法占有,即推定高度危险物的所有人、管理人具有过错。除非所有人、管理人能证明对防止他人非法占有尽到高度注意义务,高度危险物品的所有人和管理人要与非法占有人承担连带责任。

4. 案例评析

在本案例中,刘某、王某的行为构成非法占有高度危险物,应对其行为的后果承担非法占有高度危险物损害责任,某机械公司应承担连带责任。"UFK-213型核辐射料位控制器"是刘某、王某从机械公司偷走的。该控制器被二人破坏后,成为能释放强辐射的高度危险物。因此,对于吴某等三人受到的放射性伤害,刘某、王某应承担赔偿责任。某机械公司对"UFK-213型核辐射料位控制器"的管理明显不当,既没有安排专人管理,也没有用专门的仓库储存。更严重的是,在卖废品的时候,竟然未安排人看管该危险物品。因此,机械公司对高度危险物的管理明显没有尽到高度注意义务,应当与刘某、王某对吴某等三人的损害承担连带责任。在本案例中,刘某、王某的偷窃行为不是执行工作任务行为,因此,废品回收站不承担用人单位责任。

(五)自测案例

某化工厂工人梁某在操作间看到一个小金属链,以为是银项链,下班时就偷偷地放进了裤袋。回家后,梁某将金属链送给了女朋友廖某。没过多久,廖某就出现头晕、呕吐等症状,被送到了医院。经检查,医生在她的衣服中发现了那个致命的放射源——铱192。此时,她已受到大剂量的放射线照射,经抢救尽管保住了命,但四肢均被截掉了。

问:廖某的损失应由谁承担?

六、高度危险区域损害责任

(一)案情简介

案例1

某日,在成昆线米易车站货场,李某(14周岁)看见有4节棚车停在站台内,就攀扒棚车玩耍。当他爬上棚车顶盖时,被接触网高压电烧伤。米易车站工作人员发现后迅速断电将李某救下,并立即送往医院救治。治疗期间,铁路分局垫付了医疗费6万余元。双方因赔偿问题无法达成协议,李某将铁路分局诉至人民法院。人民法院经审理认为,李某的行为违反了《铁路运输安全保护条例》及有关规定,李某受伤时已满14周岁,按照其年龄和认知能力,在周围有高压危险警示标志的情况下应当能预见其扒车行为可能造成的严重后果。铁路分局在接触网电杆及支柱上印有高压危险警示标志,并对电气化铁路的有关安全事项发出过公告。在李某受到伤害后,铁路分局积极组织抢救并垫付医药费,尽到了警示宣传教育及救助义务。故本案的人身损害后果应当属于自身原因造成的,铁路分局不应承担责任。于是,人民法院作出判决,铁路分局已尽到了警示宣传教育及救助义务,存在免责事由,不承担责任。

> **案例2**
>
> 某日,汪某私自进入建陶公司已经拆迁的旧厂区变电所拾荒,用携带的铁撬棒撬金属板时,右手食指被高压电击伤,后在医院实施截除术,法医鉴定为八级伤残。事发后,汪某向人民法院起诉,要求建陶公司、供电公司赔偿损失。经查,因35KV供电进线未拆除,建陶公司在旧厂区变电所未断电的情况下,没有拆除该变电所。为防止外人进入变电所二楼高压电危险区域,建陶公司在变电所内墙上及木板上书写了"楼上有高压电请止步"字样,并将通往二楼的楼梯拆除。

(二)思考方向

高度危险活动区域或者高度危险物存放区域,按照国家相关规定,是要与大众活动区域相分离的,并且管理人要采取安全措施,尽到警示义务。如果是因管理人采取的安全措施不当,或没尽警示义务,导致行为人误入高度危险区域并受到伤害的,管理人应承担无过错责任。但在管理人已经采取安全措施并尽到警示义务的情况下,受害人未经许可进入该高度危险区域受到伤害的,可以减轻或者免除管理人的侵权责任。因此,正确处理上述案例的关键在于正确认定管理人是否采取了安全措施并尽到了警示义务。

(三)法律规定

1.《侵权责任法》第76条 未经许可进入高度危险活动区域或者高度危险物存放区域受到损害,管理人已经采取安全措施并尽到警示义务的,可以减轻或者不承担责任。

2.《电力设施保护条例》第13条 任何单位或个人不得从事下列危害发电设施、变电设施的行为:

(一)闯入发电厂、变电站内扰乱生产和工作秩序,移动、损害标志物;

(二)危及输水、输油、供热、排灰等管道(沟)的安全运行;

(三)影响专用铁路、公路、桥梁、码头的使用;

(四)在用于水力发电的水库内,进入距水工建筑物300米区域内炸鱼、捕鱼、游泳、划船及其他可能危及水工建筑物安全的行为；

（五）其他危害发电、变电设施的行为。

第14条 任何单位或个人，不得从事下列危害电力线路设施的行为：

（一）向电力线路设施射击；

（二）向导线抛掷物体；

（三）在架空电力线路导线两侧各300米的区域内放风筝；

（四）擅自在导线上接用电器设备；

（五）擅自攀登杆塔或在杆塔上架设电力线、通信线、广播线，安装广播喇叭；

（六）利用杆塔、拉线作起重牵引地锚；

（七）在杆塔、拉线上拴牲畜、悬挂物体、攀附农作物；

（八）在杆塔、拉线基础的规定范围内取土、打桩、钻探、开挖或倾倒酸、碱、盐及其他有害化学物品；

（九）在杆塔内（不含杆塔与杆塔之间）或杆塔与拉线之间修筑道路；

（十）拆卸杆塔或拉线上的器材，移动、损坏永久性标志或标志牌；

（十一）其他危害电力线路设施的行为。

第15条 任何单位或个人在架空电力线路保护区内，必须遵守下列规定：

（一）不得堆放谷物、草料、垃圾、矿渣、易燃物、易爆物及其他影响安全供电的物品；

（二）不得烧窑、烧荒；

（三）不得兴建建筑物、构筑物；

（四）不得种植可能危及电力设施安全的植物。

第16条 任何单位或个人在电力电缆线路保护区内，必须遵守下列规定：

（一）不得在地下电缆保护区内堆放垃圾、矿渣、易燃物、易爆物，倾倒酸、碱、盐及其他有害化学物品，兴建建筑物、构筑物或种植树木、竹子；

（二）不得在海底电缆保护区内抛锚、拖锚；

（三）不得在江河电缆保护区内抛锚、拖锚、炸鱼、挖沙。

第17条 任何单位或个人必须经县级以上地方电力管理部门批准，并采取安全措施后，方可进行下列作业或活动：

（一）在架空电力线路保护区内进行农田水利基本建设工程及打桩、钻探、开挖等作业；

（二）起重机械的任何部位进入架空电力线路保护区进行施工；

（三）小于导线距穿越物体之间的安全距离，通过架空电力线路保护区；

（四）在电力电缆线路保护区内进行作业。

第 18 条 任何单位或个人不得从事下列危害电力设施建设的行为：

（一）非法侵占电力设施建设项目依法征用的土地；

（二）涂改、移动、损害、拔除电力设施建设的测量标桩和标记；

（三）破坏、封堵施工道路，截断施工水源或电源。

3.《触电人身损害解释》第 3 条 因高压电造成他人人身损害有下列情形之一的，电力设施产权人不承担民事责任：

（一）不可抗力；

（二）受害人以触电方式自杀、自伤；

（三）受害人盗窃电能，盗窃、破坏电力设施或者因其他犯罪行为而引起触电事故；

（四）受害人在电力设施保护区从事法律、行政法规所禁止的行为。

（四）学理分析

1. 高度危险区域损害责任的归责原则

高度危险区域损害责任是指管理人对未经许可进入高度危险活动区域或者高度危险物存放区域并受到伤害的人所承担的赔偿责任。一般来说，高度危险活动区域或者高度危险物存放区域同社会大众的活动场所是相隔绝的。但因其高度危险性，行为人未经许可擅自进入该区域，往往易受到严重伤害。为此，《侵权责任法》规定高度危险区域损害责任适用无过错原则。但是，在管理人已经采取安全措施并且尽到警示义务的情况下，受害人未经许可进入该高度危险区域受到伤害的，可以减轻或者免除管理人的侵权责任。

2. 高度危险区域损害责任的构成要件

高度危险区域损害责任适用无过错原则，因此，其构成要件包括：

（1）行为人未经许可进入了高度危险区域。高度危险区域包括高度危险活动区域和高度危险物存放区域。未经许可进入高度危险区域的人，极易受到伤害。为此，《侵权责任法》规定管理人要承担无过错责任，以此强化管理人的安全意识，促使其采取妥善的安全措施并尽到警示义务。

（2）行为人受到了损害。未经许可进入高度危险区域，行为人受到的损害可以是财产损害，也可以是人身损害，还可能包括精神损害。

（3）行为人进入高度危险区域与受到损害之间有因果关系。受害人的损害是在高度危险区域产生的，才会成立高度危险区域责任。也就是说，行为人进入高度危险区域与受到损害之间必须存在因果关系。

3. 高度危险区域损害责任的免责事由

鉴于高度危险作业对周围环境的现实危险性，不管是高度危险活动还是高度危险物存放区域，都是与大众活动场所分离的，并且管理人要采取安全措施、尽到警示义务。一般人看到警示后，是不会擅自进入高度危险区域的。确有需要进入的，也会取得管理人的同意才进入。行为人明知危险仍擅自进入高度危险区域，则说明其主观上有故意或重大过失。在此情况下，应减轻或免除管理者的责任。为此《侵权责任法》规定，管理人已经采取安全措施并尽到警示义务的，可以减轻或者不承担责任。可见，高度危险区域损害责任的免责事由，就是管理人已经采取安全措施并尽到了警示义务。

4. 案例评析

在案例1中，电气化铁路的接触网是高压线，其所在范围是高度危险区域。李某已满14周岁，为限制民事行为能力人，按照其年龄和认知能力，在周围有高压危险警示标志的情况下应当预见其扒车行为可能造成的严重后果。但李某置危险警示于不顾仍进行扒车并造成损害，应认定李某对损害的发生有过失。在高度危险区域损害责任中，管理人如能证明已经采取安全措施并尽到警示义务，管理人可以减轻或免除责任。铁路分局在接触网电杆及支柱上印有高压危险警示标志，并对电气化铁路的有关安全事项发出过公告，应当认定铁路分局尽到了警示宣传教育义务。那么，人民法院判决铁路分局不承担责任是否妥当呢？对此，我们认为，尽管铁路分局已经采取了安全措施并尽到了警示义务，但毕竟李某为限制民事行为能力人，其认识能力是受一定限制的。因此，可以减轻铁路分局的赔偿责任，而不应免除铁路分局的赔偿责任。

在案例2中，变电所是高度危险区域。汪某私自进入建陶公司旧厂区变电所并受到伤害，构成高度危险区域损害责任。在本案例中，建陶公司拆除了通往二楼的楼梯，正常情况下行人是无法进入变电所的。因此，可以认定管理人建陶公司已采取了安全措施。建陶公司又在变电所内墙上及木板上书写了"楼上有高压电请止步"字样，已尽到了警示义务。汪某是完全民事行为能力人，其私自进入变电所且不顾危险警示，用携带的铁撬棒撬金属板受到电击，完全是由汪某的重大过失造成的，因此，建陶公司不应承担赔偿责任。

（五）自测案例

1. 张某（12周岁）在公园围墙外放风筝，风筝被路灯变压器旁的攀梯挂住，张某遂攀爬电线杆欲取回风筝，不料被变压器上的1万伏特高压电击中，后终因伤势过重双臂截肢。为此，张某将某县供电局、路灯管理所告到人民法院，诉称：县供电局设置在路边的变压器缺乏有效的安全隔离装置而具有较强危险性，路灯管理所对城市道路照明设施缺乏有效管理与维护，高压电力线路在正常输电状态下对周围环境具有高度危险性，因此，原告的经济损失和精神损害应由二被告承担赔偿责任。

问：本案原告的损害应否由二被告赔偿？

2. 某日，原告夫妇的儿子被人发现死在一块菜地的高压电线杆下。警方鉴定、现场勘查证实，死者系电击致死、高坠触地。尸体旁边遗留有活动扳手、螺丝垫圈及螺丝帽，电线杆上遗留攀爬痕迹，痕迹最高处距地面4.5米。因此，警方确认，死者是在攀爬高压电线杆时触及高压电，从电线杆高处坠地死亡。其擅自攀爬高压电线杆的行为，属于违法行为。事后，原告夫妇以高压电线周围没有任何防护设施和警示标志，供电局应承担疏于管理责任为由，起诉到人民法院，要求赔偿经济和精神损失。人民法院认为电业局存在法定免责事由，遂判决驳回原告的诉讼请求。

问：本案人民法院判决是否正确？

第十二章 饲养动物损害责任

第一节 饲养动物责任的归责原则与构成要件

饲养动物损害责任是指饲养的动物造成他人损害时,动物饲养人或管理人所应承担的赔偿责任。通常情况下,饲养动物损害责任适用无过错责任原则,其构成要件包括:致害动物须为饲养的动物、须是动物的独立动作加害于他人、须存在损害后果、动物加害与损害后果之间须有因果关系。

(一) 案情简介

> **案例**
>
> 某日下午,被告金灿饲养的公猪窜出圈外,在村中乱窜。被告得知后,即手持扫帚去驱赶其归圈。赶至家门口后,一下子未能将其赶入圈内。因被告家位于村中丁字路口,门前来往行人较多,被告自知公猪性凶,故见到行人曾告诫其暂避。但因未见原告杨光路过其家门口,也就未向原告提出告诫。当原告行至离公猪尚有三四米远时,公猪突然回头窜向原告,将原告当即拱倒在地,造成右股骨颈闭合性、完全性骨折。原告经住院治疗痊愈,支出医疗费若干。原告要求被告赔偿损失,而被告以原告存在过错为由拒绝赔偿,原告遂起诉至人民法院。

(二) 思考方向

无论何种动物,基于其本能,都具有致人损害的危险性。在饲养的动物造成他人损害的情况下,如何对受害人予以救济,法律上规定了饲养动物损害责任。解决饲养动物造成损害的处理问题,需要明确饲养动物损害责任的归责原则与构成要件。

(三)法律规定

1.《侵权责任法》第78条 饲养的动物造成他人损害的,动物饲养人或者管理人应当承担侵权责任,但能够证明损害是因被侵权人故意或者重大过失造成的,可以不承担或者减轻责任。

2.《民事诉讼证据的规定》第4条第1款 下列侵权诉讼,按照以下规定承担举证责任:

……

(五)饲养动物致人损害的侵权诉讼,由动物饲养人或者管理人就受害人有过错或者第三人有过错承担举证责任;

……

(四)学理分析

1. 饲养动物损害责任的归责原则

关于饲养动物损害责任的归责原则,各国法律规定不一,有的实行过错责任原则,如德国、日本等;有的实行无过错责任原则,如法国等。在我国,自《民法通则》以来,饲养动物损害责任一直适用无过错责任原则。《侵权责任法》重申了这一原则,无论动物饲养人或管理人是否有过错,只要饲养的动物造成他人损害,除具有法定的免责事由外,动物饲养人或管理人就应承担责任。这是饲养动物损害责任的一般归责原则。但由于饲养动物的复杂性,在特殊情况下,饲养动物损害责任并不适用无过错责任原则,而是适用过错推定的过错责任原则。根据《侵权责任法》第81条规定,动物园的动物造成他人损害的,只要动物园能够证明自己尽到了管理职责,就为无过错,动物园就不承担责任;而动物园不能证明自己尽到管理职责,就为有过错,动物园就应承担责任。

2. 饲养动物损害责任的构成要件

饲养动物损害责任因适用不同的归责原则,其构成要件也有所不同:适用无过错责任原则的,责任构成只要具有以下三个条件即可;而适用过错推定的过错责任原则的,责任构成除具有以下三个条件外,还须动物园存在过错。

(1) 饲养的动物加害于他人

所谓饲养的动物,是指人工喂养、放养和管束的动物。人工喂养或放养的前提条件是人们对动物的占有。因此,饲养的动物也就是为人们占有和控制的动物,如饲养的家畜、家禽、动物园的动物等;不为任何人占有和控制的动物,不属于饲养的动物。即使是处于野生动物自然保护区内的动物,由于人们只是为其生存和繁殖提供适宜的条件和环境,而并没有占有和控制它们,因此,也不是饲养的动物。

饲养的动物加害于他人,须是出于动物的独立动作。所谓动物的独立动作,是指动物基于其本身的危险,在不受外力强制或驱使下而实施的自身动作,如狂犬咬人、牲畜吃掉庄稼等。动物在人们的强制或驱使下的加害行为,不属于动物的独立动作,而是属于人的行为,如骑马践踏庄稼、驱使狗去咬人等。在这种情况下,动物为侵权工具,行为人应承担一般侵权责任。

动物的独立动作在多数情况下为积极的动作。但是,在某种具有造成损害的特别危险的情况下,动物的消极动作即不动,也可以构成动物的独立动作。例如,牛卧在铁轨上会使火车出轨造成损害,因而牛卧在铁轨上的消极不动也为牛的独立动作。

(2) 被侵权人受到了损害

饲养动物基于自身的独立动作加害于他人须造成损害后果,才能产生饲养动物损害责任。这里的损害后果包括人身损害和财产损害,也包括因人身损害而导致的精神损害。

(3) 饲养动物加害行为与损害后果之间具有因果关系

饲养动物的加害行为与被侵权人的损害后果之间须有因果关系,饲养动物损害责任才能成立。这种因果关系一般由被侵权人举证证明。但在某些情况下,因果关系也会十分复杂而难以确切证明。对此,也可以采用推定的方法,即由动物饲养人或管理人举证证明动物加害行为与被侵权人损害后果之间没有因果关系。如其不能证明,则推定有因果关系。①

3. 案例评析

在本案例中,被告的行为完全具备了饲养动物损害责任的构成要件,应当对原告承担赔偿责任。因为,原告的损害系被告饲养的公猪所造成的,而且原告本身并无过错。之所以说原告对公猪所造成的损害不存在过错,是因为原告并不知道被告的公猪性凶,也没有听到被告的告诫;同时,也没有实施挑逗公猪发怒的行为。所以,原告对公猪造成的损害是无法预见的,自无过错可言。

(五) 自测案例

1. 村民龚某雇佣同村的一位儿童阿牛为其放牧一群耕牛。某日下午17时许,阿牛将喂饱的耕牛赶回途中,突然群牛受惊,各自拼命往前狂奔。阿牛无法控制牛群,其中一头牛将年逾七旬的老妪王某撞倒。王某因伤势过重,在被送往医院的途中死亡。此后,死者家属要求龚某承担赔偿责任,但龚某认为阿牛没有照看好其耕牛,致使耕牛撞死王某,应由阿牛的父母进行赔偿。

问:王某的死亡应由谁承担赔偿责任?

2. 某日上午,原告吴老太在买菜回家途中,途经黄浦区薛家浜路会馆后街口时,适逢被告沈大伯手牵一条小型宠物狗从该处经过。当该宠物狗距离吴老太约一米远时,吴老太在躲闪过程中摔倒受伤。经医院诊断,吴老太左股骨胫骨折。吴老太认为,沈大伯未经许可擅自饲养犬类,且携带宠物狗进入公共场所,因被告未采取有效措施,以致原告受惊吓而倒地受伤,被告作为致害动物饲养人,应对其所饲养动物造成原告的人身损害承担赔偿责任。

问:本案是否构成饲养动物损害责任?

---

① 参见张新宝:《侵权责任法原理》,中国人民大学出版社2005年版,第415页。

第二节　饲养动物损害责任的承担主体和免责事由

在明确饲养动物损害责任的归责原则与构成要件之后,需要确定饲养动物损害责任的承担主体和免责事由。也就说,在饲养动物造成他人损害的情况下,谁应当对损害后果承担赔偿责任,在何种情况下不承担赔偿责任。这是解决饲养动物损害纠纷的关键问题之一。

(一) 案情简介

> **案例**
>
> 某集贸日,屠夫李某在菜市场卖肉,本镇王某的一条狗乘隙偷吃案板上的猪肉,李某发现后抄起木棍朝狗猛击,狗遭打后急速逃窜。狗在逃窜中踩到了一睡觉的张某的母猪身上,引起母猪惊跑而撞倒了正在买菜的一老妇黄某,致其腿部骨折,花去医疗费若干。事后,黄某找打狗人李某要求赔偿,李说:"我是因为狗偷吃猪肉才打狗的,撞伤你是狗引起的,应当找养狗人王某赔偿。"黄某找到养狗人王某,王某则说:"直接撞倒你的是猪,而不是狗,应找养猪人赔偿。"黄某找到张某,张某则以"我的猪是受狗惊吓而逃窜的,是因为打狗人的行为引起的,与我没有关系"为由拒绝赔偿。无奈,黄某起诉至人民法院,要求李某、王某、张某赔偿损失。

(二) 思考方向

在现实生活中,由于饲养动物的种类繁多,动物造成损害的情形也很复杂。在上述案例中,黄某的损失虽然是母猪造成的,但形成的原因很多,究竟应由谁承担赔偿责任,需要结合法律的规定加以具体分析。

(三) 法律规定

《侵权责任法》第 78 条　饲养的动物造成他人损害的,动物饲养人或者管理人应当承担侵权责任,但能够证明损害是因被侵权人故意或者重大过失造成的,可以不承担或者减轻责任。

(四)学理分析

1. 饲养动物损害责任的承担主体

关于饲养动物损害责任的承担主体,《侵权责任法》规定为动物饲养人或管理人。动物饲养人是指动物的所有人,即对动物享有占有、使用、收益、处分权的人;动物的管理人是指实际控制和管束动物的人。管理人对动物不享有所有权,只是根据某种法律关系直接占有动物。例如,根据国家授权管束驯养动物的国家动物园;根据租赁、借用等民事法律关系占有和管束动物的人,都为动物的管理人。

2. 饲养动物损害责任的免责事由

关于饲养动物损害责任的免责事由,《民法通则》与《侵权责任法》的规定略有不同。《民法通则》规定的免责事由包括受害人的过错和第三人的过错,而《侵权责任法》规定的免责事事由只有被侵权人的故意和重大过失,第三人过错并不是免责事由。

从《侵权责任法》的规定来看,无论是被侵权人的故意或重大过失,都可能成为免除责任或减轻责任的事由。就是说,被侵权人的故意或重大过失是免除责任还是减轻责任,应当根据被侵权人的故意或重大过失对损害发生的原因力来确定。如果被侵权人的故意或重大过失是损害发生的全部原因,则应当免除饲养人或管理人的赔偿责任;如果被侵权人的故意或重大过失是损害发生的部分原因,则应当根据其原因力减轻饲养人或管理人的赔偿责任。

3. 案例分析

在本案例中,黄某是没有任何过错,这是毫无疑问的。所以,本案例并不存在免责事由。对于本案例的解决,关键应当明确以下两个问题:

其一,打狗人李某、养狗人王某和养猪人张某是否有过错?我们认为,三人在猪撞倒黄某造成损害上都有过错。首先,打狗人李某的打狗行为有过错。尽管李某将偷吃猪肉的狗赶跑的行为无可指责。但是，李某在公共场所用木棍对狗进行猛击，狗受击后必然惊慌逃窜，极有可能伤及市场内人员的人身或财产的安全。对于这一行为的后果，李某是应当预见的，也是能够预见的。其次，养狗人王某和养猪人张某具有过错。狗和猪都是危险性比较大的动物，应当拴养或圈养，而不应任其四处游荡，以避免造成他人损害，这也是动物饲养人的法律义务。王某作为狗的饲养人、张某作为猪的饲养人任狗和猪四处游荡，应认定其有过错。

其二，打狗人李某、养狗人王某和养猪人张某三人的行为是否与黄某的损害存在因果关系？我们认为，李某、王某、张某三人的行为是造成黄某损害的不可缺少的原因，它们构成了一条因果关系链，黄某的损害与李某打狗、王某对狗疏于管理、张某对猪疏于管理之间存在着因果联系。就造成损害的原因而言，张某的行为（即对猪疏于管理的不作为）是造成黄某损害的直接原因，而李某和王某的行为是造成黄某损害的间接原因。正由于黄某的损害是由三人的行为所造成的，所以，李某、王某、张某三人为共同侵权人，他们应当承担连带责任。

（五）自测案例

1. 某日，王女士在美发厅做发型。中途因家中有急事，王女士急忙往家赶。在返家途中，因王女士所使用的发胶散发出浓郁的香味，引来大量蜜蜂。王女士情急之下，赶打蜜蜂，蜜蜂被激怒而将王女士头部及脸部蜇伤，同时蜜蜂也大量死亡。事后，王女士要求蜜蜂的主人张某赔偿损失，遭到拒绝。于是，王女士向当地人民法院提起诉讼，张某在诉讼中提出反诉，要求王女士赔偿其蜜蜂的损失。

问：本案的当事人的损失应当如何处理？

2. 某日上午，张某从李某处租借一头耕牛使用，因张某的家人不会用耕牛，长年雇佣王某为其代耕土地。耕作休息时，王某将耕牛拴在丁某的责任田边的一棵树上。10时左右，丁某到自家责任田田埂上摘扁豆时，发现耕牛正在吃其责任田中种植的山芋藤，经询问不知是谁将耕牛拴在此处，便上前去解牛绳，欲将耕牛牵走。不料，耕牛发怒用牛角将丁某戳倒在地，致其受伤。

问：丁某的损害应由谁承担赔偿责任？

第三节　饲养动物损害责任的承担

一、未采取安全措施的动物损害责任

(一) 案情简介

> **案例**
>
> 某日早晨,年逾七旬的刘老伯散步走到一个路口时,突然窜出两条狼狗冲着他狂吠,并撕咬其裤角和鞋面,刘老伯当时被吓得心脏病突发晕倒在地。刘老伯经抢救脱险,花去医疗费若干。刘老伯找到狼狗的主人陈某要求赔偿,但陈某说其喂养的狗只是闻了闻刘老伯的裤角,并没有咬人,不愿赔偿。刘老伯无奈,将陈某起诉至人民法院。

(二) 思考方向

动物饲养人或管理人在饲养动物时,应当严格遵守相关的规定,采取安全措施,以防止动物造成他人损害。动物饲养人或管理人没有采取安全措施造成他人损害的,应当承担严格的无过错责任。

(三) 法律规定

《侵权责任法》第79条　违反管理规定,未对动物采取安全措施造成他人损害的,动物饲养人或者管理人应当承担侵权责任。

(四) 学理分析

1. 未采取安全措施的动物损害责任的承担规则

随着人们生活水平的提高,饲养宠物的人越来越多。相应地,宠物特别是宠物犬造成损害的情况也经常发生。为此,全国很多地方都颁布了养犬管理的地方性法规和规章,规范了饲养人的饲养行为,例如:(1) 携犬出户

时，应当对犬束犬链，由成年人牵领，并应当避让老年人、残疾人、孕妇和儿童；携犬乘坐电梯的，应当避开乘坐电梯的高峰时间，并为犬戴嘴套，或者将犬装入犬袋、犬笼。（2）在重点管理区内，禁止饲养烈性犬及成年体高超过35—48厘米的大型犬种，如莫犬、猎狐犬、澳洲牧羊犬、松狮犬、斑点狗等。（3）主要区域和道路禁止遛犬。饲养人不得携犬进入市场、商店、商业街区、饭店、公园、公共绿地、学校、医院、展览馆、影剧院、体育场馆、社区公共健身场所、游乐场、候车室等公共场所；不得携犬乘坐除小型出租汽车以外的公共交通工具；携犬乘坐小型出租汽车时，应征得驾驶员同意，并为犬戴嘴套，或将犬装入犬袋、犬笼或者怀抱。①

如果动物饲养人或管理人违反管理规定，未对动物采取安全措施造成他人损害的，应当承担严格的无过错责任。就是说，只要动物饲养人或管理人违反管理规定，未采取安全措施造成损害，动物饲养人或管理人就应承担责任，而不能主张被侵权人有故意或重大过失而不承担责任或减轻责任。当然，即使动物饲养人或管理人按照管理规定对动物采取了安全措施，仍然造成他人损害的，动物饲养人或管理人仍应按照无过错责任原则承担责任，而不是不承担责任。在这种情况下，动物饲养人或管理人可以主张被侵权人有故意或重大过失而不承担责任或减轻责任。

2. 案例评析

在本案例中，陈某早晨在道路上遛狗时不拴狗链，任其随意乱跑，没有采取相应的安全措施，违反了相关的管理规定。陈某所饲养的狼狗冲着刘老伯狂吠，并撕咬其裤角和鞋面，刘老伯因此吓得心脏病突发并晕倒在地，经抢救脱险，花去医疗费若干，这已经造成了刘老伯的损害。因未采取安全措施的动物损害责任为严格的无过错责任，不存在免除事由，因此，陈某应当对刘老伯的损害承担赔偿责任。

（五）自测案例

刘女士在未给宠物狗采取任何安全措施的情况下带狗乘坐楼内电梯。

---

① 参见王胜明主编：《中华人民共和国侵权责任法释义》，法律出版社2010年版，第396页。

同坐电梯的关某见狗的样子奇怪便伸手去逗,不料狗突然从刘女士怀中窜出扑向关某,关某眼疾手快躲到一边,但关某身后的张某来不及躲被咬伤。

问:张某的损害应由谁承担赔偿责任?

二、禁止饲养的危险动物损害责任

(一)案情简介

> **案例**
>
> 某日下午,肖某去其亲戚家串门,刚进院门,恰遇刘某为此家属院住户运送煤气罐,并带了一条牛犊子大小的狗,且该狗没有用链子拴住。肖某见此狗体型特别巨大,便慌忙躲闪,但因其患有脑血栓病,走路缓慢,躲闪不及便摔倒在地,导致第四腰椎压缩性骨折。后肖某多次找刘某赔偿,但刘某认为肖某并非被自家狗扑倒,不同意赔偿损失。于是,肖某将刘某起诉至人民法院,要求刘某赔偿损失。

(二)思考方向

为保证人民群众的人身、财产安全,我国很多地方法规都规定了禁止饲养的烈性犬等危险动物的种类。如果饲养人或管理人违反规定饲养烈性犬等危险动物并造成他人损害的,饲养人或管理人应当承担最为严格的无过错责任。

(三)法律规定

《侵权责任法》第80条 禁止饲养的烈性犬等危险动物造成他人损害的,动物饲养人或者管理人应当承担侵权责任。

(四)学理分析

1. 禁止饲养的危险动物损害责任的承担规则

目前,我国很多的地方性法规对禁止饲养的烈性犬和大型犬做了明确的规定。各地方对禁止饲养的烈性犬或者大型犬的品种规定不完全相同,大致在18种至40种,如阿富汗猎犬、阿根廷杜高犬、阿根廷犬、比利时牧羊犬、藏獒犬、德国牧羊犬、俄罗斯高加索犬、雪达猎犬。除对烈性犬的品种有禁止饲养的规定外,对大型犬的体高也做了限制性规定。例如,北京市养犬条例规定,禁止饲养成年体高超过35厘米的大型犬种,苏州市养犬管理条例规定,大型犬的标准是成年犬肩高61厘米,还有地方规定限高48厘米。[①]

如果违反禁止饲养烈性犬等危险动物的规定,且这种动物造成了他人损害的,饲养人或管理人应当承担最为严格的无过错责任。即不论动物饲养人或管理人是否采取了安全措施,都应对烈性犬等危险动物造成的损害承担责任,不能主张被侵权人有故意或重大过失而不承担责任或减轻责任。

2. 案例评析

在上述案例中,刘某饲养的"牛犊子"般大小的狗,其体高明显超过了限制性规定,应属于禁止饲养的烈性犬的范围,并且该狗没有用用链子拴住,刘某显然没有尽到管理职责。肖某的损害虽然不是刘某饲养的狗咬伤所致,但该狗造成肖某惊吓是损害发生的直接原因。由于刘某饲养的狗属于禁止饲养的危险动物,因此,刘某应对其所造成的损害承担最为严格的无过错责任。肖某因疾病走路缓慢,躲闪不及便摔倒在地并不能成为刘某减轻责任的事由。

(五)自测案例

潘某是一家砖厂的老板。为了看护厂房,潘某养了一只狼狗。这只狼狗身长1.5米,高大威猛。某日上午,李某路过砖厂时,见狼狗躺在厂门口,便用石块击打狼狗。狼狗被激怒,便扑向李某,将李某咬伤,李某为此花去医疗费若干。

问:李某的损害应如何处理?

[①] 参见王胜明主编:《中华人民共和国侵权责任法释义》,法律出版社2010年版,第400—401页。

三、动物园的动物损害责任

(一) 案情简介

> **案 例**
>
> 某日上午,李佳(4周岁)由母亲孙某带领到某市动物园游玩。中午11时许,孙某带着李佳游玩至猩猩馆,看到有游人踩在台阶上给攀登在铁栏上的大猩猩喂食,李佳感到好奇、新鲜,于是就由孙某抱着站到猩猩馆前通道的第三级台阶上给猩猩喂面包,就在李佳手刚伸出的一瞬间,猩猩突然从铁栏栅处伸出长臂抓住其小手,狠狠地咬了下去。事后,李佳即被送至医院治疗,其伤情经司法鉴定,已构成十级伤残。经查,猩猩馆舍的观赏区域防护措施得当,馆舍正面全封闭防爆玻璃高达近3米,玻璃前尚有高近1米的隔离栏杆,该栏杆离玻璃还有65厘米的间距,若游人在栏杆以外观赏猩猩,则不可能受到猩猩的伤害。此外,动物园在出售的门票上、各观赏景点及事发的猩猩馆舍处均印刷或悬挂了提醒游客注意安全、管好孩子、不要给动物喂食等警示语,尽到了应尽的警示义务。

(二) 思考方向

动物园通常都有较完善的管理措施,一般情况下不会发生动物造成他人损害的情况。但是,动物园的动物也有可能会发生伤人事件。在这种情况下,动物园应否承担责任,应根据动物园是否尽到管理职责加以确定。

(三) 法律规定

《侵权责任法》第81条 动物园的动物造成他人损害的,动物园应当承担侵权责任,但能够证明尽到管理职责的,不承担责任。

(四) 学理分析

1. 动物园的动物损害责任的承担规则

根据《侵权责任法》第81条的规定,动物园的动物损害责任适用过错责任原则,实行过错推定规则,即动物园能够证明已尽到管理职责的,不承担责任。就是说,如果动物园能够证明兽舍设施完备、设备没有瑕疵、有明显的警示标志,管理人员对游客挑逗、投打动物或擅自翻越栏杆靠近动物等行为进行了告诫或劝阻,就说明动物园尽到了管理职责,动物园就动物造成的损害就无须承担责任。

2. 案例评析

在本案例中,孙某对李佳提出给猩猩喂食的要求不加阻止,相反在观赏区域不能给猩猩喂到食的情况下,选择站立于游人通道的第三级台阶上并抱起李佳给猩猩喂食,从而导致李佳受到了猩猩的伤害。对此,动物园是否承担责任,关键在于动物园是否尽到了管理职责。事件发生后,经查明,猩猩馆舍的观赏区域防护措施得当,馆舍正面全封闭防爆玻璃高达近3米,玻璃前尚有高近1米的隔离栏杆,该栏杆离玻璃还有65厘米的间距,若游人在栏杆以外观赏猩猩,则不可能受到猩猩的伤害。此外,动物园在出售的门票上、各观赏景点及事发的猩猩馆舍处均印刷或悬挂了提醒游客注意安全、管好孩子、不要给动物喂食等警示语。以上事实表明,动物园已经尽到了管理职责。因此,对李佳的损害动物园不应承担责任。

(五) 自测案例

某日下午13时许,杨楠(6周岁)随其母亲、舅舅等一行在植物园内的孔雀园喝茶。杨楠在一旁观赏园内散养的孔雀时,突然被一只孔雀啄伤,当时上唇被啄破,血流满面,其母将杨楠送往医院治疗。经诊治,杨楠左上唇被啄穿,伤口约2厘米长,医生将杨楠上唇清创缝合,并建议日后到整形医院进行整形治疗。后杨楠父母向植物园要求赔偿经济损失未果,便向人民法院提起诉讼,要求植物园赔偿损失。杨楠父母认为:被告散养孔雀不加防护、造成孔雀致伤原告负有完全责任;被告植物园则认为:自己对此次事件不应承担责任,理由是:该园是根据孔雀的特点才在其园内散养的。

问:被告应否承担饲养动物损害责任?

四、遗弃、逃逸动物损害责任

(一)案情简介

> **案例**
>
> 季某饲养了一条家狗多年,经常咬人。某日,当季某得知其狗又咬伤了邻居,即决定将其处死,但不忍心亲手杀死。于是,季某于一天深夜悄悄地将狗从家中唤出,用铁丝捆上一块20斤重的石头拴在狗身上,将狗扔入邻村的河里处死。季某走后不久,该狗挣脱铁丝爬上河岸。此后,该狗一直流浪。不久,该狗又咬伤了张某。张某经调查,得知该狗的原主人为季某,即向季某要求赔偿损失。但季某以他已将狗处置为由,不同意承担赔偿责任。

(二)思考方向

在现实生活中,饲养的动物发生遗弃、逃逸的情况时有发生。在饲养的动物遗弃、逃逸期间,动物造成他人损害的,应当如何处理,这是需要法律加以明确的问题。

(三)法律规定

《侵权责任法》第82条 遗弃、逃逸的动物在遗弃、逃逸期间造成他人损害的,由原动物饲养人或者管理人承担侵权责任。

(四)学理分析

1. 遗弃、逃逸动物损害责任的承担规则

遗弃、逃逸的动物所就是所有人或管理人丧失占有和控制的动物。何为遗弃的动物,有两种不同的解释:一种解释是遗弃的动物是指动物饲养人抛弃了所有权的动物。① 另一种解释是遗弃的动物包括抛弃的动物和遗失的动物。对动物的抛弃,就等于抛弃了动物的所有权;而动物遗失的,并不是所有人放弃了自己的权利,而是暂时丧失了对该动物的占有,所有权并没有变化。② 我们赞同第一种解释。从词义上讲,遗弃与抛弃在含义上是相同的。例如,在婚姻法上,遗弃家庭成员。这里的遗弃显然并不包括遗失的意思,而仅具有抛弃的意思。同时,《侵权责任法》规定了逃逸的动物,而逃逸在词义上是逃跑的意思。而动物逃跑了,从饲养人或管理人的角度而言,也可以说就是遗失了。由于《侵权责任法》将遗弃与逃逸并列加以规定,因此,在解释上,遗弃并不能包含遗失,而逃逸则具有遗产的含义。

所谓逃逸的动物,是指动物饲养人或管理人暂时丧失对占有和控制的动物。饲养人遗弃抛弃动物后,即丧失了所有权。但饲养人或管理人对逃逸的动物并没有丧失所有权或管理权。无论是遗弃的动物,还是逃逸的动物,动物饲养人或管理人都丧失了对动物的占有和控制。那么,对于遗弃、逃逸的动物所造成的损害,应当如何确定责任主体呢?对此,各国立法规定不一。法国、意大利等国民法典明确规定,动物的所有人或者使用人在使用期间,对走失或者逃脱的动物所造成的损害,应负赔偿责任。《智利民法典》规定,动物即使在逃逸或者迷失后造成损害,其所有权人亦负责任。《阿根廷民法典》规定,造成损害的动物非因看管者的过失而逃逸或迷失的,其所有权人的责任停止。动物的主人不得提出抛弃该动物的所有权而规避其损害的赔偿义务。《埃塞俄比亚民法典》规定,动物的所有人对动物所致的任何损害承担责任,即使动物偶然逃脱其控制,或所致损害时不可预见的,亦得如此。《阿尔及利亚民法典》规定,动物管理人,即使他并非为动物的所有人,亦应对动物(包括走失或者逃离的动物)致害的结果承担民事责任,但管理人能证明损害系不可归咎于管理人的意外原因所致者除外。英国判例对于丧失占有的动物造成损害的,如果尚能认为丧失占有的动物为被告之物,

---

① 参见王胜明主编:《中华人民共和国侵权责任法释义》,法律出版社 2010 年,第 408 页。

② 参见杨立新:《〈中华人民共和国侵权责任法〉条文释解与司法适用》,人民法院出版社 2010 年版,第 523—524 页。

虽然该动物已回复其天然状态,被告仍应负责。①

在我国,鉴于遗弃、逃逸的动物造成他人损害的现实,为了更好保护被侵权人的利益,《侵权责任法》第82条明确规定了遗弃、逃逸的动物在遗弃、逃逸期间造成他人损害的,由原动物饲养人或者管理人承担侵权责任。之所以由原动物饲养人或管理人承担侵权责任,是因为:尽管动物的所有人抛弃了所有权,但遗弃的动物造成损害正是由于所有人抛弃行为所造成的,因此,遗弃动物的原饲养人或管理人仍然要承担侵权责任。而动物逃逸的,饲养人或管理人只是暂时丧失了对动物的占有,其所有权关系或管理权关系并没有发生变化,因此,逃逸动物造成损害的,仍应由原饲养人或管理人承担侵权责任。这里需要明确的是,遗弃、逃逸的动物只有在遗弃、逃逸期间造成他人损害的,才由原动物饲养人或者管理人承担侵权责任。这里的"遗弃、逃逸期间"应理解为:在动物被遗弃后或逃逸后,并没有被他人所占有或控制。如果动物被遗弃后,被他人占有的,占有人可以基于先占而取得所有权。因此,原饲养人或管理人就不再承担责任,而应由新的所有人承担责任。如果动物在逃逸后,被他人占有的,尽管占有人不能基于先占取得所有权,但占有人实际占有和控制逃逸的动物,也就应当对该动物所造成的损害承担责任,而原饲养人或管理人不再承担责任。

2. 案例评析

在本案例中,张某的损害系狗所咬伤,产生了饲养动物损害责任,这是无疑问的。问题在于,张某的损害应由谁承担赔偿责任。季某是狗的原所有权人即饲养人,后季某用铁丝捆上一块20斤重的石头拴在狗身上,将狗扔入邻村的河里处死。这是季某放弃对狗的所有权的一种方式,因此,该狗已经成为遗弃的动物。对于遗弃的该狗所造成的损害,应当由狗的原饲养人即季某承担赔偿责任。

(五)自测案例

某日晚,李华和朋友到张强的饭店就餐,吃饭时被饭桌下猛然窜出的一

---

① 参见王胜明主编:《中华人民共和国侵权责任法释义》,法律出版社2010年版,第408—409页。

条狗撞倒在地。送到医院治疗后,李华被诊断为左侧第2、3、4前肋骨骨折,构成十级伤残。经查,将李华撞倒的狗是一条流浪狗,经常到张强饭店觅食。李华多次与张强协商赔偿事宜未果后,起诉至人民法院,要求张强赔偿损失。人民法院审理认为,李华到张强的饭店就餐,双方形成服务合同关系,张强有保障李华人身和财产安全的义务。虽然撞倒李华的狗并非张强饲养,但在无法找到饲养人赔偿的情况下,张强应先行向李华承担赔偿责任。

问:人民法院的认识是否正确?

五、因第三人过错致动物损害责任

(一) 案情简介

> **案 例**
>
> 方某带女儿佳佳(5周岁)在市内公园玩儿,在佳佳买零食的间隙,一个男孩儿(7周岁)逗一只宠物狗,把狗惹急了。宠物狗在扑咬男孩儿的过程中,将佳佳撞倒,其爪子划伤了佳佳的胳膊。方某将佳佳送到医院包扎伤口并打针,花去医药费若干。事后,方某要求狗的主人和男孩儿的家长赔偿损失,但都遭到拒绝。

(二) 思考方向

在饲养的动物造成他人损害的案件中,有的是因第三人的过错引起的。对此,是应当由第三人承担责任,还是由动物饲养人或管理人承担责任,这是在确定饲养动物损害责任的承担主体时须明确的一个问题。

(三) 法律规定

《侵权责任法》第83条 因第三人的过错致使动物造成他人损害的,被侵权人可以向动物饲养人或者管理人请求赔偿,也可以向第三人请求赔偿。动物饲养人或者管理人赔偿后,有权向第三人追偿。

（四）学理分析

1. 因第三人过错致动物损害责任的承担规则

按照《民法通则》的规定，因第三人的过错致使动物造成他人损害的，动物饲养人或管理人不承担民事责任，而应由该第三人承担民事责任。但为了更好保护被侵权人的合法权益，《侵权责任法》改变了《民法通则》的规定，将第三人的过错不再作为免责事由加以规定，而是赋予了被侵权人以选择权。也就是说，因第三人的过错致使动物造成他人损害的，被侵权人可以向动物饲养人或者管理人请求赔偿，也可以向第三人请求赔偿。当然，动物饲养人或者管理人在承担赔偿责任后，享有对第三人的追偿权。应当指出的是，饲养人或管理人与第三人之间并不是连带责任关系，而是一种不真正连带责任关系。

2. 案例评析

在本案例中，佳佳的损害是由宠物狗造成的，构成了饲养动物损害责任。但佳佳被宠物狗伤害是一个男孩儿挑逗造成的，即因第三人的过错造成的。因此，被侵权人佳佳有权要求狗的主人承担赔偿责任，也有权要求男孩儿的监护人承担赔偿责任。

（五）自测案例

杨女士养了一只狗，名叫"小黑"。"小黑"性情暴躁，见了生人异常兴奋。每天早晨杨女士都会带着"小黑"在小区里溜达，由于怕狗伤人，杨女士每次都给"小黑"戴上狗链。某日早晨，杨女士依旧在小区遛狗，恰逢结伴上学的小明（7周岁）和小刚（8周岁）。小明非常喜欢小动物，于是上前和"小黑"玩。杨女士怕"小黑"伤人，赶忙对小明说："这狗会咬人啊，咬伤了我可不负责。"小明没有理会杨女士的话，仍要上前抚摸"小黑"。果然"小黑"兴奋了起来，扑向小明，小明赶紧躲开，但小刚躲闪不及，被"小黑"咬伤了左手，花去医疗费若干。

问：小刚的损害应由谁承担赔偿责任？

第十三章 物件损害责任

第一节 建筑物损害责任

建筑物损害责任属于物件损害责任的一种,是指因建筑物、构筑物或其他设施等发生脱落、坠落、倒塌以及从建筑物中抛掷或坠落物品造成损害而产生的赔偿责任。具体包括以下责任类型:建筑脱坠物损害责任、建筑物倒塌损害责任、建筑抛坠物损害责任。

一、建筑脱坠物损害责任

(一)案情简介

案例

刘某到中山市陈某开的废品回收站打工,并在回收站旁搭建了一间简易工棚栖身。1个月后,其妻李某携着儿子来到中山市与丈夫团聚,一家三口住在了简易工棚里。某日下午6时许,天空雷电交加,下起倾盆大雨。刘某叫妻子把儿子抱到床上休息,以免孩子受到雷声惊吓。李某于是把儿子抱在怀里,哄着他睡觉。突然间,"轰"的一声巨响,工棚房顶天花板被砸烂,接着"咚"的一声,一物体不偏不倚地砸在李某怀里熟睡的儿子头部,李某定睛一看原来是一块大红砖!一同掉下来的几块红砖,还把床也砸塌了。小孩被砸得满头是血,小孩拼命地扭动着却一声没出。看到儿子头部不断流血,刘某马上从妻子手中抱过儿子,冒雨把儿子送到医院抢救。2小时后,孩子因抢救无效死亡。事后,夫妻俩发现,红砖是从工棚旁边的四层楼房顶掉下来的。于是,他们找到楼房主人何某,要求其承担10万元的赔偿责任,但何某拒赔,

> 理由是:"这是天灾!雷电击中屋顶而导致红砖掉落,才不幸砸中小孩,这不应是我的责任。"刘某夫妻俩遂将何某告到人民法院。刘某夫妻俩认为:在何某的四层楼房顶四周是用一些红砖砌起来的护栏,因长久失修,护栏经风吹雨打、烈日暴晒已多处产生裂痕,且砖块松动,由于何某没及时对松动的砖块加固、管理,肇事的这块大砖正是从上面掉下来的,为此要求何某承担赔偿责任。人民法院经审理后认为:建筑物发生脱落造成原告儿子死亡后果的发生,作为建筑物的所有人的被告何某应当承担赔偿责任。何某认为是天灾造成的,但下大雨及雷电交加的天气与建筑物的脱落之间并无必然的因果关系,且何某并未提供证据证明该建筑物的脱落是由于雷击造成的,而且原告儿子仅仅1岁,即遭此不幸事件,对其父母的生理、心理及经济上造成的损害是显而易见的,故被告应当对死者的父母承担赔偿责任。

(二)思考方向

本案原告的损害并非因为被告的行为导致,而是由被告所有之建筑物导致的,因而属于物件损害而非人的行为损害。作为建筑物所有人的何某,应否对死亡承担赔偿责任,需要明确建筑脱坠物损害责任的归责原则、构成要件及承担主体。

(三)法律规定

1.《侵权责任法》第85条 建筑物、构筑物或者其他设施及其搁置物、悬挂物发生脱落、坠落造成他人损害,所有人、管理人或者使用人不能证明自己没有过错的,应当承担侵权责任。所有人、管理人或者使用人赔偿后,有其他责任人的,有权向其他责任人追偿。

2.《民事诉讼证据的规定》第4条第1款 下列侵权诉讼,按照以下规定承担举证责任:

……

(四)建筑物或者其他设施以及建筑物上的搁置物、悬挂物发生倒塌、脱落、坠落致人损害的侵权诉讼,由所有人或者管理人对其无过错承担举证责任;

……

(四)学理分析

1. 建筑脱坠物损害责任的归责原则与构成要件

建筑脱坠物损害责任是指建筑物、构筑物或者其他设施及其搁置物、悬挂物发生脱落、坠落造成他人损害时,所有人、管理人或者使用人所应承担的侵权责任。根据《侵权责任法》第85条的规定,建筑物、构筑物或者其他设施及其搁置物、悬挂物发生脱落、坠落造成他人损害,所有人、管理人或者使用人不能证明自己没有过错的,应当承担侵权责任。可见,建筑脱坠物损害适用过错责任原则,但实行过错推定规则。

建筑脱坠物损害适用过错责任原则,因此,其构成要件包括:

(1)建筑物、构筑物或者其他设施及其搁置物、悬挂物发生脱落、坠落。建筑物是人们在地面之上建造的能为人们在内进行生产、生活及其他社会活动提供场所的各种建造物,如住宅、工业厂房、写字楼等。构筑物及其他设施,是由人工设置或加工过的与土地相结合的为人们所利用的各种设施,如桥梁、码头、堤坝、道路、涵洞、隧道、围墙、纪念碑、雕塑、电线杆、电视塔、标语牌、广告牌、脚手架、路灯、缆车、起重塔吊等。搁置物、悬挂物是指放置或悬吊在建筑物、构筑物或者其他设施之上而非其组成部分的各种物体,如阳台上的花盆、房屋的吊灯等。上述物件发生脱落、坠落主要有两种情形:一是建筑物、构筑物及其他设施的部分或成分作为脱坠物,如房屋的墙皮脱落;二是建筑物、构筑物及其他设施上的搁置物、悬挂物作为脱坠物,如阳台上的花盆坠落。

(2)被侵权人受到了损害。这种损害须是"他人的损害",亦即物之所有人、管理人或使用人之外的他人的损害,物之所有人、管理人、使用人的自身损害不包括在内。

(3)物的脱坠是造成损害结果发生的原因,即物的脱坠与损害结果之间具有因果关系。

(4)建筑脱坠物的所有人、管理人或使用人具有过错。依过错推定规则,若所有人、管理人、使用人不能证明自己没有过错的,就推定其有过错,应承担建筑脱坠物损害责任。

2. 建筑脱坠物损害责任的承担主体

建筑脱坠物损害责任的承担主体包括建筑脱坠物的所有人、管理人和使用人。建筑脱坠物的所有人对建筑脱坠物具有所有权,同时也承担管理的义务。因此,建筑脱坠物造成他人损害,所有人应当承担责任。管理人是对建筑脱坠物负有管理、维护义务的人。如公立学校就是学校国有建筑脱坠物的管理人。因管理人对建筑脱坠物也有管理的职责,因此,建筑脱坠物造成他人损害,管理人应当承担责任。使用人是指因租赁、借用等法律关系使用建筑脱坠物的人。使用人在使用建筑脱坠物也负有管理的义务,因此,建筑脱坠物造成他人损害的,使用权也应承担赔偿责任。应当指出的是,建筑脱坠物的所有人、管理人、使用人并不是连带责任关系。在建筑脱坠物的所有人、管理人、使用人之间,谁对建筑脱坠物负有管理义务,谁就是责任的承担主体。

应当指出的是,建筑脱坠物造成他人损害的,所有人、管理人、使用人承担责任后,如果有其他责任人的,所有人、管理人或者使用人赔偿后,有权向其他责任人追偿。这即意味着,即便所有人、管理人或者使用人能够证明损害是因第三人的原因造成,但不能证明自己没有过错的,仍须先承担责任,只不过其承担责任后对第三人享有追偿权。当然,追偿关系是另一个独立的法律关系,责任人不得以第三人应最终负责为由推卸自己对被侵权人应承担的赔偿责任。

3. 案例评析

在本案例中,刘某夫妇的儿子是被砖头砸伤致死的,而砖头并非是他人用于实施侵害行为的直接工具,因而本案不属行为致害范畴,而属物件损害案件。被告何某是房屋的所有人,其四层楼房的房顶四周用红砖砌起来做护栏,因长久失修,护栏经风吹雨打、烈日暴晒已多处产生裂痕且砖块松动,何某没有及时对松动的砖块加固、管理,这是存在过错的;刘某夫妇儿子的死亡直接因肇事大砖造成,二者间具有因果关系;何某抗辩认为是天灾造成的,但下大雨及雷电交加的天气与建筑物的脱落之间并无必然的因果关系,且何某并不能提供证据证明该建筑物的脱落是由于雷击造成的。综合上述理由,何某应当承担赔偿责任。

(五) 自测案例

李某将自己位于某小区3楼的二室一厅房屋出租给赵某,赵某在承租期内将5盆君子兰花盆放在阳台上。某日下午4时左右,一场大风致使赵某的一盆君子兰被风吹下楼,砸伤正在楼下玩耍的男孩张某,共花去医药费若干。

问:张某的医药费应由谁承担?

二、建筑物等倒塌损害责任

(一) 案情简介

案例

在一场倾盆大雨中,某市在建小区7号楼整体倒塌,造成作业人员肖某因逃生不及,被轰然倒塌的13层大楼压住,窒息死亡。此事故造成的直接经济损失为1900余万元。经过政府相关单位出面调解,最后建设单位和施工单位给购房者赔付人民币1270余万元,给死者肖某家属赔偿各种损失77.5万元。

(二) 思考方向

近年来,我国发生了多起建筑物、桥梁倒塌事故,给人民群众的生命、财产造成了的重大损失,引起了社会的广泛关注。在发生建筑物等倒塌事故造成损害时,必须有责任人对之负责,建筑物等倒塌损害责任就是为解决这一问题而设置的一种责任类型。

(三) 法律规定

《侵权责任法》第86条　建筑物、构筑物或者其他设施倒塌造成他人损害的,由建设单位与施工单位承担连带责任。建设单位、施工单位赔偿后,有其他责任人的,有权向其他责任人追偿。

因其他责任人的原因,建筑物、构筑物或者其他设施倒塌造成他人损害的,由其他责任人承担侵权责任。

(四)学理分析

1. 建筑物等倒塌损害责任的归责原则与构成要件

建筑物倒塌责任是指建筑物、构筑物或者其他设施倒塌造成他人损害时,建设单位与施工单位所承担的侵权责任。建筑物、构筑物或者其他设施倒塌所造成的损害通常比建筑物、构筑物或者其他设施及其搁置物、悬挂物脱落、坠落所造成的损害要严重得多,因此,法律上有必要设置特殊的规则。根据《侵权责任法》第86条规定,建筑物倒塌责任适用无过错责任原则,建筑物、构筑物或者其他设施的建设单位与施工单位不能以自己没有过错而免责,也不能以通过证明自己没有过错而开脱责任,不论其有无过错,都应当对被侵权人承担赔偿责任。

建筑物倒塌责任适用无过错责任原则,因此,其构成要件包括:

(1)建筑物、构筑物或者其他设施发生倒塌。所谓倒塌,是指建筑物、构筑物或者其他设施坍塌、倒覆造成建筑物、构筑物或者其他设施丧失基本的使用功能。

(2)被侵权人受到了损害。建筑物、构筑物或者其他设施发生倒塌所造成的损害包括人身损害和财产损害,也包括因人身损害而导致的精神损害。

(3)建筑物、构筑物或者其他设施发生倒塌与损害后果之间具有因果关系,即被侵权人的损害后果应当是因建筑物、构筑物或者其他设施发生倒塌造成的。

2. 建筑物等倒塌损害责任的承担主体

根据《侵权责任法》第86条规定,建筑物等倒塌责任的承担主体建设单位和施工单位,而不是所有人、管理人。在建筑物等倒塌损害责任中,无论建设单位、施工单位是否为建筑物的所有人、管理人,也不论是在建造过程中还是建成之后,只要发生建筑物倒塌致人损害的,建设单位和施工单位就承担赔偿责任,而且建设单位与施工单位的责任是连带责任。

建设单位和施工单位虽然是直接的责任主体,却未必是最终的责任主体。如果建筑物等倒塌有其他责任人存在的,建设单位和施工单位赔偿后,有权向其他责任人追偿。这里"其他责任人"主要包括：勘察单位、设计单位、监理单位等。

建筑物倒塌有多种原因，如质量不合格、年久失修、超过使用期限、业主擅自改变承重结构等。在这种情况下，不宜由建设单位、施工单位承担赔偿责任，而应当由相关的责任人承担赔偿责任。一般地说，建筑物等因质量不合格而发生倒塌造成他人损害的，应由建设单位、施工单位承担赔偿责任。如果建筑物等是因年久失修、超过使用期限、业主擅自改变承重结构等非质量问题发生倒塌造成他人损害的，应由直接造成建筑物等倒塌的责任人承担赔偿责任。

3. 案例评析

在本案例中，肖某因楼房倒塌而死亡，并给购房者造成了巨大经济损失，构成了建筑物等倒塌损害责任。本案经政府相关单位调解，由建设单位和施工单位给购房者和肖某家属进行赔偿，这是符合法律规定的。

（五）自测案例

某日，台风在广东沿海登陆，深圳市的平均风力为6—7级，沿海海面风力为9—10级，阵风11级。当日晚6时左右，因受大风吹袭，深圳市火车站东广场路边的广告牌和围墙倒塌，造成下班途经该处的肖某被倒塌的围墙压倒，当场死亡。经深圳市某区建设局勘验，广告牌倾倒在前，围墙倒塌在后，广告牌的1至8根柱上有与围墙碰撞造成的痕迹，围墙在设计上能够满足安全的需要。经查，现场倒塌的围墙由某单位管理。广告牌原由某口岸管理公司搭建，后出售给某传媒公司。此后，某传媒公司与某广告公司签订了《户外广告发布合同》，约定由该广告公司使用传媒公司的上述广告牌，广告公司负责广告画面的设计制作并按时支付费用。事故发生后，肖某的亲属将某单位、某口岸管理公司、某传媒公司、某广告公司全部告上了法庭，要求被告承担赔偿责任。某单位认为，围墙的倒塌系因广告牌碰撞所致，故责任不应由其承担。传媒公司认为，事故发生系台风造成，属不可抗力，故应依法免责。某广告公司及某口岸管理公司认为，其不是广告牌的所有人，亦非管理人，故对原告的损害不应承担责任。

问：本案侵权责任应如何承担？

三、建筑抛坠物损害责任

（一）案情简介

> **案例**
>
> 某日上午，罗某行至某大厦门前的人行道时，被突然从大厦楼上抛下的酒瓶砸中头顶，当场昏迷倒地。经医院诊断，罗某所受伤害为"头皮裂伤伴失血过多"。罗某被砸伤后，虽无法查清是何人所为，但她认为酒瓶系从该大厦楼上抛下，大厦的住户忽视行人安全，随意将杂物乱扔乱抛，应对此承担侵权责任。罗某遂将该大厦临街面的住户及单位起诉至人民法院，请求赔偿损失。人民法院经审理认为，原告是在几个被告窗户下人行道上被高空坠落的酒瓶所伤，损害事实客观存在。在无法查清具体侵害人的情况下，为保护被侵权人的合法权利，对原告被砸伤地点可能垂直抛落酒瓶的楼上住户，应采取过错推定原则，即除举证证实自己不是侵害人并指出谁是侵害人外，都应承担侵权事责任。该大厦二、三楼被告因临街面的窗户是封闭式的，可以排除其向外抛物的可能性，不承担赔偿责任。其余三住户和两家单位因未能提供充分的证据证实其未对原告实施侵害行为，且不能指出谁是实施侵害行为的人，应对原告承担赔偿责任。

（二）思考方向

近年来，我国司法实践中，出现了诸多的被高层建筑抛出物砸伤，但却无法查找确切行为人的问题。对此，应当如何救济受害人，这涉及建筑抛坠物损害责任问题。

（三）法律规定

《侵权责任法》第 87 条 从建筑物中抛掷物品或者从建筑物上坠落的物品造成他人损害，难以确定具体侵权人的，除能够证明自己不是侵权人的外,由可能加害的建筑物使用人给予补偿。

(四) 学理分析

1. 建筑抛坠物损害责任的性质

在我国以往司法实践中,对建筑物抛坠物造成损害的案件,人民法院的做法存在很大差别。有的判决驳回了受害人的诉讼请求,有的判决由住户承担连带责任,有的判决由物业公司承担赔偿责任。为解决这类案件无法可依问题,《侵权责任法》第87条确立了建筑物抛掷物损害责任,为这类案件的解决提供了法律依据。

关于建筑物抛坠物损害责任的性质,理论上存在不同的看法。有人认为,建筑物抛坠物损害责任是一种新型的侵权责任,属于物件损害责任;有人认为,建筑抛坠物损害责任虽然规定于物件损害责任中,但并不是侵权责任,而是损失补偿问题。我们同意后一种观点。建筑物抛坠物损害责任在名义上是一种责任,其实质是对受害人的损失如何补偿的问题。如果称其为责任,也只能是补偿责任问题。

关于建筑抛坠物损害责任,须把握好以下几点:

(1)须明确《侵权责任法》第87条与第85条规定的适用关系。在适用关系上,第87条规定的建筑抛坠物损害责任是第85条规定的建筑脱坠物损害责任的例外和延伸。第85条适用于能够证明具体侵害人的情形,由确定的所有人、管理人或者使用人承担责任;如果难以确定具体侵权人的,就无法适用第85条规定,就须适用第87条规定,由可能加害的建筑物使用人给予补偿。

(2)承担主体是可能侵害的建筑物的使用人。就此问题,应注意区分两种情形而定:其一,就抛掷物伤人而言,应是指建筑物的实际使用人而言的。如果所有人、管理人不是实际的使用人,那么所有人、管理人就不承担补偿责任。如果该建筑物空置没有投入使用,因为不存在实际的使用人,所有人、管理人也不承担补偿责任。这两种情形应当属于能够证明自己不是侵害人的情形。建筑物的承租人、借用人等是实际使用人,他们是可能的补偿主体。在抛掷物伤人情形,要追究所有人、管理人的责任,必须证明它们是实际的使用人,否则就只能适用《侵权责任法》第85条的规定。其二,就坠落物伤人而言,如果不能证明具体侵权人的,在处理上就应与上述抛掷物伤人有所区别。坠落之物可能是建筑物中的悬置物,也可能是建筑物的组成部分;可能是自然原因坠落,也可能是假人以手而坠落,因此,在难以确定具体侵权人的情形,如果只由可能加害的建筑物使用人补偿,在补偿主体上就未免失之过狭。例如,在坠落物是建筑物的组成部分时,如是建筑物的墙皮,在难以确定具体侵权人时,即便在建筑物空置未投入实际使用的情况下,建筑物的所有人、管理人也应被纳入补偿主体的范围。申言之,于此情形,第87条规定中的"建筑物使用人"应做目的性扩张解释,将建筑物所有人、管理人包含在内。惟其如此,受害人才能获得救济,立法目的才能实现。

(3) 免责事由是能够证明自己不是侵权人。建筑抛坠物损害责任实行的并不是过错推定,而是因果关系推定。所谓的"除能够证明自己不是侵权人的外",不是证明自己没有过错从而可以免责,而是证明自己未实施抛掷物品的侵害行为,或者自己管理使用之物未发生坠落,或者证明自己实施的抛掷行为不是造成损害发生的原因,或者自己使用之物虽坠落但不是造成损害发生的原因。

2. 案例评析

在本案例中,人民法院判决认为:"原告是在几个被告窗户下人行道上被高空坠落的酒瓶所伤,损害事实客观存在。在无法查清具体侵害人的情况下,为保护被侵害人的合法权利,对原告被砸伤地点可能垂直抛落酒瓶的楼上住户,应采取过错推定原则,即除举证证实自己不是侵害人并指出谁是侵害人外,都应承担侵权的民事责任。该大厦二、三楼被告因临街面的窗户是封闭式的,可排除其向外抛物的可能性,不承担民事赔偿责任。其余三住户和两家单位因未能提供充分的证据证实其未对原告实施侵害行为,且不能指出谁是实施侵害行为的人,应对原告承担民事赔偿责任。"人民法院的这一判决结果可能是正确的,但就其判决理由的阐述仍须指出以下三点值得商榷之处:其一,就"可能垂直抛落酒瓶的楼上住户"作为可能的侵害人范围而言,恐怕失之过窄。因为从科学的角度讲,虽非"垂直"但从一定距离的侧面也是可以抛掷伤人的。其二,就"应采取过错推定原则"的归责原则而言,正如上文分析指出的,《侵权责任法》第87条规定的不是过错推定,而是因果关系推定。其三,就"除举证证实自己不是侵害人并指出谁是侵害人外"的免责事由而言,失之过严,与《侵权责任法》第87条规定不符。因为依

《侵权责任法》第87条规定,可能侵害范围内的人只要证明自己不是侵害人就达到了证明标准和证明要求,其并无指出谁是侵害人的证明责任。如果还要求被告指出谁是侵害人才能免除自己的举证责任,未免与法律在举证责任的分配规则上不符,不当地扩大了可能的主体范围。

(五) 自测案例

某日,李某在经过一栋10层的住宅楼前时,被从该楼3单元楼上落下的一个花盆砸中头部,经抢救无效死亡。李某的子女不知李某被谁家的花盆砸死,于是向公安机关报案。公安机关经过调查,仍不能确定花盆的主人。于是,李某将该楼3单元2层以上的9户居民起诉至人民法院,要求他们承担共同侵权的连带赔偿责任。

问:本案的侵权责任应如何承担?

第二节 其他物件损害责任

物件损害责任除外建筑物损害责任外,还包括其他物件损害责任,如堆放物损害责任、妨碍通行物损害责任、林木折断损害责任、地面施工损害责任、地下设施损害责任。这些责任在归责原则与构成要件上并不完全相同,需要分别加以分析。

一、堆放物倒塌损害责任

(一) 案情简介

案 例

某日中午,张某(10周岁)、邓某(11周岁)在一起玩耍,并攀爬李某家大门外的一个用玉米秸堆成的柴火垛。在攀爬中,柴火垛倒塌将邓某压在下面。经人抢救,邓某被救出,但邓某全身多处被划伤。经医院治疗,花去医疗费若干。邓某要求李某赔偿,遭到李某的拒绝。于是,邓某将李某起诉至人民法院。

（二）思考方向

在本案例中，玉米秸是以堆放物的形式存在的。邓某因柴火垛倒塌受到伤害，这与建筑物、构筑物或者其他设施倒塌所致损害是不同的。如何处理邓某的损害，这是堆放物倒塌损害责任所要解决的问题。

（三）法律规定

《侵权责任法》第88条 堆放物倒塌造成他人损害，堆放人不能证明自己没有过错的，应当承担侵权责任。

《最高人民法院关于处理涉及汶川地震相关案件适用法律问题的意见》（以下简称《处理汶川地震案件意见》）第9条 因地震灾害致使堆放物品倒塌、滚落、滑落或者树木倾倒、折断或者果实坠落致人损害的，所有人或者管理人不承担赔偿责任。

（四）学理分析

1. 堆放物倒塌损害责任的归责原则与构成要件

堆放物倒塌损害责任是指因人为堆放物发生倒塌致他人损害时，堆放人所应承担的侵权责任。根据《侵权责任法》的规定，堆放物倒塌损害责任采过错责任原则，并实行过错推定规则。当堆放人不能证明自己没有过错时，就要承担侵权责任。

堆放物倒塌损害责任实行过错责任原则，因此，其构成要件包括：

（1）堆放物发生倒塌。所谓堆放物，是以堆放形态存在的物。例如，建筑工地堆放的建筑材料、木材场堆放的木料、煤场的煤堆、采沙场的沙堆等。堆放物往往是一种临时放置的物，但临时建筑不是堆放物。所谓堆放物倒塌，包括堆放物整体的倒塌和部分的脱落、坠落、滑落、滚落等。

（2）被侵权人受到了损害。堆放物倒塌所造成的损害包括人身损害和财产损害，也包括因人身损害而导致的精神损害。

（3）堆放物倒塌是造成损害结果发生的原因，即堆放物倒塌与损害结果之间具有因果关系。

（4）堆放人具有过错。依过错推定规则，若堆放人不能证明自己没有过错的,就推定其有过错,应承担赔偿责任。

2. 堆放物倒塌损害责任的承担主体

堆放物损害责任的承担主体是堆放人。在解释上,堆放人并非仅指实际实施堆放行为的人,堆放物的所有人、管理人也是堆放人。

3. 案例评析

在本案例中,柴火垛是用玉米秸堆成的堆放物,邓某因柴火垛倒塌而受到损害,李某作为堆放人,如不能证明自己没有过错,则须承担堆放物倒塌损害责任。李某在自己家的大门外堆放玉米秸,没有采取任何加固措施以防止他人特别是无完全民事行为能力人攀爬,应当认定李某具有过错。邓某作为限制民事行为能力人,其理应在一定程度上预见到柴火垛可能倒塌致人损害的后果但却没有预见到,其父母作为监护人也未尽到一定的监护责任,因而根据过失相抵规则,可以减轻李某的赔偿责任。

(五)自测案例

老杨一生勤俭,退休后养成一个习惯,见着垃圾就把自己觉得还能用的东西往家捡,日积月累,渐渐地把自家门旁堆成了垃圾山,邻居经过时都只能掩鼻侧身匆匆而过。这天,垃圾山突然坍塌了,将经过的邻居黄老师腰部砸伤,导致下肢瘫痪。黄家找到老杨,老杨却说要怪黄老师把那堆东西碰倒了,受伤是她活该。黄老师将老杨诉至人民法院,要求老杨赔偿损失。老杨在法庭上还是坚持他的说法,但拿不出任何证据支持自己的说法。

问:老杨要承担赔偿责任吗?

二、妨碍通行物损害责任

(一)案情简介

> **案 例**
>
> 某日零时许,原告任某驾驶两轮摩托车由东向西行驶至某村路段时,

因躲避该村单某违法占道的沙堆而摔倒受伤。事故发生时,单某所堆放的沙堆边没有设置警示标志,该路段也没有路灯等照明设施。交警部门对现场勘察后,作出了交通事故认定书,认定事故形成原因为:任某因未确保安全,违反《道路交通安全法》第38条,负事故的主要责任;单某因违法占用道路违反《道路交通安全法》第31条,负事故的次要责任。原告任某以单某为被告起诉至人民法院,要求被告赔偿医疗费等损失。

(二)思考方向

本案例表面看起来是一起道路交通事故,但在侵权损害赔偿上,却不能依机动车交通事故责任处理,而应依妨碍通行物损害责任处理,否则任某的损害将得不到应有的救济。

(三)法律规定

<u>《侵权责任法》第89条</u>　在公共道路上堆放、倾倒、遗撒妨碍通行的物品造成他人损害的,有关单位或者个人应当承担侵权责任。

(四)学理分析

1. 妨碍通行物损害责任的归责原则与构成要件

妨碍通行物损害责任是指在公共道路上堆放、倾倒、遗撒妨碍通行的物品造成他人损害的,由有关单位或者个人承担的侵权责任。在归责原则上,妨碍通行物损害责任实行无过错责任原则。亦即,只要因妨碍通行物造成了他人损害,不论有关单位或个人是否有过错,都应当依法承担赔偿责任。因此,有关责任人通过举证证明自己没有过错的,并不能达到免责的效果。

妨碍通行物损害责任适用无过错责任原则,因此,其构成要件包括:

(1)行为人在公共道路上堆放、倾倒、遗撒妨碍通行物。妨碍通行物既可能是有关单位或者个人有意堆放、倾倒的,也可能是无意遗撒的,但故意和过失并不影响责任的承担。这里的"公共道路",不限于我国公路法及道路交通安全法所称的道路,凡是允许社会通行或者非特定的他人通行的道路都属于"公共道路"范围。只有仅用于特定的权利人通行的私人道路,如宅基地院落内的通道,才不属于公共道路。

(2) 被侵权人受到了损害。这里的损害包括人身损害和财产损害,也包括因人身损害而导致的精神损害。

(3) 在公共道路上堆放、倾倒、遗撒妨碍通行物是造成损害结果发生的原因,即堆放、倾倒、遗撒妨碍通行物与损害结果之间具有因果关系。

2. 妨碍通行物损害责任的承担主体

妨碍通行物损害责任的承担主体为有关单位或者个人。所谓"有关单位或者个人",主要是指堆放、倾倒、遗撒妨碍通行物的单位或个人。在一定情况下,"有关单位或者个人"也包括对公共道路负有管理、维护职责的单位或个人。因此,当堆放、倾倒、遗撒妨碍通行物的行为人不明时,对公共道路负有管护责任的有关单位或个人就应当承担责任。例如,某人在道路上遗撒了一些黄沙导致交通事故损害,但不能确定实际的遗撒人,此时对道路负有维护职责的有关单位就应承担赔偿责任。当然,这些单位承担责任后,可以向实际堆放、倾倒、遗撒妨碍通行物的人追偿。

3. 案例评析

本案例是一起妨碍通行物损害责任案件,而不是一起机动车交通事故责任案件。单某违法在公共道路上堆放沙堆,且在沙堆边没有设置警示标志。同时,该路段也没有路灯等照明设施。任某在驾驶两轮摩托车时,因躲避单某堆放的沙堆而摔倒受伤,这构成成了妨碍通行物损害责任。那么,本案例中交警部门作出的责任认定是否能成为承担侵权责任的划分依据?答案应当是否定的。交警部门给出的责任划分认定结果可以是一个考虑的参考因素,但绝非侵权责任承担的依据。虽然在交通事故发生中任某应承担事故的主要责任,单某仅负事故的次要责任。但在侵权责任的承担中,并不能由此免除或者减轻单某的妨碍通行物损害责任。单某违法在公共道路上堆放沙子,其所堆放的沙子造成了妨碍通行的状态,并且其所堆放的沙子是造成任某损害的原因,因而单某应就其堆放妨碍通行物的行为承担赔偿责任。在这一赔偿责任中,单某应负主要责任。任某虽有一定的过错,但其过错对于损害结果的发生只是次要原因。这与交通事故责任认定的责任比例正好相反。

（五）自测案例

佟某是某出租车公司的出租车司机。某日清晨5时许,佟某驾驶出租车刚送走第二个乘客,由东向西行驶至某加油站附近时,车辆突然失控,越过路边的马路牙冲进绿地后停下。佟某下车检查,发现车的车身、轮胎、前杠、后杠、车顶、车门、机盖、车灯等均严重受损。而刚行驶过的路面上有一堆黄土,且里面含有大块石块。佟某立即拨打了报警电话。当日,车辆被拖至汽车维修服务部修理。佟某起诉要求某区环境卫生服务中心和市政工程管理处共同赔偿自己的损失。

问：佟某的诉讼请求能否获得支持？

三、林木折断损害责任

（一）案情简介

> **案例**
>
> 卢某骑自行车路过大连市某区土杂门市部附近的一棵老槐树下时,被突然倒下的槐树砸伤,致腰椎骨偏性骨折,住院治疗100余天,支付各种费用若干。卢某向人民法院起诉,要求区园林管理处、区邮电局劳动服务公司赔偿损失。经查,此槐树高3米,直径26厘米,枝叶部分枯黄,树根部60%已经腐烂,是一棵树干略向马路中心倾斜的35年生老树。在树倒的当天上午9时许,区邮电局劳动服务公司工人在距此树5米处拔起一根3米长的木制电线杆时,电线杆曾撞在这棵树上,后被作业的工人移走。树在被撞击的当时,除部分枝叶受损外,并未倒覆。该区域内的树木都归区园林管理处管理。区园林管理处认为：树是属于我们管理,但那棵树在当天上午被区邮电局劳动服务公司的工人用电线杆给砸了,在外力的作用下,下午树才倒,所以园林管理处不负赔偿责任；区邮电局劳动服务公司认为：我们的工人先用电线杆撞了那棵树,对这一案件,我们是有责任的,但不是主要责任,更不是全部责任。树倒是由于树根部腐烂造成的,主要责任应由园林管理处承担。

(二) 思考方向

在现实生活中,因林木折断造成他人损害的情况时有发生。如何处理这类案件,涉及林木折断损害责任问题。在上述案例中,如何认定赔偿责任的构成要件及责任主体是关键问题。

(三) 法律规定

《侵权责任法》第 90 条 因林木折断造成他人损害,林木的所有人或者管理人不能证明自己没有过错的,应当承担侵权责任。

(四) 学理分析

1. 林木折断损害责任的归责原则与构成要件

林木折断损害责任是指因林木折断造成他人损害,林木的所有人或者管理人所应承担的侵权责任。由《侵权责任法》第 90 条的规定可知,林木折断损害责任适用过错责任原则,并实行过错推定规则。当林木的所有人或者管理人不能证明自己没有过错时,就应承担侵权责任。

林木折断损害责任适用过错责任原则,因此,其构成要件包括:

(1) 林木发生折断。这里所说的林木,包括自然生长的林木和人工种植的林木。不论是森林中的树木、树林中的树木还是一棵孤立的树木,也不论林木处于何种地点,都可以成为导致侵权责任发生的林木。此外,林木不以活着的树木为条件,即便一棵已经死亡的树木,仍然可能发生林木折断损害责任。当然,不论是活着的林木还是已经死亡的林木,都应当是没有被伐倒的林木。如果林木已经被伐倒,可能成为堆放物损害责任和妨碍通行物损害责任的致害物件,但不能再作为林木折断的致害物件。此外,如果是因林木上的果实坠落致人损害的,同样可以产生林木折断损害责任。因为果实在坠落前属于林木的成分,其折断坠落与树枝折断坠落并无本质区别。

(2) 被侵权人受到了损害。林木发生折断造成的损害包括人身损害和财产损害,也包括因人身损害而导致的精神损害。

(3) 林木发生折断是造成损害结果发生的原因,即林木发生折断与损害结果之间具有因果关系。

（4）林木所有人或管理人具有过错。依过错推定规则,若林木的所有人或管理人不能证明自己没有过错的,就推定其有过错,应承担赔偿责任。当然,如果林木折断完全是因自然原因、第三人的原因或受害人的过失造成的,则林木的所有人或管理人不承担赔偿责任。

2. 林木折断损害责任的承担主体

林木折断损害责任的承担主体是林木的所有人或管理人。林木的所有人是对林木享有所有权的人;管理人是指对林木负有维护、保养义务的人。他们承担责任的基础在于其对于林木负有维护保养义务。如果所有人自己维护保养林木的,则所有人为责任主体;如果所有人不负维护保养义务,而是由非所有人负维护保养义务,则该非所有人即是管理人为责任主体。

3. 案例评析

在本案例中,对于二被告应如何承担责任,有五种不同意见:第一种意见认为,卢某未及时躲开险地,负有一定的责任,应负20%的责任,而二被告应各负40%的责任;第二种意见认为,区园林管理处应负全部责任;第三种意见认为,区邮电局劳动服务公司应负全部责任;第四种意见认为,区邮电局劳动服务公司应负主要责任,因为外力作用是树倒的主要原因,园林管理处负次要责任;第五种意见认为,区园林管理处应负主要责任,而区邮电局劳动服务公司应负次要责任。我们认为,本案应属于林木折断损害责任。首先,被侵权人卢某不存在过错,因为卢某骑自行车正常行驶,不可能预见到路旁的树木会倒下。其次,从案情来看,区园林管理处、区邮电局劳动服务公司对卢某的损害发生都存在过错。当然,就过错程度而言,区园林管理处的过错要大于区邮电局劳动服务公司的过错,故前者应负主要责任。就区园林管理处而言,其过错之处主要体现在:槐树的枝叶大部分已经枯黄,且树根部的大部分已经腐烂。园林管理处作为管理部门,应当尽早采取措施以防止槐树倒覆。同时,该槐树已经有35年的树龄,在倒覆之前已经向马路中心倾斜,园林管理处更应当采取防范措施。但是,园林管理处没有采取任何措施,因此,园林管理处在管理上是存在过失的。就区邮电局劳动服务公司而言,其过错之处主要体现在:公司工人在拔电线杆时,因疏忽使电线杆撞到了槐树上,而在发生此事后,区邮电局劳动服务公司也没有采取任何防范措施或及时通知区园林管理处。因此，对于槐树的倒覆，区邮电局劳动服务公司也存在过失。正是由于二被告均存在过错，故他们应当承担连带责任。

（五）自测案例

某村的徐老汉在自家房屋后面栽种了一棵梧桐树，由于树龄较长，树干大部分已腐烂。住在徐老汉屋后的李某担心此树倒塌后对人畜或财物造成损害，多次建议徐老汉将树砍掉，但徐老汉并未把李某的话放在心上。某日，该树被风吹断，砸在了李某的房子上，将其屋顶的瓦片及屋内的电视机等物品损坏。李某起诉徐老汉，要求其赔偿相关损失。

问：徐老汉要承担赔偿责任吗？

四、地面施工损害责任

（一）案情简介

> **案例**
>
> 被告某小区物业公司在住宅小区内挖一深沟，但未按规定设置明显的警示和防护措施。某晚 7 时 30 分左右，原告段某骑自行车摔至沟中，造成两颗门牙脱落。原告要求被告赔偿因此造成的各项损失。人民法院经审理查明，原告与另外三个同学一起在一居民小区骑自行车玩，被告因暖气管道维修，在小区内道路上挖了一个坑，该坑占了路的大部分，没有设置文字性的警示标志，只是在路上放置了一个枯萎的树枝当做横杆。

（二）思考方向

本案例属于地面施工损害责任。严格来讲，地面施工责任属于行为责任而非物件责任。但由于损害的造成并非基于正在进行的施工行为，而是施工的结果状态造成的，如施工行为留下的深沟、深坑等造成了他人损害，因此，《侵权责任法》将其作为物件损害责任的一个类型作了规定。

（三）法律规定

《侵权责任法》第91条第1款　在公共场所或者道路上挖坑、修缮安装地下设施等，没有设置明显标志和采取安全措施造成他人损害的，施工人应当承担侵权责任。

《道路交通安全法》第32条　因工程建设需要占用、挖掘道路，或者跨越、穿越道路架设、增设管线设施，应当事先征得道路主管部门的同意；影响交通安全的，还应当征得公安机关交通管理部门的同意。施工作业单位应当在经批准的路段和时间内施工作业，并在距离施工作业地点来车方向安全距离处设置明显的安全警示标志，采取防护措施；施工作业完毕，应当迅速清除道路上的障碍物，消除安全隐患，经道路主管部门和公安机关交通管理部门验收合格，符合通行要求后，方可恢复通行。对未中断交通的施工作业道路，公安机关交通管理部门应当加强交通安全监督检查，维护道路交通秩序。

（四）学理分析

1. 地面施工损害责任的归责原则与构成要件

地面施工损害责任是指在公共场所或者道路上挖坑、修缮安装地下设施等，没有设置明显标志和采取安全措施造成他人损害时，施工人所承担的侵权责任。地面施工损害责任无需被侵权人证明施工人存在过错，施工人也不能以证明自己无过错而免责。施工人只有证明设置了明显标志并采取了安全措施且足以使任何正常之人按通常的注意通行，就可以避免损害发生时，才可以不承担责任。因此，地面施工损害责任适用无过错责任原则。

根据无过错责任原则，地面施工损害责任的构成包括以下要件：

（1）施工人须在特定的地点施工。所谓特定的地点，即公共场所和道路。公共场所是公众聚集、活动的场所，道路是公众通行的地段。这些地方具有人员密度大、流动性强的特点，在这些地方施工具有致人损害的相当危险性，所以，法律课以施工人以严格责任。

（2）施工人须未设置明显标志和采取安全措施。施工人设置明显标志和采取安全措施必须符合两项要求：其一，施工人必须同时设置明显标志和采取安全措施;其二,施工人设置的明显标志和采取的安全措施必须达到足以使任何人采取通常的注意即可防止损害发生的程度。

(3) 被侵权人受到了损害。这里的损害包括人身损害和财产损害,也包括因人身损害而导致的精神损害。

(4) 被侵权人所受损害与施工人的不作为之间须具有因果关系。地面施工损害责任是一种不作为的侵权责任。施工人的不作为在于违反了法律要求其设置明显标志和采取必要安全措施的作为义务。如果施工人遵守法律要求的作为义务而采取了必要措施的,损害很可能就不会发生,因而施工人的不作为与损害之间须有因果关系才能成立地面施工损害责任。

2. 地面施工损害责任的责任主体

地面施工损害责任的责任主体是施工人,工程项目的所有人或者管理人不是责任主体。所谓施工人,是指接受施工任务,组织施工的人。接受具体的施工操作任务的工人不是施工人,不为责任主体。

3. 案例评析

在本案例中,作为被告的物业公司是施工人,其施工的地点位于小区内的道路上,其对施工没有设置明显标志,采取的安全措施也仅是放置了一段枯树枝,正是因为其没有按照法定要求设置明显标志和采取足以防止损害发生的安全措施而导致损害的发生,所以,物业公司应当承担原告因此而遭受的损害。

(五) 自测案例

某日,原告崔某驾驶农用车行驶至某路段正常超车时,左前轮胎被被告施工队设置的钢棍突然扎破,导致方向失控,车撞在了路中间隔离带上,致使原告及乘车人张某受伤,车辆损坏。交警部门认定,被告在进行隔离带施工时,既没有设置绕行标志也没有在施工路段设置任何施工标志及安全标志,更没有对其设置在公路上的钢棍设置明显的安全标志,致使原告驾车行驶至被告施工路段时,无法判断是否存在危险,而在正常超车时,左前轮胎被钢棍扎破造成事故。为此,原告要求被告赔偿因此造成的各项损失。

问:原告的诉讼请求能否获得人民法院的支持?

五、地下设施损害责任

(一) 案情简介

> **案 例**
>
> 马某驾驶摩托车行驶在某区段公路上。由于前两天普降大雨,路上的积水还未完全排出。在左转弯时,马某的摩托车突陷下去,造成马某颈椎损伤。经了解得知,该事故是由于下水道井盖丢失所致。住院治疗后,马某一纸诉状将管理该路段的市政部门告上法庭,要求市政部门赔偿有关损失。市政部门认为,马某的伤害并非他们直接造成的,不应赔偿。人民法院审理认为,市政部门作为道路管理者未尽到管理责任,致使马某受到伤害,应当承担赔偿责任。

(二) 思考方向

地下设施要么较为隐蔽,非一般人在通常情况下所能知晓或到达;要么与地面相接,可能频繁地为人们的日常生产生活所接触。不论何种情况,因地下设施造成他人损害的,就可能产生其管理人的赔偿责任。

(三) 法律规定

《侵权责任法》第 91 条第 2 款 窨井等地下设施造成他人损害,管理人不能证明尽到管理职责的,应当承担侵权责任。

(四) 学理分析

1. 地下设施损害责任的归责原则与构成要件

地下设施损害责任是指窨井等地下设施造成他人损害时,管理人所应承担的侵权责任。在归责原则上,地下设施损害责任适用过错责任原则,并实行过错推定规则。管理人要证明自己没有过错,其达到的证明标准和要求即为"尽到管理职责"。由于国家往往对相关地下设施的管理有一定的成文化要求和标准，这就意味着只要管理人证明其管理行为与相关的管理规定相符合，即为尽到了管理职责。

地下设施损害责任实行过错责任原则，因此，其构成要件包括：

（1）须存在地下设施。地下设施包括窨井以及其他地下设施。窨井是指上下水道或者其他地下管线中，为便于检查或疏通而设置的井状构筑物。其他地下设施包括地窖、水井、下水道以及其他地下坑道等。

（2）被侵权人受到了损害。这里的损害包括人身损害和财产损害，也包括因人身损害而导致的精神损害。

（3）地下设施是造成损害结果发生的原因，即地下设施与损害结果之间具有因果关系。

（4）管理人具有过错。依过错推定规则，若管理人不能证明自己没有过错的，就推定其有过错，应承担赔偿责任。

2. 地下设施损害责任的承担主体

地下设施损害责任的责任主体是管理人。这里的管理人，是指负责对地下设施进行管理、维护的单位和个人。在解释上，管理人并不排斥所有人、实际使用人等责任主体。

3. 案例评析

在本案例中，肇事的物件是一个井盖被盗的下水道井。城市中的给排水管道是重要的一类地下设施，其对公共安全具有重大影响。下水道井盖直接与地面接触，并且是可移动的，有些井盖处于忙碌的交通要道，并且极易被破坏，这就要求相关的市政部门须尽到一定的巡查管护义务。在本案例中，被告并不能证明其尽到了管理职责，因而应当承担赔偿责任。

（五）自测案例

施女士受朋友之托，帮朋友代管一套住房。某日上午，施女士到代管的那套房子抄水表。水表箱在该幢房子后面的草坪上，当施女士小心翼翼地抄完水表返回时，不幸发生了：草坪上一个看似很平稳很坚固的窨井盖，在施女士踩上的一瞬间，突然翻转，导致施女士整个人失去平衡，迅速往下坠落，而盖子翘起的一头则重重地砸在了施女士的胸部。施女士本能地伸出双手抱住盖子才没完全掉入窨井。施女士艰难地爬了上来,但胸口疼痛难忍。经120急救车送医院检查,发现施女士两根肋骨骨折。住院治疗后,施女士又在家休养了3个月。事情发生后,管理小区的物业公司对出事的窨井进行了修缮,但对施女士的受伤未能给付赔偿。施女士向人民法院起诉了物业公司,要求其赔偿医疗费、精神损害费等损失。

问:物业公司是否应对施女士的损害承担赔偿责任?

第十四章　帮工责任与定作人责任

第一节　帮工责任

　　帮工责任是指为他人无偿提供劳务的帮工人,在从事帮工活动中致人损害或自己遭受损害的,被帮工人依法应承担的侵权责任。帮工责任包括两种:一是帮工人在从事帮工活动中致人损害,被帮工人承担的赔偿责任,即帮工人致害责任;二是帮工人在从事帮工活动中遭受损害,被帮工人承担的赔偿责任,即帮工人受害责任。

一、帮工人致害责任

(一)案情简介

> **案例**
>
> 　　李某家搭建猪舍,按照村里习俗,村民们都自发地来到李家帮工。吃过中午饭后,因缺少搭建材料,李某便委托帮工人张某帮忙到镇里购买材料。酒后的张某在驾驶小型农用车从镇里返回途中,因操作不当撞伤行人刘某,造成刘某左小腿骨折,花去医疗费等若干。后交警部门认定,张某承担交通事故的全部责任。在协商赔偿不成的情况下,刘某将李某、张某告到人民法院,要求李某、张某赔偿其医疗费等费用。

(二)思考方向

　　在本案例中,张某是无偿到李某家帮忙盖猪舍的帮工人,与李某之间形成无偿帮工关系,张某是无偿帮工人,李某是被帮工人,因而本案是一起帮工人致人损害案件。对于帮工人致人损害责任的承担,现行《侵权责任法》没有规定,但相关的司法解释作出了明确规定。

(三) 法律规定

《人身损害赔偿解释》第 13 条 为他人无偿提供劳务的帮工人,在从事帮工活动中致人损害的,被帮工人应当承担赔偿责任。被帮工人明确拒绝帮工的,不承担赔偿责任。帮工人存在故意或者重大过失,赔偿权利人请求帮工人和被帮工人承担连带责任的,人民法院应予支持。

(四) 学理分析

1. 帮工人致害责任的归责原则与构成要件

帮工人致害责任是指帮工人在从事帮工活动中致人损害时,被帮工人应承担的赔偿责任。这种侵权责任实行无过错责任原则,只要帮工人造成了他人损害,被帮工人就应依法承担侵权责任,而不问其是否具有过错。

帮工人致害责任适用无过错责任原则,因此,其构成要件包括:

(1) 行为人须是帮工人。帮工人是无偿为他人提供帮工劳务的自然人。只有帮工人致他人损害时,被帮工人才承担赔偿责任。因帮工人与被帮工人间不存在合同关系,所以,帮工人的确定应依是否存在帮工事实而定。如见邻居正在搬运钢琴而加以援手,即为帮工人;虽未亲自动手搬运,但站在旁边指挥调度的人,也为帮工人。

(2) 帮工人须从事帮工活动。所谓帮工活动,是指为被帮工人利益而实施的行为。例如,替被帮工人搬运建房用的木材,替被帮工人挑水劈柴等。帮工活动不同于无因管理行为,因为帮工活动往往是经被帮工人事先同意的行为。

(3) 被侵权人须存在损害后果。在帮工人致害责任中,只有被侵权人发生了损害后果,被帮工人才承担赔偿责任。这里的受害人,是指致害帮工人和被帮工人之外的第三人。

(4) 帮工活动与损害后果间须有因果关系。只有帮工活动与损害间成立因果关系时,被帮工人才承担赔偿责任;如果因果关系不存在,则不成立帮工人致害责任。

帮工人致害责任的承担主体是被帮工人。但被帮工人明确拒绝帮工的,被帮工人不承担责任。帮工人存在故意或者重大过失的,帮工人和被帮工人应当承担连带责任。

2. 案例评析

在本案例中,张某是李某的帮工人,张某与李某之间形成了帮工关系。作为被帮工人、受益人的李某,在帮工过程中有义务对张某的帮工活动进行选任、安全指导、审查。由于李某选任不当、疏于指导,让酒后的张某驾车存在过错,李某应承担相应的赔偿责任。而帮工人张某在明知自己喝过酒的情况下,不但没有拒绝李某让其驾车拉运材料反而欣然接受,因其酒后驾车,违反了交通规则,未能尽到一个驾驶员应有注意义务,导致交通事故的发生,张某在主观上具有重大过失,也应承担相应的赔偿责任。因此,作为帮工人之一的张某与被帮工李某对另一帮工人刘某所受的损害应承担连带责任。

(五)自测案例

原告与被告系同村村民,且关系较好。原告欲购买一辆三轮汽车,因其不会驾驶便邀请已取得驾驶证的被告一起到县城帮忙购买并驾驶回家。被告同意后,双方同往县城购买了"时风"牌三轮汽车一辆。车辆购买后第三天,该车以原告的名义进行了机动车辆登记,并取得机动车行驶证。行驶证载明:该车核定载质量500 Kg、使用性质为货运、驾驶室准乘2人。车辆登记当天16时许,被告驾驶该车在县城购买碳铵、磷肥、尿素等货物约1300公斤装车后与原告同车返回。20时许,当车辆行至某左转弯下坡路时,因被告操作不当,措施不力,致其所驾驶的车辆向右侧翻,造成乘车人原告与被告不同程度受伤的交通事故发生。交通事故认定书认定:被告负事故的全部责任,原告无事故责任。事故发生后,原告住院治疗,花去医药费3万元。

问:原告能否向被告主张3万元的损害赔偿责任?

二、帮工人受害责任

(一) 案情简介

> **案例**
>
> 被告黄某、于某、李某等经常共同购树贩卖,所购活树由购买人自己锯倒,获利后由当天参与人员均分。某日,黄某、于某、李某相约再次锯树,由李某称秤记账并垫支树款,黄某、于某执锯锯树,三人共同装运。当天上午,三人锯完本村两户村民家的树,下午又锯完了一户村民家的树。在于某、李某将锯完的树往拖拉机上装载时,陈某到场表示有树要卖。双方谈妥后,黄某前往陈某家锯树。黄某等人使用油锯锯树,油锯是以油为动力单人手持锯树的一种工具。在黄某锯树时,陈某站到树的北侧帮助扶住树,想控制树倒的方向,以防树倒向北侧砸坏农作物。在第二棵树倒下时,陈某也随树倒下,黄某尚未来得及抽出油锯,陈某即伏倒在正锯树的油锯上,致陈某左大腿根部受伤并大量出血,后陈某不治身亡。事发后,陈某近亲属将黄某、于某、李某三人告上法庭,要求三人承担损害赔偿责任。

(二) 思考方向

本案是一起帮工人受害案件。陈某虽然在卖自己家的树时发生损害,但其并无协助锯树的约定义务,因而其行为构成无偿帮工。《侵权责任法》对无偿帮工的受害责任未作规定,但相关的司法解释对此作了明确规定。

(三) 法律规定

<u>《人身损害赔偿解释》第 14 条</u> 帮工人因帮工活动遭受人身损害的,被帮工人应当承担赔偿责任。被帮工人明确拒绝帮工的,不承担赔偿责任;但可以在受益范围内予以适当补偿。

帮工人因第三人侵权遭受人身损害的,由第三人承担赔偿责任。第三人不能确定或者没有赔偿能力的,可以由被帮工人予以适当补偿。

(四) 学理分析

1. 帮工人受害责任的归责原则与构成要件

帮工人受害责任是指帮工人在从事帮工活动中遭受损害时，被帮工人应当承担的赔偿责任。帮工人受害责任适用无过错责任原则，只要帮工人遭受了损害，被帮工人就应当承担赔偿责任，无论被帮工人有无过错。

帮工人受害责任适用无过错责任原则，因此，其构成要件包括：

（1）帮工人须存在损害后果。只有帮工人遭受了损害，才能产生帮工人受害责任。这里的"帮工人"，与前述帮工人致害责任中的"帮工人"具有相同的含义。

（2）帮工人须是在从事帮工活动中受到损害。帮工人非为从事帮工活动而遭受的损害，被帮工人不予赔偿。例如，帮忙播种完毕后，因酷暑难耐，帮工人到水库游泳而不幸溺水身亡，则被帮工人不承担赔偿责任。但为从事帮工活动而做事前的准备活动或帮工完毕后为做好善后工作而从事的活动，也属于帮工活动的范畴。

（3）帮工人的损害与从事帮工活动须有因果关系。帮工人的损害应当与其所从事的帮工活动有因果关系，如果没有因果关系，则不能产生帮工人受害责任。

帮工人受害责任的承担主体是被帮工人。被帮工人明确拒绝帮工的，不承担赔偿责任，但可以在受益的范围内予以适当补偿。帮工人因第三人侵权遭受人身损害的，由第三人承担赔偿责任。第三人不能确定或者没有赔偿能力的，可以由被帮工人予以适当补偿。

2. 案例评析

在本案例中，陈某主动帮助黄某扶树，并未要求黄某等人另行支付报酬，黄某也未拒绝其帮助行为，因而陈某的行为可以认定为义务帮工。帮助扶住被锯树木以控制树木倒地的方向虽有危险，但正常人会认为能够避免，或认为危险不会必然发生，故不能认定陈某在上述行为中有重大过失。所以，陈某是在义务帮工过程中因意外事故受伤致死的，所造成的损失只要符合法律规定就应当得到赔偿。

(五) 自测案例

张某的妹妹在举行婚礼时,张某的朋友郝某主动将自己的一辆面包车开过来帮助张某家接送客人,张某的父母按照当地习俗用红纸包了20元的"份子钱"送给郝某。郝某在婚宴上多喝了几杯酒,导致在婚宴结束运送客人途中发生交通事故,造成郝某头部受伤,其伤情经司法鉴定构成十级伤残。郝某在医院住院治疗期间,花去医疗费等费用若干。郝某出院后,以其与张某父母之间形成的是义务帮工关系,张某父母应承担全部责任为由诉至人民法院,要求张某父母赔偿医疗费、精神抚慰金。而张某父母认为,自己已经支付了费用,双方属于运输关系,郝某的损害应由自己承担。

问:张某的父母依法应承担对郝某损害的赔偿责任吗?

第二节 定作人责任

定作人责任是发生在承揽关系中的一种侵权责任,适用过错责任原则,其构成要件包括:定作人须存在过错、承揽人的行为须是完成承揽工作的行为、承揽人或第三人须存在损害后果、承揽人完成承揽工作的行为与损害后果之间须有因果关系。在承揽关系中,承揽人在完成工作过程中对第三人造成损害或者造成自身损害的,定作人不承担赔偿责任。但在定作人存在过失的情况下,定作人应当承担赔偿责任。

(一) 案情简介

> **案例**
>
> 李某与姜某签订盖房合同一份,合同载明:姜某盖大棚4间、东西长13米,南北长6米,高度3米,里外墙皮包价4000元,工完账结,安全责任由李某负责。某日17时30左右,李某在为姜某建房时,触高压电被电击死亡。该10KV高压线路的所有人为某供电公司,事故发生后供电公司主动向李某的家属支付了5万元补偿金。现李某的家属起诉姜某,要求其就李某的死亡承担赔偿责任。

（二）思考方向

本案例表面看来是一起高压电致人死亡案件，并且供电公司业已支付给李某的家属5万元补偿金。但须注意的是，本案当事人李某与姜某之间存在一个承揽合同关系，这就又会涉及定作人责任的承担问题。

（三）法律规定

《人身损害赔偿解释》第10条　承揽人在完成工作过程中对第三人造成损害或者造成自身损害的，定作人不承担赔偿责任。但定作人对定作、指示或者选任有过失的，应当承担相应的赔偿责任。

（四）学理分析

1. 定作人责任的归责原则与构成要件

定作人责任是指承揽人在完成承揽工作的过程中，因定作人对定作、指示或选任有过失而造成他人损害或造成自身损害的，定作人应承担的赔偿责任。定作人责任适用过错责任原则。换言之，只有在定作人存在过错的情况下，定作人才应承担赔偿责任。

定作人责任的构成要件包括以下几个方面：

（1）定作人须存在过错。定作人的过错包括定作过失、指示过失和选任过失。所谓定作过失，是指定作人对定作任务本身存在过失，即承揽事项违法或明显存在侵害他人权益的可能性；所谓指示过失，是指定作人对定作的方法、过程、工序等所作的指示存在过失；所谓选任过失，是指定作人在对承揽人的选任方面存在过失。

（2）承揽人的行为须是完成承揽工作的行为。在定作人责任中，行为人虽是承揽人，但只有在其完成承揽工作的过程中造成损害的，才会产生定作人责任。

（3）承揽人或第三人须存在损害后果。在定作人责任中，被侵权人既可以是第三人，也可以是承揽人。因此，无论承揽人在完成承揽工作中对第三人造成损害或者造成自身损害，均可产生定作人责任。

（4）承揽人完成承揽工作的行为与损害后果之间须有因果关系。只有承揽人完成承揽工作的行为造成了第三人或承揽人的损害,即二者之间存在因果关系,定作人侵权责任才能成立。

定作人责任的承担主体是承揽关系中的定作人。但在致第三人损害时,若承揽人存在过失,则产生共同侵权责任,定作人与承揽人应当承担连带责任;在致承揽人自身损害时,若承揽人存在过失,则可以减轻定作人的责任。

2. 案例评析

在本案例中,被侵权人李某与建设人姜某之间形成了承揽合同关系,李某是承揽人,姜某是定作人。李某死亡的直接原因是高压电触电,所以供电公司对其家属作出5万元的补偿合情合理,但这与本案的诉讼标的无关。那么,姜某是否须对李某之死承担赔偿责任呢?这就涉及定作人责任问题。依法律规定,只有姜某对定作、指示或者选任有过失的,才会承担责任,否则就不承担责任。根据过错责任原则,姜某是否存在定作、指示、选任的过失,须由李某的近亲属承担举证责任。当其举证不能时,姜某即不承担定作人责任。

(五) 自测案例

李某要将房屋拆旧建新,遂将工程承包给并无相应建筑资质的王某,约定包工不包料,建房原料由李某提供。王某承包后,雇佣了包括赵某在内的八、九个邻近村民进行施工。主体工程完工后,在粉刷墙壁过程中,赵某所站的脚手架横板(李某提供)断裂,摔倒在地,被送往医院,花去医疗费若干。

问:赵某的损失应由谁承担赔偿责任?

后 记

2009年12月26日第十一届全国人民代表大会常务委员会第十二次会议通过了《中华人民共和国侵权责任法》，这是我国民事立法史上的一件大事。为反映最新侵权责任法的立法及理论研究成果，适应侵权责任法教学的需要，我们组织力量编写了这部教材。

本教材的体例根据《侵权责任法》的结构进行了安排，全书共分十四章。具体分工如下：苏海建，第一、十三、十四章；房绍坤，第二、十二章；张玉东，第三、十章；郭平，第四、十一章；汪丽青，第五、九章；方岩，第六、七、八章。修订稿完成后，由房绍坤最后负责统稿、定稿。

本教材在写作过程中，参考了其他学者的侵权责任法著作和相关案例集，在此，一并表示感谢。

由于我们水平有限，本教材的错误在所难免，敬请读者批评指正。

主　编

2012年6月